中国社会科学院
金融研究所
INSTITUTE OF FINANCE & BANKING
CHINESE ACADEMY OF SOCIAL SCIENCES

张晓晶 ◎ 主编
张 明 ◎ 副主编

金融学前沿报告
2022

中国社会科学出版社

图书在版编目（CIP）数据

金融学前沿报告.2022 / 张晓晶主编.—北京：中国社会科学出版社，2022.6

ISBN 978-7-5227-0257-5

Ⅰ.①金… Ⅱ.①张… Ⅲ.①金融学—研究报告—2022 Ⅳ.①F830

中国版本图书馆 CIP 数据核字（2022）第 091617 号

出 版 人	赵剑英
责任编辑	王 衡
责任校对	朱妍洁
责任印制	王 超

出　　版	中国社会科学出版社
社　　址	北京鼓楼西大街甲 158 号
邮　　编	100720
网　　址	http://www.csspw.cn
发 行 部	010-84083685
门 市 部	010-84029450
经　　销	新华书店及其他书店

印　　刷	北京明恒达印务有限公司
装　　订	廊坊市广阳区广增装订厂
版　　次	2022 年 6 月第 1 版
印　　次	2022 年 6 月第 1 次印刷

开　　本	710×1000　1/16
印　　张	21.75
插　　页	2
字　　数	334 千字
定　　价	108.00 元

凡购买中国社会科学出版社图书，如有质量问题请与本社营销中心联系调换
电话：010-84083683
版权所有　侵权必究

《金融学前沿报告2022》
学术指导委员会

(以姓氏笔画为序):

张晓晶　　张　明　　胡志浩

彭兴韵　　程　炼

前　言

2008年国际金融危机以来，金融一直处在各国政策议程和公众舆论的最前沿。最近的俄乌冲突以及美对俄金融制裁或金融"武器化"（weaponization），更是把金融推向风口浪尖。

金融有着悠久的历史，甚至比我们想象的还要早。威廉·戈兹曼在其大作《千年金融史》中指出，美索不达米亚文明的多个世界第一（如第一批城市、第一部法律、第一份合同和最早的高等数学），都直接或间接来自金融技术。金融是关涉时间的艺术。金融力量之所以能够影响世界历史上诸多重要的转变（包括所谓中西大分流），是因为它能够让经济价值的实现在时间上提前或延后。

和其他领域相比，金融无论是实践还是理论，都有着非常迅速的发展，二者的互动也更为频繁和紧密。一方面，金融理论推动了金融实践，比如金融工程在很大程度上成就了华尔街金融工具的创新；另一方面，很多新的金融尝试、金融创新（如数字货币）也需要理论上的总结，尤其是金融与实体经济的关联需要从更深层次、更基础的理论角度去阐释。把握金融发展的理论脉落，成了金融研究必不可少的一环。

呈现在读者面前的金融学前沿文献报告，就是基于以上大背景作出的安排。这是一批年轻学者在专家委员会指导下共同完成的。

在写作内容上，我们有所取舍，聚焦重点问题。金融学文献包罗万象、纷繁复杂，"一网打尽"是不可能的。因此，我们做了适度选择。在基础理论方面，专注于三大领域：宏观金融、微观金融与国际金融。其中每个领域内容也太多，于是也都各自有重点和聚焦：宏观金融着眼

前言

于金融理论与宏观经济学的融合发展,微观金融关注的是资产定价,国际金融突出了全球金融周期。基础理论方面我们还增加了保险,从风险演变与技术演进角度探讨保险学的前沿。此外,我们在与现实关联较为紧密但理论基础相对薄弱的领域,选了三个专题:金融科技、绿色金融和金融与收入分配。这三个方面也是当前讨论的热点。

在写作方法上,我们强调,关注前沿并不意味着只知道当下就可以了。不知既往,不了解历史,就无法理解当下。因此,我们希望在梳理前沿文献的同时,也要进行文献回溯,最好能够画出各研究领域的"知识树",在错综复杂的理论枝蔓中,找到主干。我们还期待从金融知识树上看到,那一片处在"前沿"的新叶子长在哪里,以及是如何生长出来的。

在写作模式上,我们突出了团队的分工合作。为此专门成立了"学术指导委员会",由较资深的学者组成。先集体讨论形成研究提纲,然后进行分工,由年轻学者各自整理出基础文献,再拿到专家委员会逐篇讨论,形成意见再修改,如此反复。好文章是改出来的。每次讨论都是好几个小时,成稿过程非常辛苦,但大家都感觉这样的切磋打磨是一场难得的知识盛宴。

这是我们的第一份金融学文献前沿报告。万事开头难,持续更不易。我们会坚持下去,努力在中国金融学创新发展的道路上留下我们的足迹。

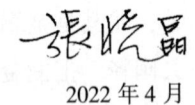

张晓晶
2022 年 4 月

◇ 目 录

第一章 宏观金融理论前沿 / 1

一 2008年国际金融危机前：金融理论与宏观经济学的缓慢融合 / 1
二 2008年国际金融危机后：重建宏观经济学的金融基础 / 9
三 研究展望 / 28

第二章 资产定价理论前沿 / 40

一 理论资产定价发展脉络 / 41
二 理论资产定价的现实困境与突破 / 46
三 实证资产定价的前沿进展 / 59
四 技术变革下的资产定价研究进展 / 64

第三章 国际金融前沿 / 79

一 全球金融周期：概念提出与含义对比 / 80
二 全球金融周期的兴起：理论脉络和历史渊源 / 88
三 全球金融周期的驱动因子 / 95
四 全球金融周期作用下的特征事实 / 101
五 中国应如何应对全球金融周期的挑战 / 107
附录：国际金融领域的研究范畴和文献脉络 / 111

目 录

第四章 保险学科前沿 / 145

一 引言：风险演变、保障需要与保险 / 145
二 气候变化、双碳战略与保险 / 152
三 老龄社会、劳资共进与保险 / 161
四 大型疫情、医疗保障与保险 / 175
五 信息技术、网络安全与保险 / 182

第五章 金融科技前沿 / 208

一 金融科技简介 / 208
二 金融科技驱动金融创新发展的机理 / 215
三 金融科技与公平效率 / 223
四 金融科技与风险 / 231
五 金融科技发展前景 / 239

第六章 金融与收入分配前沿 / 253

一 收入分配的内涵、理论演进与基本事实 / 254
二 金融如何影响收入分配差距 / 261
三 总结和展望 / 283

第七章 绿色金融前沿 / 299

一 绿色金融的概念与内涵 / 299
二 气候变化对金融体系的影响 / 316
三 气候变化时代下的中央银行 / 322
四 政策建议 / 327

第一章　宏观金融理论前沿

现代金融学的诞生始于 20 世纪 50 年代之后宏微观金融学的快速发展，其中宏观分支的理论演进与经济学的发展历程近乎同步，可以回溯至 18 世纪中叶甚至更早。宏观金融学的诸多开创性理论与宏观经济学的研究范式相互交融，以 2008 年国际金融危机为分水岭，宏观经济和金融理论经历了一个漫长的从无到有、由浅入深的融合过程。本章通过系统梳理亚当·斯密以来宏观金融学的历史发展进程，强调 2008 年是宏观金融学发展的分水岭时点，总结金融体系与宏观经济相统一、理论基础和政策实践相结合的探索之路。

一　2008 年国际金融危机前：金融理论与宏观经济学的缓慢融合

长期以来，金融因素一直未能正式进入主流宏观经济学的理论框架，使得金融体系对宏观经济的实际影响被严重低估，未能有效预见 2008 年国际金融危机的到来。从经济学理论演进的历史逻辑来看，金融因素与宏观经济的融合大致经历了三个阶段。

（一）古典经济学和新古典经济学时期：相互独立

古典学派将经济学理论分割为描述实际变量的价值理论和刻画名义变量的货币数量论。价值理论由劳动价值论（Smith, 1776；Ricardo, 1817）发展为边际效用价值论（Jevons, 1871；Menger, 1871；Walras,

1874），马歇尔（Marshall，1890）将二者综合后创立了局部均衡理论，即供求均衡决定商品的相对价格和产量、要素的实际报酬等实际变量，瓦尔拉斯一般均衡模型进一步证明存在一组均衡价格使得所有商品市场同时达到供求平衡，货币仅承担计价尺度和交易媒介的职能。古典货币数量论以费雪的交易方程式和马歇尔的剑桥方程式为核心，主张货币只影响物价水平、名义工资、名义利率等名义变量，即货币对实体经济的影响是中性的。基于古典二分法的理论思想，古典学派宏观理论体系的三大支柱是：劳动市场均衡决定充分就业、供给自动创造需求的萨伊定律以及货币中性论。货币是蒙在实体经济上的一层面纱，经济运行的本质是物物交换而货币形同虚设。

（二）凯恩斯主义宏观经济学：尝试植入

历次重大经济危机都促进了宏观金融理论的发展与创新，20世纪30年代的大萧条暴露出传统古典经济学的弊端，同时孕育了凯恩斯主义的诞生。费雪首先提出"债务—通货紧缩理论"解释大萧条，系统阐述过度负债与通货紧缩之间的相互作用，主张使用货币政策刺激通胀以打破"债务—通缩"恶性循环（Fisher，1933）。凯恩斯亦支持金融因素是经济萧条的重要原因，在《就业、利息和货币通论》中对古典学派理论进行批判，开创了以有效需求理论为核心的全新宏观经济学分析框架（Keynes，1936）。其一，凯恩斯认为货币工资和价格刚性造成非自愿失业，社会就业量取决于有效需求（消费和投资需求）。有效需求不足形成失业和生产过剩的经济危机，无法通过古典学派所说的工资自发调整以实现充分就业。其二，凯恩斯否定萨伊定律的供给自动创造需求，主张有效需求通过乘数效应影响产出，即需求决定供给。其三，凯恩斯反对古典学派将利息视为储蓄的报酬，认为利息是放弃货币流动性的报酬。通过引入货币的财富储藏职能和未来利率的不确定性，凯恩斯提出货币供求决定利率的流动性偏好理论。利率成为连接货币与实体经济的关键，从而打破货币中性论：货币数量通过利率影响投资，再经乘数效应作用于有效需求，进而决定产出和就业。在资源没有充分利用时，货币供给增加通过降低利率从而刺激投资和总需求、实现充分就业；一旦达到充分就业，货币增加导致物价同比例上涨，因此古典学派的货币中性是有效需求理论的一个特例。

20世纪50年代起，宏观金融的研究对象开始由传统的货币问题拓展至金融市场。格利和肖（Gurley and Shaw，1955）较早关注到金融中介在信用创造和储蓄—投资转化过程中的重要作用，首次提出金融中介具有资产转换功能以及金融中介多元化有益于经济增长，揭开了金融中介理论研究的序幕。Tobin（1963）进一步阐释了金融中介存在的意义，银行从事资金融通具有规模经济效应，从而减少金融交易成本，并且银行提供的支付清算服务受到政府的严格监管，有助于降低不确定性和风险。金融中介理论起初并未得到经济学界的广泛关注和认可，一个重要原因是阿罗—德布鲁一般均衡范式一直占据主流地位，其模型基于零交易成本、完美信用、资产和合约的可分性、充分认知假设，建立了一个无交易成本、无信用摩擦并且具有完全信息的完美金融市场，经过数学推导证明了金融中介不会影响市场均衡（Arrow and Debreu，1954）。在此基础上，MM定理（Modigliani and Miller，1959）和有效市场理论（Malkiel and Fama，1970）通过数理模型论证了金融中介是无效的，金融因素再次被排除在主流经济学分析框架之外。

（三）新古典宏观经济学：先分后合

凯恩斯理论是将金融因素引入宏观经济的一次有益尝试，但在20世纪70年代受到西方国家滞胀危机的严重挑战。凯恩斯主义的理论缺陷体现为：一是注重宏观总量分析和短期需求管理，缺乏微观基础和长期动态分析；二是过于强调财政政策的作用，而对货币政策的作用估计不足，致使西方国家政府高赤字、高负债的问题凸显。传统凯恩斯主义政策应对滞胀困境束手无策，引发了理论界的反思和争论。对微观基础的探索使得宏观经济学研究中新古典倾向愈发明显，20世纪70年代以后，以货币主义、理性预期学派和实际经济周期理论为代表的新古典经济学成为宏观经济学的主流。危机和周期波动问题引起理论界的热烈讨论，尤其注重货币在经济周期中的作用。在分析金融发展与经济波动的关系时，新古典主义通常只强调货币的作用，而不考虑金融体系（尤其是金融中介）的作用，各学派的经济周期理论在处理货币问题时经历了一个明显的弱化过程。

1. 20 世纪六七十年代滞胀时期：结合预期的货币经济周期理论

基于适应性预期的货币主义经济周期理论。以弗里德曼（Friedman, 1956）等为代表的货币学派率先对凯恩斯理论进行否定和批判，其倡导的现代货币数量论重新确立了货币理论在宏观经济学中的重要地位，主张短期经济波动源于货币供给的不规则变动。其内在作用机制在于：货币扩张通过货币幻觉和货币实际余额效应促进短期就业和产出增长以及长期价格上升，在适应性预期假定下，经济主体基于过去的货币和价格变动不断调整预期以应对名义工资和价格的调整，货币幻觉在长期内消失，就业和产出随之恢复原均衡状态。因此短期内经济波动是货币冲击的结果，长期内实际产出和就业由非货币因素决定，即货币长期中性。弗里德曼和施瓦茨（Friedman and Schwartz, 1963）由此提出不同于凯恩斯的新观点，认为货币供应量下降是美国 20 世纪 30 年代大萧条的主要原因，并将 70 年代滞胀归因于凯恩斯主义相机抉择的货币政策。由于需求管理政策的时滞效应，货币学派反对政府干预，主张实行"单一规则"的货币政策，将货币供应量作为唯一的政策工具并固定货币增长率。

理性预期学派的货币经济周期理论。20 世纪 70 年代末，卢卡斯对建立在凯恩斯主义 IS－LM 模型基础上的宏观经济总量模型进行了激烈批评，即卢卡斯批判（Lucas, 1976），认为传统宏观经济政策忽视了政策变动对经济主体预期的影响。加之实证检验结果显示失业和通货膨胀的短期替代关系不成立，这与货币主义理论相悖，因此以卢卡斯（Lucas, 1972）、萨金特和华莱士（Sargent and Wallace, 1975）等为代表的理性预期学派逐渐兴起。理性预期学派强调预期货币中性论和宏观经济政策无效论，认为未预期到的货币供给冲击会引起经济波动，其理论基础是卢卡斯提出的货币失察模型。按照完全信息假定，经济主体能够有效利用所有相关信息（不仅是过去的信息）做出理性预期。在自由市场分割造成信息不完全的条件下，未预期到的货币供给变化（货币失察）导致经济主体产生价格预期误差，造成就业和产出偏离均衡，引起经济的周期性波动。长期内由于理性预期的作用，经济主体可以快速调整错误预期使得产出最终恢复到自然率水平，即预期到的货币是中性的。理性预期学派对主流凯恩斯主义和货币主义的宏观经济稳定政策有效性发起挑战，强调市场的完备性和政策的极端无效性，反对政府对经济的干预。

2. 20世纪七八十年代石油危机时期：货币变动内生于经济波动的实际经济周期理论

尽管理性预期学派理论对经济波动中的一些极端现象有一定的解释力，然而两大核心主张一直缺乏经验支持。20世纪80年代以后，该理论同样陷入了理论和实践困境。在理论上，Grossman和Stiglitz（1980）以及Barro（1984）均认为货币经济周期理论无法对消费和闲暇在经济周期的反向运动做出解释；在实践上，美国里根政府宣布控制货币增长率以降低通货膨胀率，这一被预期到的货币政策仍然引起经济衰退。20世纪70年代石油危机之前，各学派主要从需求面冲击出发解释经济偏离充分就业和潜在产出的原因，两次与石油价格上涨有关的供给冲击使得宏观经济学家意识到供给面冲击对于解释宏观经济波动的重要性。以上诸多因素引致对总产量不稳定的新古典解释由货币冲击转向实际冲击，开始从能源价格变动、技术进步中寻找经济周期波动的根源，实际经济周期（Real Business Cycle，RBC）模型应运而生。

以Kydland和Prescott（1982）等为代表的RBC理论将经济波动的根源归结为技术冲击等供给因素而非货币变动，其理论核心是新古典增长模型，假定生产技术受到随机冲击而使增长模型具有随机性，从而将经济增长和经济波动纳入统一的理论框架。RBC理论认为实际因素引起经济波动的核心传导机制是技术冲击导致要素生产率和工人实际工资变化，进而引发劳动供给的跨时期替代，即在不同时段重新配置工作时间的意愿。RBC理论进一步强化了理性预期学派的货币中性假定，货币非但不能影响实际经济变量，甚至其自身变动也是由经济内生的。RBC理论认为货币变动是经济周期性波动的结果，货币当局为保持利率稳定而使货币供给被动地适应实际经济波动，货币在短期和长期均是中性的，即货币是超中性的。RBC理论所倡导的货币超中性主义思想彻底回归古典二分法，同时也标志着包括货币在内的所有金融因素都最终淡出了主流宏观经济学的理论框架。

Kydland 和 Prescott（1982）起初建立的 RBC 模型不包括货币因素，由于经济周期几乎能够完全由技术冲击解释，因此引入货币是不必要的。尽管 RBC 理论在一定程度上阻碍了金融因素与宏观经济的融合，但其提出了构造宏观经济模型的新思路和新方法，对现代宏观经济学产生了深远影响。RBC 理论基于瓦尔拉斯一般均衡假设建立模型，引入研究者关心的参数对其进行修正，采用动态随机一般均衡（Dynamic Stochastic General Equilibrium, DSGE）的框架进行分析，并运用校准评估模型结论。RBC 理论使得一般均衡分析、实际因素和微观基础在经济周期理论中得以复兴，其倡导的 DSGE 模型已经成为现代宏观经济学分析的基本工具。

3. 20 世纪八九十年代：新凯恩斯主义经济周期理论

尽管 RBC 模型可以较好地模拟经济周期的典型经验事实，但它也受到新凯恩斯主义经济学家的批评和质疑。新凯恩斯主义认为经济波动可能来自供给侧或需求侧冲击，名义价格刚性和金融市场不完全性会放大外生冲击的效果，导致就业和产出的周期性波动。新凯恩斯主义主要沿着名义价格刚性和市场不完全两条路径研究经济周期问题。

基于市场协调失灵的经济周期理论。为完善原凯恩斯主义的微观基础，以曼昆和罗默（Mankiw and Romer, 1991）为代表的名义黏性学派将新古典综合派的工资刚性假设拓展为劳动力和商品市场均存在名义价格刚性，即菜单成本、长期价格合同等导致产品名义价格刚性，效率工资合约等导致名义工资刚性，进而推断名义价格刚性是经济周期的主要原因。在经济受到总需求减少的冲击时，价格和名义工资不会迅速下降，追求利润最大化的厂商将减少就业和产量，从而导致非自愿失业和经济衰退。但厂商和工人最终会对需求变化做出反应，调整名义工资和价格使得产出和就业恢复原均衡状态，因此货币在短期内影响实际经济，而在长期只改变名义价格，即货币长期中性。

基于金融市场不完善的经济波动理论。以 Greenwald 和 Stiglitz（1993）等为代表的实际黏性学派指出，即使名义价格变量是非刚性的，风险和价格的不稳定性也会引发经济波动。由于金融市场存在不完全竞争性和信息不完全性，实际工资和相对价格在需求冲击下缓慢变化，不完全劳动合同和不完全供货合同造成劳动力市场和商品市场失衡，厂商对风险的厌恶程度加剧价格和产出波动。

综上所述，新古典宏观经济学和新凯恩斯主义对金融因素的一致忽视主要源于金融或货币理论与价值理论相结合存在困难。就新古典主义而言，在宏观经济理论中引入金融因素的主要障碍来自为金融或货币理论提供适当的微观基础。而在微观经济学领域，阿罗—德布鲁一般均衡范式长期占据主导地位，以 MM 定理为代表的新古典模型通过构建完美无摩擦的金融市场，彻底排除了金融部门存在的意义，同时便利地排除金融因素所带来的建模困难。因此，在经济学的理论建模和计量分析中，这种"去金融化"的研究思路成为贯穿20世纪六七十年代主流经济学理论走向的一个基本特征。

4. 20 世纪90 年代至2008 年：基于信贷市场和金融体系的经济周期理论

虽然金融因素一直未能进入主流经济学的理论框架，但随着现代金融体系的建立和发展，一些经济学家逐渐开始关注金融体系变化与实体经济发展之间的互动关系。明斯基（Minsky，1975）和金德尔伯格（Kindleberger，1978）分别从资本主义经济制度和金融史的角度论述了金融不稳定和金融危机对实体经济的破坏性影响。伯南克（Bernanke，1983）提出不同于货币主义的新观点，认为货币供应量变化不足以解释美国20世纪30年代大萧条，金融体系崩溃是经济陷入深度衰退的重要原因。20世纪90年代的东南亚金融危机为金融经济周期理论的兴起提供了契机，其研究对象为金融体系和经济周期之间的关系，强调金融市场因素和货币信贷政策对实际经济波动具有重要影响。信贷周期理论

（Kiyotaki and Moore，1997）和金融加速器理论（Bernanke，et al.，1996）正式创立并发展了金融经济周期理论，可视为将金融因素植入宏观经济学理论框架的一次积极尝试。

信贷周期理论在信息不对称假设下，基于银行信贷视角研究外部冲击如何通过资产价格和不完全信贷市场放大和传播初始冲击。信贷周期理论的核心观点是，由于信息不对称和金融市场不完美，债务合约存在有限执行问题，信贷市场普遍存在逆向选择和道德风险问题，因此借款人的信贷能力受合格抵押资产（土地、厂房和机器等实物资本）价格的限制。当抵押资产受到负向冲击时，信贷约束企业的净值降低，被迫削减投资。投资需求下降既会产生静态当期效应，导致实际抵押资产价格下降，也会产生动态跨期效用，引致信贷约束企业未来预期收益下降，造成抵押资产需求和价格进一步降低，由于抵押资产的实际价格和预期价格双双下降，信贷约束企业将被迫大幅削减投资，从而放大并传播初始冲击，由此形成金融经济周期。

此外，金融经济周期理论也融合了金融加速器理论的精髓。金融加速器理论源自 Bernanke 和 Gertler（1989）在金融代理人一般均衡模型中所阐释的加速器效应，以此为基础，Bernanke 等（1996）正式界定了金融加速器概念，并将其引入新凯恩斯标准动态模型后构建了 BGG 模型，阐明外部冲击通过"资产价格—外部融资溢价—投资需求"作用于实体经济的传导渠道。此后，Carlstrom 和 Fuerst（1997）构建了可计算一般均衡模型，将 BGG 模型中的企业和家庭从两期扩展到无限期。遗憾的是，BGG 基本模型及其拓展尚未包含货币以及货币政策冲击。Aoki 等（2004）将金融加速器机制拓展到家庭部门，考察货币政策冲击对住房投资、房价和消费的影响，从而使金融加速器理论趋于完善。

（四）本节小结

图1-1归纳了宏观金融学代表性理论按时间顺序发展的脉络。迄今为止，金融因素虽然间或成为经济学家所重点关注或试图解释的对象，但这种"关注"或"解释"始终游离于主流经济学范式之外，未能真正

建立起一个具有完善理论基础并自成体系的完整分析框架。尤其是对诸如货币、信贷与实体经济的关联机制和反馈路径等基本问题，上述理论并没有给出更为确切和深入的解释。而金融经济周期理论仅通过在传统宏观经济学模型中引入某些特定的金融摩擦来刻画金融因素对实体经济的影响，未能明确纳入一个完整的金融体系，使其无法充分反映金融体系与实体经济的内在关联，宏观金融理论难以在现有框架下取得突破性进展。

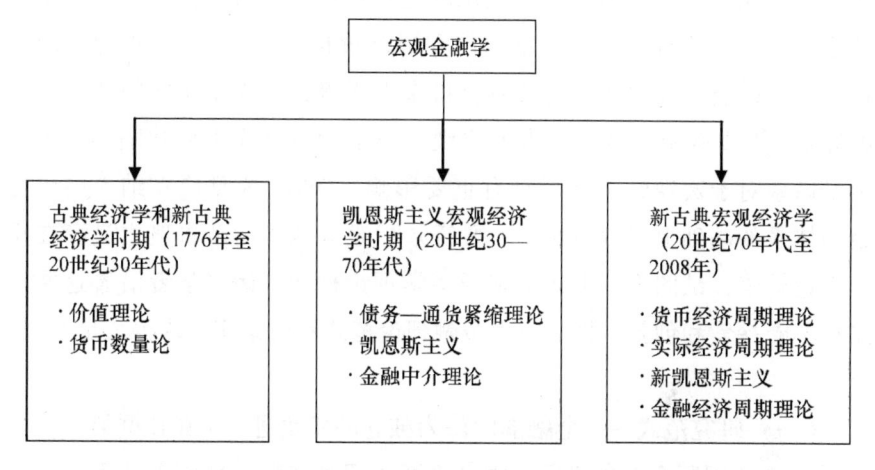

```
                        宏观金融学
            ┌───────────────┼───────────────┐
    古典经济学和新古典        凯恩斯主义宏观经济       新古典宏观经济学
    经济学时期（1776年至      学时期（20世纪30—      （20世纪70年代至
    20世纪30年代）            70年代）                2008年）
    ·价值理论                ·债务—通货紧缩理论      ·货币经济周期理论
    ·货币数量论              ·凯恩斯主义              ·实际经济周期理论
                             ·金融中介理论            ·新凯恩斯主义
                                                      ·金融经济周期理论
```

图 1-1　2008 年国际金融危机前宏观金融学的代表性理论

资料来源：笔者绘制。

二　2008 年国际金融危机后：重建宏观经济学的金融基础

2008 年国际金融危机爆发前二十余年，主要发达经济体处于"高增长、低通胀、低波动"的平稳增长阶段，Stock 和 Watson（2002）称之为宏观经济大缓和（Great Moderation）时期。与此同时，宏观经济学不同学派，尤其是长期存在分歧的新古典主义和新凯恩斯主义两大学派在研究方法和政策调控上逐渐趋同，形成宏观经济学的"新共识"（Arestis，2007）。在研究方法上，以经济主体的跨期最优化和市场一般均衡为基础，新古典宏观经济学派和新凯恩斯学派在 DSGE 框架下实现了方法论的统一。"新共识"宏观经济理论模型包括 IS 曲线、菲利普斯曲线和货币政策泰勒规则，主张货币政策以利率为中介目标、以盯住通货膨胀为终极目标，财政政策的调控作用有限。"新共识"理论体系既强调新凯恩斯框架下货币政策对物价稳定和充分就业的作用，又注重发挥市场机制和弱化政府干预的新古典传统，深刻影响着各国宏观调控政策。2008 年国际金融危机成为宏观金融理论发展的重要转折点，由于危机前的宏观经济理论较少关注金融部门和资产价格，"新共识"理论在应对资产泡沫破裂引发的金融危机时显得束手无策，不同学派之间的争论一触即发。"改良派"认为新古典宏观经济学理论并无本质缺陷，考虑到金融体系对于宏观经济运行具有重要影响，DSGE 模型应在纳入内生性金融体系的基础上予以改进。"维新派"激进地指出新古典主义存在重大理论缺陷，试图推翻重建宏观经济学理论框架。诸多学者沿着这两条路径不断探索和创新，推动宏观金融理论范式和政策实践取得长足发展。

（一）研究范式——金融部门作为独立的模块进入 DSGE 框架

2008 年国际金融危机后，学界逐渐意识到忽略金融因素严重削弱了宏观经济理论基础的有效性，在 DSGE 模型纳入金融因素成为宏观经济学建模的主要发展方向。危机前的基准 DSGE 模型是基于新凯恩斯框架的同质性代理人模型（Representative Agent New Keynesian，RANK），通过在 RBC 模型中纳入产品和劳动市场的名义摩擦（包括垄断竞争和名义刚性），假定存在消费惯性和投资调整成本（Christiano, et al.，2005），并引入技术、风险溢价、价格加成、财政和货币政策等多种冲击（Smets and Wouters，2007）。危机后的宏观经济金融模型大多直接引入结构化的金融部门（特别是银行体系）进行标准化建模，模型框架从传统的"三部门"（家庭、企业和政府）转变为纳入金融部门后的"四部门"（家庭、企业、金融部门和政府），标志着金融体系在宏观经济运行中的嵌入程度进一步加深。从建模方法来看，在主流宏观经济模型中引入金融因素的建模策略主要有四种。

一是围绕金融加速器机制进行建模。金融加速器机制从融资成本的角度引入金融摩擦，将其嵌入 DSGE 模型需要基于原有方程系统增加企业的外部融资溢价方程和净财富积累方程。由于 BGG 模型中的外部融资溢价不可观测，De Graeve（2008）基于美国 1954—2004 年宏观经济数据进行了估算，发现外部融资溢价是引发经济波动的重要因素。Christensen 和 Dib（2008）对 BGG 模型进行了两方面拓展：一是债务合约以名义利率约定，刻画可能发生的"债务—通缩"效应；二是使用修正的货币政策泰勒规则，即短期名义利率不仅对产出和通胀做出反应，也随货币增长而变动，刻画金融加速器机制中的货币冲击。Beaton 等（2014）通过假设企业贷款中包括跨境借款，进一步将金融加速器机制推广至包含金融摩擦的多国模型之中。Dmitriev 和 Hoddenbagh（2017）进一步放松 BGG 模型中的企业家短视、风险中性、预设贷款回报率等假定，推导出在前瞻性风险厌恶型企业家债务契约下，金融摩擦对负面冲击的放大效应有所减弱。Doojav 和 Kalirajan（2020）构建了一个考虑失业、金融摩擦和金融冲击的小型开放经济 DSGE 模型，基于澳大利亚和美国经济数据并运用贝叶斯方法对模型进行估计，发现引入金融加速器机制有助于提高模型拟合度，金融冲击（包括信贷供给和金融财富冲击）是引起投资和产出波动的重要因素。Rubio（2020）基于 BGG 模型对银行部门引入监管约束，研究发现金融加速器效应使得货币政策传导机制更加有效，但对银行资本的监管要求会削弱货币政策有效性。Candian 和 Dmitriev（2020）构建了包含不可分散风险的 DSGE 模型，发现不可分散风险引致的预防性动机能够抑制资产价格和风险溢价波动，从而减弱金融加速器效应。

二是围绕抵押物约束机制进行建模。在 DSGE 模型中引入抵押物约束的基本做法是将代表性抵押物（如房屋、土地、资本等）引入家庭部门的效用函数或企业部门的生产函数，往往关注经济主体的异质性，刻画由抵押物价格变化所引发的冲击传导过程。由于 RANK 模型忽视了经济主体在家庭资产流动性、边际消费倾向等方面存在异质性，DSGE 模型逐渐转向异质性代理人分析框架（Heterogeneous Agent New Keynesian，HANK），包括异质性家庭模型、异质性企业模型和异质性预期模型，其中异质性家庭模型的研究进展较快。将异质性家庭引入新凯恩斯 DSGE 模型的主流建模方式是区分耐心家庭（Patient Household）和非耐心家庭（Impatient Household），并假定存在家庭劳动生产率异质性、资产流动性异质性和刚性借贷约束。在刚性借贷约束下，异质性家庭不能完全平抑异质性冲击带来的收入差异，从而导致边际消费倾向随收入变动呈现异质性。在 Iacoviello 和 Neri（2010）的模型中，耐心家庭积累住房资产，并向企业和非耐心家庭提供资金，而非耐心家庭以住房作为抵押向耐心家庭借款。通过将住房纳入家庭部门的效用函数，并将其作为非耐心家庭借款的抵押物，在住房价格和家庭消费之间建立联系，发现住房需求和住房技术冲击分别解释了近四分之一的住房投资和住房价格波动。与 RANK 模型相比，HANK 模型能更准确地刻画家庭消费行为和收入分布问题，有助于解释以下问题：①货币政策对家庭消费的传导机制存在替代效应、收入效应和收入再分配效应（Kaplan, et al., 2018；Auclert，2019）；②前瞻性指引之谜的根源是存在非李嘉图家庭（又称流动性约束家庭，Liquidity Constraint Households），其对货币政策调整引起的利率变动不敏感（McKay, et al., 2016；Farhi and Werning, 2019），前瞻性指引难题在"顺周期不平等"机制下可被有效解决（Bilbiie，2020）；③货币政策的传导机制和经济效应依赖于财政政策，因为财政政策决定了边际消费倾向不同的个体之间的收入和财富分配（McKay and Reis，2016）。在针对企业抵押物约束机制建模方面，Liu 等（2013）在模型中引入土地作为企业信贷约束中的抵押资产，分析土地价格和商业投资之间的关联，发现正向的住房需求冲击将提高土地价格和企业家借款能力，企业扩大投资和生产会放大初始冲击对宏观经济的影响。Davis 等（2022）在 Liu 等（2013）的模型中引入土地开发部门，假定住宅和商业用地存在不完全替代，则住房需求冲击通过抵押物约束渠道对企业投资的影响有所减弱。

三是围绕银行资本机制进行建模。银行出于代理问题、资本监管约束或规避流动性风险而持有资本,对银行资本渠道进行建模需要纳入与银行借贷相关的资本需求,假设银行参与资本市场的机会有限,资本增加主要通过增加收入或削减股息以积累留存收益来实现。Dellas 等(2010)在一个标准的新凯恩斯主义模型中植入了带有摩擦的银行部门,在这一模型中,由于银行资本市场摩擦限制了银行在面临流动性冲击的逆周期货币政策效果,因而财政政策工具可以弥补流动性冲击所带来的资产负债表效应,此时最优的政策组合将达到货币政策在不存在资本市场摩擦时所能达到的均衡状态。Gerali 等(2010)将不完全竞争的银行部门引入带有金融摩擦的 DSGE 框架,研究信贷供给对经济周期波动的影响。在这一模型中,银行向家庭和企业发放抵押贷款,贷款利差取决于银行的资本比率和利率黏性程度,经济周期影响银行部门的利润和资本,并通过银行的资产负债表约束与贷款的供给和成本相联系。在 Meh 和 Moran(2010)建立的 DSGE 模型中,银行资本减轻了银行和债权人之间的代理问题,一方面会影响其获得可贷资金的能力,另一方面会通过银行资本渠道对经济周期产生影响,银行资本渠道放大了技术冲击对产出、投资和通货膨胀的影响。Angeloni 和 Faia(2013)、Angeloni 等(2015)的模型较为关注银行资本的内生形成机制,其做法是在标准的 DSGE 模型中引入一个易受挤兑风险的银行部门,银行管理者通过选择最优资本结构(存款或资本比率)以最大化股东和存款人的利益,因此银行资本结构是内生决定的。广义上讲,金融摩擦可分为两类:一是借款人必须向银行提供抵押品而导致的抵押物约束机制,二是源于金融机构内部的摩擦,包括银行挤兑和展期风险。Gertler 和 Kiyotaki(2015)指出在模型中同时引入金融加速器机制、银行期限错配(利用短期债务为长期资产融资)和挤兑风险能够更好地刻画高杠杆影子银行部门的不稳定性,因为金融加速器机制会通过调整银行资产负债表和冲击银行资产二级市场流动性从而增加挤兑风险,即使银行挤兑并未真实发生,对银行挤兑的预期也会放大经济波动。

四是围绕银行信贷利差进行建模。围绕银行信贷利差建模的前提是假定利差是表征信贷市场关系或反映金融体系运行情况的一个重要变量,建模的典型做法是假设银行具有特定技术的特点，能将存款和其他要素投入（如劳动力等）转变为贷款。在这种情况下，银行通常被假定为是同质的，而代表性银行的利差可以反映中间费用，并随经济周期变化。在 Cúrdia 和 Woodford（2009）的信贷利差模型中，由于金融中介存在于家庭部门之间而不是家庭和企业部门之间，因而需要纳入异质性的家庭部门。异质性的家庭部门由一半借款人（消费者）和一半贷款人（储蓄者）组成，其中，借款人具有比贷款人更高的边际消费效用，而贷款人则具有比借款人更低的贴现率。由于模型的最优化条件包括两个贴现因子，因而会产生两种不同的利率，而信贷利差则是作为中介部门加成和贷款成本的函数出现的，并且具有随时间变化的特征。Gertler 和 Kiyotaki（2010）的银行间市场利率模型展现了另一种思路，重点考察银行所持有的企业资本的价值变化对其银行间市场融资及其资产负债表的影响。企业资本价值的下降将减少银行持有的资产价值（持有的公司股票），从而降低其借款能力，借款能力的降低会进一步减少对企业资产的需求，从而进一步降低企业资本的价值，这一过程的循环将最终产生加速放大效应。Gertler 和 Kiyotaki（2010）的模型有以下三个方面的特点：一是银行可能违约，因而需要持有足够多的抵押物以借入资金；二是存在金融市场分割，不同市场的资本回报率存在差异；三是市场中的银行彼此之间不愿意借贷，从而面临特定的流动性冲击，这种冲击会导致各金融机构之间的资金盈余或赤字。因此，正如代理问题一样，银行间市场的崩溃会对实体经济产生重要影响。2008 年国际金融危机以来，零利率下限问题成为困扰众多国家经济的普遍问题，构建包含零利率下限约束的 DSGE 模型成为研究趋势。Ulate（2021）全面考察了在存款利率零下限条件下贷款负利率的传导机制及其经济刺激效果，指出负利率传导路径同时存在信贷渠道（贷款利率下降会刺激经济）和净资产渠道（存贷利差下降会压缩银行盈利，增加贷款利率上行压力），综合来看负利率政策有效性为正利率的 60%—90%。这一结论与 Eggertsson 等（2017）截然相反，原因是 Ulate（2021）在信贷利差模型中引入的金融摩擦具有三方面特点：银行对存贷款具有垄断权；受到冲击后，银行通过留存收益积累资本存在一定时滞；高杠杆降低了银行放贷意愿。

（二）理论创新——探索"金融—实体经济"传导机制

金融经济周期理论是宏观经济和金融领域的一个新兴前沿研究方向，特别是经过2008年国际金融危机之后十几年的迅速发展，在理论和实践上，都逐步成为理解现代经济金融周期运行和波动的核心理论。金融经济周期理论将其经验基础建立在"金融—实体经济"内生影响的互动关系之上，并且试图从逻辑角度系统构建上述关系的深层微观基础，使得该理论在方法论上代表着宏微观理论相结合、金融和实体经济相结合的崭新范式，并极有可能成为未来经济金融"大一统"理论的核心支撑之一。较之早期的研究，危机后的相关研究从更普遍的相关关系和更深层次的传导机制等方面，将该领域的研究推向了一个新的阶段。总体而言，这些研究为包含金融周期的宏微观分析以及纳入金融周期考虑的政策调控提供了重要的理论和实证支撑。在相关关系的研究方面，不少学者研究发现，金融活动存在明显的顺周期性，如果经济衰退发生在金融周期的收缩阶段，则衰退程度会明显增加（Borio and Mathias, 2009; Drehmann, et al., 2012）。Claessens等（2012）选取房地产价格、股票价格以及信贷总额作为代表变量表征金融周期，发现不同阶段金融与经济周期之间存在较强的关联度，尤其是房地产价格的泡沫破灭往往会加速和加重经济衰退或者延缓经济复苏。Levanon等（2015）通过构建信贷领先指标分析了金融周期对经济周期的预测作用，研究结果表明，信贷领先指标对经济衰退具有很好的预测能力，其预测效果明显优于传统的货币供应量指标。Antonakakis等（2015）指出，信贷相关变量的周期性波动在很大程度上取决于金融周期，与经济周期关联较小，同时房地产价格不会对经济或金融周期构成重大影响，这意味着系统性监管政策应考虑典型宏观金融变量中的不同动态成分。Ma和Zhang（2016）将金融周期纳入四部门DSGE模型中探讨金融经济周期与货币政策的联动作用，研究表明金融周期的冲击在经济波动中扮演着关键驱动角色，尤其是在金融非稳定期间。Shen等（2018）通过构建金融周期指数考察了金融周期和经济周期之间的关系，研究发现金融周期的频率更低，上升期长于下行期，且金融周期领先于经济周期。从国内文献来看，邓创和徐曼（2014）采用时变参数向量自回归模型分析了金融周期波动对宏观经济的影响，研究显示中国金融周期的长度约为3年，且存在扩张周期长、收缩周期短的非对称性特征。马勇和李镏洋（2015）指出金融变量与实体经济变量之间存在着普遍关联，且金融变量相对于实体经济变量而言具有不同程度的领先性，这为基于金融周期的前瞻性宏观调控提供了重要依据。陈雨露等（2016）将金融周期划分为高涨期、衰退期和正常期三个阶段，研究发现金融周期的平稳运行是经济增长和金融稳定的重要基础，而金融周期的高涨或衰退均会对经济增长和金融稳定带来不利影响，此外金融周期波动的上升会削弱一国的经济增长，增加发生金融危机的风险。

在"金融周期—经济活动"传导机制的研究方面，金融周期可以通过家庭资产负债表、企业投融资、公共债务等多种渠道影响经济活动。首先，从家庭资产负债表渠道来看，Reinhart 和 Rogoff（2009）认为，债务人去杠杆引致的家庭部门长期的低支出行为是导致危机复苏缓慢的重要原因之一。2008年国际金融危机的先行现象是许多国家的家庭抵押债务升高（Jordà, et al., 2016），当房屋价格下降时，背负抵押债务的高杠杆家庭资产负债表恶化，从而会削减支出导致实体经济活动下降（Krishnamurthy and Muir, 2017）。Mian 和 Sufi（2012）发现，在危机前已经历房价暴涨及抵押债务剧烈上升的地区，在危机期间都发生了房价的暴跌以及实体经济活动的大幅削弱。

其次，从企业投融资渠道来看，Gao 和 Xu（2018）指出，当金融周期处于繁荣阶段时，信贷增速过快将大幅降低企业的融资约束和融资成本，使企业更倾向于通过债务融资来获得投资资金；而当金融周期由繁荣走向衰退时，大幅下降的信贷增速将使企业面临无法预期的高融资约束，进而债务融资渠道受限。这将造成两方面后果，一是企业无法有效获得新债务资金来偿还旧债，导致债务风险不断积累；二是企业无法对可能获得更好收益的项目追加投资，导致企业收益下降。这两种影响反映到宏观层面,就出现了金融周期遇冷导致宏观经济增速进入低迷期,并伴随金融风险不断积累。在金融周期由繁荣转向衰退的过程中,由于不同类型企业面临的融资约束变化具有较大差异,因此其债务风险的反应也具有异质性。Figueroa 和 Leukhina(2018)构建了一个引入企业贷款逆向选择的动态理论模型,揭示了信贷周期通过影响企业贷款行为来影响经济周期的内在机制。在该模型中,由金融周期所带来的融资逆向选择和企业债务风险过高会导致过度的债务扩张,从而加大经济下行风险。

最后,从公共债务渠道来看,2008 年国际金融危机以来,一些国家的主权债务危机频繁爆发,政府债务的应对规则及其与金融部门风险之间的关联,引起了学术界的广泛关注。国外研究重点关注主权债务违约通过金融部门资产负债表进而影响实体经济,传导机制包括收紧银行融资约束、增强去杠杆预防动机、挤出私人部门借贷(Gennaioli, et al., 2014;Bocola, 2016;Sosa-Padilla, 2018)。在经济动荡时期,主权债务给国内债权人带来的预期回报高于国外债权人,这种债权人歧视激励国内债权人增加债务购买规模,信贷资源从私人部门重新分配到公共部门,投资减少进一步加剧经济衰退(Broner, et al., 2014)。Farhi 和 Tirole(2018)提出国内政府救助金融部门和国外投资者救助主权债务的"双层救市"理论,金融部门风险和主权债务风险相互传染,最终形成厄运循环(Doom Loop)。2008 年国际金融危机后中国经济运行的主要风险来自影子银行快速发展和地方政府债务规模膨胀,商业银行对地方债的大量认购意味着地方债进入金融部门资产负债表,地方债风险与金融部门风险紧密关联引致的潜在系统性金融风险对实体经济的影响成为国内研究的关注重点。毛锐等(2018)基于地方政府债务作用于商业银行流动性约束和私人信贷投资的 DSGE 模型,模拟债务—金融风险的累积叠加机制触发系统性金融风险的可能性。熊琛和金昊(2018)构建了金融部门持有具有违约风险的地方政府债券并受到杠杆约束的 DSGE 模型,刻画地方债风险和金融部门风险相互传导的风险"双螺旋"结构,研究发现金融部门风险通过直接的资产负债表渠道和间接的一般均衡效应渠道向地方政府债务风险传导，而地方政府债务违约风险提高了金融风险并向实体经济部门传导。地方政府隐性债务风险也日益得到重视，李力等（2020）构建了包含普通企业和地方融资平台"双违约"、货币政策和宏观审慎政策"双支柱"调控的新凯恩斯DSGE模型，贝叶斯估计结果表明地方融资平台的风险冲击是中国经济波动的重要来源。

（三）政策调整——"双支柱"调控框架及拓展

2008年国际金融危机充分暴露出宏观调控体系的制度缺陷，单一的货币政策框架难以同时实现经济稳定和金融稳定的双重目标，建立"盯住经济稳定目标的货币政策+盯住金融稳定目标的宏观审慎政策"的"双支柱"调控框架，已成为世界各国中央银行的基本共识。党的十九大报告明确提出"健全货币政策和宏观审慎政策双支柱调控框架"的金融体制改革目标，强化货币政策和宏观审慎政策的协调配合，能够促进价格稳定与金融稳定，守住不发生系统性风险的底线，实现稳增长和防风险长期均衡，为加快构建新发展格局创造良好的货币金融环境。

1. "双支柱"调控的必要性

货币政策和宏观审慎政策是重要的逆周期调节工具，货币政策的首要目标是价格稳定，而宏观审慎政策的主要目标是金融稳定。货币政策会通过两种渠道影响金融稳定：一是改变风险偏好代理人的事前预期，影响借贷行为和杠杆率；二是影响事后借贷约束，提高资产价格及其相关的外部性，并强化杠杆周期（Claessens，2015）。宏观审慎政策以贷款价值比（Loan To Value，LTV）上限、集中度限制、同业交易限制、准备金要求、债务收入比、外国贷款限制为主要政策工具，通过借贷约束影响产出，进而影响货币政策效果。货币政策和宏观审慎政策之间的潜在冲突和协调机制一直是学界研究的重点，然而关于二者合作与否，目前尚无定论。多数学者支持货币政策和宏观审慎政策相互配合，金融稳定与物价稳定在长期内具有一致性，货币政策和宏观审慎政策可以互相强化和彼此促进（IMF，2009），二者协调配合有助于实现经济总体稳定（Bean，et al.，2010；Galati and Moessner，2013）。Borio和Shim（2007）

强调了宏观审慎政策对货币政策的补充作用，以及宏观审慎政策作为内生稳定器的支持作用。Funke 等（2018）基于 DSGE 模型研究了货币政策和宏观审慎政策的相互影响，发现货币政策对房价具有较强的溢出效应，而以 LTV 上限为代表的宏观审慎政策可以作为货币政策的有效补充。一些学者持反对态度，认为货币政策和宏观审慎政策之间合作可能会干扰或削弱彼此的效果。Beau 等（2014）指出，如果央行在制定利率时考虑宏观审慎政策的经济效应，则二者不合作的政策效果更好。Richter 等（2019）使用 LTV 规则作为宏观审慎工具，考察宏观审慎政策对稳定产出和通胀等货币政策核心目标的影响，发现 LTV 上限变动对信贷扩张和房价上涨有重要影响，经验证据表明 LTV 下降 10% 的经济效应与政策利率提高 25 个基点的影响大致相当。

2. "双支柱"调控的有效性

许多研究发现，合理有效的货币政策和宏观审慎政策相互配合，能够实现物价稳定和金融稳定的双重目标，从而改善社会福利水平。N'Diaye（2009）探讨了宏观审慎政策如何支持货币政策在降低产出波动的同时保持金融稳定，研究发现逆周期的宏观审慎政策有助于强化货币政策的金融稳定功能，货币当局能以小幅利率调整实现相同的产出和通胀目标。Beau 等（2014）基于 1985—2010 年欧盟和美国的经济数据构建 DSGE 模型，发现当发生不利的金融冲击时，稳定经济的最优政策是发挥货币政策与宏观审慎政策的协同效应，实行盯住通胀的货币政策和盯住信贷增长的宏观审慎政策。Kannan 等（2012）认为，对引起信贷增长和房价上涨的金融加速器机制反应强烈的货币政策有助于宏观经济稳定，面临金融部门或住房需求冲击时，旨在熨平信贷周期性波动的宏观审慎政策能够增强金融稳定，但在生产率冲击下的最优政策选择是不采取宏观审慎政策。Quint 和 Rabanal（2014）基于两国模型研究货币政策和宏观审慎政策的最优组合问题，发现引入宏观审慎政策规则有助于减少宏观经济波动并改善储蓄者的社会福利，但可能会导致贷款利差的逆周期调整，从而在技术冲击下增加借款人的福利成本。

3. 货币政策和宏观审慎政策最优协调搭配模式

一是基于政策比较优势的协调搭配。根据不同条件下（包括不同的政策目标、冲击来源、约束条件等）货币政策和宏观审慎政策的比较优势来判断二者之间的协调搭配模式，货币政策和宏观审慎政策在调控目标、政策工具和传导效率方面各有所长，二者在协调配合的过程中应注意调控方向的一致性，防止政策方向相悖而削弱调控效果（Canuto and Cavallari，2013）。区分政策目标来看，Suh（2012）认为旨在稳定通胀的货币政策和旨在稳定信贷的宏观审慎政策是最优配合模式，监管覆盖范围不全面的宏观审慎工具可能导致监管套利。Bruno 等（2017）对 2004—2013 年 12 个亚太经济体宏观审慎政策的有效性进行了比较评估，发现宏观审慎政策搭配紧缩货币政策的有效性要优于其搭配宽松货币政策的效果。Popoyan 等（2017）指出以产出缺口、通货膨胀和信贷增长为核心的泰勒规则和以《巴塞尔协议Ⅲ》为主的宏观审慎监管，是提高银行业稳定性和平滑产出波动的最佳政策组合。Zhang 等（2020）评估了 2009 年 1 月至 2018 年 6 月中国货币政策和宏观审慎政策对系统性风险影响的有效性、传导渠道和及时性，发现紧缩性货币（宏观审慎）冲击有助于增加（减少）系统性风险，宏观审慎（货币）政策在长期（短期）是有效的，货币（宏观审慎）政策通过抑制通货膨胀控制（资产价格稳定）干预系统性风险。区分冲击来源来看，Tayler 和 Zilberman（2014）构建了具有内生金融摩擦的借贷成本渠道模型，研究货币政策和以银行资本监管为代表的宏观审慎政策的协同效应，发现在信贷冲击下，逆周期宏观审慎政策的调控效果比货币政策更具针对性，但在供给冲击下，最优的政策组合则是宏观审慎政策搭配反通胀的货币政策。Silvo（2019）构建了包含生产性投资和道德风险的新凯恩斯 DSGE 模型，提出在技术或需求冲击下，基于利率的货币政策政策足以应对经济周期性波动，而在金融冲击下，"双支柱"调控更有效。区分约束条件来看，Brzoza-Brzezina 等（2014）将可变和固定贷款利率、新增贷款的非负性约束以及非刚性抵押品约束机制引入 DSGE 模型，考察了多期贷款条件下的货币政策和宏观审慎政策的协调问题，发现多期贷款不仅削弱了货币政策和宏观审慎政策有效性，而且在其传导机制中引入了不对称性。Rubio（2016）基于含有住房市场与信贷市场的新凯恩斯 DSGE 模型，研究在短期利率和长期利率条件下，货币政策和宏观审慎政策稳定宏观经济和金融市场的作用。结果表明，在长期利率下，货币政策和宏观审慎政策的稳定效果较差，而在短期利率下，货币政策只能以更大的宏观经济波动为代价来实现金融稳定目标。

二是基于政策博弈均衡的协调搭配。已有研究主要基于货币政策当局和宏观审慎政策当局之间的博弈关系和政策互动，考察二者之间的最优协调搭配模式。Rubio 和 Carrasco-Gallego（2014）构建了包含住房和抵押约束的 DSGE 模型，分析传统泰勒规则的货币政策和 LTV 规则的宏观审慎政策对商业周期、社会福利和金融稳定的影响。通过分别计算出货币政策和宏观审慎政策在合作与非合作情况下的最优参数，发现两种政策协调配合有助于增强金融稳定和提高社会福利，尤其是在非合作博弈的情况下，借款人可以通过补偿储蓄者的福利损失实现帕累托最优。Paoli 和 Paustian（2017）基于包含金融摩擦的新凯恩斯模型，研究货币当局与宏观审慎监管机构之间的非合作博弈，发现当金融摩擦对所有生产要素融资的影响相同时，宏观审慎政策强有效且完全消除低效率，无论冲击来源于何处以及货币当局与宏观审慎监管机构之间是否合作。但如果政策之间存在权衡并且政策制定是自由裁量的，则宏观审慎监管机构占据主导地位将优于二者合作的结果。Collard 等（2017）基于银行有限责任和存款保险假设，在给定利率与银行资本要求的条件下寻找货币政策和宏观审慎政策的最优组合。在具有完全竞争银行和恒定边际成本的基准模型中，拉姆齐最优是运用货币政策工具应对商业周期，设定宏观审慎政策以金融稳定为首要目标，而以最小化银行成本为次要目标。在考虑银行成本具有外部性的拓展模型中，最优政策组合会更加复杂。Laureys 和 Meeks（2018）研究了当中央银行兼具货币政策目标与宏观审慎目标时的政策搭配问题，发现与简单的货币政策和宏观审慎政策规则相比，满足"时间一致性"的政策更为可取；如果允许利率根据宏观审慎政策做出调整，政策效果会有所改善；此外，当政策制定的权力分置于不同机构时，相机选择的策略互动会削弱政策效果。

三是基于经济金融环境的协调搭配。相关文献主要分析货币政策和宏观审慎政策的组合在不同经济金融环境下的政策效果。Greenwood-Nimmo 和 Tarassow（2016）利用美国 1960—2007 年季度数据研究货币冲击和宏观审慎冲击对总体金融脆弱性的影响，发现紧缩性货币冲击提高了信贷与 GDP 之比和企业债务与权益之比等杠杆率，从而加剧了金融脆弱性；当利率固定时，约束信贷的宏观审慎冲击会在短期内降低信贷与 GDP 之比；若利率可以根据宏观审慎冲击自由调整，货币政策和宏观审慎政策协调配合将通过降低杠杆率提高金融体系的稳定性。Takáts 和 Temesvary（2021）基于国际清算银行的跨境贷款流动数据，研究发现主要货币（美元、欧元和日元）发行国的货币政策与母国宏观审慎政策之间存在着显著的相互作用，由于存在银行贷款渠道，母国宽松的宏观审慎政策放大了货币发行国货币政策对跨境贷款的影响（例如，英国宽松的宏观审慎放大了美国货币政策收紧对英国银行以美元计价的跨境银行贷款流出的负面影响）。张泽华和周闯（2019）通过构建含有抵押约束的开放 DSGE 模型，分析短期资金流动带来的金融经济冲击以及"双支柱"调控策略，研究发现当资本账户开放程度较低时，应实行以产出和通胀为最终目标的传统泰勒规则；当资本开放程度较高时，最优政策组合是传统泰勒规则搭配盯住外资和总产出之比的动态宏观审慎政策，并且该组合的调控效果与资本账户开放程度呈正相关关系。

4. "双支柱"调控与其他政策协调搭配

还有一些文献在更为宽广的视野中讨论了"双支柱"调控政策与其他政策（如财政政策、信贷政策、外汇政策等）之间的协调搭配关系。由于政策当局在宏观上需要关注经济和金融体系的整体稳定，因而在政策决策和实施的过程中，政策制定者实际上面临的是一个可选政策工具的"工具集"，其中必然内生地包括货币政策、金融监管政策、财政政策、汇率政策等政策工具之间的协调与配合（陈雨露、马勇，2012）。这一类文献由于涉及多种政策之间的组合搭配问题，因而在理论建模和实证分析方面通常更为复杂，需要考虑更多的可能情况。

（1）财政政策

Carvalho 和 Castro（2017）构建了包含异质性金融摩擦和外国资本流动的 DSGE 模型，基于巴西数据寻求货币政策、宏观审慎政策和财政政策之间的最优组合。研究发现，只有与逆金融周期的宏观审慎政策协调使用时，实施顺金融周期的财政政策才有效，且最优的财政政策在调控经济周期时是逆周期的。Alpanda 和 Zubairy（2017）构建了一个考虑住房和家庭债务的 DSGE 模型，对比分析了货币政策、住房相关财政政策和宏观审慎监管在降低家庭债务方面的有效性。研究发现紧缩性货币政策能够减少实际抵押贷款债务存量，但会提高家庭债务与收入之比；减少抵押贷款利息扣除和调整 LTV 的成本最低且最有效，其次是提高财产税和实行紧缩性货币政策。进一步区分冲击来源，Malmierca（2020）基于两国模型①研究财政政策和宏观审慎政策的最佳组合，发现在金融冲击下，财政政策和宏观审慎政策在全国层面协调配合会实现福利最大化；在供给冲击下，最佳选择是财政政策和宏观审慎政策协同以稳定欧盟经济；而在偏好冲击下，财政政策和宏观审慎政策的非合作模式具有更好的调控效果。在国内研究方面，卜林等（2016）基于 DSGE 模型探讨了货币政策、宏观审慎政策和财政政策之间的相互关系，认为"双支柱"调控不足以实现通胀、产出和信贷的稳定，应采用财政政策应对经济衰退；"双支柱"调控不应局限于简单的统筹协作关系，在制定政策时需充分考虑政策反馈；宏观审慎政策会降低财政政策有效性，但能够提高财政政策的可持续性并减少由于财政政策不连续所造成的经济波动。黄志刚和许伟（2017）运用多部门的 DSGE 模型分析了住房市场波动同宏观经济稳定之间的关系，认为在无法准确地识别减税降费的力度时，减税降费、宏观审慎政策以及货币政策等结构性调控举措构成的"次优组合"能以最小化福利损失的形式控房价、稳增长和调结构。李建强等（2018）基于包含双面信贷摩擦、政策博弈、事前预防和事后救助的 DSGE 模型，研究"双支柱"调控政策与财政政策的协调问题，认为财

---

① "两国模型"泛指建模时包含两个国家，不特指哪两国。

政政策应纳入宏观审慎框架，有偿财政救助、惩罚性税收等措施在规避道德风险的同时，能显著提升宏观审慎政策效果，其中庇古税兼具事前预防和事后救助功能。朱军等（2018）构建了含有财政压力、财政整顿特征的 DSGE 模型，讨论不同政策目标下的最优政策选择问题。研究发现，政府债务规模增加会影响金融市场的定价机制，同时削弱扩张性财政政策的有效性，建立"宏观审慎双支柱＋财政整顿政策"的大宏观审慎政策有助于在经济上行期有效降低政府债务，减弱经济摩擦对经济的扭曲，推动经济达到有效均衡状态。

（2）信贷政策

Agénor 等（2014）认为，将宏观审慎政策纳入中央银行的职能体系给宏观审慎政策与货币政策的协调带来了新的挑战，二者协调的必要性在于货币政策与宏观审慎政策工具并非独立，都可以通过影响信贷扩张从而影响到货币与信贷状况，如果将宏观审慎政策作为微观审慎资本与流动性监管的必要补充，同时与货币政策以互补的形式发挥作用，则可以预期最优的政策组合效果。Leduc 和 Natal（2018）研究了在资产价格与经济活动之间存在内生反馈且允许使用宏观审慎政策的情况下，最优的货币政策是如何决定的。当不存在宏观审慎政策时，最优的货币政策将根据资产价格进行逆周期调整，并可以通过对金融变量增速做出反应的"限速规则"来近似模拟。内生反馈回路对于上述结果至关重要，否则价格稳定将是准最优的。类似地，将存款准备金要求与信贷增长挂钩的简单宏观审慎规则，抑制了上述内生反馈回路，从而使价格更加稳定。此外，政府对贷款征收的"或有税"将有助于整体的福利改善。马勇和陈雨露（2013）基于 DSGE 模型考察宏观审慎视角下的货币政策、金融监管政策和信贷政策之间的协调搭配问题，发现三种政策之间通过有效的协调搭配，可以显著提高经济与金融体系的稳定性，同时改善单一政策所通常面临的"多目标政策困境"。陈彦斌等（2018）构建了具有资产价格泡沫和高债务特征的 DSGE 模型，讨论了衰退式资产泡沫形成的原因及对策，认为衰退式资产泡沫并非产生于乐观的未来预期与信贷扩张等传统路径，而是来自高债务主体对庞氏融资模式的过度依赖，最终导致实体经济萎靡和金融体系活跃的两极分化格局。在这种情况下，宏观调控需要考虑控制实体经济杠杆，因而更为理想的政策组合是"稳健而较宽松的货币政策＋较紧的宏观审慎政策＋降低实体经济杠杆"。王永钦和徐鸿恂（2019）认为杠杆率会影响资产价格，因此杠杆率是宏观审慎政策的一种工具，同时也应是货币政策的一种调控工具。

（3）外汇政策

Rey（2016）指出全球金融周期制约了蒙代尔三元悖论的有效性，当资本大量流动时，灵活的汇率制度不足以保证货币政策的独立性。Brzoza-Brzezina 等（2017）基于波兰的经济数据构建了一个带有金融摩擦的小型开放经济模型，其中住房贷款能以本币或外币计价，发现大量外币贷款的存在会阻碍货币政策的有效传导，并恶化政策制定者面临的"产出—通胀"波动的权衡，而宏观审慎政策可以改善这种权衡，但其效果次于相同政策组合在仅有本币债务的经济体的结果。Ouyang 和 Guo（2019）基于包含家庭流动性约束的小型开放经济体 DSGE 模型，发现实施逆周期的宏观审慎政策能够有效缓解美国利率冲击造成的实际汇率波动。芦东等（2019）构建了包含银行部门与货币错配的开放宏观经济模型，研究在面对美联储加息、人民币贬值压力的情况下货币政策和宏观审慎政策的协调问题，发现"双支柱"调控能够减缓产出、通货膨胀和资产价格波动；与完全浮动汇率制相比，宏观审慎政策搭配管理浮动汇率制在中长期有助于促进产出和外债稳定。

（四）百家争鸣——非主流经济学的兴起

历次经济危机几乎都伴随着主流经济学的理论危机，激发了主流与非主流经济学之间的思想碰撞，2008 年国际金融危机亦不例外。在西方主流学派中，凯恩斯主义倡导者试图从信息不对称的角度解释金融市场泡沫的形成与破裂，认为在金融监管失灵和宏观调控不力的背景下，道德风险和逆向选择导致金融危机和经济衰退（Griffith-Jones, et al., 2010），虽然有必要适度进行政策调整，但危机并未颠覆原有的理论分析框架（Blanchard, et al., 2010）。与之相对，坚持新古典传统、推崇市场自发调节的学者认为金融危机这一"黑天鹅"事件仅代表市场的偶然失效，预防此类意外冲击的关键在于加强市场预警而非强化政府干预（Steven，2010）。非主流经济学家对主流学派的辩解颇多谴责，认为其对金融危机的起源和演变未能给予有效预见和合理解释，纷纷向主流理论发起挑战。以下总结了四大非主流学派对金融危机的成因解读及其政策应对。

1. 奥地利学派基于商业周期的解释

以米塞斯和哈耶克为代表的奥地利学派基于极端自由放任主义和货币非中性论，建立了商业周期理论，为解释和预测经济危机提供了独特视角（Hayek，1931）。商业周期理论的核心观点是，政府对市场的不当干预扭曲了价格信号和资源配置，进而引起繁荣与萧条的商业周期。2008年国际金融危机源于美国长期实行扩张性货币政策，2001年1月至2003年6月，美联储连续13次下调联邦基金利率，鼓励商业银行大量发放次级抵押贷款，在低利率和信贷扩张背景下，房地产泡沫日益膨胀形成了虚假的繁荣。由于房地产过度投资缺少收入和储蓄增长作为支撑，通货膨胀下的繁荣是不可持续的。随着美联储收紧货币政策，购房需求减少，房价大幅下跌，房贷违约率上升，房地产泡沫破裂和金融市场混乱导致危机爆发。奥地利学派主张采取自由放任政策应对金融危机，减少政府对市场调整的干预。Rothbard（1963）提出，萧条时期正确的政府政策就是严守自由放任的信条，包括大幅削减预算，并积极鼓励信贷收缩。尽管奥地利学派在解释金融危机成因时具有一定的合理性，但其极端自由放任的政策主张欠缺可操作性，因此未能得到政策制定者的普遍认可。

2. 马克思主义基于生产过剩的解释

马克思将经济危机产生机制总结为"资本主义商品经济下的危机可能性—资本主义再生产中的危机周期性—资本主义信用经济下的危机现实性"，认为经济危机产生的根源在于资本主义制度的基本矛盾，即生产社会化和生产资料私有化的矛盾（马克思，1975）。在资本与劳动的对立关系下产生收入分配不平等，逐利的资本家不断扩大生产而无产阶级购买能力有限造成产能过剩,从而引发经济危机的周期性爆发,信用制度和虚拟经济超常发展使危机的可能性变为现实性。马克思主义学派认为,2008年国际金融危机本质上是信贷扩张引起的消费领域(尤其是房地产领域)的产能过剩危机。长期的低利率促使资本向可获利部门扩张并形成相对产能过剩,美国通过增加消费信贷和鼓励金融创新来刺激居民消费需求,透支消费暂时掩盖了产能过剩问题。一旦出现信贷紧缩和房价下跌,债务违约率上升导致社会购买力下降,产能过剩危机由此产生。马克思主义和凯恩斯主义在解释金融危机成因时有共通之处,马克思主义基于生产过剩的角度,凯恩斯主义基于有效需求不足的角度,但均可沿着"有效需求不足—生产过剩—透支消费—债务违约—经济危机"的链条展开分析。

3. 后凯恩斯学派基于金融不稳定的解释

后凯恩斯学派对主流经济理论的货币中性论、均衡分析、有效市场假说、理性预期等核心命题展开批判与反思,认为经济危机源自市场的内在不稳定性,代表性理论之一是明斯基的金融不稳定假说(Minsky, 1982)。明斯基提出的投资融资理论(Financial Theory of Investment)认为,经济发展是一个"融资—投资—盈利—偿债"反复循环的资本积累过程,投资所产生的现金流能否偿还融资债务是经济不稳定的重要来源。根据现金流覆盖债务本息的程度,融资方式可分为三类,即现金流完全覆盖本息偿还的对冲性融资(hedge finance)、现金流仅覆盖利息偿还的投机性融资(speculative finance)、现金流无法覆盖本息偿还的庞氏融资(ponzi finance)。明斯基的金融不稳定假说将凯恩斯的不确定性经济理论引申到金融领域,重点阐述了融资结构变化影响金融体系脆弱性和经济金融不稳定的内在机制。资本逐利性致使资本主义经济容易出现投机繁荣(如2008年国际金融危机前出现房地产投机狂热),融资结构从以对冲性融资为主转变为投机性融资和庞氏融资占据主导。由于债务规模扩张引发通胀高企,政府实行紧缩性货币政策后,信贷供给收缩和投资盈利减少导致偿债压力加大,经济主体被迫抛售资产抵债,资产价值缩水和房地产泡沫破裂在所难免,金融体系陷入偿债能力恶化和债务大规模违约的危机,明斯基时刻最终来临。因此,债务扩张影响金融脆弱性的关键在于融资结构不稳定,且这种不稳定性内生于资本主义经济制度(Minsky,1986)。

4. 后凯恩斯学派基于现代货币理论的政策实践

后凯恩斯学派坚持凯恩斯主义的传统,主张将充分就业而非物价稳定作为宏观调控的首要目标,认为在经济具有内在不稳定性的条件下,财政政策比货币政策更为有效,且应遵循相机抉择的政策操作思路。作为后凯恩斯主义经济学中最为激进的一支,现代货币理论(Modern Monetary Theory,MMT)在财政赤字与通胀、财政政策与货币政策的边界等问题上提出颠覆式思考,引发了宏观金融理论的巨大争论。MMT的三大支柱是税收驱动货币论、财政赤字货币化和最后雇佣者计划,主张宏观调控应实施相机抉择的财政政策和被动适应的货币政策,认为政府举债不存在预算约束,充分就业的财政扩张政策不会引起通胀(功能性财政)。这一观点迎合了当下美国和日本等发达经济体运用零利率、量化宽松、大规模财政赤字等手段刺激经济政策,因此备受学界和政策制定者关注。MMT推崇由央行直接购买政府债务来供给货币的财政主导货币创造模式,本质上是政府通过增发货币进行透支的铸币税安排,终将引起恶性通胀和货币体系崩溃(Mankiw,2020)。尽管MMT关于政府发债无约束、央行与财政合二为一等主张存在理论局限和现实困境,但它对于认识货币体系本质、丰富宏观金融分析范式、重新审视财政与货币政策关系等方面均有一定启示(Juniper,et al.,2015)。

三　研究展望

如何在宏观经济学理论框架内系统地纳入内生性的金融体系,已经成为2008年国际金融危机后经济学家面临的一项主要任务。从目前的理论进展来看,宏观经济的金融建模虽然发展迅速,但仍存在以下四方面的不足。一是就DSGE的建模方法而言,大部分研究集中于银行部门的建模,而未考虑金融市场和银行部门的联动关系,对于金融部门内部结构和不同性质金融冲击的刻画仍然不够细致和深入，一定程度上降低了模型的现实解释力。二是从经济金融活动和政策行为之间的反馈关系来看，一些关键的金融变量（如利率、货币和信贷等）在模型各部门之间的传导机制和路径尚未完全明确，金融部门、实体部门和政策部门之间的多重复杂关联机制通常被忽略，使得基于模型的政策评估仍然存在诸多困难。例如，在分析中国地方债风险及其潜在的宏观金融风险时，鲜有文献考虑中央政府、地方政府和融资平台之间存在复杂的信用关系和隐性担保机制，以及地方政府举债行为与土地财政、房地产市场、影子银行之间的关系。在 DSGE 模型中纳入政府债务管理、体现债务规则特征的动态行为方程，从财政与金融相结合的视角讨论债务可持续性问题与金融稳定效应，或成为未来研究的努力方向。三是从政策分析来看，目前关于货币政策和宏观审慎政策之间协调搭配的文献相对较多，但关于"双支柱"政策和其他各种宏微观调控政策之间的协调搭配文献较少，尤其是财政部门的行为和稳健性会通过影响金融市场的政府债券风险溢价而对金融体系和实体经济产生重要影响。宏观经济政策在应对失衡时的考虑不应局限于金融稳定，更关键的问题在于理解为何源于金融体系内部的扭曲最终导致了金融体系之外的失衡，并对宏观经济产生重大影响。四是从国内应用研究来看，应用 DSGE 模型分析中国经济的文献大多停留在借鉴国外模型、利用中国数据进行校准的层面，而基于中国的经济金融结构性特征构建"原创性"DSGE 模型的基础性研究还相对少见。目前，美联储和欧央行等都建立了自身的大型宏观经济分析模型，用于经济和金融政策的分析、决策和评估。在未来的研究中，一个重要的研究方向是结合中国经济金融的各种结构性特征，构建能够有效解释和模拟中国经济实际运行的大型 DSGE 模型框架。

（执笔人：曹婧）

参考文献

卜林、郝毅、李政：《财政扩张背景下我国货币政策与宏观审慎政策协同研究》，《南开经济研究》2016 年第 5 期。

陈彦斌、刘哲希、陈伟泽：《经济增速放缓下的资产泡沫研究——基于含有高债务特征的动态一般均衡模型》，《经济研究》2018年第10期。

陈雨露、马勇：《中央银行的宏观监管职能：经济效果与影响因素分析》，《财经研究》2012年第5期。

陈雨露、马勇、阮卓阳：《金融周期和金融波动如何影响经济增长与金融稳定？》，《金融研究》2016年第2期。

邓创、徐曼：《中国的金融周期波动及其宏观经济效应的时变特征研究》，《数量经济技术经济研究》2014年第9期。

黄志刚、许伟：《住房市场波动与宏观经济政策的有效性》，《经济研究》2017年第5期。

李建强、张淑翠、秦海林：《货币政策、宏观审慎与财政政策协调配合——基于DSGE策略博弈分析与福利评价》，《财政研究》2018年第12期。

李力、温来成、唐遥、张偲：《货币政策与宏观审慎政策双支柱调控下的地方政府债务风险治理》，《经济研究》2020年第11期。

芦东、周梓楠、周行：《开放经济下的"双支柱"调控稳定效应研究》，《金融研究》2019年第12期。

马克思：《资本论》，人民出版社1975年版。

马勇、陈雨露：《宏观审慎政策的协调与搭配：基于中国的模拟分析》，《金融研究》2013年第8期。

马勇、李镏洋：《金融变量如何影响实体经济：基于中国的实证分析》，《金融评论》2015年第7期。

毛锐、刘楠楠、刘蓉：《地方政府债务扩张与系统性金融风险的触发机制》，《中国工业经济》2018年第4期。

王永钦、徐鸿恂：《杠杆率如何影响资产价格？——来自中国债券市场自然实验的证据》，《金融研究》2019年第2期。

熊琛、金昊：《地方政府债务风险与金融部门风险的"双螺旋"结构——基于非线性DSGE模型的分析》，《中国工业经济》2018年第12期。

张泽华、周闯：《资本账户开放下的宏观审慎政策和货币政策组合研究》，《世界经济研究》2019年第4期。

朱军、李建强、张淑翠：《财政整顿、"双支柱"政策与最优政策选择》，《中国工业经济》2018年第8期。

Agénor, P. -R. , K. Alper and L. A. Pereira da Silva, 2014, "Sudden Floods, Macro-prudential Regulation and Stability in an Open Economy", *Journal of International Money and Finance*, 48, 68 – 100.

Alpanda, S. and S. Zubairy, 2017, "Addressing Household Indebtedness: Monetary, Fiscal or Macroprudential Policy?", *European Economic Review*, 92 (2), 47 – 73.

Angeloni, I. , E. Faia and M. L. Duca, 2015, "Monetary Policy and Risk Taking", *Journal of Economic Dynamics and Control*, 52, 285 – 307.

Angeloni, I. and E. Faia, 2013, "Capital Regulation and Monetary Policy with Fragile Banks", *Journal of Monetary Economics*, 60, 311 – 324.

Antonakakis, N. , M. Breitenlechner and J. Scharler, 2015, "Business Cycle and Financial Cycle Spillovers in the G7 Countries", *Quarterly Review of Economics and Finance*, 58, 154 – 162.

Aoki, K. , J. Proudman and G. Vlieghe, 2004, "House Prices, Consumption, and Monetary Policy: A Financial Accelerator Approach", *Journal of Financial Intermediation*, 13 (4), 414 – 435.

Arestis, P. , 2007, *Is There a New Consensus in Macroeconomics?*, Palgrave Macmillan.

Arrow, K. J. and G. Debreu, 1954, "Existence of an Equilibrium for a Competitive Economy", *Econometrica*, 22 (3), 265 – 290.

Auclert, A. , 2019, "Monetary Policy and the Redistribution Channel", *American Economic Review*, 109 (6), 2333 – 2367.

Barro, R. J. , 1984, "Rational Expectations and Macroeconomics in 1984", *American Economic Review*, 74 (2), 179 – 182.

Bean, C. R. , M. Paustian, A. Penalver and T. Taylor, 2010, "Monetary Policy after the Fall", Proceedings—Economic Policy Symposium—Jackson Hole, Federal Reserve Bank of Kansas City, 267 – 328.

Beaton, K. , R. Lalonde and S. Snudden, 2014, "The Propagation of U. S. Shocks to Canada: Understanding the Role of Real Financial Linkages", *Canadian Journal of Economics*, 47 (2), 466 – 493.

Beau, D. , C. Cahn, L. Clerc and B. Mojon, 2014, "Macro-prudential Policy and the Conduct of Monetary Policy", *Banque de France Working Paper*, No. 390.

Bernanke, B. and M. Gertler, 1989, "Agency Costs, Net Worth, and Business Fluctuations", *American Economic Review*, 79 (1), 14–31.

Bernanke, B. S., 1983, "Nonmonetary Effects of the Financial Crisis in the Propagation of the Great Depression", *American Economic Review*, 73 (3), 257–276.

Bernanke, B. S., M. Gertler and S. Gilchrist, 1996, "The Financial Accelerator and the Flight to Quality", *Review of Economics and Statistics*, 78 (1), 1–15.

Bilbiie, F. O., 2020, "The New Keynesian Cross", *Journal of Monetary Economics*, 114, 90–108.

Blanchard, O., G. Dell'Ariccia and P. Mauro, 2010, "Rethinking Macroeconomic Policy", *Journal of Money, Credit and Banking*, 42 (s1), 199–215.

Bocola, L., 2016, "The Pass-through of Sovereign Risk", *Journal of Political Economy*, 124 (4), 879–926.

Borio, C. and I. Shim, 2007, "What can (Macro-) Prudential Policy do to Support Monetary Policy?", BIS Working Paper, No. 242.

Borio, C. E. V. and D. Mathias, 2009, "Assessing the Risk of Banking Crises—Revisited", *BIS Quarterly Review*.

Broner, F., A. Erce, A. Martin and J. Ventura, 2014, "Sovereign Debt Markets in Turbulent Times: Creditor Discrimination and Crowding-out Effects", *Journal of Monetary Economics*, 61, 114–142.

Bruno, V., I. Shim and H. SongShin, 2017, "Comparative Assessment of Macroprudential Policies", *Journal of Financial Stability*, 28, 183–202.

Brzoza-Brzezina, M., M. Kolasa and K. Makarski, 2017, "Monetary and Macroprudential Policy with Foreign Currency Loans", *Journal of Macroeconomics*, 54, 352–372.

Brzoza-Brzezina, M., P. Gelain and M. Kolasa, 2014, "Monetary and Macroprudential Policy with Multiperiod Loans", NBP Working Paper, No. 192.

Candian, G. and M. Dmitriev, 2020, "Risk Aversion, Uninsurable Idiosyncratic Risk, and the Financial Accelerator", *Review of Economic Dynamics*, 37 (7), 299–322.

Canuto, O. and M. Cavallari, 2013, "Asset Prices, Macro Prudential Regulation, and Monetary Policy", *Economic Premise*, 116.

Carlstrom, C. T. and T. S. Fuerst, 1997, "Agency Costs, Net Worth, and Business Fluctuations: A Computable General Equilibrium Analysis", *American Economic Review*, 87

(5), 893-910.

Carvalho, F. A. and M. R. Castro, 2017, "Macroprudential Policy Transmission and Interaction with Fiscal and Monetary Policy in an Emerging Economy: A DSGE Model for Brazil", *Macroeconomics and Finance in Emerging Market Economies*, 10 (3), 215-259.

Christensen, I. and A. Dib, 2008, "The Financial Accelerator in an Estimated New Keynesian Model", *Review of Economic Dynamics*, 11 (1), 155-178.

Christiano, L. J., M. Eichenbaum and C. L. Evans, 2005, "Nominal Rigidities and the Dynamic Effects of a Shock to Monetary Policy", *Journal of Political Economy*, 113 (1), 1-45.

Claessens, S., 2015, "An Overview of Macroprudential Policy Tools", *Annual Review of Financial Economics*, 7, 397-422.

Claessens, S., M. A. Kose and M. E. Terrones, 2012, "How do Business and Financial Cycles Interact?", *Journal of International Economics*, 87 (1), 178-190.

Collard, F., H. Dellas, B. Dibaand and O. Loisel, 2017, "Optimal Monetary and Prudential Policies", *American Economic Journal: Macroeconomics*, 9 (1), 40-87.

Cúrdia, V. and M. Woodford, 2009, "Credit Spreads and Monetary Policy", NBER Working Paper, No. 15289.

Davis, J. S., K. X. D. Huang and A. Sapci, 2022, "Land Price Dynamics and Macroeconomic Fluctuations with Imperfect Substitution in Real Estate Markets", *Journal of Economic Dynamics and Control*, 134, 104274.

De Graeve, F., 2008, "The External Finance Premium and the Macroeconomy: US post-WWII Evidence", *Journal of Economic Dynamics and Control*, 32, 3415-3440.

Dellas, H., B. Diba and O. Loisel, 2010, "Financial Shocks and Optimal Policy", Banque de France Working Paper, No. 277.

Dmitriev, M. and J. Hoddenbagh, 2017, "The Financial Accelerator and the Optimal State-dependent Contract", *Review of Economic Dynamics*, 24 (3), 43-65.

Doojav, G.-O. and K. Kalirajan, 2020, "Financial Frictions and Shocks in an Estimated Small Open Economy DSGE Model", *Journal of Quantitative Economics*, 18, 253-291.

Drehmann, M., C. Borio and K. Tsatsaronis, 2012, "Characterising the Financial Cycle: Don't Lose Sight of the Medium Term", BIS Working Paper, No. 380.

Eggertsson, G. B., R. E. Juelsrud and E. G. Wold, 2017, "Are Negative Nominal Interest Rates Expansionary?", NBER Working Paper, No. 24039.

Farhi, E. and I. Werning, 2019, "Monetary Policy, Bounded Rationality, and Incomplete Markets", *American Economic Review*, 109 (11), 3887 – 3928.

Farhi, E. and J. Tirole, 2018, "Deadly Embrace: Sovereign and Financial Balance Sheets Doom Loops", *Review of Economic Studies*, 85 (3), 1781 – 1823.

Figueroa, N. and O. Leukhina, 2018, "Cash Flows and Credit Cycles", *Journal of Banking & Finance*, 87, 318 – 332.

Fisher, I., 1933, "The Debt Deflation Theory of Great Depressions", *Econometric*, 1 (1), 337 – 357.

Friedman, M., 1956, "The Quantity Theory of Money—A Restatement", In: Friedman, M., Ed. *Studies in the Quantity Theory of Money*, University of Chicago Press.

Friedman, M. and A. J. Schwartz, 1963, *A Monetary History of the United States, 1867 – 1960*, Princeton University Press.

Funke, M., R. Kirkby and P. Mihaylovski, 2018, "House Prices and Macroprudential Policy in an Estimated DSGE Model of New Zealand", *Journal of Macroeconomics*, 56, 152 – 171.

Galati, G. and R. Moessner, 2013, "Macroprudential Policy—A Literature Review", *Journal of Economic Surveys*, 27 (5), 846 – 878.

Gao, X. and S. Xu, 2018, "The Role of Corporate Saving over the Business Cycle: Shock Absorber or Amplifier?", Bank of Canada Staff Working Paper, No. 1192.

Gennaioli, N., A. Martin and S. Rossi, 2014, "Sovereign Default, Domestic Banks, and Financial Institutions", *Journal of Finance*, 69 (2), 819 – 866.

Gerali, A., S. Neri, L. Sessa and F. M. Signoretti, 2010, "Credit and Banking in a DSGE Model of the Euro Area", *Journal of Money, Credit and Banking*, 42 (s1), 107 – 141.

Gertler, M. and N. Kiyotaki, 2010, "Financial Intermediation and Credit Policy in Business Cycle Analysis", *Handbook of Monetary Economics*, 3, 547 – 599.

Gertler, M. and N. Kiyotaki, 2015, "Banking, Liquidity, and Bank Runs in an Infinite Horizon Economy", *American Economic Review*, 105 (7), 2011 – 2043.

Greenwald, B. and J. E. Stiglitz, 1993, "New and Old Keynesians", *Journal of Economic Perspectives*, 7 (1), 23 – 44.

Greenwood-Nimmo, M. and A. Tarassow, 2016, "Monetary Shocks, Macroprudential Shocks and Financial Stability", *Economic Modelling*, 56, 11 – 24.

Griffith-Jones, S. , J. A. Ocampo and J. E. Stiglitz, 2010, *Time for a Visible Hand: Lessons from the 2008 World Financial Crisis*, Oxford University Press.

Grossman, S. J. and J. E. Stiglitz, 1980, "On the Impossibility of Informationally Efficient Markets", *American Economic Review*, 70 (3), 393 – 408.

Gurley, J. and E. Shaw, 1955, "Financial Aspects of Economic Development", *American Economic Review*, 45 (4), 515 – 538.

Hayek, F. A. , 1931, *Prices and Production*, London: Routledge.

Iacoviello, M. and S. Neri, 2010, "Housing Market Spillovers: Evidence from an Estimated DSGE Model", *American Economic Journal: Macroeconomics*, 2 (2), 125 – 164.

IMF, 2009, "Lessons for Monetary Policy from Asset Price Fluctuations", *World Economic Outlook*.

Jevons, W. S. , 1871, *Theory of Political Economy*, London: Macmillan.

Jordà, Ò. , M. Schularick and A. M. Taylor, 2016, "Macrofinancial History and the New Business Cycle Facts", NBER Working Paper, No. 380.

Juniper, J. , T. P. Sharpe and M. J. Watts, 2015, "Modern Monetary Theory: Contributions Andcritics", *Journal of Post Keynesian Economics*, 37 (2), 281 – 307.

Kannan, P. , P. Rabanal and A. M. Scott, 2012, "Monetary and Macroprudential Policy Rules in a Model with House Price Booms", *B. E. Journal of Macroeconomics*, 12 (1), 1 – 44.

Kaplan, G. , B. Moll, and G. L. Violante, 2018, "Monetary Policy According to HANK", *American Economic Review*, 108 (3), 697 – 743.

Keynes, J. M. , 1936, *The General Theory of Employment, Interest and Money*, Macmillan: Cambridge University Press.

Kindleberger, C. P. , 1978, *Manias, Panics, and Crashes: A History of Financial Crises*, New York: Basic Books.

Kiyotaki, N. and J. Moore, 1997, "Credit Cycles", *Journal of Political Economy*, 105 (2), 211 – 248.

Krishnamurthy, A. and T. Muir, 2017, "How Credit Cycles across a Financial Crisis", NBER Working Paper, No. 23850.

Kydland, F. E. and E. C. Prescott, 1982, "Time to Build and Aggregate Fluctuations", *Econometrica*, 50 (6), 1345 – 1370.

Laureys, L. and R. Meeks, 2018, "Monetary and Macroprudential Policies under Rules and Discretion", *Economics Letters*, 170, 104 – 108.

Leduc, S. and J. -M. Natal, 2018, "Monetary and Macroprudential Policies in a Leveraged Economy", *Economic Journal*, 128 (609), 797 – 826.

Levanon, G., J. -C. Manini, A. Ozyildirim, B. Schaitkin and J. Tanchua, 2015, "Using Financial Indicators to Predict Turning Points in the Business Cycle: The Case of the Leading Economic Index for the United States", *International Journal of Forecasting*, 31 (2), 426 – 445.

Liu, Z., P. Wang and T. Zha, 2013, "Land-Price Dynamics and Macroeconomic Fluctuations", *Econometrica*, 81 (3), 1147 – 1184.

Lucas, R. E., 1972, "Expectations and the Neutrality of Money", *Journal of Economic Theory*, 4 (2), 103 – 124.

Lucas, R. E., 1976, "Econometric Policy Evaluation: A Critique", *Carnegie-Rochester Conference Series on Public Policy*, 1, 19 – 46.

Ma, Y. and J. Zhang, 2016, "Financial Cycle, Business Cycle and Monetary Policy: Evidence from Four Major Economies", *International Journal of Finance & Economics*, 21 (4), 502 – 527.

Malkiel, B. G. and E. F. Fama, 1970, "Efficient Capital Markets: A Review of Theory and Empirical Work", *Journal of Finance*, 25 (2), 383 – 417.

Malmierca, M., 2020, "Optimal Macroprudential and Fiscal Policy in a Monetary Union", http://dx.doi.org/10.2139/ssrn.3732388.

Mankiw, N. G. and D. Romer, 1991, *New Keynesian Economics*, Volume 1, The MIT Press.

Mankiw, N. G., 2020, "A Skeptic's Guide to Modern Monetary Theory", *AEA Papers and Proceedings*, 110, 141 – 144.

Marshall, A., 1890, *Principles of Economics*, Liberty Fund.

McKay, A., E. Nakamura, and J. Steinsson, 2016, "The Power of Forward Guidance Revisited", *American Economic Review*, 106 (10), 3133 – 3158.

McKay, A. and R. Reis, 2016, "The Role of Automatic Stabilizers in the U. S. Business Cycle", *Econometrica*, 84 (1), 141 – 194.

Meh, C, A. and K. Moran, 2010, "The Role of Bank Capital in the Propagation of Shocks", *Journal of Economic Dynamics and Control*, 34, 555 – 576.

Menger, C., 1871, *Grundsätze der Volkswirtschaftslehre*, Wien: Wilhelm Braumüller.

Mian, A. and A. Sufi, 2012, "The Effects of Fiscal Stimulus: Evidence from the 2009 Cash forClunkers Program", *Quarterly Journal of Economics*, 127 (3), 1107 – 1142.

Minsky, H. P., 1982, "The Financial-Instability Hypothesis: Capitalist Processes and the Behavior of the Economy", in Charles P. Kindleberger and Jean-Pierre Laffargue, Eds., *Financial Crises: Theory, History, and Policy*, Cambridge University Press.

Minsky, H. P., 1975, *John Maynard Keynes*, Columbia University Press.

Minsky, H. P., 1986, *Stabilizing an Unstable Economy*, Yale University Press.

Modigliani, F. and M. H. Miller, 1958, "The Cost of Capital, Corporation Finance and the Theory of Investment", *American Economic Review*, 48 (3), 261 – 297.

N'Diaye, P., 2009, "Countercyclical Macro Prudential Policies in a Supporting Role to Monetary Policy", IMF Working Paper, No. 09/257.

Ouyang, A. Y. and S. Guo, 2019, "Macro-prudential Policies, the Global Financial Cycle and the Real Exchange Rate", *Journal of International Money and Finance*, 96 (9), 147 – 167.

Paoli, B. D. and M. Paustian, 2017, "Coordinating Monetary and Macroprudential Policies", *Journal of Money, Credit and Banking*, 49 (2 – 3), 319 – 349.

Popoyan, L., M. Napoletano and A. Roventini, 2017, "Taming Macroeconomic Instability: Monetary and Macro-prudential Policy Interactions in an Agent-based Model", *Journal of Economic Behavior & Organization*, 134 (2), 117 – 140.

Quint, D. and P. Rabanal, 2014, "Monetary and Macroprudential Policy in an Estimated DSGE Model of the Euro Area", *International Journal of Central Banking*, 10 (2), 169 – 236.

Reinhart, C. M. and K. S. Rogoff, 2009, *This Time is Different: Eight Centuries of Financial Folly*, Princeton University Press.

Rey, H., 2016, "International Channels of Transmission of Monetary Policy and the Mundellian Trilemma", *IMF Economic Review*, 64, 6 – 35.

Ricardo, D., 1817, *On the Principles of Political Economy, and Taxation*, Cambridge

University Press.

Richter, B. , M. Schularick and I. Shim, 2019, "The Costs of Macroprudential Policy", *Journal of International Economics*, 118 (3), 263 – 282.

Rothbard, M. N. , 1963, *America's Great Depression*, Ludwig Von Mises Institute.

Rubio, M. , 2016, "Short and Long-term Interest Rates and the Effectiveness of Monetary and Macroprudential Policies", *Journal of Macroeconomics*, 47, 103 – 115.

Rubio, M. , 2020, "Monetary Policy, Credit Markets, and Banks: A DSGE Perspective", *Economics Letters*, 195, 109481.

Rubio, M. and J. A. Carrasco-Gallego, 2014, "Macroprudential and Monetary Policies: Implications for Financial Stability and Welfare", *Journal of Banking & Finance*, 49, 326 – 336.

Sargent, T. J. and N. Wallace, 1975, " 'Rational' Expectations, the Optimal Monetary Instrument, and the Optimal Money Supply Rule", *Journal of Political Economy*, 83 (2), 241 – 254.

Shen, C. , J. Ren, Y. Huang, J. Shi and A. Wang, 2018, "Creating Financial Cycles in China and Interaction with Business Cycles on the Chinese Economy", *Emerging Markets Finance and Trade*, 54 (13), 502 – 527.

Silvo, A. , 2019, "The Interaction of Monetary and Macroprudential Policies", *Journal of Money, Credit and Banking*, 51 (4), 859 – 894.

Smets, F. and R. Wouters, 2007, "Shocks and Frictions in US Business Cycles: A Bayesian DSGE Approach", *American Economic Review*, 97 (3), 586 – 606.

Smith, A. , 1776, *An Inquiry into the Nature and Causes of the Wealth of Nations*, Chicage University Press.

Sosa-Padilla, C. , 2018, "Sovereign Defaults and Banking Crises", *Journal of Monetary Economics*, 99, 88 – 105.

Steven, K. , 2010, *Macroeconomic Theory and Its Failings: Alternative Perspectives on the Global Financial Crisis*, Edward Elgar.

Stock, J. H. and M. W. Watson, 2002, "Has the Business Cycle Changed and Why?", NBER Working Paper, No. 9127.

Suh, H. , 2012, "Macroprudential Policy: Its Effects and Relationship to Monetary Policy", FRB of Philadelphia Working Paper, No. 12 – 28.

Takáts, E. and J. Temesvary, 2021, "How does the Interaction of Macroprudential and Monetary Policies Affect Cross-border Bank Lending?", *Journal of International Economics*, 132.

Tayler, W. and R. Zilberman, 2014, "Macroprudential Regulation and the Role of Monetary Policy", Dynare Working Paper, No. 37.

Tobin, J., 1963, "Commercial Banks as Creators of 'Money'", In Deane Carson, Ed., *Banking and Monetary Studies*, Richard D. Irwin, Inc. 408 – 419.

Ulate, M., 2021, "Going Negative at the Zero Lower Bound: The Effects of Negative Nominal Interest Rates", *American Economic Review*, 111 (1), 1 – 40.

Walras, L., 1874, *Elémentsd' ÉConomie Politique Pure*, Lausanne: L. Corbaz, Paris: Guillaumin, Basel: H. Georg.

Zhang, A., M. Pan, B. Liu and Y. Weng, 2020, "Systemic Risk: The Coordination of Macroprudential and Monetary Policies in China", *Economic Modelling*, 93 (12), 415 – 429.

第二章 资产定价理论前沿

Markowitz（1952）首次将统计学中的期望和概率引入金融学，以此对收益和风险进行度量，进而将金融学的研究内容从以货币银行等宏观经济问题为主扩展到微观金融市场，开创了资产定价理论和实证研究的先河（Miller，2000）。在此之后近七十年里，资产定价理论在理论和实证方面均有了较大的发展。目前，资产定价已成为微观金融学研究领域中与政策制定者、投资者和居民家庭均发生紧密联系的重要话题（Brunnermeier, et al.，2021）。

所谓资产定价，简单来说，就是测度未来不确定性支付资产的现时价格或价值（Cochrane，2009）。在过去的七十年里，资产定价理论和实证研究均取得了长足的发展。

就理论资产定价而言，相关研究遵循静态分析→多阶段分析→连续分析的脉络渐续发展，同时不断优化的理论假设条件也使得理论资产定价获得了持续的发展和突破。就实证资产定价而言，如何更好地解释资产收益成为实证资产定价的核心脉络，相关研究试图从遗漏/无关变量、变量误差、随机贴现因子估计以及因子降维与筛选等方法论角度增强现有实证结果的说服力。此外，伴随着近年来金融科技的蓬勃发展，大数据、机器学习等技术手段也为资产定价研究提供了新的内核。

本章从经典的理论资产定价和实证资产定价的原创文献入手，以期在梳理理论发展脉络的基础上，把握资产定价的研究动态，展示资产定价理论对经济实践发展的影响和启示。

一 理论资产定价发展脉络

自 20 世纪 50 年代以来，众多学者运用数理经济学的研究方法对现实中的投资现象予以定量刻画，不断丰富着理论资产定价的内涵。其发展阶段可以概括为：从以 Markowitz（1952）提出的均值方差模型为代表的静态分析到以 Merton（1973）提出的 ICAPM 模型为代表的多阶段分析，再到以 Black 和 Scholes（1973）的 B – S 公式为代表的连续分析三个主要阶段。

（一）静态分析阶段

作为资产定价理论的开创性文章，Markowitz（1952）提出的均值—方差模型从定量视角简单而又具体地回答了投资学当中一个最基本也是最现实的问题——投资者如何选择资产。在他的理论框架下，投资者偏好同等收益下风险更小的资产。更为一般性地，投资者的投资组合存在边界，Markowitz 将其称为有效边界。随后，Sharpe（1964）和 Lintner（1965）在 Markowitz（1952）有效边界成果的基础上通过引入有效市场组合系统性地回答了投资者更为关注的问题——资产的收益是如何确定的。所谓有效市场组合，是指在完美市场下，所有证券投资形成的投资组合。Sharpe（1964）和 Lintner（1965）提出的 CAPM 模型的数学表达式为：

$$E(r_i) = r_f + \beta_i [E(r_m) - r_f] \quad (2-1)$$

（2 – 1）式直观地告诉我们，资产 i 的收益由无风险收益和风险收益组成，其中风险收益取决于资产 i 与市场组合的风险暴露，称之为市场风险贝塔（β）。

考虑到均值方差模型以及 CAPM 模型都是从资产价值层面研究资产定价理论，而价格作为价值的表现形式，在现实中对其会有一定的偏离。对此，Fama（1970）在前人的基础上提出了有效市场假说对资产的价格和价值予以阐述，并因此获得 2013 年诺贝尔经济学奖。他认为有效市场下，证券价格总是可以充分体现可获得信息变化的影响。也就是说，在任何时候，证券的市场价格都是其内在价值或基本价值的最佳估计。

由于 Fama（1970）提出的有效市场假说是建立在完美的市场这一理想状态的，为了更贴近现实，Ross（1976）提出了与有效市场假说不同的观点。他认为，市场上对于资产的定价存在错误的可能，但市场最终会修正价格以达到公允价值。投资者可以利用这种偏差来获利。更一般地，他将资产的收益刻画为各种因子的线性组合：

$$E(r_p) = r_f + \sum_{i=1}^{n} \beta_i F_i \qquad (2-2)$$

其中，$E(r_p)$ 表示资产的预期收益，r_f 为无风险利率，β_i 为资产价格对该因子的敏感性，F_i 表示与该因子相关的风险溢价。（2-2）式是 CAPM 模型更为一般的形式，它不要求因子是像市场组合一样的可交易资产，如消费增长、经济增长等宏观变量均可以成为式中的因子变量。虽然 APT 模型仍然停留在静态分析阶段，但它为随后四十多年蓬勃发展的实证资产定价提供了技术框架。

总的来说，20 世纪 50—70 年代，理论资产定价经历了均值—方差→有效边界→CAPM→有效市场→APT 模型的发展演进。可以说，这一阶段是理论资产定价成果最丰富的阶段，诞生了诸多经久不衰的经典模型，也为实证资产定价研究的起步和发展奠定了基石。同时，这一时期的理论资产定价展现出了显著的"共性"——集中在分析不同资产收益的差异性，即横截面视角的资产收益。因此，这一时期的研究被视为理论资产定价的静态分析阶段。

（二）多阶段分析阶段

在理论资产静态分析阶段，投资者只在单期做决策。20 世纪 70 年代，Merton（1973）在连续时间的框架下，建立了跨期资本资产定价模型 ICAPM。在 ICAPM 中，不同时期的经济环境、经济因素等特征将由投资机会集来表述。而投资机会集又通过与其高度相关的证券或证券组合来表述。这样，一般资产收益率与跨期不确定性的关系就被描述成与特定资产收益率之间的关系。在他们的分析框架下，投资者的最优决策函数为：

$$\max E_0\left\{\int_0^T \mu[c(t)]e^{-\rho t}dt + B[W(T),T]e^{-\rho T}\right\} \quad (2-3)$$

其中，$W(T)$ 是当消费者投资死亡时留下的财富，刻画了投资者的投资选择，$\mu(\cdot)$ 是效用函数，$B(\cdot)$ 是财富效用函数，$c(t)$ 是投资者的消费。经过动态规划求解，ICAPM 可以表达为与 APT 类似的形式：

$$E(r_p) - r_f = \beta_{p,m}(E(r_m) - r_f) + \sum_{i=1}^n \beta_{p,i}(r_i - r_f) \quad (2-4)$$

ICAPM 告诉我们，资产的超额收益除与市场组合收益的风险补偿有关外，还与其他投资资产的风险补偿有关。这些风险补偿主要由风险暴露决定，并且将风险暴露统一称为贝塔（如 CAPM 模型中的市场贝塔）。如果说 APT 模型为实证资产定价建立了技术框架，那么 ICAPM 模型则为 APT 模型填充了理论内涵。APT 模型与 ICAPM 模型有着诸多相似之处，但两者在实证技术层面存在一定的差异。APT 模型对于因子的选择主要从资产收益的协方差矩阵入手，而 ICAPM 模型则从资产收益的分布入手。

在 Merton（1973）分析框架之上，20 世纪 70 年代末，Rubinstein（1976）、Breeden 和 Litzenberger（1978）以及 Breeden（1979）分别独立推导出了基于消费的资本资产定价（CCAPM）模型。借助投资者风险偏好和时间偏好两个主要因素，仅仅从消费和资产收益之间简单的关系便反映了复杂的跨期多因子资产定价模型的内涵，拉进了资产定价与宏观经济的关系。此外，由于该模型提出了定价核（pricing kernel）概念，将资产定价理论研究概括为表述为 $p = E(mx)$ 的方程式，成为之后众多理论资产定价模型发展的基础。

具体来讲，在 CCAPM 模型下，存在可以代表整个社会消费投资行为的代表性行为人，他们的消费、投资决策决定了资产的价格。为便于理解，我们在这里只简单考察如下的两期模型：

$$\max_{\xi} U(C) = \mu(c_t) + E_t[\beta\mu(c_{t+1})]$$

$$s.\ t \begin{cases} c_t = e_t - p_t\xi \\ c_{t+1} = e_{t+1} + x_{t+1}\xi \end{cases} \quad (2-5)$$

其中，c_t，c_{t+1} 分别是代表性行为人 t 时期和 $t+1$ 时期的消费，β 为折现因子，反映投资者的不耐烦性或者说时间偏好（同样数量的消费量，当期消费要优于下一期消费），e_t，e_{t+1} 是投资者在 t 时期和 $t+1$ 时期的禀赋，p_t 是资产的价格，ξ 是资产的数量，x_{t+1} 是资产在 $t+1$ 时期的支付。模型的核心思想体现在行为人在当期放弃消费，选择投资资产，是为了未来更多地消费效用。

对（2-5）式进行一阶导数求解，我们可以得到欧拉方程 $p_t u'(c_t) = E_t[\beta u'(c_{t+1}) x_{t+1}]$，它直观地告诉我们行为人的最优选择是在今日少消费的效应与未来多消费的效应相等之时。进一步经过移项，CCAPM 模型可以得到资产定价理论的一般公式 $p = E(mx)$，其中 p 表示资产的价格，此处，$m = \beta \dfrac{u'(c_{t+1})}{u'(c_t)}$，也被称为定价核，反映了资产定价理论中的延迟性（delay），而 x 是资产未来的支付，此处，x 即为 x_{t+1}，反映了资产定价理论的不确定性（uncertain）。随后，通过本期价格为 1 的无风险资产收益 r_f 与 $E(m)$ 之间的关系，我们可以得到 $r_f = \dfrac{1}{E(m)}$，并经过运算，得到 CCAPM 的收益表达式：

$$E_t(r_i) = r_f - r_f cov(m, r_i)$$

或者是：

$$E_t(r_i) = r_f + \frac{-cov(u'(c_{t+1}), r_i)}{E[u'(c_{t+1})]} \quad (2-6)$$

CCAPM 收益表达式告诉我们资产的收益由无风险资产和风险补偿构成，这与 CAPM 的结论一致，但不同的是，风险补偿来源于资产是否在多期消费中具有平滑的作用。如果资产使得多期消费更加波动，则投资者需要更高的补偿收益以持有该资产。与 CAPM 模型中的市场贝塔类似，CCAPM 模型中也存在一个风险暴露贝塔——消费贝塔。或者说，在

ICAPM 模型框架下，CCAPM 只考虑了消费贝塔。

(三) 连续分析阶段

在理论资产定价的连续分析阶段，学者将诸如布朗运动、伊藤过程、鞅表示定理等随机分析中的理论应用到资产定价当中。这部分的理论主要应用于像期权等金融衍生品的定价，典型代表是 Black 和 Scholes (1973) 利用无套利原理和伊藤公示推导出的著名 B – S 期权定价公式。

在 Black 和 Scholes (1973) 分析框架下，他们不考虑股票的分红，且假设存在无摩擦无税收等交易成本的完美市场，并且投资者可以无条件地进行资金借贷。此外，他们有两个非常重要的假设，其一是风险中性，即任何资产只能获得无风险收益，在该假设下，一份 t 时刻购买，T 时刻行权，执行价格为 K 的欧式看涨期权的价值满足：

$$C_t = e^{-r_f(T-t)} E\{\max(0, S_T - K)\} \quad (2-7)$$

其中，S_T 为期权对应基础股票在 T 时刻的价格，r_f 是无风险利率，$e^{-r_f(T-t)}$ 反映了无风险贴现。

B – S 期权定价公示的重要假设二是股票价格服从几何布朗运动，即：

$$dS_t = \mu S_t dt + \sigma S_t dW_t \quad (2-8)$$

其中，S_t 为股票价格，$\mu S_t dt$ 反映股票价格的增量，μ 为常数，通常被称为百分比漂移；$\sigma S_t dW_t$ 代表股价不确定性波动，σ 也是常数，通常被称为百分比波动率，W_t 是满足布朗运动的维纳过程，要求其增量 dW_t 满足标准正态分布。

在上述假设下，经过数学运算可以得到著名的 B – S 期权定价公示：

$$C_t = S_t N(d_1) - e^{-r_f(T-t)} K N(d_2)$$

$$d_1 = \frac{\ln \frac{S_t}{K} + (r_f + \frac{1}{2} \sigma^2) T}{\sigma \sqrt{T-t}}$$

$$d_2 = d_1 - \sigma T \quad (2-9)$$

其中，$N(\cdot)$ 为正态分布的累计概率分布函数，σ 为股票波动率。

B-S期权定价公示的提出为规范衍生品市场交易提供了理论支持，当时该文章一经发表便被应用于芝加哥期权交易所。但该模型由于假设过于完美也受到了许多学者的批判。由于本节以对股票资产定价研究为主，这里不再展开讨论。

二　理论资产定价的现实困境与突破

由于CCAPM模型是$p = E(mx)$表达式的起源。其中有关延时性和不确定性的概念至今仍然是理论资产定价的核心。基于此，20世纪70年代以来，为了令CCAPM模型更好地符合现实数据，大量的研究从消费者效用函数、市场结构变化、参与主体变化以及行为金融学等多个视角对理论资产定价模型加以改进。

（一）理论资产定价遭遇的现实困境

在CCAPM模型中，一个非常重要的问题是对消费者效用函数的刻画。最常用也是该模型提出时便采用的刻画方式是相对风险规避效用函数（CRRA）。CRRA有三方面的优势：一是集聚效应，即使用代表性行为人的消费行为便可以有效地刻画总体消费情况，这也是最初使用该设定最主要的原因；二是时间一致性，即行为人的选择不随时间而改变；三是规模不变性，可以在社会整体规模发生变化时保证证券收益的平稳性（Mehra，2012）。

CRRA的设定为CCAPM研究带来了诸多便利，但在20世纪八九十年代的诸多实证结果中，学者们发现该设定难以与现实数据相吻合。这其中最为著名的便是股权溢价之谜和无风险利率之谜，这两个问题的提出在很大程度上推动了CCAPM模型的发展。

首先，Hansen和Singleton（1982）为了有效估计CCAPM模型参数，提出了针对非线性模型参数估计的广义矩估计（GMM）方法。该方法至今仍然是计量经济学和资产定价领域举足轻重的估计方法，Hasen也因此获得了2013年诺贝尔经济学奖。借助GMM的方法，Hansen和Singleton（1982）提出，在 CCAPM 模型框架下，如果使用 CRRA 效用函数的设定，并通过实际数据对参数求解会得到投资者风险厌恶为负数，意味着投资者是风险偏好的，这与现实情况不符，因此他们认为 CRRA 效用函数的假设存在很大问题。

无独有偶，Mehra 和 Prescott（1985）也发现了类似的问题，并将 CRRA 设定下的 CCAPM 模型研究推向了高潮。在研究美国 1889—1978 年 89 年的历史数据时，他们使用 S&P500 指数的历史平均回报作为经济中风险资本股票的预期回报的代理变量，用国库券的历史平均回报作为无风险利率的代理变量，进而发现股票市场的风险溢价仅有 0.35%，这与过去 100 年历史数据测算得到的 6.18% 差异巨大。他们将这个现象称为股票溢价之谜（euqity premium puzzle）。Mehra 和 Prescott（1985）进一步分析认为，如果 CRRA 设定下的 CCAPM 模型成立，风险规避系数设定在正常的 0—10 是难以满足的，该系数应该为 30—40，但这又会导致无风险利率达到 12.7%，即 Weil（1989）提出的"无风险利率之谜"。"股票溢价之谜"和"无风险利率之谜"的矛盾性结果迫使后来的学者对 CCAPM 的模型设定进行改进与完善以贴合现实。

（二）消费者效用函数的改进

1. 广义预期效用函数

CRRA 设定下的 CCAPM 模型虽然有诸多便利，但在该设定下，相对风险规避系数与消费跨期替代弹性互为倒数。在现实中，两者之间并没有十分紧密的联系，即风险规避系数与消费跨期替代弹性之间并不存在互为倒数的天然约束。理论上来讲，消费跨期替代弹性反映的是投资者对于不同时间下的消费安排，而风险规避系数反映的则是对消费替代的意愿。两者拥有不同的内涵，也并非必然的倒数关联。据此，Epstein 和 Zin（1991）提出了广义预期效用函数（Generalized Expected Utility，GEU），打破了风险规避系数与消费跨期替代弹性之间的联系，其效用函数如下：

$$U_t = \{(1-\delta)C_t^{\frac{1-\gamma}{\theta}} + \delta(E_t U_{t+1}^{1-\gamma})^{\frac{1}{\theta}}\}^{\frac{\theta}{1-\gamma}} \qquad (2-10)$$

其中，$\theta = \dfrac{1-\gamma}{1-1/\varphi}$，$\varphi$ 表述跨期替代弹性，γ 表示经济人相对风险规避系数。

在广义预期效用函数设定下，风险规避系数和消费跨期替代之间并没有明确的代数关系，因此我们可以在设定风险规避系数很大的情况下不需要将消费跨期替代设定得非常小，这意味着投资者即使有很高的风险厌恶，也不一定需要随时间推移而平滑消费，因此这一设定可以有效解决"无风险利率之谜"。

2. 消费惯性

与 Epstein 和 Zin（1991）将 CRRA 设定为更一般的效用函数不同，Constantinides（1990）注意到 Mehra 和 Prescott（1985）设定的效用函数中，投资者的效用具有时间上的独立性和状态上的可加性，即当期的消费效用并不受到上一期消费的影响，这与经济直觉不相符合。"由俭入奢易，由奢入俭难"，恰到好处地反映了现实生活中消费惯性的存在。从内部来讲，投资者过去的消费情况显然在很大程度上决定着投资者往后的消费效用。

对此，Constantinides（1990）首次在资产定价模型中引入了消费惯性（habit persistence）的概念，认为投资者的效用并不具备时间上的独立性，当期与前期间存在显著关联，其效用函数如下：

$$E_t \sum_{j=0}^{\infty} \delta^j (C_{t+j} - \tau C_{t+j-1})^{1-\gamma}, \tau > 0 \qquad (2-11)$$

投资者的当期消费的边际效用受到前期消费的影响：

$$MU_t = (C_t - \tau C_{t-1})^{-\gamma} - \delta \tau E_t (C_{t+1} - \tau C_t)^{-\gamma} \qquad (2-12)$$

在 Constantinides（1990）基础之上，Heaton（1995）进一步指出，消费惯性应具有更强的延续性，为了更加贴近现实地刻画现实生活中的消费惯性，可采用消费习惯的几何递减结构，具体设定如下：

$$E_0 \sum_{t=0}^{\infty} \delta^t \frac{[1+\theta(L)C_t]^{1-\gamma}}{1-\gamma} \qquad (2-13)$$

其中，$\theta(L) = -[|\theta|L^1 + |\theta|^2 L^2 + \ldots]$，刻画了代表性行为人过去的消费水平。

从直观上讲，消费习惯形成的效用函数可以解释为一个扭结效用函数，当消费低于习惯时，消费的边际效用有一个大的上升跳跃。另外需要指出的是，该设定下，投资者的相对风险厌恶比 CRRA 之下还要高，因此不能在不引起对消费风险的极端厌恶的情况下解决"股票溢价之谜"。但它可以解决"无风险利率之谜"，因为对消费风险的厌恶增加会增加对债券的需求，从而降低了无风险利率。

3. 相对消费

Constantinides（1990）引入的消费惯性研究了消费者内部行为对其消费效用的影响，由于过去的消费行为也是投资者可控变量，因此该设定令模型求解更为复杂。与此同时，Abel（1990）也认同不能用绝对消费水平，而应该用相对消费水平刻画消费者的效应函数，但他们认为这种相对性更多的是来自与他人的对比，他们称为追赶效应。换言之，投资者的投资决策不是受到自身当前消费效用的影响，更多的是受到社会消费对自身消费影响的影响。即将社会的平均消费水平引入效用函数，得到：

$$U_t = \sum_{t=0}^{\infty} \delta^j \frac{\left(\frac{C_{t+j}}{X_{t+j}}\right)^{1-\gamma} - 1}{1-\gamma} \qquad (2-14)$$

其中，X_t 是外部的社会总消费水平，它依赖于过去 $t-1$ 期的历史消费情况，并对 t 期代表性行为人的效用函数产生影响。

由于引入的社会总消费水平是外生变量，这给模型求解带来了很大便利。同时该设定非常直观的指出，投资者的消费效用取决于其消费相对于社会总消费水平的相对情况，在这种情况下，股票作为一种风险相对较大的资产，很可能使得投资者的相对消费水平下降，因此股票相对于债券需要更高的风险补偿。与 Constantinides（1990）消费习惯的设定类似，Abel（1990）的相对消费设定放大了投资者的风险厌恶，因此在解决"无风险利率之谜"上十分有效，但在解决"股票溢价之谜"上效果不佳。

20世纪90年代，学者们对CCAPM模型效用函数的改进回答了"无风险利率之谜"，但在大家更为关注的"股票溢价之谜"上建树不多。对此，学者们一方面开始思考从代表性行为人消费视角研究资产价格是否合理，另一方面对于CCAPM模型下完美市场的设定进行质疑。此外，现实世界的诸多变化也启示着学者们对资产定价理论模型加以改进，虽然诸多模型已经抛弃了CCAPM中消费贝塔的形式，但都离不开 $p = E(mx)$ 中定价核的思想。因此在后面的文献梳理中，主要介绍模型设定背后的逻辑以及其应用，而不再对模型的具体形式加以描述。

（三）市场主体的变化

1. 异质信念

最初，Markowitz（1952）在其现代证券组合理论中提出每个投资者在进行投资决策时均服从"均方偏好"，这成为股票市场上的"同质信念"的开端。此后，同质信念成为资产定价理论中一个重要的基础条件。在同质信念的假设下，每位投资者面对的经济环境是相同的，大家基于相同的信息做着相同的判断，拥有着相同的信念（或消费偏好），即同质信念中所有的投资者在信息成本、信息传播和信息处理上存在三个前提：信息是免费的、信息传播是无摩擦的、投资者对同一信息的处理方式是相同的。显然，同质信念的假设与现实情况有着较大的距离。现实中，投资者所处的经济环境千差万别，所能获得的信息存在很大差异。并且，不同投资者对信息的处理也不尽相同的。因此，同质信念被越来越多的认为是一种过于理想的假设条件。

最先提出这一问题的是Miller，几乎与CCAPM模型的提出同时，Miller（1977）率先提出了"异质信念"的概念，认为不同的投资者对期望收益具有不同的预期，这种异质信念影响了资产价格的形成。"异质信念"一经提出，便受到了学者们的普遍关注和广泛认同。当下，"异质信念"的资产定价研究主要从三个方面来探讨：异质信念的形成，异质信念的测度，异质信念与股票收益的关系。

就异质信念的形成而言，包括信念的形成和信念的实现两个过程。信念的形成过程包括异质偏好（投资者效用差异和风险规避差异）和异质预期（信息不对称、先验异质性和学习效应），信念的实现是指投资者在投资过程中受到制度约束（Miller，1977）、市场流动性和自身财富收入（Campbell and Cochrane，2000）等限制，导致投资者的预期并不能如期实现，因此异质信念是综合体现投资者交易过程的一个概念。

就异质信念的测度而言，投资者对资产价值的看法不同才会引起资产的买卖。因此异质信念越强，资产的交易应该越频繁，换手率（Turnover）很显然是一个常用且易于获得的指标（Jones，et al.，1994）。与这一想法类似，Bessembinder 等（1996）则从期货市场入手，用股指期货未平仓数量测度异质信念。亦有学者从公司股权结构角度出发，认为被更多投资者持有股票的公司，其异质信念越弱，因此使用所有权深度和卖空限制两个指标作为异质信念的代理指标（Chen，et al.，2002）。此外，众多学者通过实证发现，特质波动率和时事预测分歧也是衡量异质信念的有效指标（Boehme，et al.，2006；Graham and Harvey，1996；Harris and Raviv，1993；Shalen，1993）。考虑到数据的易获得性以及在实证检验中良好的表现，目前最常用也最具代表性的是 Anderson 等（2005）提出的分析师分歧指标。

就异质信念对资产价格的影响而言，目前学界主要存在三种经典模型从不同角度刻画异质信念对资产价格的影响。第一类是噪音交易模型。该模型从信息因素出发，依据投资者所掌握的不同信息质量，将投资者划分为信息完备的理性投资者与信息欠缺的非理性投资者。噪音交易者的非理性程度越高，信息交易者所面临的套利风险越大，最终导致理性信息交易者亏损，而噪音交易者获利。Delong 等学者于 1991 年提出经典的 DSSW 模型研究噪音交易行为。此后，学者们依据噪音交易模型解释股票收益波动性与可预测性的还有 Campbell 和 Kyle（1993）以及 Boco 等（2016）。此外，Kyle 和 Wang（1997）对 DSSW 模型进行修正，将投资者分为内部交易者、噪音交易者和做市商；Xiong（2001）在连续时间均衡模型中研究了对数效用的收敛交易者。第二类是不同先验概率下的异质信念模型。Basak（2005）构建连续时间框架下基于条件期望估计投资平均增长率的模型，研究发现异质信念与市场波动和风险溢价正相关，与股票价格负相关。Banerjee（2011）指出，投资者间的专业知识差异是异质信念的主要成因，研究发现异质信念对预期收益、收益波动率以及市场贝塔值产生正面影响。Caglayan 等（2020）运用机器学习法测算某二级市场上贷款再出售的期望概率，将预测值与市场结果进行比较，研究发现销售者一旦观察到购买者对资产价值的判断，就会改变自己的定价行为。第三类是卖空限制下的异质信念模型。研究资产定价时不能忽略投资人金融约束对资产价格动态的影响，异质信念对资产定价的影响研究通常以卖空限制为前提。Miller（1977）研究发现在卖空限制下，异质信念与股价被高估程度正相关，与股价未来收益负相关。在此分析框架下，异质信念的提出为解释"股票溢价之谜"提供了有力支撑。Kasa 等（2014）通过建立具有持续异质信念的动态资产定价模型研究，发现异质信念的存在导致超额收益。Chen 等（2002）以及 Johnson（2004）的研究表明，当投资人存在卖空限制时，异质信念会对股票收益率产生负向影响。Hibbert 等（2020）研究发现异质信念是股票增发时公司波动性的一个重要决定因素，且当卖空限制收紧时，异质信念与收益波动率之间的关系减弱。

2. 有限关注

对于关注的最早研究可追溯到 Egeth 和 Kahneman（1975），学者通过研究关注来理解自我反省机制。而从经济学角度对于关注进行具象化的定义则始于 Hirshleifer 等（2004），他认为关注主要包括两个内在过程。一是编码过程，即对于外部环境刺激（如公司信息披露等）进行编码；二是对于意识思维进行处理的过程。在现实当中，一方面由于投资者知识以及精力的限制，不可能关注到市场上所有资产，另一方面由于信息不对称的现实，投资者的关注度往往是有限的。基于此，20 世纪初学者们发现市场中资产回报的联动程度远高于资产基本面的联动，为了对于这一异象给出合理的解释，学者们试图从投资者关注的视角加以解释。

Peng 和 Xiong（2006）将投资者关注度的理念引入资产定价模型。揭示了有限关注将会产生内生化的信息结构，并且发现投资者存在分类学习的行为，即投资者在关注资源有限时将会更倾向于关注宏观层面和行业层面的信息。Mondria（2010）在此基础上，利用熵减过程衡量信息处理，同样研究了有限关注对于资产价格的影响。发现在均衡状态下投资者可观察到的私人信息由两种资产收益信号的线性组合而成，因此当一类资产出现利好时私人信号将会变大，但投资者往往会用较高私人信息同时去更新两类资产的收益，从而导致资产价格联动高于基本面的联动。

也有学者从投资者类型对有限关注加以研究。Hirshleifer 和 Teoh（2003）假定存在关注型投资者和疏忽性投资者，其中关注型投资者对于所有公开信息都能准确地理解和认知，而疏忽性投资者根据理性贝叶斯法则更新自己的信念。他们发现盈余预告能够使得投资者认知向上偏误，在反应不足的前提下，使得股票价格更加趋近于真实价值。同时由于有限关注的影响，内容等价的公告仅仅因为分开披露或者整体披露的区别，也会对资产价格产生影响。类似地，Barber 和 Odean（2008）在模型中引进了对于市场信息的理解和关注具有滞后性的噪声交易者和能迅速地关注并掌握市场所有信息的知情者，证明了关注度的增加会导致个人投资收益的减少。

3. 金融中介

金融中介资产定价（Intermediary Asset Pricing，IAP），是近十年来资产定价领域研究的前沿。我们知道，基于消费的资本资产定价模型（CCAPM）引入了定价核，为后续资产定价理论的发展指引了方向。但现实世界与 CCAPM 假设的模型存在诸多不同，虽然后续也有学者从异质性代理人（heterogeneous agent）的角度放松模型假设（Constantinides and Duffie，1996；Heaton and Lucas，1996），但这都离不开将家庭个人作为金融市场交易主要行为人的假设。事实上，家庭个人除直接将资本投资于金融市场，更多的是通过各种金融中介，如共同基金、养老基金等参与金融市场交易。因此，金融中介在资本市场运行中扮演着越来越重要的角色，成为资产定价理论中不可忽视的组成部分。

在 He 和 Krishnamurthy（2013）之前的资产定价研究当中，虽然也注意到了金融中介的重要作用，从金融中介交易费用、金融摩擦等多个角度阐释了金融中介对于资产定价的意义。但是金融中介的交易行为被视为其客户投资行为的代表，这种仅仅将金融中介视为"面纱"并将个体投资者的投资决策视为最优选择的假设忽视了几个基本事实。一方面，随着金融工具的不断创新，金融交易系统的发展，个体投资者由于专业知识的缺乏和信息的不完善，其投资决策几乎不可能实现传统 CCAPM 模型下的"理性"；另一方面，越来越多的金融中介对于客户的资本有着比较灵活的支配权，他们运用的模型更加精确，交易频率更高，已经凭借自己的技术和信息优势成为金融市场交易的主流，因此，以机构投资者为代表的金融中介更具有理性边际交易者（margin trader）的特征。

CCAPM 模型的核心思想在于 $p_t u'(c_t) = E_t[\beta u'(c_{t+1}) x_{t+1}]$ 所表达的，今日减少消费的效用应该与未来增加消费带来的效用相等，或者说投资者人的行为反映了其最优消费与投资决策。在同样的逻辑框架下 He 和 Krishnamurthy（2013）站在金融中介，而不是家庭投资者的视角，研究其资本需求与相应的投资决策，进而对交易资产予以定价，开创了资产定价理论的金融中介资产定价分支，并将资本杠杆率作为金融中介边际收益的测度，为后来该领域的发展做出了突出贡献。

金融中介资产定价建立在 CCAPM 的跨期需求决策框架之下，因此通过欧拉方程求解的金融中介需求曲线是 IAP 的基础，但这样会带来另一个问题：金融中介的需求与资产价格又是什么样的关系？为了解决这一问题，市场出清成为 IAP 理论中一个不可或缺的假设（Koijen and Yogo, 2015），这也是学者们普遍的共识。因此，在后面的研究当中，一方面，学者们更多地关注如何去测度金融系统的需求曲线以及需求弹性（Koijen, et al., 2020）；另一方面，在实证研究方面，金融中介在定价因子中具有多高的比重，金融中介什么特征对资产定价更具影响力，哪个国家的金融中介的定价影响力更强以及金融中介影响资产价格的渠道是什么，已经成为当下研究的热点（Brunnermeier, et al., 2021）。

（四）市场结构的变化

1. 交易限制

Miller（1977）在提出投资者异质信念的同时也讨论了卖空限制对股票价格的影响。在他的观点中，存在卖空限制的市场不能完全表达所有投资者的信念，预测股票价格上涨的人群会参与股票交易，但预测股票价格下跌的人群由于卖空限制的影响无法参与市场交易，他们对于股票的信念也就无法通过价格予以反映。因此，在这样的情形下，股票的价格仅仅反映了所谓乐观人群的信念，股票价格存在明显被高估的趋势。这一观点在后来也得到了许多学者多个角度的支持（Chang, et al., 2007；Scheinkman and Xiong, 2003）。

与 Miller（1977）的观点不同的是，Diamond 和 Verrecchia（1987）以及 Jarrow（1980）站在有效市场假说的视角下，前者认为只要投资者是理性的，知道卖空存在限制，那么即使有部分投资者不能参与股票交易，股票当下的价格也是可参与者考虑了未参与者信息的情形下的有效价格；而后者认为，某只股票不可卖空，但只要可以卖空与其关联的股票，那部分未能参与原股票交易的投资者可以通过卖空关联股票的行为表达其信息，从而使市场真实反映原股票价格。这些观点的假设过于理想化，虽然考虑了卖空限制，但额外的假设与现实不符，因此未能成为主流。

2. 市场分割

在 CCAPM 模型假设下，所有家庭都会参与股票市场投资以平滑其消费跨期结构。20 世纪 90 年代，Mankiw 和 Zeldes（1991）却发现，仅 28% 左右的美国人是股票市场的投资者。这意味着，并非所有的经济人都会参与到股票市场，经济人中存在着投资者和非投资者两类经济人，股票市场存在有限参与的情况，对此他们认为股票市场中存在市场分割的现象。由于并非所有经济人都会参与股票市场，因此过去使用人均消费增长率对资产定价进行校准的做法可能带来偏误。其原因在于，使用人均消费增长率来计算随机贴现因子将低估投资者的消费波动率（因为股票市场的投资者通常是高财富人群）。Campbell 和 Kyle（1993）指出，使用投资者的人均消费增长率对资产定价模型进行校准或许更为准确。然而，Mankiw 和 Zeldes（1991）发现，尽管投资者消费增长率与股权溢价的协方差的确高于非投资者消费增长率与股权溢价的协方差，但对股权溢价的解释力却不是很强。

3. 税收

CCAPM 模型的完美市场设定下，并没有考虑存在税收的情况。21世纪的美国在资本利得税、股息所得税以及高收入和低收入群体之间的收入都存在较大差异，税收以及税收差异的存在改变了家庭的消费结构，因此忽视税收对资产价格的影响显然是不合理的，对此 McGrattan 和 Prescott（2001）发现，税收对资产定价有着深刻影响。他们通过简单的一部门模型论证了自己的观点。在模型中，居民的收入来源包括股息、工资和政府转移，居民需要对股息和工资进行缴税，每个居民对消费和闲暇进行选择以最大化其效用。模型表明，直接税率的变化将直接改变股票资产的价值。进一步的，McGrattan 和 Prescott（2001）指出，由于对居民而言，税收的变化是不可预期的，而不可预期的税收变化给居民持有股票带来了不可预期的股票收益。

在 McGrattan 和 Prescott（2001）指出税收对股票价值的潜在影响后，学者们围绕税收在资本市场的影响评估、哪类投资者更受税收的影响及如何在考虑税费的条件下构造投资策略展开了丰富的讨论。首先，学者们就税收如何影响资产价格进行了讨论。从理论上来说，税收对资产价格影响的方向具有不确定性。一方面，税费的存在可以降低投机性交易的频率，防止市场发生过度波动。另一方面，税收会降低交易量、增加价格波动、引起无效率的价格发现。Pomeranets 和 Weaver（2018）发现，随着证券交易税率的提高，投资者将会转移到费率更低的交易场所进行交易。同时，证券交易税的提高伴随着个股波动率的提高、交易成本的增加、交易量的下降和流动性的减弱，但是股票组合的波动率受到的影响较小。其次，税收对股票价值的影响存在显著的截面差异。Blouin 等

(2017）通过区分"税收敏感型"投资者和"税收非敏感型"投资者发现，相比于"税收非敏感型"投资者，"税收敏感型"投资者的投资组合中的股票回报率明显更低。这可能与"税收敏感型"投资者和"税收非敏感型"投资者对投资组合的不同配置有关。最后，学者们还就如何利用税收条件构造投资策略进行了探究。Sialm 和 Sosner（2018）发现，可以通过构造空头头寸创造税收优惠。空头头寸不仅可以让投资者从证券预期的表现不佳中受益，而且可以创造税收优惠，因为它们增加了资本实现收益的机会。投资组合的多头头寸往往会以相对较低的税率实现净长期资本利得，而空头头寸往往会实现净短期资本损失，因此放宽卖空限制会带来税收优惠，从而抵消投资者投资组合中其他策略的短期资本收益。利用卖空的投资策略可以显著降低税收负担，从而具有较好的税后业绩。Chaudhuri 等（2020）同样发现，由于长期资本利得税率与短期资本利得税率存在较大差异，因此可以通过构造税收损失收益策略获取税率超额收益。

（五）行为金融的蓬勃发展

1. 损失厌恶

损失厌恶（loss aversion）是 Kahneman 和 Tversky（1979）从心理学角度提出的前景理论（Prospect Theory）的基石，为以后行为金融学的发展开辟了道路。概括性地讲，损失厌恶仍然是在 Savage（1972）提出的主观期望效用理论框架下研究投资者的行为。但与之不同的是，投资者对于收益和损失的效用表现不同，表现为在损失域的陡峭程度高于收益域，投资者对损失的敏感度更高。学者们注意到，损失厌恶在金融世界普遍存在，尤其表现在股票市场上，当股票上涨的时候，用户想的是套现离场，落袋为安。而一旦被套牢，用户更倾向于死扛，不舍得割肉，因为一旦卖出就意味着产生了真正的损失，所以很多人甘愿冒更大风险，希望有朝一日股票能够涨回来。

在该理论下，Fama（1970）提出的有效市场假说受到诸多质疑。对此，将损失厌恶理论应用于资产定价研究成为 21 世纪研究的热点。

Hwang 和 Satchell（2010）发现美国与英国市场上的损失厌恶系数不同并会随市场环境改变，较高的损失厌恶导致较少的参与风险资本市场行为。其次，投资者的资产配置及投资组合选择会受损失厌恶特征影响。Mi 等（2015）研究损失厌恶投资者的动态资产配置问题，并将动态最优资产组合问题转为最终财富的静态优化问题。最后，损失厌恶也影响了资产价格和收益。Zhong 和 Wang（2018）考察前景理论对美国公司债券市场的预测能力，发现损失厌恶因素在预测公司债券收益上起到重要作用。Hardardottir 和 Lundtofte（2017）分别考察了不同风险厌恶因素下的最优投资理论选取。还有学者对损失厌恶与"股权溢价之谜"等问题展开研究，如 Bhootra 和 Hur（2015）讨论了损失厌恶背景下的特质波动与股票收益之间的关系。Lee 和 Veld-Merkoulova（2016）研究短视损失厌恶与投资者投资决策的关系，发现短视损失厌恶程度越高，股票投资占总资产的份额越低。van Bilsen 等（2020）分析了损失厌恶投资者的最优投资策略，发现如果此类投资者的预计投资期限短于 5 年，则他们会很大程度上降低初始投资组合中的股票占比。

2. 模糊厌恶

此外，主观期望效用（SEU）是传统的资产定价模型的重要基础。主观期望效用函数认为，主观期望效用值是投资者进行相关经济决策的重要依据。因此，如果认为投资者在不同效用下决策的概率是可知的，就可以对投资者的决策行为进行合理推断。但现实情况是，人们不可能设定单个先验分布来描述不确定事件，因此主观期望效用模型在实际决策中存在重大缺陷。为此，Ellsberg（1961）提出了模糊厌恶的概念，将概率已知的情况称为风险状态（unambiguous），将概率未知的情况称为模糊性状态（ambiguous）。相较于概率已知的风险状态，投资者对于模糊的厌恶程度更高。这是因为，人在主观上都更加倾向于确定性的事物，而对不确定的事物天生排斥。Heath 和 Tversky（1991）在考察投资者专业能力的时候发现，投资者的模糊厌恶程度与其自身的知识结构紧密关联。相较于对自身熟悉的事物，投资者往往对自己不熟悉的事物模糊厌恶倾向更加强烈。

投资者模糊厌恶的心理特征在金融市场上普遍存在（Alonso and Prado，2015）。首先，模糊厌恶心理特征的存在直接影响投资者对股票市场的参与。相关研究显示，由于投资者认为股票市场是模糊的，出于对模糊的厌恶，只有小部分的美国人参与了股票市场，美国的股票市场存在高收益率、低参与度的典型特征（Easley and O'Hara，2009；Merton，1969）。其次；模糊厌恶直接影响着投资者所持有的投资组合。Charness 和 Gneezy（2010）通过研究不同市场背景下的模糊厌恶，认为模糊偏好的个体更倾向于风险偏好，并且模糊偏好的个体倾向于持有更多的风险资产组合。Bossaerts 等（2010）研究了模糊厌恶对均衡资产价格和投资组合持有的影响，结果表明模糊厌恶下的资产价格与纯风险下的资产价格相差无几，而投资组合选择显示模糊性存在显著影响。Dimmock 等（2015）同样发现，模糊厌恶对家庭资产组合选择产生显著影响。Garlappi 等（2007）则考察了模糊厌恶对资产稳定性的影响。他发现，与贝叶斯模型的投资组合相比，模糊厌恶的投资组合会随着时间的推移更稳定。最后，模糊厌恶将对资产价格与收益产生影响。Gollier（2006）通过研究模糊厌恶对资产组合选择和资产价格的影响，指出模糊厌恶能够在一定条件下增加股票溢价并降低投资者对风险资产的需求。Mele 和 Sangiorgi（2015）指出，当模糊厌恶程度增加时，模糊厌恶的投资者会退出股票市场，造成价格的变化。这一点在金融危机期间，表现尤其明显（Caballero and Simsek，2013）。Füllbrunn 等（2014）指出投资者不能确定估计风险资产收益率，就会产生对收益率估计误差的模糊厌恶心理。他认为市场中的模糊性效应取决于市场反馈，以及投资者对模糊性足够强烈的偏好。

三　实证资产定价的前沿进展

资产定价作为一门实用性较强的研究范式，仅仅停留在理论层面解释资产收益远远不够，更需要从实际数据入手，对现实情况加以阐释。在这方面，以 CAPM 为代表的因子研究自提出以来便受到学者们的追捧，目前仍然是学界和业界研究的主流。本节将梳理实证资产定价研究的发展脉络以及存在的问题，并总结资产定价实证研究方法论的最新进展。

(一) 实证定价实证研究的发展脉络

实证方面，资产定价的最主要目标是找到资产价格的决定因素，即旨在解释资产价格的横截面差异。实证资产定价的研究在初期是伴随着理论资产定价的发展而发展的。20 世纪 60 年代，资本资产定价（CAPM）模型被提出（Lintner, 1965; Mossin, 1966; Sharpe, 1964），这是资产定价领域第一个完善的可以解释股票收益横截面差异的模型。CAPM 模型假定资产回报与资产对市场组合的暴露贝塔（beta）因子正相关。

早期的实证资产定价在对 CAPM 模型的检验中逐渐发展起来，这时学者们尝试解答的核心问题是 CAPM 模型在真实世界中是否成立。为了对 CAPM 模型进行更好的检验，标准检验方法至关重要。对此，Fama 和 MacBeth（1973）提出可以使用资产组合作为检验资产，文章中的 Fama-MacBeth regression 方法直至目前仍然是实证资产定价的主流计量手段。此外 Gibbons 等（1989）提出的 GRS 检验也对实证资产定价领域的标准检验方法进行了扩充，成为另一主流。尽管 CAPM 模型在理论上具有其合理性，但这一时期的许多实证研究都指出 CAPM 模型并不成立。除去对 CAPM 模型的直接检验外，很多学者还发现股票市场中存在着许多"异象"，即按照某些特征构建的股票组合能够获得战胜市场的超额收益。这些"异象"的存在极大地挑战了 CAPM 模型与有效市场假说的成立（Banz, 1981; Basu, 1977）。

在 CAPM 模型受到实证证据的挑战后，理论资产定价和实证资产定价开始从不同的方面尝试构建更合理的定价模型。如前文所述，理论资产定价尝试放松与改变各类假设，从而构建更加合理的理论模型。而实证资产定价则从过去的"异象"研究中汲取养分，希望从其中提取与资产回报相关的定价因子。Fama 和 French（1992）是这一思想的开创性文章。过去的许多研究表明公司市值与账面市值比与资产回报之间存在显著的相关性。基于此，Fama 和 French（1992）在传统的 CAPM 的基础上添加了市值因子（规模因子）与账面市值比因子（价值因子），构建了著名的 Fama-French 三因子模型。随后，Fama 和 French（1993）以及 Fama 和 French（1996）分别发现 Fama-French 三因子模型可以非常好地解释根据市值与账面市值比构建的 25 个组合以及多个异象组合的回报，对资产回报的解释力度显著强于 CAPM 模型。在此之后，Fama-French 三因子模型成为资产定价领域的标杆性模型，在学术界研究以及业界实践中都得到了非常广泛的应用。

在 Fama-French 三因子模型成为主流后的二十多年中，学者们开始尝试找到各种该模型所不能解释的股票异象。这其中，动量异象（Jegadeesh and Titman，1993）、投资异象（Anderson and Garcia-Feijoo，2006）、低波动率异象（Ang, et al.，2006）等都是典型的代表。在这二十多年中，学者们挖掘到的异象数以百计，甚至构成了"因子动物园"（Cochrane，2011），这对资产定价提出了新的挑战。

为了应对不断出现的异象的挑战，学术界开始尝试提出各种不同的新的因子定价模型。这些模型包括 Fama 和 French（2015）五因子模型、基于投资的四因子模型、Stambaugh 和 Yuan（2017）基于错误定价的四因子模型、Sun 等（2020）基于行为金融的三因子模型等，上述模型对异象的解释力度都要强于 Fama-French 三因子模型（Hou, et al.，2015），但它们的构建思路却与三因子模型别无二致。因此，当前的许多学者都在呼吁并尝试找到实证资产定价研究的新突破。

（二）资产定价实证研究中出现的问题

如前文所述，现代实证资产定价的核心为因子定价模型。定价因子即为能够解释资产预期收益横截面差异的因子。在因子定价的思路下，资产的预期回报可以表达为：

$$R_{i,t} = \alpha_i + \beta_i \lambda_t + \varepsilon_{i,t} \quad (2-15)$$

其中，$R_{i,t}$ 为资产的超额回报，λ_t 为定价因子的风险溢价，β_i 为资产对定价因子的暴露程度。由于上述模型基本上服从 OLS 线性回归的形式，因此这一模型的估计也受到线性回归的制约，在因子暴露与因子溢价的估计准确性上存在诸多问题。因此，为了推动实证资产定价研究的进一步发展，学术界首先需要找出更佳的因子暴露与因子风险溢价估计方法。

此外，在过去几十年的研究中有数百个因子被不断提出。面临如此多的异象，实证资产定价研究至少需要回答以下几个关键问题：哪些异象因子可以提供增量信息？到底哪些因子是重要的？我们应该如何将如此众多的因子应用到下一步研究中？

(三) 资产定价实证研究方法论的最新进展

1. 遗漏/无关变量存在时，因子溢价估计

由于因子定价模型整体上呈现线性模型的形式，因此当因子定价模型中存在遗漏变量或者无关变量时，因子暴露与因子风险溢价估计的准确程度会受到极大影响，这是实证资产定价研究面临的一大挑战。当前，有许多文章针对这一问题提出了一些解决思路。

Gagliardini 等（2019）首先提出了一种检验因子定价模型是否存在遗漏变量问题的方法。如果因子定价模型中遗漏了某个重要的因子，那么这部分因子信息将会在残差中有所体现，从而使得残差出现明显的因子结构。因此，Gagliardini 等（2019）构造了一种基于残差中是否存在因子结构的遗漏因子检验方法。

传统的因子定价模型需要事先设定好定价因子，将资产回报放在估计方程左边，而将对回报予以解释的定价因子放在方程右边，这便一方面无法避免在人为设定时遗漏潜在的解释因子，另一方面也可能将一些无关的定价因子加入到估计模型当中，这两者都会造成因子估计不准确的问题。对于前者，Giglio 和 Xiu（2021）另辟蹊径，他们不去考虑存在哪些定价因子，而是从估计方程左边的资产回报入手，运用主成分分析的方法，从各类资产回报的协方差矩阵中提取主成分来作为定价因子。对于后者，Bryzgalova（2015）提出，在对模型进行估计时，引入正则化便可以解决这一问题。

2. 变量误差问题

将个股作为实证资产定价模型的检验资产时会面临噪音较多的问题，

这使得使用个股估计得到的因子暴露误差较大且不够稳定，从而令因子风险溢价的准确估计变得不可能。为此，过去的许多研究都使用组合资产作为模型的检验资产。然而，组合资产与个股资产相比，又会丢失很多个股在横截面上的信息。因此，在实证资产定价检验中，变量误差问题的解决与检验资产的选择就显得十分重要。

一种比较有效的做法是使用个股的工具变量作为检验资产，从而得到对准确的个股因子的暴露估计。在这方面，Jegadeesh 等（2019）通过理论和模拟数据指出，奇数月和偶数月的数据是有效的工具变量。

3. 随机贴现因子估计

随机贴现因子（SDF）的估计在资产定价研究中处于核心的地位。研究表明，随机贴现因子等同于均值方差前沿组合。在 CAPM 模型成立的前提下，随机贴现因子天然地等同于市场组合。然而，当 CAPM 模型不成立时，随机贴现因子的估计变得更为复杂。由于不同的定价因子中均含有与定价相关的信息，因此借助大量因子来估计随机贴现因子成为一个可行的思路。Kozak 等（2020）借助大量因子信息实现了对随机贴现因子的估计。当因子数量很多时，模型的估计容易陷入过拟合和维度灾难的问题中。为此，Kozak 等（2020）应用了机器学习中的弹性网络模型、岭回归模型和 LASSO 回归模型实现了对资产横截面回报方差的缩减，并实现了对随机贴现因子的估计。Kozak 等（2020）中的实证结果表明，只有应用大量因子估计得到的随机贴现因子才具有较好的对其他资产定价的效果。

4. 因子降维与因子筛选

在因子降维方面，许多学者的分析都建立在主成分分析的基础上，同时融合了资产定价研究的特点。一种典型做法是将静态的资产定价模型转变为时变变量下的资产定价模型，实现对动态因子暴露的估计。例如，Kelly 等（2019）运用工具变量主成分分析法（IPCA），使用公司特征这一时变变量估计因子暴露，得到了许多学者的支持。另一种典型做法是同时考虑各类资产回报在时间序列和横截面上的信息。例如 Lettau 和 Pelger（2020）通过风险溢价主成分分析方法得到定价因子。

在因子筛选方面，大部分学者的研究都应用了基于 LASSO 及其变种的方法。例如，Feng 等（2020）利用双重选择 LASSO 回归不光检验了哪些因子能够有效地解释股票横截面的收益差异，还检验了哪些因子中含有其他因子所不含的增量信息。Feng 等（2020）发现仅有少数几个新提出的因子具有显著的解释力且不与其他因子冗余，这表明现有的因子动物园中确实存在很多冗余因子。Freyberger 等（2020）则应用了 Adaptive Group LASSO 算法，允许筛选出的因子可以与股票回报存在非线性的关系，从而改善了模型的预测表现。

四　技术变革下的资产定价研究进展

随着数字时代的到来，计算机技术不断飞速发展，大量的数据也不断地积累起来。根据国际数据公司的估算，如今全世界两天内产生的数据量就要大于人类自诞生以来至 2003 年所创造的数据总和。面临如此多数据的积累，金融行业与金融学术研究都在被不断重塑。借助以前不能获得的海量数据，学者们开始有机会衡量过去不容易测量的概念，并解答过去不能解决的问题。为了处理这样的海量数据，传统的研究方法不再适用，新技术的应用势在必行。而机器学习技术就格外适用于高维大数据的处理。在这种背景下，大数据与机器学习方式近年来都在资产定价研究中得到了广泛的应用。文本数据是大数据的一类典型代表，并且是当前资产定价领域应用最为广泛的一种大数据形式。为此，本节选取文本大数据和机器学习方式作为切入点，对技术变革下的资产定价研究进展做简要梳理。

（一）大数据与资产定价的理论基础

为了更好地梳理大数据在资产定价研究中的应用，我们首先需要理清在金融学语境下的大数据定义是什么。显然，金融学所关注的大数据与在统计学以及计算机领域中的大数据有所区别。在计算机领域中，研究者往往关注如何更好地收集、组织以及处理数据。而在金融学领域中，研究者更关注如何应用大数据来解决重要的经济学问题。基于这一点，Goldstein 等（2021）将金融学中的大数据的性质概括为以下三个方面：数据规模大、数据维度高与数据结构复杂。数据规模大与数据纬度高可以分别对应传统计量经济学中的样本规模大和变量多的概念，而数据结构复杂是指大数据下的信息不像传统的二维数表有明确的结构形式，有时信息还会以文本、图片、视频等形式呈现，这需要对原始信息进行一定的加工和提取。

尽管资产定价理论是研究资产价格是如何被确立的学科，但在金融市场中，投资者对于资产更关注的是其预期收益情况，至于如何去解释这种收益往往不是其关心的首要问题。与注重因果推断的计量经济学不同，基于大数据分析的机械学习更关注变量之间的预测关系，因此大数据与资产定价的实证研究有着天然的契合关系。

（二）基于大数据的资产定价主要方法和研究进展

1. 文本分析的主要方法

如前文所述，文本大数据是一种高度非结构化的数据，难以直接应用到研究中，需要进行必要的处理（Gentzkow, et al., 2019）。对文本数据的应用可以划分为三个步骤，第一步为将非结构化的文本大数据转化为结构化的数据矩阵，第二步为从结构化的数据矩阵中提取相应的信息，第三步为利用提出的信息进行研究。其中，前两步的处理均涉及专门的文本分析技术。

2. 机器学习的主要方法

从广义上来说，机器学习是人工智能技能技术的一种。给出了一种广为接受的机器学习定义，指出机器学习中三个重要的指标：经验、任务与衡量任务完成效果的评估指标。在借助更多的经验帮助下，如果一个算法完成任务的衡量指标会变得更好，那么这种算法就被称为机器学习。从定义中就可以看出，机器学习算法在经验越多（样本越多）的情况下，表现得会更好。而机器学习的训练过程往往是通过最优化某一个给定的衡量指标（目标函数）实现的。基于这些特性，机器学习算法格外适用于大样本与高维度的大数据研究。

从分类上看，按照有无标注，机器学习可以分为监督学习和无监督学习。标注好的数据是指数据中同时存在特征（x变量）和标签（y变量），而无标注数据只包括特征变量。监督学习算法是指首先根据标注数据训练模型，然后可以在面对新的特征时对相应的标注做出预测。因此，监督学习算法往往是通过最小化预测误差训练得到的。无监督学习算法则是自主地从现有数据特征中挖掘各特征变量之间的关联，并发掘规律。

（三）文本大数据与资产定价

1. 公司文本数据中的资产定价

上市公司文本是投资者们获取信息的一个重要渠道，除去定量信息外，其中的定性信息也会对市场产生不可忽视的影响。因此，有许多文献针对上市公司文本展开了研究。Loughran和Mcdonald（2011）发现上市公司年报中负面词语的比例与未来股票回报显著负相关。Jiang等（2019）发现年报管理层讨论与分析部分以及业绩说明会文本中蕴含的管理层情绪可以显著预测股票回报。

2. 新闻报道数据中的资产定价

相较于上市公司的公开披露，新闻报道中的信息要更加广泛，其信息可以与整体经济形势、金融市场预期、个别行业甚至是具体公司相关。显然，媒体报道中关于整体经济形势或金融市场预期的情绪是研究经济走势的合适选择。Tetlock（2007）和García（2013）分别研究了两家美国主流报纸《华尔街日报》和《纽约时报》对于整体经济形势和金融态势的报道。

3. 网络论坛数据中的资产定价

投资者可以在网络论坛中发表评论与互动，因此，网络论坛文本可以最直接地体现投资者的预期和情绪等信息。Antweiler和Frank（2004）通过分析150万条道琼斯工业平均指数和道琼斯互联网指数中的45家公司在雅虎网站金融栏目页的网络消息，计算出了文本情绪，这一指标能够显著预测股票回报。Das 和 Chen（2007）发现雅虎网站论坛上的信息与股票回报、交易量以及波动性之间都有密切关联。Chen 等（2014）研究了 2005—2011 年在 SeekingAlpha 网站上投资者的大量评论，发现其中蕴含的情绪信息可以显著预测对应股票的未来回报以及预期盈余。

（四）机器学习与资产定价

从现有研究来看，机器学习在资产定价中的应用主要包括回报预测和因子筛选两个方面。根据前文的介绍可知，机器学习算法本身就格外擅长预测问题，这与资产定价中的回报预测问题不谋而合。同时，当前大数据不断积累的趋势也为机器学习在回报预测中的应用提供了可能。此外，因子筛选也是机器学习在资产定价领域的一个重要应用。经过数十年的研究，资产定价领域中已经得到了数百个对解释资产回报有帮助的因子，那么这些因子中有多少是有效的，有多少具有独特的增量信息？机器学习算法也有助于回答这些问题。

1. 回报预测

Xiu 等（2020）检验了各种主流的机器学习算法对美国市场股票回报的预测能力。从应用的方法上来看，Xiu 等（2020）应用了线性模型（基本 OLS 回归、主成分回归、偏最小二乘回归、弹性网络与广义线性回归）、树模型（GBRT 与随机森林）以及深度网络模型。后两类模型引入了资产回报与预测指标之间的非线性关系。从解释变量上来看，Xiu 等（2020）构建了一个超过 900 个预测指标的数据集，包含 94 个股票指标，股票指标与 8 个宏观指标以及 74 个行业虚拟变量间交乘项。从结果上来看，各机器学习模型的预测效果均显著优于一般的 OLS 回归模型，这体现出了机器学习在预测上的广阔应用前景。在众多模型中，深度网络类模型的表现最好，但深度网络模型的表现优良性并不与模型复杂度直接相关。此外，Xiu 等（2020）对比了线性模型和非线性模型表现的差异，他们发现线性模型主要依赖趋势类指标进行预测，而非线性模型则更为平均地关注各类指标。考虑到引入非线性信息是机器学习模型的一大特色，上述发现也再次强调了机器学习在预测问题上带来的增量价值。

机器学习对回报的预测能力在不同国家与资产类别上均存在。从资产类别上来看，机器学习可以显著预测股票（Xiu, et al., 2020）、美国国债（Bianchi, et al., 2021）、外汇（Hassanniakalager, et al., 2021）、对冲基金（Wu, et al., 2021）等的回报。机器学习在美国（Xiu, et al., 2020）、中国（Leippold, et al., 2021）以及国际市场（Choi, et al., 2019）上都有着不俗的表现。这些文献说明伴随大数据的不断积累，机器学习算法在金融市场预测上具有全面而稳健的表现。

2. 因子筛选

在机器学习方法中，LASSO 方法是最基础的一种特征筛选方法，众多文献在 LASSO 的基础上展开了研究。例如，Feng 等（2020）利用双重选择 LASSO 回归检验了哪些因子既对资产回报有显著解释能力，又不与其他因子冗余。传统的 LASSO 回归只将资产回报作为被解释变量，从而筛选出对资产回报具有较强解释力度的因子。但这些因子的解释力很有可能来自它与其他因子的相关性，即因子的"冗余性"。为此，Feng 等（2020）还利用第二步 LASSO 筛选出那些与待评估因子最相关的因子。因此，一个因子是否具有与其他因子不同的"增量信息"，可以通过检验在控制相关因子后该因子还能否对回报具有显著解释力进行。通过双重选择 LASSO 方法，Feng 等（2020）发现仅有少数几个新提出的因子具有显著的解释力且不与其他因子冗余，这表明现有的因子动物园中确实存在很多冗余因子。

十分类似地，还有许多其他文献通过不同的 LASSO 算法变法展开了研究。Freyberger 等（2020）应用了 Adaptive Group LASSO 算法。这种方法既能筛选出能够有效解释回报的因子，又结合了非参估计的特性，即不限定因子与回报间的关系为线性。因此，在因子筛选之外这种方法也有不错的预测表现。Kozak 等（2020）应用了贝叶斯 LASSO 算法，并在随机折现因子的估计框架下找到了基于公司特征的因子之间的最佳线性组合。Han 等（2018）提出了一种 E-LASSO 算法，将 LASSO 算法与预测结合以及预测包络检验等结合，以此提升 LASSO 算法的预测表现。Han

等（2018）中的实证结果发现，193个公司特征因子中大概有40—60个因子在大多数时间上都能起到显著的预测作用。

（执笔人：李俊成）

参考文献

Abel, A. B., 1990, "Asset Prices Under Habit Formation and Catching up with the Joneses", *The American Economic Review*, 80 (2), 38-42.

Alonso, I. and Prado, M., 2015, "Ambiguity Aversion, Asset Prices, and the Welfare Costs of Aggregate Fluctuations", *Journal of Economic Dynamics and Control*, 51, 78-92.

Anderson, C. W. and Garcia-Feijoo, L., 2006, "Empirical Evidence on Capital Investment, Growth Options, and Security Returns", *The Journal of Finance*, 61 (1), 171-194.

Anderson, E. W., Ghysels, E. and Juergens, J. L., 2005, "Do Heterogeneous Beliefs Matter for Asset Pricing?", *The Review of Financial Studies*, 18 (3), 875-924.

Ang, A., Hodrick, R. J., Xing, Y. and Zhang, X., 2006, "The Cross-section of Volatility and Expected Returns", *The Journal of Finance*, 61 (1), 259-299.

Antweiler, W. and Frank, M. Z., 2004, "Is all that Talk Just Noise? The Information Content of Internet Stock Message Boards", *The Journal of Finance*, 59 (3), 1259-1294.

Banerjee, S., 2011, "Learning from Prices and the Dispersion in Beliefs", *The Review of Financial Studies*, 24 (9), 3025-3068.

Banz, R. W., 1981, "The Relationship between Return and Market Value of Common Stocks", *Journal of Financial Economics*, 9 (1), 3-18.

Barber, B. M. and Odean, T., 2008, "All That Glitters: The Effect of Attention and News on the Buying Behavior of Individual and Institutional Investors", *Review of Financial Studies*, (2), 785-818.

Basak, S., 2005, "Asset Pricing with Heterogeneous Beliefs", *Journal of Banking & Finance*, 29 (11), 2849-2881.

Basu, S., 1977, "Investment Performance of Common Stocks in Relation to Their Price-earnings Ratios: A Test of the Efficient Market Hypothesis", *The Journal of Finance*, 32 (3), 663-682.

Bessembinder, H. , Chan, K. and Seguin, P. J. , 1996, "An Empirical Examination of Information, Differences of Opinion, and Trading Activity", *Journal of Financial Economics*, 40 (1), 105 – 134.

Bhootra, A. and Hur, J. , 2015, "High Idiosyncratic Volatility and Low Returns: A Prospect Theory Explanation", *Financial Management*, 44 (2), 295 – 322.

Bianchi, D. , Büchner, M. , Tamoni, A. and van Nieuwerburgh, S. , 2021, "Bond Risk Premiums with Machine Learning", *The Review of Financial Studies*, 34 (2), 1046 – 1089.

Black, F. and Scholes, M. S. , 1973, "The Pricing of Options and Corporate Liabilities", *Journal of Political Economy*, 81 (3), 637 – 654.

Blouin, J. L. , Bushee, B. J. and Sikes, S. A. , 2017, "Measuring Tax-sensitive Institutional Investor Ownership", *The Accounting Review*, 92 (6), 49 – 76.

Boco, H. , Germain, L. and Rousseau, F. , 2016, "Heterogeneous Noisy Beliefs and Dynamic Competition in Financial Markets", *Economic Modelling*, 54, 347 – 363.

Boehme, R. D. , Danielsen, B. R. and Sorescu, S. M. , 2006, "Short-sale Constraints, Differences of Opinion, and Overvaluation", *Journal of Financial and Quantitative Analysis*, 41 (2), 455 – 487.

Bossaerts, P. , Ghirardato, P. , Guarnaschelli, S. and Zame, W. , 2010, "Prices and Allocations in Asset Markets with Heterogeneous Attitudes Towards Ambiguity", *Review of Financial Studies*, 23 (4), 1325 – 1359.

Breeden, D. T. , 1979, "An Intertemporal Asset Pricing Model with Stochastic Consumption and Investment Opportunities", *Journal of Financial Economics*, 7 (3), 265 – 296.

Breeden, D. T. and Litzenberger, R. H. , 1978, "Prices of State-contingent Claims Implicit in Option Prices", *Journal of Business*, 621 – 651.

Brunnermeier, M. , Farhi, E. , Koijen, R. S. , Krishnamurthy, A. , Ludvigson, S. C. , Lustig, H. , Nagel, S. and Piazzesi, M. , 2021, "Perspectives on the Future of Asset Pricing", *The Review of Financial Studies*, 2126 – 2160.

Bryzgalova, S. , 2015, "Spurious Factors in Linear Asset Pricing Models", *LSE Manuscript*, 1 (3).

Caballero, R. J. and Simsek, A. , 2013, "Fire Sales in a Model of Complexity", *The*

Journal of Finance, 68 (6), 2549 – 2587.

Caglayan, M., Pham, T., Talavera, O. and Xiong, X., 2020, "Asset Mispricing in Peer-to-peer Loan Secondary Markets", *Journal of Corporate Finance*, 65, 101769.

Campbell, J. Y. and Cochrane, J. H., 2000, "Explaining the Poor Performance of Consumption-based Asset Pricing Models", *The Journal of Finance*, 55 (6), 2863 – 2878.

Campbell, J. Y. and Kyle, A. S., 1993, "Smart Money, Noise Trading and Stock Price Behaviour", *The Review of Economic Studies*, 60 (1), 1 – 34.

Chang, E. C., Cheng, J. W. and Yu, Y., 2007, "Short-sales Constraints and Price Discovery: Evidence from the Hong Kong Market", *The Journal of Finance*, 62 (5), 2097 – 2121.

Charness, G. and Gneezy, U., 2010, "Portfolio Choice and Risk Attitudes: An Experiment", *Economic Inquiry*, 48 (1), 133 – 146.

Chaudhuri, S. E., Burnham, T. C. and Lo, A. W., 2020, "An Empirical Evaluation of Tax-loss-harvesting Alpha", *Financial Analysts Journal*, 76 (3), 99 – 108.

Chen, H., De, P., Hu, Y. J. and Hwang, B. - H., 2014, "Wisdom of Crowds: The Value of Stock Opinions Transmitted Through Social Media", *Review of Financial Studies*, 27 (5), 1367 – 1403.

Chen, J., Hong, H. and Stein, J. C., 2002, "Breadth of Ownership and Stock Returns", *Journal of Financial Economics*, 66 (2 – 3), 171 – 205.

Choi, D., Jiang, W. and Zhang, C., 2019, "Alpha go Everywhere: Machine Learning and International Stock Returns", *SSRN Electronic Journal*.

Cochrane, J. H., 2009, *Asset Pricing: Revised Edition*, Princeton University Press.

Cochrane, J. H., 2011, "Presidential Address: Discount Rates", *The Journal of Finance*, 66 (4), 1047 – 1108.

Constantinides, G. M., 1990, "Habit Formation: A Resolution of the Equity Premium Puzzle", *Journal of Political Economy*, 98 (3), 519 – 543.

Constantinides, G. M. and Duffie, D., 1996, "Asset Pricing with Heterogeneous Consumers", *Journal of Political Economy*, 104 (2), 219 – 240.

Das, S. R. and Chen, M. Y., 2007, "Yahoo! for Amazon: Sentiment Extraction from Small Talk on the Web", *Management Science*, 53 (9), 1375 – 1388.

Diamond, D. W. and Verrecchia, R. E., 1987, "Constraints on Short-selling and Asset Price Adjustment to Private Information", *Journal of Financial Economics*, 18 (2), 277 – 311.

Dimmock, S. G., Kouwenberg, R., Mitchell, O. S. and Peijnenburg, K., 2015, "Estimating Ambiguity Preferences and Perceptions in Multiple Prior Models: Evidence from the Field", *Journal of Risk and Uncertainty*, 51 (3), 219 – 244.

Easley, D. and O'Hara, M., 2009, "Ambiguity and Nonparticipation: The Role of Regulation", *The Review of Financial Studies*, 22 (5), 1817 – 1843.

Egeth, H. and Kahneman, D., 1975, "Attention and Effort", *American Journal of Psychology*, 88 (2), 339.

Ellsberg, D., 1961, "Risk, Ambiguity, and the Savage Axioms", *The Quarterly Journal of Economics*, 643 – 669.

Epstein, L. G. and Zin, S. E., 1991, "Substitution, Risk Aversion, and the Temporal Behavior of Consumption and Asset Returns: An Empirical Analysis", *Journal of Political Economy*, 99 (2), 263 – 286.

Fama, E. F., 1970, "Efficient Capital Markets: A Review of Theory and Empirical Work", *Journal of Finance*, 25, 383 – 417.

Fama, E. F. and French, K. R., 1992, "The Cross-section of Expected Stock Returns", *The Journal of Finance*, 47 (2), 427 – 465.

Fama, E. F. and French, K. R., 1993, "Common Risk Factors in the Returns on Stocks and Bonds", *Journal of Financial Economics*, 33 (1), 3 – 56.

Fama, E. F. and French, K. R., 1996, "Multifactor Explanations of Asset Pricing Anomalies", *The Journal of Finance*, 51 (1), 55 – 84.

Fama, E. F. and French, K. R., 2015, "A Five-factor Asset Pricing Model", *Journal of Financial Economics*, 116 (1), 1 – 22.

Fama, E. F. and MacBeth, J. D., 1973, "Risk, Return, and Equilibrium: Empirical Tests", *Journal of Political Economy*, 81 (3), 607 – 636.

Feng, G., Giglio, S. and Xiu, D., 2020, "Taming the Factor Zoo: A Test of New Factors", *The Journal of Finance*, 75 (3), 1327 – 1370.

Füllbrunn, S., Rau, H. A. and Weitzel, U., 2014, "Does Ambiguity Aversion Survive in Experimental Asset Markets?", *Journal of Economic Behavior & Organization*, 107, 810 – 826.

Freyberger, J., Neuhierl, A. and Weber, M., 2020, "Dissecting Characteristics Nonparametrically", *The Review of Financial Studies*, 33 (5), 2326 – 2377.

Gagliardini, P., Ossola, E. and Scaillet, O., 2019, "A Diagnostic Criterion for Approximate Factor Structure", *Journal of Econometrics*, 212 (2), 503 – 521.

García, D., 2013, "Sentiment during Recessions", *The Journal of Finance*, 68 (3), 1267 – 1300.

Garlappi, L., Uppal, R. and Wang, T., 2007, "Portfolio Selection with Parameter and Model Uncertainty: A Multi-prior Approach", *The Review of Financial Studies*, 20 (1), 41 – 81.

Gentzkow, M., Kelly, B. and Taddy, M., 2019, "Text As Data", *Journal of Economic Literature*, 57 (3), 535 – 574.

Gibbons, M. R., Ross, S. A. and Shanken, J., 1989, "A Test of the Efficiency of a Given Portfolio", *Econometrica*, 57 (5).

Giglio, S. and Xiu, D., 2021, "Asset Pricing with Omitted Factors", *Journal of Political Economy*, 129 (7).

Goldstein, I., Spatt, C. S. and Ye, M., 2021, "Big Data in Finance", *The Review of Financial Studies*.

Gollier, C., 2006, "Does Ambiguity Aversion Reinforce Risk Aversion? Applications to Portfolio Choices and Asset Prices", Séminaire d'Economie Théorique: Université de Toulouse, 1.

Graham, J. R. and Harvey, C. R., 1996, "Market Timing Ability and Volatility Implied in Investment Newsletters' Asset Allocation Recommendations", *Journal of Financial Economics*, 42 (3), 397 – 421.

Han, Y., He, A., Rapach, D. and Zhou, G., 2018, "Expected Stock Returns and Firm Characteristics: E-lasso, Assessment, and Implications", *SSRN Electronic Journal*.

Hansen, L. P. and Singleton, K. J., 1982, "Generalized Instrumental Variables Estimation of Nonlinear Rational Expectations Models", *Econometrica: Journal of the Econometric society*, 1269 – 1286.

Hardardottir, H. and Lundtofte, F., 2017, "Risk Aversion, Noise, and Optimal Investments", *The Journal of Portfolio Management*, 43 (3), 51 – 59.

Harris, M. and Raviv, A. , 1993, "Differences of Opinion Make a Horse Race", *The Review of Financial Studies*, 6 (3), 473 – 506.

Hassanniakalager, A. , Sermpinis, G. and Stasinakis, C. , 2021, "Trading the Foreign Exchange Market with Technical Analysis and Bayesian Statistics", *Journal of Empirical Finance*, 63, 230 – 251.

He, Z. and Krishnamurthy, A. , 2013, "Intermediary Asset Pricing", *American Economic Review*, 103 (2), 732 – 770.

Heath, C. and Tversky, A. , 1991, "Preference and Belief: Ambiguity and Competence in Choice Under Uncertainty", *Journal of Risk and Uncertainty*, 4 (1), 5 – 28.

Heaton, J. , 1995, "An Empirical Investigation of Asset Pricing with Temporally Dependent Preference Specifications", *Econometrica: Journal of the Econometric Society*, 681 – 717.

Heaton, J. and Lucas, D. J. , 1996, "Evaluating the Effects of Incomplete Markets on Risk Sharing and Asset Pricing", *Journal of Political Economy*, 104 (3), 443 – 487.

Hibbert, A. M. , Kang, Q. , Kumar, A. and Mishra, S. , 2020, "Heterogeneous Beliefs and Return Volatility Around Seasoned Equity Offerings", *Journal of Financial Economics*, 137 (2), 571 – 589.

Hirshleifer, D. A. , Lim, S. S. and Teoh, S. H. , 2004, "Disclosure to a Credulous Audience: The Role of Limited Attention", *SSRN Electronic Journal*.

Hirshleifer, D. A. and Teoh, S. H. , 2003, "Limited Attention, Information Disclosure, and Financial Reporting", *Journal of Accounting and Economics*, 36 (1 – 3), 337 – 386.

Hou, K. , Xue, C. and Zhang, L. , 2015, "Digesting Anomalies: An Investment Approach", *Review of Financial Studies*, 28 (3), 650 – 705.

Hwang, S. and Satchell, S. E. , 2010, "How Loss Averse are Investors in Financial Markets?", *Journal of Banking & Finance*, 34 (10), 2425 – 2438.

Jarrow, R. , 1980, "Heterogeneous Expectations, Restrictions on Short Sales, and Equilibrium Asset Prices", *The Journal of Finance*, 35 (5), 1105 – 1113.

Jegadeesh, N. , Noh, J. , Pukthuanthong, K. , Roll, R. and Wang, J. , 2019, "Empirical Tests of Asset Pricing Models with Individual Assets: Resolving the Errors-in-variables Bias in Risk Premium Estimation", *Journal of Financial Economics*, 133 (2), 273 – 298.

Jegadeesh, N. and Titman, S. , 1993, "Returns to Buying Winners and Selling Losers: Implications for Stock Market Efficiency", *The Journal of Finance*, 48 (1), 65 – 91.

Jiang, F., Lee, J., Martin, X. and Zhou, G., 2019, "Manager Sentiment and Stock Returns", *Journal of Financial Economics*, 132 (1), 126 – 149.

Johnson, T. C., 2004, "Forecast Dispersion and the Cross Section of Expected Returns", *The Journal of Finance*, 59 (5), 1957 – 1978.

Jones, C. M., Kaul, G. and Lipson, M. L., 1994, "Transactions, Volume, and Volatility", *The Review of Financial Studies*, 7 (4), 631 – 651.

Kahneman, D. and Tversky, A., 1979, "Prospect Theory: An Analysis of Decision Under Risk", *Econometrica*, 47 (2), 263 – 292.

Kasa, K., Walker, T. B. and Whiteman, C. H., 2014, "Heterogeneous Beliefs and Tests of Present Value Models", *Review of Economic Studies*, 81 (3), 1137 – 1163.

Kelly, B. T., Pruitt, S. and Su, Y., 2019, "Characteristics are Covariances: A Unified Model of Risk and Return", *Journal of Financial Economics*, 134 (3), 501 – 524.

Koijen, R. S., Richmond, R. J. and Yogo, M., 2020, "Which Investors Matter for Equity Valuations and Expected Returns?", National Bureau of Economic Research.

Koijen, R. S. and Yogo, M., 2015, "An Equilibrium Model of Institutional Demand and Asset Prices", National Bureau of Economic Research.

Kozak, S., Nagel, S. and Santosh, S., 2020, "Shrinking the Cross-section", *Journal of Financial Economics*, 135 (2), 271 – 292.

Kyle, A. S. and Wang, F. A., 1997, "Speculation Duopoly with Agreement to Disagree: Can Overconfidence Survive the Market Test?", *The Journal of Finance*, 52 (5), 2073 – 2090.

Lee, B. and Veld-Merkoulova, Y., 2016, "Myopic Loss Aversion and Stock Investments: An Empirical Study of Private Investors", *Journal of Banking & Finance*, 70, 235 – 246.

Leippold, M., Wang, Q. and Zhou, W., 2021, "Machine Learning in the Chinese Stock Market", *Journal of Financial Economics*.

Lettau, M. and Pelger, M., 2020, "Estimating Latent Asset-pricing Factors", *Journal of Econometrics*, 218 (1), 1 – 31.

Lintner, J., 1965, "The Valuation of Risk Assets and the Selection of Risky Investments in Stock Portfolios and Capital Budgets", *Review of Economics and Statistics*, 47

(1), 13 –37.

Loughran, T. and Mcdonald, B., 2011, "When is a Liability not a Liability? Textual Analysis, Dictionaries, and 10-ks", *The Journal of Finance*, 66 (1), 35 –65.

Mankiw, N. G. and Zeldes, S. P., 1991, "The Consumption of Stockholders and Nonstockholders", *Journal of Financial Economics*, 29 (1), 97 –112.

Markowitz, H. M., 1952, "Portfolio Selection", *The Journal of Finance*, 7 (1), 77.

McGrattan, E. and Prescott, E. C., 2001, "Taxes, Regulations, and Asset Prices", National Bureau of Economic Research.

Mehra, R., 2012, "Consumption-based Asset Pricing Models", *Annu. Rev. Financ. Econ.*, 4 (1), 385 –409.

Mehra, R. and Prescott, E. C., 1985, "The Equity Premium: A Puzzle", *Journal of Monetary Economics*, 15 (2), 145 –161.

Mele, A. and Sangiorgi, F., 2015, "Uncertainty, Information Acquisition, and Price Swings in Asset Markets", *The Review of Economic Studies*, 82 (4), 1533 –1567.

Merton, R. C., 1969, "Lifetime Portfolio Selection Under Uncertainty: The Continuous-time Case", *The Review of Economics and Statistics*, 247 –257.

Merton, R. C., 1973, "An Intertemporal Capital Asset Pricing Model", *Econometrica: Journal of the Econometric Society*, 867 –887.

Mi, H., Bi, X.-C. and Zhang, S.-G., 2015, "Dynamic Asset Allocation with Loss Aversion in A Jump-diffusion Model", *Acta Mathematicae Applicatae Sinica, English Series*, 31 (2), 557 –566.

Miller, E. M., 1977, "Risk, Uncertainty, and Divergence of Opinion", *The Journal of Finance*, 32 (4), 1151 –1168.

Miller, M. H., 2000, "The History of Finance: An Eyewitness Account", *Journal of Applied Corporate Finance*, 13 (2), 8 –14.

Mondria, J., 2010, "Portfolio Choice, Attention Allocation, and Price Comovement", *Journal of Economic Theory*, 145 (5), 1837 –1864.

Mossin, J., 1966, "Equilibrium in a Capital Asset Market", *Econometrica*, 34 (4), 768 –783.

Peng, L. and Xiong, W., 2006, "Investor Attention, Overconfidence and Category

Learning", *Journal of Financial Economics*, 80 (3), 506 – 602.

Pomeranets, A. and Weaver, D. G., 2018, "Securities Transaction Taxes and Market Quality", *Journal of Financial and Quantitative Analysis*, 53 (1), 455 – 484.

Ross, S. A., 1976, "The Arbitrage Theory of Capital Asset Pricing", *Journal of Economic Theory*, 13 (2), 8 – 14.

Rubinstein, M., 1976, "The Valuation of Uncertain Income Streams and the Pricing of Options", *The Bell Journal of Economics*, 407 – 425.

Savage, L. J., 1972, "The Foundations of Statistics", *Courier Corporation*.

Scheinkman, J. A. and Xiong, W., 2003, "Overconfidence and Speculative Bubbles", *Journal of Political Economy*, 111 (6), 1183 – 1220.

Shalen, C. T., 1993, "Volume, Volatility, and the Dispersion of Beliefs", *The Review of Financial Studies*, 6 (2), 405 – 434.

Sharpe, W. F., 1964, "Capital Asset Prices: A Theory of Market Equilibrium Under Conditions of Risk", *The Journal of Finance*, 19 (3), 425 – 442.

Sialm, C. and Sosner, N., 2018, "Taxes, Shorting, and Active Management", *Financial Analysts Journal*, 74 (1), 88 – 107.

Stambaugh, R. F. and Yuan, Y., 2017, "Mispricing Factors", *The Review of Financial Studies*, 30 (4), 1270 – 1315.

Sun, L., Hirshleifer, D., Daniel, K. and Cohen, L., 2020, "Short-and Long-horizon Behavioral Factors", *The Review of Financial Studies*, 33 (4), 1673 – 1736.

Tetlock, P. C., 2007, "Giving Content to Investor Sentiment: The Role of Media in the Stock Market", *The Journal of Finance*, 62 (3), 1139 – 1168.

van Bilsen, S., Laeven, R. J. and Nijman, T. E., 2020, "Consumption and Portfolio Choice Under Loss Aversion and Endogenous Updating of the Reference Level", *Management Science*, 66 (9), 3927 – 3955.

Weil, P., 1989, "The Equity Premium Puzzle and The Risk-free Rate Puzzle", *Journal of Monetary Economics*, 24 (3), 401 – 421.

Wu, W., Chen, J., Yang, Z. and Tindall, M. L., 2021, "A Cross-sectional Machine Learning Approach for Hedge Fund Return Prediction and Selection", *Management Science*, 67 (7), 4577 – 4601.

Xiong, W., 2001, "Convergence Trading with Wealth Effects: An Amplification

Mechanism in Financial Markets", *Journal of Financial Economics*, 62 (2), 247-292.

Xiu, D., Kelly, B., Gu, S. and Karolyi, A., 2020, "Empirical Asset Pricing Via Machine Learning", *The Review of Financial Studies*, 33 (5), 2223-2273.

Zhong, X. and Wang, J., 2018, "Prospect Theory and Corporate Bond Returns: An Empirical Study", *Journal of Empirical Finance*, 47, 25-48.

第三章　国际金融前沿

国际金融领域经过学者多年的探索和研究，逐渐形成了宏观和微观两个视角，国际货币安排、国际收支核算、国际政策协调、国际金融市场和跨国公司财务管理几个相互影响、密切交织在一起的分支。2008 年缘起于美国的国际金融危机是改变国际金融研究脉络的又一重要事件，全球生产总值面临第二次世界大战后的首次下降，大家开始反思过去三十年来国际货币制度、经济运行规律和经济政策调控中存在的问题和不足。首当其冲的便是自诞生以来备受争议的金融全球化。

2008 年国际金融危机根源于美国不受约束的金融创新、监管失责、不当的货币政策，以及金融业的腐败。而美国次贷危机得以向全世界蔓延、传染，离不开金融全球化下全球金融周期的作用。全球金融周期随着金融全球化的力量逐渐成长、加强，资本流动自由化、跨国企业（金融机构）国际化、货币政策调控归一化带动全球资产价格、跨境资本流动、风险溢价、汇率平价、杠杆率等全球金融市场指标呈现走势上的强相关性，导致金融危机以美国为核心逐渐扩散至其他国家。由于全球金融周期的驱动力量主要来自美国的货币政策，因而美国能够更好地应对全球金融周期的冲击，其他国家则会存在政策的掣肘和两难，实体经济表现为更严重的冲击。

全球金融周期作为对当前国际经济金融形势变动的精炼总结和概括，通过对全球金融周期的讨论，可以在纷繁复杂的国际金融市场指标中寻找共同的趋势和特性，驱动因子的分析更加凝练地提取了对世界金融市场格局变化产生重要影响的因素。从国内视角看，在内外部均衡的讨论中，如何应对资产价格变动、跨境资本流动、非抛补利率平价偏离、金融机构杠杆率抬升等问题是彼此分割的话题，全球金融周期的讨论抓住了这些话题的共性因素。从国际视角看，在国际协调的实践中，聚焦于过分具体的问题容易受到非经济因素的干扰，而难以达成共识。全球金融周期提取的共同因子抓住了主要关切，更容易集中于技术上的讨论，便于国际协调的开展。全球金融周期很好地嫁接了国内视角和国际视角，成为2008年以来具有重要影响力的国际金融文献分支。本章将详细地对全球金融周期的概念兴起、驱动因子、特征事实和政策应对进行综述。

一 全球金融周期：概念提出与含义对比

（一）全球金融周期的概念界定

全球金融周期的概念缘起于 Rey（2015）著名的文章"Dilemma not Trilemma: The Global Financial Cycle and Monetary Policy Independence"，她对一系列资产价格和跨境资本流动的数据进行描述分析，发现全球的风险资产价格、跨境资本流动、金融机构杠杆之间存在非常强的相关性。由此，她提出非抛补利率平价的贴合和背离、全球资本流动的加速和阻滞、全球资产价格的泡沫和崩盘，以及全球金融危机的时隐时现背后存在一个全球金融周期，通过与全球经济、政策、外生冲击的交互作用带动全球资本流动和资产价格的涨跌起落。基于此，我们可以归纳出全球金融周期的简要定义：伴随着金融全球化，跨境资本流动、全球资产价格、风险溢价、杠杆率等国际金融市场指标存在较强的联系，而驱动这些指标强弱变化的周期性因子，就是全球金融周期。

全球金融周期在概念阐述和论证上，存在与其他周期性理论相似的难题，如何证实全球金融周期的存在，以及如何进行度量，在既有的文献中，主要从两个角度进行考虑。

第一，某个全球因子的解释力。全球金融周期认为国际金融市场指标之间存在非常强的相关性，如果能够找到一个因子，它导致了全球金融市场的共振，从而驱动了全球金融周期的变化，就能够证实全球金融周期的存在。Miranda-Agrippino 和 Rey（2020a）用 1990—2010 年 838 个风险资产的价格进行主成分分析，发现存在一个全球因子可以解释超过 25% 的方差变化。Barrot 和 Serven（2018）对 85 个国家 1979—2015 年的资本流动数据进行分析，发现一个全球因子和国家固定效应可以解释超过一半的方差变化。面对如此大的数据集，如果没有内生驱动因子引发国际金融市场的共振，不可能存在单一因子有这么强的解释力。从这个角度考虑，确实可能存在一个周期性因素可以对国际金融市场的指标变化产生影响。当然，这种解释力可能对不同国家、不同类型资产价格、不同类型的资本流动存在异质性（Davis, et al., 2019；Miranda-Agrippino and Rey, 2021）。异质性影响本身也暗含了全球金融周期的强弱变化，反映了各国与国际金融市场的联系，以及金融全球化对各国的影响。

第二，不同共同因子的相关性。Miranda-Agrippino 和 Rey（2020a）分别从全球资产价格和全球资本流动两个数据集对全球因子进行提取，发现这两个全球因子有非常强的相关性，说明全球金融周期会影响不同类型的多种国际金融市场变量。进一步的，Davis 等（2019）以及 Miranda-Agrippino 和 Rey（2021）详细分析了不同类型的资本流动、不同类型的资产价格，并从中提取共同因子，这些所提取的共同因子同样有超过 0.8 的高相关系数。利用主成分方法得出的结果，虽然能够证明存在一个共同因子驱动全球各类金融指标价格的变动，但是难以解释其经济学含义。另外，联动性或共同因子在感受上不够直观，有不同的度量方法，可能存在度量上的偏误（Pukthuanthong and Roll, 2009）。进一步的，Miranda-Agrippino 和 Rey（2021）在提取共同因子的基础上，分析这些共同因子与现实经济变量之间关系。例如，他们发现资本流动的一些共同因子跟大宗商品价格和油价走势有非常强的相关性，通过图表的形式可以直观地看出两者在走势规律、波峰波谷等特征上存在非常强的重合。

（二）国内金融周期 VS 全球金融周期

与国际金融危机后迅速火起来的金融周期（Financial Cycle）的概念不同，新闻报道和媒体中常常提及的"金融周期"更多的是指国内金融周期,它以国内信贷的繁荣与萧条、房地产价格的膨胀和骤跌展现典型的周期性特征,在周期的波峰常常伴随危机的诞生(Drehmann, et al., 2012)。由于金融周期不仅预示着经济萧条,更是经济萧条的诱因(the financial boom should not just precede the bust but cause it),政策的焦点在于事前抑制金融体系的过度膨胀和事后降低金融危机对经济的冲击。相关讨论已经有比较成熟的体系框架,Borio(2014)对金融周期的相关讨论进行了详细的综述。

表 3–1　　　　　　　全球金融周期与国内金融周期的对比

		全球金融周期	国内金融周期
共同的分析基础		风险承担/融资条件/资产价格(顺周期性)的联结点	
最初的分析侧重		美国货币政策传导	银行业危机
政策关切		两难选择 VS 三元悖论	事前抑制 VS 事后清理
组成部分	资产价格	金融资产	房地产
	资本流动	所有资本流动	信贷资本流动
国家间同步性		完全同步	部分同步
周期长度		短	长
两者关联		在危机前后处于周期高点	—
与 GDP 关联性		传统的经济周期	中期的经济周期

资料来源:Borio(2019)。

全球金融周期则不然,不仅内涵缺乏共识,在现实中是否存在这一周期性规律也尚在讨论之中(Habib and Venditti, 2018)。回顾金融周期,至少可以追溯到 19 世纪末,甚至可以连贯至 17 世纪的荷兰。而全球金融周期,Rey(2015)也坦言主要出现于 1980 年以来,源于全球一体化(Financial Globalization)的发展以及金融开放(Financial Liberalization)成为世界各国的共识和目标。此后,跨境资本流动和资产持有规模不断增长,并成为长期中难以相逆的趋势力量。这一趋势将全世界的经济和金融系统紧密地联系在一起,各国经济难以在全球经济波动中"独善其身",国际跨境资本流动和资产价格波动也呈现出越来越强的共性特征。

全球金融周期和国内金融周期最大的区别在于地理范畴,国内金融周期描绘单个国家的状况,而全球金融周期以全球联动(包括但不限于金融资产、资本流动、金融机构杠杆)为讨论对象(Borio,2019)。国内金融周期重视信贷和房地产价格波动,事前避免、事后处置在泡沫顶点的银行业危机(Schularick and Taylor,2012;Brunnermeier and Sannikov,2014;Kiyotaki and Moore,2019)。全球金融周期则对世界各国的金融资产价格、各国之间的跨境资本流动都很关注,最初有关全球金融周期的分析侧重于美联储货币政策传导(Miranda-Agrippino and Rey,2020a)。在布雷顿森林体系之后美元逐渐确立在全球货币体系中的霸权核心地位(Farhi and Maggiori,2018),国家之间的资本流动、全球金融资产定价、企业投融资货币选择更多地采用美元,美联储货币政策的影响也逐渐跃出美国边境,冲击全世界各国的经济金融体系,造成了全球金融周期的波动。在全球金融周期的影响下,单一国家的货币政策独立性不可避免地会遭受中心国家(美国、欧元区)货币政策的影响,自然而然地引发了"三元悖论"和"两难选择"的讨论(Rey,2015)。此外,在周期长度和国家间同步性上,国内金融周期和全球金融周期也存在差别。周期长度上,国内金融周期体现为国内信贷和房地产价格波动,属于中期的经济周期(8—30年);全球金融周期主要表现为金融资产价格的联动,权益资产价格与传统经济周期的联系更加密切,周期时长较为一致(2—8年)(Borio,et al.,2018;Borio,2019)。国内金融周期主要由本国因素驱动,不同国家之间的金融周期可能存在滞缓甚至完全不同步,而全球金融周期受全球因子(Global Factor)的共同作用影响,呈现较高的同步性(Reinhart and Rogoff,2009;Miranda-Agrippino and Rey,2021)。

全球金融周期和国内金融周期也存在分析基础和表现形式上的关联。在分析基础上,全球金融周期和国内金融周期都有非常强的顺周期性。国内金融周期中,企业融资约束、银行风险承担、房地产价格波动之间存在相互强化的机制（Bernanke, et al., 1996; Kiyotaki and Moore, 1997）。这种正反馈机制在全球金融周期中同样存在，美国货币条件宽松改善了美元的融资情况，由于美元是全世界金融中介的重要融资币种，因而美联储货币政策传导至其他国家，放松了世界各国金融中介的资产负债表约束，导致各国普遍性的信贷宽松、资产价格上涨、资本流动频繁（Miranda-Agrippino and Rey, 2020a）。在表现形式上，国内金融周期触顶常常伴随银行业危机，根据 Laeven 和 Valencia（2012）以及 Reinhart 和 Rogoff（2009）的数据库统计，在 1985 年之后仅有德国、澳大利亚和挪威三个国家在金融周期顶部没有出现银行业危机，说明这一规律普遍性成立（Borio, 2014）。全球金融周期的顶部和底部，同样也伴随着金融危机。根据 Rey（2015）以及 Miranda-Agrippino 和 Rey（2020a）对跨境资本流动和全球资产价格绘制全球金融周期图，周期的顶部和底部分别伴随海湾战争、亚洲金融危机（俄罗斯国债违约、长期资本管理公司倒闭）、"9·11"事件、2008 年国际金融危机等全球性危机。

全球金融周期可能成为国内金融周期的重要催化剂，加速国内信贷和金融资产的膨胀和萎缩，这在新兴市场国家表现得十分明显。受中心国家货币政策驱动的全球金融周期，进一步反映了中心国家的宏观经济状况。而对于新兴市场国家，在国内金融周期上行时期，企业杠杆、资产价格和风险承担相互强化，使得资产负债表过度扩张。若遇上中心国家货币宽松驱动的全球金融周期上行，全球货币条件和流动性的改善为本国的信贷繁荣提供了更多的动力，加速了国内金融周期的触顶（Claessens and Kose, 2013）；若遇上中心国家货币紧缩驱动的全球金融周期下行，资本流动的截然而止、本国货币的骤然贬值将加剧国内金融体系的压力，应对不当往往会引发经济衰退（Forbes and Warnock, 2012）。

在政策应对上，全球金融周期的破局需要世界各国的政策合作，远不是单一国家能够治理的。虽然经济理论至今没有完全驯服国内金融周期，但不断演进的政策框架、调控思路、应对工具和处置办法让各国在面对国内金融周期时越来越"得心应手"，国内金融周期对宏观经济的影响也在减弱（Sarno, et al., 2001; Blinder, et al., 2008; Cerutti, et al., 2017）。相反，全球金融周期的挑战一直在持续并不断加强。中心国家的货币政策制定主要参考本国的经济周期，较少会考虑其他国家的经济金融状况。同时中心国家的货币条件会通过全球金融周期传导至其他国家，无论这些国家的国内金融周期和经济周期处于什么样的阶段。起初，或许有些国家会通过外汇干预缓解全球金融周期对本国金融周期的影响，但在资本自由流动的情况下，难以找到坚实稳定的政策锚点。最后的结果只能是亦步亦趋地跟随中心国家的货币政策走势，减少对本国经济周期的关注。因而，加强国际协调、变革国际货币体系是应对全球金融周期挑战的必行之法（Eichengreen, 2011）。

（三）全球经济周期 VS 全球金融周期

提及全球金融周期，大家普遍会联想到由 Backus 等（1992）提出并发展的全球经济周期（International Business Cycle）。全球经济周期认为各国的经济周期走势并不是相互独立的，产出、投资、生产率、劳动时长、消费等宏观经济变量在世界各国之间存在较强的相关性。全球经济周期实际上揭示了各国在经济上的相互联系、相互依赖，尤其是随着经济全球化，各国经济发展更加难以"独善其身"，均或多或少地受到全球经济周期的影响。Baxter（1995）对全球经济周期作用下的特征事实进行了归纳总结，对比来看，全球经济周期与全球金融周期存在相似之处。

表3-2　　　　　　全球金融周期与全球经济周期的对比

	全球金融周期	全球经济周期
共同的分析基础	经济金融全球化	
定义和事实	各国的产出、投资、生产率、就业、消费等宏观经济变量的走势存在非常强的相关性	跨境资本流动、全球资产价格、汇率平价、风险溢价、杠杆率等全球金融市场指标存在非常强的相关性

续表

	全球金融周期	全球经济周期
内部差异	产出的相关性大于生产率的相关性，大于消费的相关性	风险资产价格和跨境资本流动的全球相关性最强
驱动因素	技术生产力、财政货币政策、石油价格、其他外生冲击	全球风险偏好、中心国家货币政策
影响机制	贸易为主，兼顾资本流动、移民、技术溢出	资本流动为主，兼顾中心国家的政策、跨国公司的全球行为
政策应对	国际协调、汇率、贸易壁垒、资本管制	

资料来源：笔者整理。

首先，全球经济周期和全球金融周期的产生、发展和强化，都离不开经济金融全球化的影响。第二次世界大战结束之后，国际贸易重新蓬勃兴起，李嘉图模型、特定要素模型、赫克歇尔—俄林模型等国际贸易基础理论告诉我们：各国从事自己具有比较优势，符合自身资源禀赋的行业，可以获得更高的产出增长水平。然而，进行专业化生产是有风险的，尤其是异质性风险。Brainard 和 Cooper（1968）提出如果存在一种完美的保险机制，可以对冲国家在未来面临的各种经济情况，那么国家可以完全遵循专业化生产、追求经济增长，而无须考虑经济波动。各国之间的贸易联系、金融联系、移民、汇率制度、主权借贷等机制构成了这种完美的保险机制（Helpman and Razin，1978；Greenwood and Jovanovic，1990）。例如，2004 年印度洋大海啸冲击了沿岸国家，外生的异质性冲击导致沿岸国家经历了非正常的经济波动。如果沿岸国家可以通过接受外国的援助（非居民的汇款、国外政府援助）、金融市场配置（配置沿岸国家以外的资产）、借贷（经常账户赤字、主权债务），沿岸国家所受的影响将会被分散和平滑。基于平滑消费、分散风险的优势，各国普遍跟进了经济全球化进程，全球的贸易分工更加具体、要素流动更加频繁、技术溢出效应更加凸显，世界经济变得紧密联系、休戚与共，逐渐形成了全球经济周期。全球金融周期的形成也是类似，理论上，金融开放经济体从经济金融全球化过程中获得的收益更高。最典型的，

Levine（2001）通过理论和实践论证了国际金融自由化加速了经济增长。首先，放开对国际投资组合流动的限制会提升股市流动性，增强股市流动性可以促进生产力增长来加速经济增长；其次，允许外资银行进入会提高国内银行体系效率，发达的银行可以加速生产率提升刺激经济增长。同样是在理论的簇拥下，各国纷纷逐步放开资本账户管制，形成金融全球化的潮流。通过，跨境资本流动、跨国公司（金融机构）的国际化和主要经济体的政策联系，各个国家的资产价格、风险溢价、杠杆率等呈现高相关性，全球金融体系紧密联系在一起，形成了全球金融周期。

另外，全球经济周期的实证数据显示，各国产出的相关性高于各国生产率（索罗余值）的相关性，各国生产率的相关性高于各国消费的相关性。各国的产出、投资和就业的相关性最高，超过0.25；各国的消费的相关性最低，只有0.15。全球经济周期的特征事实展示了"国际消费风险分担之谜"，进而有一系列文献讨论不同宏观变量的联动性差异背后的原因（Kehoe and Perri, 2002）。全球金融周期的实证结果也有相似之处，Miranda-Agrippino 和 Rey（2021）发现全球因子对资产价格（Asset Prices）和资本流动（Capital Flows）的解释力最强，对私人流动性（Private Liquidity）的解释力相对较弱。

在分析的侧重上。全球经济周期的讨论围绕全球化的收益和风险展开。Backus 等（1992）提出并发展全球经济周期的概念，与学者关于经济金融全球化收益和风险的讨论，在时间上交织并相互影响。并且，之后学者在对全球经济周期进行理论建模和实证研究时，产出相关性和消费相关性，以及对"国际消费风险分担之谜"的讨论是不可或缺的部分（Bai and Zhang, 2012）。全球金融周期的讨论则不拘泥于不同国际金融市场指标相关性的差异，更多的是从驱动因素的讨论入手，驱动因素的分析不仅指明了全球金融周期的周期性动力来源，还有助于识别传导机制。例如，指出美联储的货币政策是驱动全球金融周期的重要力量，进而我们可以清晰地概述跨境资本流动、各国央行对美联储货币政策的追从、各国金融机构的信贷行为、跨国公司的信贷需求这一整个逻辑链的传导机制。当然，全球经济周期也有对驱动因素和影响机制的讨论。在全球经济周期的建模中，各国在贸易联系、生产分工上的合作是最重要的设定，学者也在贸易壁垒、产业链关系、异质性贸易品等方面进行了详细讨论（Baxter and Kouparitsas，2005；Calderon，et al.，2007；Barattieri，et al.，2021）。其次才是有关移民、金融市场、税收的相关设定和讨论（Davis，2014；Epstein，et al.，2016）。全球经济周期的驱动因素，包括了技术生产力、财政货币政策、石油价格、其他外生冲击（Crucini，et al.，2011）。

另外，需要强调的是，虽然全球经济周期和全球金融周期的讨论各有侧重，但两者在驱动因素、影响机制上有非常多的相似性。例如，美联储的货币政策既是全球经济周期，也是全球金融周期的重要驱动因素，跨国企业的全球行为是全球经济周期和全球金融周期发挥作用的重要机制（Kollmann，et al.，2011；Cravino and Levchenko，2017）。

在政策应对上，全球经济周期和全球金融周期作为经济金融全球化的产物，政府更多地会思考如何更好地享受经济金融全球化的收益，降低经济金融全球化的风险，应对全球经济周期和全球金融周期对本国实体经济和金融市场的挑战。汇率作为自动稳定，在应对全球经济周期和全球金融周期中，均发挥了积极作用（Corsetti，et al.，2008；Ahmed，2021）。贸易壁垒和资本管制作为行政手段，增加了贸易和资本流动的成本，为调节全球经济周期和全球金融周期的影响提供了可以操作的工具，在一定程度上减弱了全球周期的影响（Pasricha，et al.，2018；Caldara，et al.，2020）。但贸易壁垒是建立在牺牲他国利益的基础之上，资本管制与本国汇率制度和货币政策独立性密切相关，国际协调在此中发挥着重要作用（Ederington，2001；Obstfeld，2021）。

二 全球金融周期的兴起：理论脉络和历史渊源

（一）全球金融周期的理论根基

Rey（2015）发现存在一个全球因子驱动世界各国资产价格、资本流动、杠杆率和风险溢价的变化，并将其归纳总结为全球金融周期。全球金融周期的概念一经提出，便受到来自学术界、监管层、市场人士的高度关注。大部分观点肯定了全球金融周期的重要性，也有少量文献驳斥了 Rey（2015）的论证（Cerutti, et al., 2017）。虽然全球金融周期的概念是最近才提出的，但其讨论依旧建立在巨人的肩膀上。

其一，共同因子驱动的思想在既往的文献讨论中已经存在。在金融领域，最具代表性的莫过于 Fama 和 French（1992，1993）提出的因子模型，少数的几个因子便可以很大程度上解释异质性股票的价格走势。Fama-French 的因子模型在长时间区间内、各个国家的资本市场中均有比较好的定价能力，这说明其确实把握了股票走势的一定客观规律。延伸至全球资本市场的定价上，Choi 和 Rajan（1997）发现国内风险、世界风险和汇率风险是影响资产收益的重要因素，同样用三四个指标就能针对性地解释世界各国风险资产的收益率。进一步，在全球经济周期的文献中，学者发现各国宏观经济波动具有相关性，发展中国家经济体和发达国家经济体的经济周期都呈现出相似的共性，即全球经济周期。在度量全球经济周期的时候，因子模型（Factor Model）是普遍采用的方法，如 Kose 等（2003）估计了各国经济周期中的世界因子、区域因子和国家因子，发现世界因子是大部分国家宏观经济波动的最大贡献变量。在全球金融周期相关的讨论中，共同因子的思想也时常出现。在跨境资本流动的讨论中，Calvo 等（1996）建立的分析框架（Push-pull Analyse）就发现一些全球因子是驱动国家间资本流动的重要因素。Bruno 和 Shin（2015）进一步指出，国家层面因素的解释力十分有限，全球因子（如 VIX）才是影响全球资本流动的关键因素。虽然跨境证券和信贷资金流动相较于跨境直接投资对全球性因素更加敏感，但对于所有类型的资本流动，全球因子都是最重要的解释变量（Passari and Rey, 2015; Koepke, 2019）。在国际资本市场联动的分析中，因子分析的方法也被学者普遍采用。Pukthuanthong 和 Roll（2009）提出传统利用相关系数的方法计算国际金融市场联动存在偏误，在讨论三个及以上市场联动性的时候，因子分析的方法比相关系数更加可靠。他们利用主成分因子的解释力定义全球金融市场一体化。

其二，全球金融周期下的表现和特征，之前已有学者进行了相关讨论。首先，关于全球金融周期最终的一个结论是：在金融全球化的情况下，浮动汇率制度无法完全对冲外部冲击（中心国家货币政策）的影响，只有依靠一定的资本管制才能实现货币政策的独立性。Mohanty 和 Scatigna（2005）就已经基于此话题展开了详细的论述，他们提到浮动汇率制度下，汇率波动本身是有一定宏观经济效应的，比如汇率波动太大降低国内企业参与国际贸易的意愿、货币错配下本币贬值会遭受更大的资产负债表损失、新兴经济体汇率升值向通胀传导更快等，因而单纯的浮动汇率制度是无法对冲外部冲击的。在这种情况下，一定的外汇干预和资本账户管制可以增强货币政策的有效性。唯一不同的是，他们虽然提及了资本账户管制的作用，但是他们认为随着信息技术的发展和金融自由化的趋势，资本账户管控的效果会越来越差，政策当局不应过于依赖资本账户管制的措施。其次，中心国家货币政策的外溢性也被广泛讨论。Edwards（2015）发现即使是浮动汇率制度、通货膨胀目标制和资本自由流动的国家，也会模仿和追随美联储的货币政策，货币政策的独立程度远不及理论模型中所预示的。理论模型产生错误预判的原因之一是没有考虑到市场的微观结构，由于银行的资本金中有很大一部分是美元计价，美联储宽松的货币政策会放松新兴市场国家的货币条件，从而驱动其他国家的国内经济周期（Guo and Stepanyan，2011）。最后，共同因子驱动金融市场指标变动，也有众多文献得出了相似的结论。Calvo 等（1996）关于资本流动的经典讨论已经论证了美联储收紧货币政策将引发资本从新兴市场国家流出。在此基础上，Fratzscher（2012）以及 Forbes 和 Warnock（2012）讨论了全球风险因素（主要表现为 VIX 变量）对不同类型跨境资本流动，以及资本流动"突然中止"（Sudden Stop）的影响。Cerutti 等（2019）发现资本流入新兴市场国家更多的是通过共同基金和国际银行，他们会对全球因子更加敏感。

其三，全球金融周期的作用机制和政策应对，依然延续传统的分析视角。目前有关全球金融周期影响国家宏观经济金融的机制和渠道，依然是从跨境资本流动、信贷、风险承担、投资者心理和信号效应等方面出发，没有提炼出独特的作用机制（Prabheesh, et al., 2021; Lovchikova and Matschke, 2021; Epure, et al., 2021; Miranda-Agrippino and Rey, 2021; Davis and van Wincoop, 2021）。这自然会引发一个疑惑：为什么不直接讨论美联储货币政策对新兴市场国家的影响，而要借助全球金融周期的概念，一面讨论其驱动因素，一面讨论其作用机制。另外，在政策应对方面，Rey（2015）在文章中提出了"两难选择"的概念，但在 Miranda-Agrippino 和 Rey（2020a）的文章中是这样描述的："随着跨境资本流动更加自由，宏观审慎政策工具还没有普遍应用，所有国家的货币条件（即使这个国家实行浮动汇率制度）均会部分受到霸权国家（如美国）的货币政策的影响。"可以看到，后来作者在描述两难选择的时候增加了很多限制条件。这是因为虽然 Rey（2015）的论证直接、易懂，但汇率制度、资本管制和货币政策独立性的辩证分析在之前已有讨论（Mohanty and Scatigna, 2005; Edwards and Rigobon, 2009; Ostry, et al., 2011），如何在金融全球化的情况下维持本国货币政策的独立性早在 21 世纪初就已经成为学者们关注的焦点问题。到 2015 年，相关的政策应对措施也有部分付诸实践，例如巴西在 2011 年为应对投机性资本流入和本币升值，对外资购买国内债券征收 6% 的金融交易税，以此作为一种临时性的资本管制措施。宏观审慎政策等措施在一定程度上降低了全球金融周期的冲击（Epure, et al., 2021）。另外，在国际金融市场上，由于美元在金融计价上的统治地位，美联储的货币政策将引起全球金融市场共振，也是有前人的研究做支撑的。Wooldridge（2006）提出金融全球化反而放大了美元、欧元等主要计价货币的份额。Goldberg（2010）针对 2008 年国际金融危机后变革国际货币体系的讨论，非常有预见性地提出由于货币惯性、使用规模、美国经济稳定性和大宗商品计价规则，美元在国际交易和计价中的主导作用并没有改变。

（二）全球金融周期的历史视角

世界经济格局的变革，催生了"全球金融周期"概念的提出。资本账户开放和金融全球化成为 20 世纪 90 年代以来的重要趋势和表现。Fischer（1997）总结到资本的自由流动提升了全球储蓄的分配效率，将资源引导至最具生产力的国家和部门；资产配置全球化为投资者提供了实现更高风险调整后收益的可能性；资本账户自由化改进了国内金融体系效率，每个国家都可以分享全球金融互联的好处。除了资本在全球范围内的高效配置，金融全球化的另外一个好处是国际消费风险分担机制。金融全球化加深了各国之间的联系，有助于风险在全世界进行分散，降低了本国生产中面临的异质性风险，从而可以进行专业化生产，促进经济增长（Obstfeld，1994；Acemoglu and Zilibotti，1997）。根据 Imbs 和 Waciarg（2003），生产专业化和人均收入之间是"U"形关系，经济发展的前半程，资本流入会使得资本贫穷的国家将本国产业从资源依赖性行业拓展至其他行业，降低了宏观经济波动；经济发展的后半程，国际风险分担也避免了生产专业化对宏观经济波动的影响。此外，Kose 等（2009）还提出了潜在附带收益（Potential Collateral Benefits）资本流入会弥补本国资本的不足，同时长期资本流动还可能产生技术溢出效应，以及知识溢出效应（吸收发达经济体的管理和组织经验）。外资竞争和国际金融市场渠道带来金融深化、制度改进、政府治理能力提升、更严格的宏观纪律，促进经济增长、降低宏观波动。

作为华盛顿共识的重要部分，发达国家逐渐放开了资本市场的管制措施，新兴经济体也为实现金融自由化采取了很多举措，包括利率市场化、汇率市场化、开放资本市场、鼓励金融机构竞争等。根据 Kose 等（2009）的数据统计，1970 年以来全世界的金融全球化程度不断深化，并在 20 世纪 90 年代开始加速。各国之间通过不同形式、不同期限、不同工具的资本流动紧密联系在一起。Pukthuanthong 和 Roll（2009）采用包含全世界 17 个国家 1973—2006 年的日度股票价格数据，测算出金融全球化程度由 1974 年的 0.198 上升至 2007 年的 0.765，金融全球化获得了实质性进展。金融全球化让全球各国更加紧密地联系在一起，Kose 等（2003）发现随着金融全球化的兴起，各国的经济周期开始与 G7 国家趋同；Bruno 和 Shin（2015）发现金融越开放的国家受全球因子的影响越大。此时，无论是学者、监管专家、业界人士，还是世界各国普通人民，都已经切身感知到金融全球化的影响,全球金融周期概念的提出,更加贴合实际,容易引起共鸣,为广大读者所接受。

同时,2008 年国际金融危机让世界各国意识到,布雷顿森林体系之后美元依旧占据国际货币体系的霸权核心位置。在 2008 年国际金融危机之前,国际货币安排和汇率制度的讨论更多地集中在发展中国家,双重汇率、外汇管制、外汇储备是核心议题(Calvo and Reinhart,2002;Reinhart and Rogoff,2004),另有少量关注欧元区的制度安排的研究(Portes and Rey,1998;Chinn and Frankel,2005)。Bacchetta 和 Van Wincoop(2005)以及 Goldberg 和 Tille(2008)是最早一批关注美元在国际计价上的支配性地位,以及其对国际宏观金融影响的学者。2008 年国际金融危机缘起于美国,但平息国际金融市场动荡还是依靠美国的一系列政策操作,这说明美国依然处于国际货币舞台的核心位置(Goldberg,2010)。后危机时代,对安全资产的追逐更是强化了美元的绝对核心地位(Jiang,et al.,2021)。Ilzetzki 等(2019)总结到美元的霸权地位体现在国际贸易、国际投资、外汇储备等方方面面,在 2008 年国际金融危机之后,锚定美元的世界 GDP 占比达到了布雷顿森林体系解体后的新高度。伴随着实践中对美元地位的认可,时代变革让美联储货币政策驱动下的全球金融周期更加清晰,理论阐述也更具说服力。

此外,全球金融周期概念的兴起也源于其对世界各国的宏观经济金融产生了重要影响。首先是本国信贷增长受全球金融周期的影响越来越大。Di Giovanni 等(2017)发现全球金融周期对土耳其货币供给的影响越来越大,有 43% 的周期性信贷增长可以被全球金融周期所解释。全球金融周期作用下,跨境资本流入存在两个途径的影响机制:第一,资本流入、本币升值,强化了借入外币的金融机构的资产负债表,可以提供更多的信贷(Borio and Zhu,2012);第二,全球货币和流动性状况的改善,造成了跨境资本流动的繁荣,本国主体更容易在国际金融市场中获得资金(De Hass and Van Lelyveld,2014)。两种机制作用下,全球金融周期产生对本国信贷周期的影响(Cetorelli and Goldberg,2011;Blanchard,et al.,2016)。除了影响信贷周期,全球金融周期还可以通过影响全球金融系统变量，进而对本国宏观经济周期产生巨大影响（Jermann and Quadrini，2012；Iacoviello，2015）。其次，全球金融周期影响本国货币政策独立性。对于发展中国家而言，一些国家实行实际的固定汇率安排，试图稳定本国与中心国家的汇率水平，因而会在中心国家收紧货币政策的时候提升本国的利率水平，致使本国货币政策操作缺乏独立性。浮动汇率虽然能吸收外部冲击，但也无法消除全球金融周期的影响，主要原因在发展中国家的利率调控有效性欠缺，在资本流动的情况下本国政策利率对市场利率的传导效率得到削弱（Kalemli-Ozcan，2019）。对于发达国家而言，普遍实行通货膨胀目标值，当面临全球金融周期对本国金融变量冲击的时候，不可避免地引发对通胀的担忧，本国的货币政策也难免会对此做出反应（Rey，2016）。

"全球金融周期"概念的提出和发展，激起了全世界学者、监管层和业界人士的热烈讨论。主要有三点原因：第一，陈列的描述性统计事实太过震撼。分布在五大洲各个国家的858种风险资产价格，可以被一个全球因子解释25%的方差变化（Miranda-Agrippino and Rey，2015）。这个结果令人震惊，印象深刻。第二，分析的逻辑框架符合直觉和理论。上文已经阐述，全球金融周期中的共同因子、金融市场联动已经被学者进行了多次检验和讨论，机制分析已经成熟。但是，之前没有一篇文章从涵盖多个国家、资产类别的面板数据出发进行分析讨论。第三，结论和讨论有明确的政策启示。既然各国金融市场指标很大程度上受全球因子的影响，那么央行作为国内货币政策当局难以独立完成金融稳定的任务，作为补充机制，一方面需要增加全球金融周期传导的成本（资本管制），另一方面需要致力于国际协调。

在学术研究上，全球金融周期的提出也有众多的价值和意义。首先，简化了整个分析框架。以往有关跨境资本流动、汇率平价、风险资产溢价、杠杆率、金融危机等议题都是分开讨论的，或者分析两者之间的关系，全球金融周期将所有的概念用一根线串起来，让思路脉络更加清晰。这种简化的讨论通过梳理掉各个指标纷扰的因素，用主线抓住国际金融市场指标变化的驱动力和影响机制，便于理解内在机理和进行政策监管讨论。其次，全球金融周期的提出更加强调了金融市场微观建模在分析国际金融问题上的重要性。全球经济周期模型和新凯恩斯货币经济模型，实质是建立在国际自由贸易的基础上，国际金融市场的设定仅仅是附庸其上的讨论。全球金融周期强调了国际金融市场对宏观经济和政策制定的重要影响，激发了学者探寻以金融市场为微观基础根基的国际金融模型。

三　全球金融周期的驱动因子

从实证讨论上看，全球金融周期与发达经济体的联系更加紧密，Miranda-Agrippino 和 Rey（2021）利用动态因子模型（Dynamic Factor Model）研究发现从全球资产价格中提取的全球因子与欧洲、北美洲的发达国家关联性更强，与亚洲、拉丁美洲发展中国家的关联性较弱。Barrot 和 Serven（2018）讨论了 85 个国家的资本流动数据，发现全球因子对发达国家的解释能力远远高于发展中国家。无论是从跨境资本流动的角度来看，还是从资产价格联动性的角度来看，这一结果的发现自然会让人联想到全球金融周期是由发达国家的风险偏好和货币政策所驱动的。这两个指标也是以往学者们探索全球金融周期驱动因素的重要出发点，主要使用的变量是 VIX 指数和美国的联邦基金利率。

（一）全球风险因子（VIX）

首先，Rey（2015）提出 VIX 代表的风险偏好与全球金融周期有明显的负相关关系。当全球的风险偏好和不确定性较低的时候，即 VIX 等代理变量取值较低，金融资产的风险溢价较低，良好的宏观环境也会激励微观主体的冒进行为，增强借贷意愿。银行等金融机构在全球风险较低、资产价格上升的环境下，整体的资产负债表更加健康，更倾向于发放贷款和从事激进的投资行为。2008 年之前，大部分金融机构都通过 VaR（Value-at-Risk）进行风险控制和风险管理（Jorion，1997；Basak and Shapiro，2001），全球风险的降低也可以通过放松 VaR 的风控约束，让银行业金融机构有更大的空间进行贷款发放，投资机构有条件更加乐观地评估投资机会。因而，全球风险的降低抬升了全球金融机构的风险偏好，降低了金融资产的风险溢价，提高了金融机构的杠杆率，导致了信贷和资产泡沫的形成，加速了跨境资本的全球流动（Rey，2015）。由全球风险变化引发的全球金融体系的顺周期行为，成为驱动全球金融周期的重要因子。

然而，在 2008 年国际金融危机之后，这种关系变得非常微弱。其中一个重要原因在于金融机构的信贷决策和投资决策，与全球风险的联系弱化。2008 年国际金融危机之后，大家对经济金融系统中的顺周期因素进行了重新审视，开始将逆周期的思想纳入宏观经济调控和金融机构治理中来（Repullo and Suarez，2013）。以 VIX 为代表这种根据既有市场信息所计算得到的全球风险变量在决策中的重要性开始下降，大家会更加积极地审视和评估未来的各类风险，即使一切平静且乐观，也会在实际操作中保持谨慎以防止极端尾部事件的风险（Van Oordt and Zhou，2019）。在微观金融机构的风险控制中，VaR 的方法也逐渐开始演变为充分考虑时间序列特征、尾部风险、条件相关性，兼顾 ES、VaR 等多种方法的综合性风险管控体系（McNeil, et al., 2015），全球风险因子对风险控制因素的放松作用已大不如前。此外，欧洲银行业在金融危机后开始了长期的去杠杆，无论全球风险如何变化，整个欧洲银行业的偏好始终维持低位，其所涉及和衍生的广泛的跨境资本流动和全球资产价格走势与 VIX 的关系很低（McCauley, et al., 2019）。另一个原因是区域化的兴起。2008 年国际金融危机之后，各国开始意识到金融全球化对本国宏观经济的影响和宏观调控的挑战，宏观审慎政策、汇率制度安排、资本管制水平等宏观经济政策的变动，降低了本国经济对全球金融冲击的敏感性（Aizenman, et al., 2020）。在跨境资本流动的因素中，全球风险因子的影响力下滑，开始被国家风险因子和区域风险因子所替代（Forbes and Warnock，2021）。目前来看，VIX 所驱动的全球金融周期已经缺乏实践证据，Cerutti 等（2017）对这一现象进行了详细的梳理。

（二）美联储货币政策

Miranda-Agrippino 和 Rey（2020a）发现全球金融周期与美国的货币政策周期高度一致。或许从根本上讲，全球金融周期就是金融状况从全世界的中心国家（美国），传导扩散到世界其他国家和地区的过程。美联储货币政策与全球金融周期的关联有三条直接的途径。第一，美元是全世界贸易、金融和储备资产的重要计价货币，美联储货币政策改变了美元计价资产收益、负债的成本，从而影响微观主体和国家主体的决策（Gopinath and Stein，2021；Ilzetzki，et al.，2019）。对于微观主体而言，美国利率水平降低会通过贴现率渠道增加投资机会的吸引力，企业会更加倾向于贷款负债进行激进的投资决策。对于金融机构而言，美元利率水平降低放松了监管约束，创造出更多的空间进行信贷投放和资本投资。对于国家主体而言，美元资产收益的降低会使它们转移资金到更具有收益性、风险也更高的资产中去。第二，美国作为中心国家，其货币政策会通过资本流动对其他国家产生溢出效应。美联储渐进退出量化宽松引发全球资本逃离发展中国家，是一个非常典型的例子（Dedola，et al.，2017）。除了跨境资本流动这一直接的途径，跨国企业的转移定价、国际银行的内部定价、全球的美元离岸资金池都会随其产生联动变化。第三，美国是世界上的霸权国家，通过在国际协调上的强势地位保障自己货币政策效力的实施。无论是联合国、IMF等全球组织，还是G7、G20峰会等制度化协调机制，美国在其中占据强势地位、保有绝对的国际话语权，可以帮助美国将自己的政策意图传递甚至贯彻在全球体系之中。这一行为在日元币值低估、避税天堂治理、国际金融危机应对等众多事件中得到体现。此外，微观主体行为也会将美国金融状况传导至其他国家，如 Kalemli-Ozcan（2019）提出的全球投资者的行为受美国货币政策的影响，他们的一致行动影响了全球资本流动和资产价格。

虽然美联储货币政策驱动的全球金融周期被大家广泛认可，但是这种相关性是高度不稳定的。在2008年国际金融危机爆发前，更宽松的政策预示着更加疲软的全球金融周期，而在后危机时代则预示着更加强劲的全球金融周期（Borio，2019）。虽然不是所有的研究都发现了 2008 年前后的结构性变化，但至少都观测到 2008 年之后美联储货币政策驱动的全球金融周期效应在减弱（Miranda-Agrippino and Rey，2020b）。在学者的讨论过程中，认为最主要的原因在于货币调控机制的变化。在 2008 年之前，美联储的利率调控就几乎代表了货币政策的全部信息。然而，随着金融危机的出现，美联储的货币政策调控框架更加复杂，前瞻性指引和非常规货币政策的实施，使得单一利率指标不能完全替代全部的货币政策信息。Swanson（2021）就认为美联储的货币政策应该由联邦基金利率、前瞻性指引和大规模资产购买计划进行综合化度量。而从不同角度思考货币政策可能会得到截然相反的结论，美联储降低联邦基金利率往往预示着未来经济的回暖，但在 2008 年之后联邦基金利率的下降引发人们对零利率下限的担忧，市场会担忧美联储没有足够的货币政策空间来促进经济复苏。近些年来兴起的收益率曲线控制和现代货币理论，更是将人们的关注点从单纯的货币政策转移到货币—财政、货币—政治两者上（Kocherlakota，2021）。此外，还有其他因素可能影响美联储货币政策驱动的全球金融周期。Miranda-Agrippino 和 Nenova（2021）认为欧洲也开始展现中心国家属性，对全球跨境资本流动和资产价格产生显著的溢出效应，虽然溢出效应远不如美国，但也降低了美国单一国家的影响。Epure 等（2021）发现在国际金融危机之后各国普遍实施了宏观审慎政策，美联储货币政策对本国的冲击在边际上被宏观审慎政策所吸收，削弱了全球金融周期对本国信贷周期的影响。Elliott 等（2021）用微观数据发现货币政策影响银行业金融机构的信贷投放，但一些非银行机构（影子银行）会在银行业金融机构缺位的情况下增加信贷投放，这种逆周期行为降低了货币政策对信贷周期的影响。

（三）寻找未来的驱动因子

全球风险和中心国家货币政策作为全球金融周期的驱动因素已经被众多学者所讨论，影响机制和作用条件的剖析也非常全面。但也恰如上文所述，随着国际和区域协调机制更加完善、货币政策调控框架更加复杂、宏观审慎和微观审慎措施普遍应用，既往的两个因素驱动全球金融周期的作用在边际削减，寻找未来全球金融周期的驱动因素成为学术和监管部门关心的议题。

第一，中心国的行为举动。虽然美联储货币政策驱动全球金融周期的证据在弱化，但这并不影响中心国家对全球金融周期的影响。美联储货币政策难以精确度量，学者从其他角度分析同样得到中心国家对全球金融周期的影响，如 Boehm 和 Kroner（2020）讨论的中心国家的宏观新闻报道会影响全球风险资产价格，Cunha 和 Kern（2021）发现中心国家的重要政治事件（如美国总统大选、英国"脱欧"）会影响全球金融体系。或许我们难以用一个变量刻画中心国行为，从而作为重要的驱动因子进行研究，但中心国的行为举动会对全球风险偏好和跨境资本流动产生影响为大家所公认。

第二，国际社会阶段性共识产生的趋势因素。金融全球化毫无疑问是全球金融周期产生变化的重要因素，这一变化宏观上来自华盛顿共识后各国对资本管制的放松，微观上来自对全球分散化投资和风险管理的需要（Gooptu，1993；Grier and Grier，2021）。2008年国际金融危机之后，时任中国人民银行行长周小川关于变革国际货币体系的倡议在全球引发剧烈反响（周小川，2009），但是随后的十年美元的国际地位仍在不断增强（Ilzetzki, et al.，2019）。Taylor（2019）研究认为各国货币政策趋同的一个重要原因就是对汇率变动的考虑，国际货币体系改革并不是孤立独行的，需要结合各国货币政策调控框架的有效性。对于各国而言，没有有效的政策框架应对内外部均衡冲突，在国际协调上就难以形成合力改变现有的国际货币格局。

第三，国际经济贸易增长和结构变化。随着中国经济的崛起，中国在国际贸易、经济上拥有举足轻重的地位，各国的国际贸易、工业产值对中国需求变动产生依赖（Arora and Vamvakidis，2011）。中国经济变动影响全球供给需求，影响全球生产价格，也是全球金融周期的驱动因素（Miranda-Agrippino and Rey，2021）。经济和贸易因素影响全球金融周期的逻辑简洁直接，但在显著性上却与之前讨论的两个驱动因子有很大差距。原因在于贸易变量和经济变量与金融变量的关系并不是对等的，中国在贸易总量上已经超越了美国，但是人民币计价的贸易流量仍然不及美元计价的贸易流量，从而在与同一笔贸易流量相反的资金流量上，会更多地受美国的影响，而不是中国。

宏观经济的讨论不可避免地产生内生性的困扰，以上所讨论的驱动因素变量之间同样有相互影响的机制关联，比如美联储货币政策导致全球风险和不确定性、全球风险因子会影响美联储货币政策操作、全球化趋势由中心国家的行为所引领等（Bekaert, et al., 2013；Gertler and Karadi, 2015）。因而产生了一些对外生性强的经济因素的考虑，讨论它们是不是会驱动全球金融周期。其中最为典型的是新冠肺炎疫情的影响（He, et al., 2020；Giese and Haldane, 2020；Caggiano and Castelnuovo, 2021）。新冠肺炎疫情作为一个外生冲击事件对全球经济金融体系产生了重大影响：各国的资产价格下滑、跨境资本流动下降、风险溢价提升、汇率波动增加，各国金融系统变量之间展现强相关性预示着全球金融周期上升。前文也提及，全球金融周期的底部和顶端往往会出现全球性危机事件，若将外生冲击作为全球金融周期的驱动因子进行分析，由于其完全不可预测性，缺少了全球金融周期分析所必要的政策价值。人口因素和技术因素作为经济周期分析中的关键变量，也会对全球金融周期产生影响。但是，人口和技术因素产生作用的周期比较慢，这些慢变量虽然具有较强的可预测性，但是对于周期较短的全球金融周期而言，只能是长期的趋势性因素，而不是引起全球金融周期短期波动的驱动因素。政治冲击处于两者中间，政治周期具备一定的可预测性，对于经济系统而言，政策因素也具有一定的外生性。政治事件可以对本国和世界产生影响，从而驱动全球金融周期（Reinhart and Rogoff, 2009；Wagner, et al., 2018；Freund, et al., 2020）。所以为了应对政治因素对全球金融周期的影响，将其纳入国际协调的分析框架成为近些年来学者的研究方向（Cohen, 2012；Germain and Schwartz, 2014；Eichengreen, et al., 2019）。

四 全球金融周期作用下的特征事实

金融全球化的发展催生了全球金融周期的起落,并逐渐成为国际金融研究领域的焦点问题。在全球金融周期的作用下,国际金融领域的三个典型事实得到强化:第一,中心国家的外溢性更加明显,尤其是中心国家(美国)的货币政策和金融状况向其他国家进行扩散影响;第二,国际金融市场的联动性增强,金融风险从一个国家传染至其他国家的渠道更加通畅;第三,跨国企业开始在全球进行融资、投资、生产经营和销售,企业国际化的重要性抬升。这三个典型事实分别对应着全球金融周期的宏观、中观和微观影响,体现了金融全球化下国际金融领域研究的新方向、新进展,也是全球金融周期传导至世界各个国家的机制渠道,每一个分支都是重要的研究领域。因而,全球金融周期作用下的特征事实,也是金融全球化下的变化动态和演进发展,它不仅仅是特征事实,也是作用机制。

(一)中心国家的外溢性

在金融全球化不断强化的背景下,国家之间的经济、金融的外溢性愈发明显,以美国为代表的中心国家,其国内经济和金融情况、政府财政货币监管政策以及微观经济主体的技术创新能够跨越国家边界对其他经济体产生外溢效应。2008年国际金融危机之后,中心国家货币政策和金融稳定的溢出效应更突出。额外伴随着互联网和信息技术革命,技术创新并走向应用的速度提升,中心国家向其他国家外溢效应的传播速度也在加快。

货币政策的外溢性已经有众多讨论,中心国家的设定也有诸多讨论。例如,Kazi等(2013)分析了美国货币政策对OECD国家的影响,Dekle和Hamada(2015)讨论了日本货币政策对其他亚洲国家的影响,Potjagailo(2017)分析了欧央行货币政策对欧元区外欧洲国家的影响,Osorio和Unsal(2013)讨论了来自中国的溢出效应对亚洲国家的影响,Forbes

等（2017）分析了作为国际金融中心的英国，银行监管政策和货币政策的溢出效应。在非常规货币政策施行后，中心国家货币政策外溢性的讨论更加丰富。货币政策对利率水平、汇率波动、金融市场、资本流动的溢出效应得到重视和研究（Tillmann, 2016; Chen, et al., 2016; Anaya, et al., 2017）。在金融危机和金融稳定方面，中心国家金融状况和国内危机的溢出效应得到重视，代表性的 Longstaff（2010）和 Bekaert 等（2014）发现2008年国际金融危机期间美国国内金融市场风险蔓延至其他国家市场；欧债危机时，希腊的主权债务风险也蔓延至欧洲各国和财务状况不稳定的新兴市场国家（Mink and Haan, 2013）。这些研究不仅佐证了美联储货币政策驱动下的全球金融周期，也是全球金融周期在全世界发挥作用的特征事实。除了货币政策和金融稳定变量，中心国家的技术冲击（Klein and Linnemann, 2021）、不确定性冲击（Bhattarai, et al., 2020）、供给冲击（Feldkircher, 2015）、政治冲击（Freund, et al., 2020）也会产生对其他国家的溢出效应。在这些溢出效应的机制讨论中，利率机制、资本流动是最重要的机制，说明在全球金融周期作用下，中心国家的各种国内冲击开始传导至其他国家。

中心国家的外溢性在金融危机之后得到了额外的关注，理论建模和实证讨论得到了学者的足够重视。中心国家的货币政策和金融稳定除了通过汇率、信贷等传统视角（Georgiadis and Jančoková, 2020），也会从政治博弈和政策协调上影响各个国家。例如，Edwards（2015）发现新兴市场国家会模仿美联储的货币政策，Bhattarai 等（2020）认为政策协调很大程度上影响溢出效应，而政策协调本身就具有周期性和不确定性。此外，中心国家并不是单一的美国，国家之间存在相互溢出效应，如杨子荣等（2018）对中美两国货币政策的双向溢出效应进行了讨论分析。

作为全球金融周期的特征事实，中心国家的外溢性也加深了全球金融周期对各国的影响，成为重要的作用机制。中心国家的货币政策和金融稳定状况通过：跨境资本流动、各国银行的信贷行为、国际资产价格反应、金融机构的杠杆选择、不同类型金融资产的风险偏好、大宗商品交易拥挤程度、各国货币当局的政策模仿、政策当局的国际协调，从一个国家传染至其他国家。中心国家的经济金融状况变化，预示着全球金融周期的起落，也对各国的宏观经济和金融条件产生外溢效应。

（二）国际金融市场联动和金融风险传染

全球金融周期将全世界各国的资产价格、国家之间的资本流动联结在一起，这种关联在金融市场上的表现就是国际金融市场联动性增强，以及金融风险的跨市场传染效应更加突出。因而，在中观市场层面，国际金融市场联动和金融风险的跨市场传染是全球金融周期的重要特征事实之一，同样是因为国际金融市场联动和金融风险的跨市场传染，各个国家的金融状况更加紧密地联系在一起，全球金融周期的冲击也更为快速、直接。

金融全球化的突出表现之一就是国际金融市场的联动性大幅提升（Kose, et al., 2009）。对于国际金融市场联动，各种模型进行测算的结果都表明，21世纪以来国际金融市场的联动性增强（Pukthuanthong and Roll, 2009; Kritzman, et al., 2011; Diebold and Yilmaz, 2012; Verdelhan, 2018）。关于国际金融市场联动性产生的原因，学者并没有一致的共识，分别从宏观经济政策趋同、经济结构形似、文化传统相近等方面进行了分析（Albuquerque and Vega, 2009; Aloui, et al., 2011; Lucey and Zhang, 2010）。然而，国际金融市场联动性增强的原因，全球金融周期的作用是大家普遍归纳的原因。正是因为金融全球化在世界各国的推行和深化，金融在经济发展中的作用愈发凸显，各国企业、金融机构和监管部门在看到金融在募集大额资金、资源配置、价值发现等领域的独特优势后，更加倾向于在全球市场中寻找更加适合自身行为需求的金融资源。伴随着金融全球化，资本流动将全世界的金融市场联系在一起，货币政策和监管政策的协调相近让全世界的金融机构和跨国企业呈现趋同行为，外生事件冲击、中心国家货币政策冲击、监管政策冲击通过告示效应和资本流动对各国金融市场产生影响，引起国际金融市场联动（Farhi and Tirole, 2012; Kim, et al., 2015; Gilchrist, et al., 2019）。国际金融市场的联动性存在时变性，且不同国家之间的联动性也有所差异，地理因素、经济联系差异等因素是学者们常常归因的内容（Lane and Milesi-Ferretti，2003；Goetz，et al.，2016）。

金融风险的跨市场传染，建立在国际金融市场联动的基础之上，是全球金融周期作用下在中观层面反映的特征事实。关于金融风险跨市场传染的机制和讨论，主要集中于以下六点：第一，不同金融市场有直接的业务、资金往来，通过交易对手风险传染金融风险。不同金融部门、不同金融机构之间互相持有资产、有直接业务往来，当其中一家出现危机时，其交易对手方直接面临对手方违约风险的冲击。交易对手渠道被认为是最直接、最主要的跨市场风险传染途径（Freixas，et al.，2015）。第二，单一金融风险引发微观主体的预期和恐慌，将风险传染至其他市场。不同金融机构、金融市场在尾部风险上具有相关性（Gennaioli and Rossi，2013），例如，市场一致预期"大而不倒""太关联而不倒"等，市场参与者会主观忽视银行和系统性重要机构的风险，预期事后政府一定会救助，进而从事冒险行为，这种预期破灭的结果可能会冲击所有市场（Acharya and Yorulmazer，2008；Jiménez，et al.，2014；汪莉、陈诗一，2015）。第三，现代金融体系下信贷资金跨部门流动，流动性恶化将影响整个金融市场。美元作为全世界金融资产计价的最主要币种，美联储流动性的紧缩和扩张将带动国际金融市场整体的起伏，流动性恶化将从美元市场、货币市场迅速传染至其他市场（Diamond and Rajan，2012；Moreira and Savov，2017）。第四，单一国家、单一机构的风险决策行为，会通过"竞争效应"影响其他公司和行业。竞争和金融创新通过将所有金融机构、金融市场紧密联系在一起，促进了风险分担，从而降低了微小的异质性冲击对整体金融市场的影响（Allen and Gale，2000）。但在巨大的异质性冲击下，即使冲击只发生在一个部门也会影响到整个金融系统（Acemoglu，et al.，2015）。第五，政府行为影响市场预期，一些监管规定也会放大金融波动。危机时期，政府干预和救助市场的协商、节奏和操作方式都会带来整个金融市场的波动（Farhi and Tirole，2012；Geithner，2014；Cetorelli，et al.，2020）。美联储在金融危机时的每一次讲话都具有"告示效应"，直接影响国际金融市场的风险偏好和风险溢价（Obstfeld, et al., 2009）。第六，实体经济活动会将单一市场风险传染至其他市场。当一个行业遭受负面冲击时，投资者会关注新闻从而思考对相关行业的影响，进而做出反应传递至不同行业（Hasler and Ornthanalai, 2018）。

（三）跨国公司的全球活动

金融全球化让跨国企业具备了在国际市场中进行经营运作的机会，跨国企业除了能够在本土资本市场进行融资外，还可以全世界资本市场进行对比，获得更为廉价的资本；在全世界进行税收筹划，使公司的全球税负最小化；利用全球资本市场资源，通过公司战略与融资策略的匹配实现更低的资本成本和更优质的投资机会；破除本土金融市场的限制，管理企业的流动性，更好地满足日常经营的现金需求。综上所述，跨国企业让全世界各国的风险调整后的融资成本、投资机会、税收筹划、流动性管理成本趋于一致，将各国金融市场、金融状况紧密地联系在一起（Dunning and Lundan, 2008）。

全球金融周期在微观上的特征事实，就体现在跨国公司的全球活动上。随着国际经济和管理环境的变化、信息和通信技术的进步，以及新兴市场国家的稳健增长，公司面临的竞争压力越来越大。为了应对这些竞争压力，很多公司意识到他们需要走向全球，以保持竞争优势。跨国并购一直是企业国际扩张的重要策略，全球的跨国并购在过去二十年间取得了飞速发展，新兴市场国家在其中的作用不断扩大，其中非常重要的原因就是金融全球化的发展。跨国并购最大的一个好处就是能够直接获得企业所需的资源，Das 和 Teng（1998）主要讨论收购目标企业所在地的地区资源，Chen 等（2021）主要讨论获得企业发展所需的人力资本。跨国并购促进了企业资产的有效重新配置，能够服务于企业在激烈的竞争环境中生存和发展（Xu, 2017）。此外，出于投标溢价和转移定价风险的考虑，也会促使公司参与跨境并购（Mescall and Klassen, 2018）。然而，跨国并购的实际效果可能并不如人愿，早期的众多研究已经指出跨境并购对公司价值的影响并没有想象的高（Doukas and Travlos，1988；Morck and Yeung，1992）。重要的一个原因是宏观经济金融状况（Di Giovanni，2005）、政治风险（Pandya，2016）可能会很大程度上干扰并购绩效，削弱并购协同效应的发挥。随着金融全球化，跨境并购呈现了新的特点。在 20 世纪 90 年代，并购行为受宏观经济增长和衰退的影响，呈现与经济周期相似的波动特点（Kang and Johansson，2000）。在金融全球化下，跨国企业面临来自世界各个国家的外部投资者和多元化股东，投资决策受本国经济周期的干扰在降低（Chen，et al.，2009）。跨境并购的浪潮起伏开始由金融周期主导，而不是经济周期。如提出股票市场的估值提升会带来并购浪潮（Harford，2005；Shleifer and Vishny，2003），汇率的波动会带来并购浪潮（Erel，et al.，2012）。可以看出，全球金融周期的起落驱动跨国公司的跨境并购行为，跨境并购行为又将进一步拉近各个金融市场之间的联系，通过避税行为、内部定价、无形资产等手段推动各个金融市场的统一。

除了跨境并购，全球金融周期作用下企业在融资方面也开始充分利用国际金融市场优势，全球资本战略开始成为企业战略的重要组成部分，管理层需要就长期的财务目标达成一致，选择合适的投资银行对接机构投资者，最低成本在全球筹集股权和债务，在有声望的市场进行发行上市（Oxelheim，et al.，1998）。各国的宏观环境不同导致利率水平存在差异，新兴市场国家的融资成本普遍高于国际金融市场的美元融资成本，因而企业更愿意发行美元计价的债券而不是在本国获取信贷融资（Caballero，et al.，2016）。不仅体现在信贷融资，在股权融资上国际金融市场同样有突出的优势。Bruno 和 Shin（2017）以及 Bacchetta 等（2019）认为在国际金融市场上上市融资可以突破本国资本管制的限制，并且美元等国际货币在国际使用上也更加方便。此外，在发达的、有声望的市场上进行上市融资，一方面可以改善公司的信息质量，降低企业与上下游企业、消费者和监管部门的信息不对称，有利于企业的长期发展（Fernandes and Ferreira，2008）；另一方面，在高关注度的市场上市也可以获得声誉加持，让更多的人关注到公司，起到一个宣传作用（Baker and Wurgler，2002）。反过来，成功地在有声望的市场上市，也能通过完善的市场机制改进公司治理，提升企业的经营效率（Coffee，2002）。同样，跨境融资和交叉上市也存在周期性因素，在境外融资成本和境外市场估值上涨阶段，企业更倾向于在境外获得融资和去境外发行上市（Goldstein and Turner，2004；Sarkissian and Schill，2016）。因而，全球金融周期因素同样影响跨国企业的融资行为和财务结构，跨国企业通过在各国市场上寻找低成本资金和流动性支持，缩小了资本在全世界（经风险调整后）的收益差，让各国金融市场的起落更加一致。

五　中国应如何应对全球金融周期的挑战

金融全球化让世界各国的经济金融紧密联系在一起，形成了全球金融周期。改革开放以来，中国不断提升自身的开放水平，并致力于成为高水平开放经济体。因而，中国将不可避免地面临全球金融周期的影响。全球金融周期有多种传导机制、特征事实，它既可以通过中心国家的溢出效应影响中国政策当局的政策制定和微观主体的市场预期，还可以通过跨市场的风险传染影响中国金融市场的供求和风险偏好，另外跨国企业和金融机构国际化直接面临国外经济金融条件变化的冲击。复杂的路径机制、全方位的影响，让应对全球金融周期的挑战成为一个兼具系统性和技术性的难题。乐观的一点在于，中国的经济总量位居世界第二，中国在世界舞台上的地位并不是一个小国角色，国际话语权和市场规模优势帮助平滑全球金融周期的影响。同时，中国也在逐渐靠近中心国地位，开始向其他国家产生强大的溢出效应，有助于分散本国面临的波动冲击。具体来看，面对全球金融周期的挑战，中国可以从国际、区域和国内三个方面进行妥善应对。

（一）国际：宏观经济政策的国际协调

由于世界各国之间存在交流和联系，一个国家（尤其是中心国家）的政策将会影响其他国家的宏观经济和金融状况，产生外溢性。为了解决外溢性，寻求国际合作从而提升全体国家的福利水平，这是国际协调机制发挥作用的理论基础（Hamada，1976）。但是，这种福利改善的国际协调机制的发挥存在几个现实中的弊端：第一，国际协调的收益并不能覆盖协调的成本。Fisher（1987）曾对国际协调的收益进行估计，认为协调的收益并不能覆盖艰难进行的国际协调所产生的成本。第二，中心国家拒绝福利的降低。整体福利的改进并不意味着所有国家福利的改进，中心国家在协调中面临潜在损失的时候，会破坏协调机制，从而难以达成具有可行性的协调结果（Canzoneri and Gray，1985）。第三，协调并不是可持续的，或者说不可信的。政治家的国际协调成果需要在国内认可后才能实施，国内的政治博弈影响国际协调，一些有价值的国际合作成果有可能因为政治斗争而失败（Milner，1997）。如何改进国际协调的效率，Levine 和 Currie（1987）认为需要增加对破坏者的惩戒机制，这就需要让渡部分国家主权，建立超主权机构对政策协调进行管理；Eichengreen（2011）则认为寻找技术上的共识最为重要，如果各国能够稳定处理开放经济下的内外部均衡，国际宏观经济政策协调更容易达成共识。

全球金融周期的影响也是充满了外溢性，因而在全球各国协调应对、共同改进福利水平上已经达成了共识。中国则需要凭借在国际上的话语权，为中国的经济发展和金融稳定争取更多的资源。在国际组织的协调框架内，中国应积极争取有利于自身的体制变革，努力将规则制定得更加符合自身的现实利益，创设有利于中国发展的技术标准。在非制度化的框架中，积极提出在中国有建设性讨论的议题，在全世界争取获得更大的共识。此外，中国应积极同其他国家进行货币政策和监管政策的沟通与合作，一起打击洗钱和恐怖主义融资，提升中国的国际声誉，为国际金融稳定贡献自己的一份力量。

（二）区域：双边和区域金融合作

在面对区域异质性冲击时，区域内各国开展金融合作，能够避免国际协调的前两个弊端。第一，区域冲击对本区域的国家有强大的负面作用，因而协调应对的潜在收益往往是巨大的，这一点在最优货币区的成本收益模型中有丰富的讨论（McKinnon，1963；Kindleberger，1972）。第二，区域的领导者一般不会主动破坏区域协调。一方面，区域冲击下区域内各国彼此依赖，一个国家的危机很可能传导至区域内其他国家，因而较少会出现因为福利水平降低而主观破坏协调的现象（Eichengreen，et al.，1996；Kaminsky and Reinhart，2000）。另一方面，区域中的领导者需要借助区域整体的力量寻求国际政治舞台上的话语权，有动机牺牲一些本国利益，来满足区域内其他国家的利益诉求（Kirshner，1997）。因而，在全球金融周期的应对中，发挥区域在平滑周期、分散风险上的作用，能够降低外部冲击对本国经济金融的影响。

在区域金融合作中，最具制度性的安排就是区域货币合作，货币在区域一体化的过程中发挥着巨大的作用，统一货币便利贸易和经济交流，进而促进人员、技术等要素流动，提升区域整体一体化水平（Rose，2000）。即使是不使用一种货币，加强各式各样的货币合作在实践中也能提升区域的一体化水平（He，et al.，2021）。因而，在应对全球金融周期的时候，强调区域的作用有助于在协调收益和协调成本之中实现平衡，提升整体福利水平。

央行货币互换作为一种央行货币合作方式，在稳定金融市场、提供短期流动性便利等方面具有重要作用（Goldberg，et al.，2010）。国际金融危机期间，美联储与欧洲央行、瑞士央行等14个国家的央行签署了货币互换协议。事实证明，美联储的货币互换为全球金融市场提供了充足的美元流动性，在降低金融市场成本、缓解信用风险压力方面成效显著（Fleming and Klagge，2010）。不仅如此，美联储与其他央行签订的货币互换协议也缓解了巴西、韩国等其他新兴市场国家外汇市场的压力（Stone，et al.，2009；Aizenman，2010）。中国人民银行也与30多个国家签订了货币互换协议，不仅在维持金融稳定方面有所成效，还促进了双边国家的贸易和投资（张明，2012；张策等，2018）。面对全球金融周期的影响，双边货币合作最具可操作性，进而通过货币互换网络不仅平滑了外生风险冲击，还可以规避潜在的相互依赖风险。

（三）国内：审慎的国内政策应对

宏观审慎政策的实施可以降低全球金融周期对本国的影响已经有学者通过跨国面板的实证研究讨论分析（Epure, et al., 2021）。宏观审慎中包含两类工具可以防范全球金融周期的影响：跨周期的缓冲型工具、抑制风险传染的资产负债工具。全球金融周期，顾名思义也会有波峰波谷、起伏涨落，逆周期资本缓冲、动态损失拨备等缓冲型工具通过监管手段迫使金融机构在经济和金融的周期内进行资本和准备金的平滑，缓解全球金融周期的影响。外币风险敞口、杠杆比率、机构间风险敞口等资产负债工具，强调了对单一业务、单一市场的风险可控，进而避免风险在机构之间、市场之间的传染，一定程度上提高了全球金融周期影响中国金融机构和金融市场的体制成本，隔绝了外部冲击的一阶影响，即使面临较大的冲击，也能为中国的政策应对赢得时间。

除了宏观审慎政策，灵活的汇率制度和适当的资本管制手段也是必要的。浮动汇率制度能够隔绝外部冲击对国内的影响，在全球金融周期的作用下已经被证伪（Rey, 2015）。因而，在汇率制度的考量上应该以浮动汇率为基础，通过公开市场操作等方式传递政策当局的政策意图，引导微观主体的预期。同时，中国作为一个大国，应该积极争取人民币国际化的权力，从而实现本国金融周期和全球金融周期的协调一致，避免政策陷入应对本国金融周期和全球金融周期的两难选择。资本管制也是如此，不应该完全否定资本管制的作用，实现零成本的金融自由化。高水平金融开放一定是建立在本国金融稳定的基础之上，随着技术和信息科技的发展，资本流动的成本在逐渐降低，需要监管通过一定的资本管制措施隔绝国内和国际金融市场，这样形成的市场分割一方面能够享受到国际金融市场资源配置的好处，另一方面在危机来临时有可行的机制和充足的时间进行应对。

附录：国际金融领域的研究范畴和文献脉络

国际金融（International Finance），主要可以从宏观和微观两个角度进行定义。《新帕尔格雷夫经济学大辞典》中将其解释为"涉及与国际市场相关的经济中随时间推移的实际收入决定和消费配置"，主要讨论如何实现一个国家的外部均衡。该词条的写作者是加利福尼亚大学伯克利分校的茅瑞斯·奥伯斯法尔德，他是研究国际收支、金融危机的著名学者，因而这个定义更加偏向于宏观。同样，奥伯斯法尔德与克鲁格曼、梅里兹合著的《国际经济学：理论与政策》中认为国际金融与讨论经济资源实体流动的国际贸易相对，主要讨论国际经济中的货币流动和金融活动，这个定义也是偏向于宏观角度。关注跨国公司和国际金融市场的学者，对国际金融的理解就更加偏微观，如皮特·塞尔居在《国际金融：理论与实务》中认为由于世界上存在不同的国家，一家国际性公司的首席财务官在履行融资、项目评估和风险管理等标准职责时需要处理的额外问题构成国际金融的研究话题。还有斯蒂芬·瓦尔德斯和菲利普·莫利纽克斯在《国际金融市场导论》中主要关注国际金融市场有效性和国际金融监管协调。其实，大部分国际金融教科书在下定义的时候，都是兼顾国际金融的宏观和微观层面，如陈雨露在《国际金融》中归纳国际金融的研究范畴应当是国际金融市场、跨国公司财务管理与新开放宏观经济学的综合。姜波克的《国际金融新编》、迈克尔·莫非特和斯蒂芬·诺尔宾的《国际货币与金融》，还有 Handbook of International Economics 也都是结合了宏观和微观的研究讨论。综上所述，国际金融的研究范畴主要涵盖宏观上的国际货币安排、国际收支核算、国际政策协调，以及微观上的国际金融市场和跨国公司财务管理。图3-1用一个简单的树形图概述国际金融领域的研究范畴和文献脉络。

虽然从现代的视角看，国际金融包含宏观和微观的维度，但从历史的视角，两者的讨论并不是同时开始的。国际金融问题的讨论源于国家边界的确立，因而国际收支和国民收入的话题是古典经济学家重点关注的领域。托马斯·孟于 1664 年所著的《英国得自对外贸易的财富》是最具代表性的重商主义观点，他认为国家应通过关税、配额、补贴、税收等手段追求贸易顺差和金银流入，来增加国家的财富。亚当·斯密在《国富论》中认为国家财富是产品和服务的年流量，而不是贵金属的累积储备量，因而他主张自由贸易。在自由贸易中，如何实现国家的外部均衡，大卫·休谟于 1752 年提出了"价格现金流动机制"。假定是在一个实行严格固定汇率的国际金本位制度下，国际收支逆差会导致黄金输出，从而减少本国货币供应量、降低物价水平，这会改善出口、放缓进口，从而平衡国际收支。

　　大卫·休谟的"价格现金流动机制"是最早提出的比较完备的国际收支和国际平衡理论，但是其至少在三个方面与现实世界存在差距。其一，主动作为。"价格现金流动机制"要求各国在逆差时紧缩、在顺差时扩张，实际上是牺牲内部均衡来实现外部均衡。从实践中看，除了英国等个别国家以外，其他各国并没有依靠黄金流动价格机制来被动实现国际收支平衡，而是普遍采取货币冲销或支出转移政策，积极主动调整国际收支。例如著名的马歇尔勒纳条件和 J 曲线效应，它分析了如何通

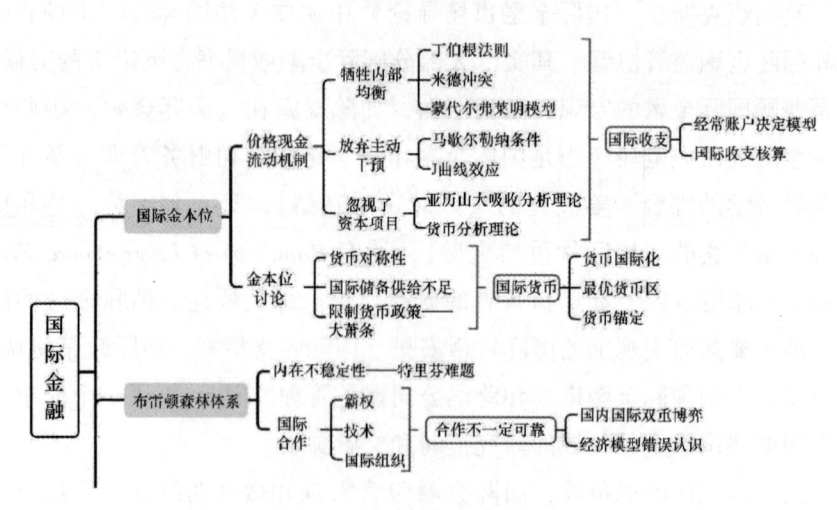

图 3-1　国际金融领域的研究范畴和文献脉络

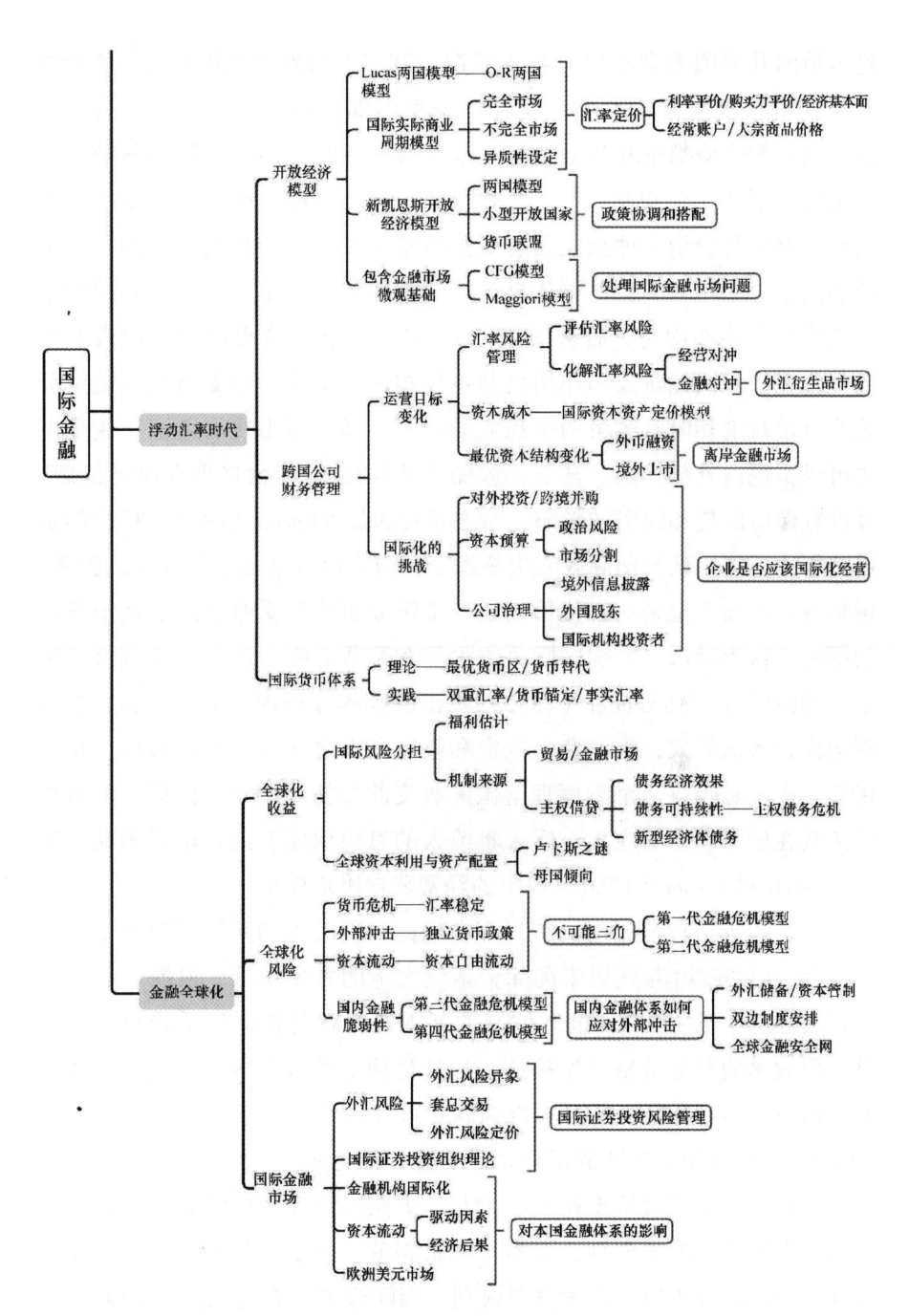

图 3-1 国际金融领域的研究范畴和文献脉络（续）

过本币的升贬值来调整国际收支状况。其二，内外部均衡冲突。"价格现金流动机制"仅追求外部均衡，忽视内部均衡，而对于政策当局来说，内外部均衡都是其政策目标。基于对国际收支调节政策的研究，丁伯根提出了"丁伯根法则"，明确指出一国政府要实现 n 个独立的经济目标，至少要使用 n 种独立且有效的政策工具。米德提出，在国际金本位的固定汇率制度下，单单依靠支出调整政策这一工具，难以同时实现内部均衡和外部均衡，后称"米德冲突"。注意到货币政策和财政政策的实施主体、调控对象和作用机制不尽相同，蒙代尔将支出调整政策分裂为货币政策和财政政策两个独立的政策工具，指出在固定汇率制度下也可以实现内外部均衡。其三，忽视了资本账户。"价格现金流动机制"并没有考虑信贷和投资的影响，与之相对的是 Johnson（1972）提出的货币分析法，他们认为国际收支失衡源于国内货币需求和货币供给的失衡，国际收支本质上也是一个货币问题。货币分析法深受弗里德曼货币学派的影响，认为货币是影响国际收支失衡和调节的唯一因素，论点过于极端。相较而言，Alexander（1952）提出的吸收分析理论更为综合，它依据国民收入恒等式，将消费、投资和政府支出之和定义为总吸收，从国民总收入和总吸收两个方面理解国际收支的失衡与调节。此后，随着数学工具在经济学中的应用，后人将前人的思想用模型进行精确表达，如 Dornbusch 和 Fisher（1980）提出的经常账户决定模型。

尽管"价格现金流动机制"存在理论和现实中的问题，但并不妨碍其成为 19 世纪 70 年代以来国际金本位实施的重要基础。根据《新帕尔格雷夫经济学大辞典》，金本位制的基本规则就是各国货币当局确定以其货币表示的黄金价格并保持这一比价的固定性。金本位制度下，各国具有地位上的对称性，并且可以抑制货币过快增长和通货膨胀，成为 19 世纪末至 20 世纪上半叶的国际货币安排，备受推崇。但是，由于金本位制下难以使用货币政策支持经济增长、无法满足各国国际储备的需求以及面临投机冲击的脆弱性，金本位从最初就一直受到各种质疑（Heller，1966；Salant，1983）。在大萧条时期，国际金本位在危机的加深和蔓延中起到了推波助澜的作用（Eichengreen，1995）。如果在国际自由贸易的情况下，各国能在不牺牲内部均衡的情况下实现外部均衡，那么全世界国家的福利水平将得到提升。基于此，第二次世界大战结束后，确立了美元与黄金挂钩、各国货币与美元挂钩的布雷顿森林体系。这一体系本质是以美元为基本储备货币的金汇兑本位制，存在金本位制度下的固有矛盾。特里芬难题点明了布雷顿森林体系的内外部冲突，世界各国经济发展对货币的需求与美元黄金挂钩下的币值稳定存在不可调和的冲突（Triffin，1960）。在国际货币安排存在内在不稳定性的情况下，国际合作是基础和前提。通过霸权或领导地位（Eichengreen，1987）、技术共识（Goodfriend，1988）、国际组织（Loftus，1972）可以实现国家之间的协调与合作。然而，国家之间的合作并不一定是可靠或可持续的，首要的问题是对方的合作承诺是否可信（Hamada，1976）。然而，即使各国的合作承诺是可信的，国家之间的合作也存在非常强的不确定性。例如，Milner（1997）通过一个国内国际双重博弈模型指出，国内政治因素会制约国际合作目标的达成。Frankel 和 Rockett（1988）认为政府对经济模型的认知不一定符合现实，协调结果的"不如人意"将破坏国际合作。

由于制度内生的不稳定性，布雷顿森林体系于 1973 年破裂，世界经济进入浮动汇率时代。Friedman（1953）较早地阐述了浮动汇率制度的优点，并支持各国实行浮动制度。然而，在浮动汇率时代到来时，如何确定汇率标准成为一个棘手的问题。Dornbusch（1976）和 Lucas（1982）提出了最早的汇率决定模型，主要思想还是基于传统的利率平价和购买力平价模型。随后的学者从央行货币政策规则、全球失衡、大宗商品价格等领域对汇率决定机制进行了讨论（Chen and Rogoff，2003；Engel and West，2005；Gourinchas and Rey，2007）。一体两面，汇率决定理论同样指导汇率预测，虽然 Meese 和 Rogoff（1983）认为汇率预测模型的效果接近随机游走，但汇率预测模型对于微观企业汇率风险管理十分重要，Rossi（2013）对此有一个详尽的综述。

浮动汇率时代各国经济通过贸易和资本流动紧密地联系在一起，各国的商业周期开始出现一定的同步性，这意味着可能有一个全球商业周期（International Business Cycle）的存在。全球商业周期的概念最早由 Backus 等（1992）提出，Kehoe 和 Perri（2002）将其拓展到不完全市场，Kose 等（2003）对其进行了实证讨论。全球商业周期实际上揭示了各国在经济上的相互联系、相互依赖，在这个状态下国家该如何进行宏观经济政策的应对，成为学者关注的热点。分析这一问题的基础架构来自 Clarida 等（2002）的新凯恩斯两国模型和 Gali 和 Monacelli（2005）的小国开放经济模型，两篇文章均是建立在新凯恩斯主义的基础上，并且有很好的可拓展性。Adolfson 等（2007）以及 Gali 和 Monacelli（2008）分别在此基础上引入不同定价机制和货币联盟，也成为后续学者研究的重要参照。新凯恩斯开放宏观经济模型能够很好地服务于政策当局，评估和讨论货币政策、财政政策、宏观审慎等各类政策的效果（Lubik and Schorfheide，2007；Devereux and Yetman，2014；Benigno，et al.，2013），成为分析开放宏观经济问题的主流模型。除了新凯恩斯开放宏观模型，国际实际商业周期模型也具有很好的拓展性。此外，Obstfeld 和 Rogoff（1995）创立发展的两国模型是分析货币定价和汇率传递的基础模型，Caballero 等（2008）以及 Maggiori（2017）构建的微观基础能更好地处理全球各国的异质性和市场分割，成为近些年来开放宏观问题分析的模型基础。

在国际金本位和布雷顿森林体系下，各国之间的汇率都处于一个准固定汇率制度（Quasi-fixed Exchange Rate）下，跨国企业在经营过程中会较少地关心汇率相关的风险。随着布雷顿森林体系的瓦解，汇率市场的波动明显加剧，跨国企业面临的直接问题就是汇率变动对会计核算的影响（Shapiro，1975）。此外，汇率风险还包括交易风险和经济风险。跨国企业的汇率风险管理，主要有三方面的研究内容：对自身的汇率风险进行估计（Adler and Dumas，1984；He and Ng，1998）、判断汇率风险的来源（Bodnar and Gentry，1993；Willianson，2001）、通过金融对冲和经营对冲手段进行化解（Géczy，et al.，1997；Allayannis and Weston，2001；Pantzalis，et al.，2001）。除了汇率风险，浮动汇率时代下跨国企业可以通过选择在不同市场融资、不同币种融资来为股东创造价值，国际资本资产定价模型和国际视角下的最优资本结构选择应运而生。国际资本资产定价模型最初由 Solnik（1974）提出，后续学者对于国际资本资产定价中的投资壁垒、交叉上市、股权限制等因素进行了拓展（Black，1974；Eun and Janakiramanan，1986）。而关于估计国际资本资产定价模型中的重要变量——资金成本，French 和 Poterba（1991）对其进行了详细讨论。跨国公司的现金流是国际化分散的，并且面临比较高的代理成本、政治风险、外汇风险和信息不对称，这些因素都可能会影响跨国企业的最优资本结构（Lee and Kwok，1988）。对于资本结构中股债的币种选择，跨国企业出于提高流动性、缓解信息不对称、促进价值发现、服务汇率风险管理等诉求，会在境外发行上市或进行全球债权融资，Karolyi（2006）对此有一个完备的综述。

浮动汇率时代下跨国企业的收益和风险结构发生了变化，企业需要更加斟酌是否应采取国际化经营（Hymer，1970；Grant，1987）。由于政治风险和市场分割的存在，项目投资过程中的资本预算制定更加复杂且具有不确定性（Lessard，1996）。市场分割也为跨国企业进行国际避税和转移定价提供了空间，而为了实现这一收益，跨国企业往往伴随着对外投资和跨境并购，即使这意味着较大的政治风险和汇率风险（Shimizu，et al.，2004；Henisz，2000）。同时，企业国际化的同时伴随着治理结构的国际化，境外信息披露是否缓解信息不对称，境外董事对企业价值和公司经营行为的影响，以及国际投资者的作用也是跨国企业公司治理的重要议题（Lang，et al.，2003；Oxelheim and Randoy，2003；Aggarwal，et al.，2011）。

理论上，金融开放经济体是可以从金融全球化中获得收益的，因而从 20 世纪 80 年代开始，金融全球化开始在全世界兴起。Brainard 和 Cooper（1968）提出专业化生产存在收益和风险，如果存在一种机制能够对风险进行保险，那么国家就可以依照自身的比较优势进行生产实现更高的经济增长和更低的经济波动。Helpman 和 Razin（1978）以及 Greenwood 和 Jovanovic（1990）分别论证了各国的贸易和金融联系能够形成一种保险，分散各国面临的异质性冲击。基于前人的结论，Obstfeld

(1994）以及 Acemoglu 和 Zilibotti（1997）提出了的经济增长模型阐述了各国可以通过金融开放分散风险，从而实现生产专业化下的经济增长。Van Wincoop（1994）估计了各国从全球化中获得的福利改善。除了贸易和金融联系，另外还有一个重要的渠道：主权信贷。主权债务的存在使得各国不仅可以从空间上分散风险，还可以从时间上分散风险。Eaton 和 Gersovitz（1981）以及 Bulow 和 Rogoff（1989）分别论证了声誉和法律体制可以避免主权债务违约。然而现实中，国家债务充斥着违约行为，这一风险分担机制完全没有发挥其应有的作用（Reinhart and Rogoff, 2009）。主权债务违约的国家将承受国际金融市场融资渠道弱化的损失，以及其他宏观经济成本（Reinhart, et al., 2003；Rose, 2005）。金融全球化的另一重要收益来源是可以利用全世界的资本进行生产，以及可以配置资产到世界各国。Lucas（1990）发现国际资本更多的是从穷国流向富国，有悖于理论模型中人均资本水平的收敛。学者从生产率水平、技术溢出、制度等多方面进行解释（Hall and Jones, 1999；Lothian, 2006），但一个不争的事实是穷国可能并不能从国际资本流动中获得充足的生产性资本，因而国际援助的讨论进行了跟进（Rajan and Subramanian, 2008）。在全球资产配置方面，Gourinchas 和 Jeanne（2013）提出了类似的谜题，他们发现有更高经济增长率的国家反而是资本的净流出国。Aguiar 和 Amador（2011）从政府负债的角度进行了解释。资产配置中最重要的谜题是母国偏好，他减少了国家从全球化中获得风险分散的收益（Lewis, 1999）。学者对母国偏好的解释涵盖了宏观政治风险、通胀，微观市场制度，投资者认知等各个维度（Chan, et al., 2005；Kho, et al., 2009），但至今没有学者能给出一个令人完全信服的答案。

实践上，学者并没有就金融全球化的收益得出一致的共识，很多学者肯定了金融全球化的收益，认为至少是股票市场自由化促进了经济增长，资本管制抑制了各国从金融全球化获得的收益（Prasad, et al., 2007；Rodrik and Subramanjan, 2009）。Kose 等（2009）对相关理论和实证进行了一个完整的综述。虽然金融全球化的收益和风险仍待进一步讨论，但可以确定的是如果一个国家的金融自由化伴随金融危机，那么至少在危机发生的几年一定是负面影响。Kaminsky 和 Reinhart（1999）研究了 26 起银行危机，有 18 起在发生前的 5 年内进行了金融部门自由化。金融危机的发生是金融全球化风险的典型，而金融危机为什么会发生很大程度上源于一国想同时维持汇率稳定、独立货币政策和资本自由流动。Krugman（1979）以及 Flood 和 Garber（1984）提出了第一代货币危机模型，Obstfeld（1996）提出的第二代货币危机模型，均指出固定汇率制度下容易受到投机性冲击的威胁。亚洲金融危机的产生在一定程度上也源于金融自由化的同时存在"浮动恐惧"，金融自由化的同时并没有配合浮动汇率制度的实行（Calvo and Reinhart, 2002）。此外，金融危机的发生源于本国金融体系的脆弱性，国内金融体系缺陷会放大金融全球化的风险因素，导致最后金融危机的出现（Demirgüc-Kunt and Detragiache, 1998）。第三代货币危机模型指出亚洲国家存在过度借贷行为，且国家普遍存在隐性担保，放大了金融体系的内生脆弱性（Corsetti, et al., 1999）。Krugman（1999）在此基础上进一步提出了金融全球化下，微观主体资产负债表的期限结构和货币结构不匹配加深了金融脆弱性，导致货币危机和银行危机同时发生。同时，学者也关注到金融全球化下，金融危机存在跨国传染，一个国家的货币危机提升了其他国家发生货币危机的可能性（Eichengreen, et al., 1996; Kaminsky and Reinhart, 2000）。

金融全球化的风险不仅体现在金融危机上，金融机构全球化、资本流动和离岸金融市场在很多方面虽有利于本国经济发展和金融稳定，但是没有处理好关系，也可能带来风险。Lewis 和 Davis（1987）指出现代银行业国际化和欧洲美元市场的形成在时间上是相近的，主要处理不同国家、不同币种、居民和非居民的金融业务。发达的金融机构可以更好地服务金融全球化时期的经济增长，但也会与全球经济周期的联系更加紧密（Aron, 2000; Demirgüç-Kunt and Detragiache, 1998）。以欧洲货币市场兴起而逐渐发展的离岸金融市场也是如此，它提供了全世界交易所必须的流动性需求，是布雷顿森林体系时期乃至今日的全球贸易和金融联系的润滑剂（Swoboda, 1968）。由此形成的伦敦货币市场，奠定了伦敦国际金融中心的地位（Schenk, 1998）。但随后离岸金融市场逐渐成为避税天堂和洗钱中心，引发了世界各国和监管机构的注意（Rose and Spiegel，2007）。另一个兼具收益和风险的选择是跨境资本流动，外国直接投资对资金流入国的经济增长有促进作用（Balasubramanyam，et al.，1996；Borensztein，et al.，1998）；资本流入的突然停止也会引发金融危机（Forbes and Warnock，2012）。Calvo 等（1996）分析发现国家因素和全球因素均会影响资本的全球流动，但是并没有模型能够完全刻画并预测资本流动。正是因为金融机构全球化、离岸金融市场和跨境资本流动存在风险和收益的权衡，需要国内政策和体制进行应对，使得本国能够更好地享受收益、规避风险。首先，在国内政策方面，外汇储备虽然可能面临收益损失和福利降低，但在应对货币危机上还是较为有效的（Aizenman and Marion，2003）。Dominguez 等（2012）更是利用 2008 年国际金融危机的事件证明了国家外汇储备积累的作用。资本管制的效果则争论比较大，不仅文献上两派观点针锋相对，在实践上也是功过参半，Edwards（1999）对此进行了一个详细的综述。无论是外汇储备，还是资本管制，应对金融危机最有效的方法还是提升本国金融体系的稳定性（Alfaro，et al.，2014）。其次，在双边层面的制度安排可以有效降低金融风险的跨境传染。美联储的货币互换在金融危机时期提供了充足的美元流动性，降低了美元融资成本，帮助实现了全球金融市场的正常运行（Goldberg，et al.，2010；Obstfeld，et al.，2009）。最后，区域货币安排和国际组织贷款这两种安排承担了类似国际最后贷款人的职责，实证发现获得国际组织贷款会降低其陷入银行危机的概率（Eichengreen，et al.，2008）。

  金融全球化的微观表现就是国际金融市场的发展与成熟。各国投资者可以在国际金融市场上进行资产配置和流动性管理，基于国内资产组合理论拓展而成的国际资产组合理论由 Adler 和 Dumas（1983）提出。资产价格在各国之间的相关性较低，因而国际化投资的风险分散能够显著降低风险（Levy and Sarnat，1970；Eun and Resnick，1984）。随着国际金融市场的发展，外汇衍生品逐渐丰富，国际证券投资组合理论逐渐将汇率对冲涵盖其中（Glen and Jorion，1993；Campbel，et al.，2010）。

与国内资产定价的研究相对，外汇市场的资产定价研究也随着国际金融市场的成熟而发展，Dumas 和 Solnik（1995）通过研究肯定了国际金融市场中存在外汇风险溢价，此后学者主要从三个方面进行讨论。第一，外汇风险溢价异象。例如，Hansen 和 Hodrick（1980）以及 Fama（1984）提出的外汇远期溢价异象，即浮动汇率制度下的货币收益与滞后期远期溢价负相关，利用远期汇率完全无法预测未来的即期汇率。后续学者从风险指标度量、市场分割、投资者非理性等角度尝试进行解释（Backus, et al., 1993）。第二，套息交易的研究。Lustig 和 Verdelhan（2007）的研究发现买入高利率货币并卖出低利率货币是有利可图的，这一发现也催生了套息交易的研究。套息交易有绝大收益，并且与传统风险因素不相关被众多学者所证实，Burnside 等（2011）认为这反映了外汇市场上较高的随机折现因子。套息交易的收益激励了投机者的货币投机行为，带动了外汇市场交易量的激增，也增加了货币崩盘风险（Brunnermeier, et al., 2008）。第三，外汇市场风险的理论建模。其中以 Verdelhan（2010）以及 Ready 等（2017）的模型最具代表性。

从国际金本位到布雷顿森林体系，再到浮动汇率时代，每一次国际货币体系变革都会催生不同的国际金融研究领域。而对这一主线根基——国际货币安排——的研究，也一直处于国际金融研究话题的中心。从反思金本位制度的失败根源，到最优货币区理论的提出，学者们普遍肯定了浮动汇率时代，赋予各国自主选择汇率制度的优势（Mundell, 1960; Barro, 1979; Kenen, 1989）。正如 Frankel（1999）所述，没有一种汇率制度适合所有国家的所有时期。同样是浮动汇率时代，不同时期的全球汇率制度安排各有特点，美元化、货币区、双重汇率、货币锚定均在一定时期成为研究的热点（McKinnon, 1982; Reinhart and Rogoff, 2004）。2008 年国际金融危机之后，改革现有国际货币体系的声音此起彼伏。但正如 Eichengreen（2011）所说，国际货币安排的核心是国际协调，在缺乏霸权领导者和技术共识的情况下，难以推动国际货币体系产生系统性的变革。

（执笔人：张策）

参考文献

保罗·克鲁格曼、茅瑞斯·奥伯斯法尔德、马克·梅里兹:《国际经济学:理论与政策》(第十版),中国人民大学出版社 2016 年版。

陈雨露:《国际金融》(第六版),中国人民大学出版社 2019 年版。

姜波克:《国际金融新编》(第六版),复旦大学出版社 2018 年版。

迈克尔·梅尔文、斯蒂芬·诺尔宾:《国际货币与金融》(第八版),中国人民大学出版社 2016 年版。

皮特塞尔居:《国际金融:理论与实务》,中国人民大学出版社 2014 年版。

斯蒂芬·瓦尔德斯、菲利普·莫利纽克斯:《国际金融市场导论》(第六版),中国人民大学出版社 2014 年版。

汪莉、陈诗一:《政府隐性担保、债务违约和利率决定》,《金融研究》2015 年第 9 期。

杨子荣、徐奇渊、王书朦:《中美大国货币政策双向溢出效应比较研究——基于两国 DSGE 模型》,《国际金融研究》2018 年第 11 期。

张策、甘静芸、唐博文:《人民币互换协议的贸易效应研究——兼评人民币互换对推进"一带一路"建设的影响》,《金融监管研究》2018 年第 11 期。

张明:《全球货币互换:现状、功能及国际货币体系改革的潜在方向》,《国际经济评论》2012 年第 6 期。

周小川:《关于改革国际货币体系的思考》,《中国金融》2009 年第 4 期。

Acemoglu, D., A. Ozdaglar and A. Tahbaz-Salehi, 2015, "Systemic Risk and Stability in Financial Networks", *American Economic Review*, 105 (2), 564 – 608.

Acemoglu, D. and F. Zilibotti, 1997, "Was Prometheus Unbound by Chance? Risk, Diversification, and Growth", *Journal of Political Economy*, 105 (4), 709 – 751.

Acharya, V. V. and T. Yorulmazer, 2008, "Cash-in-the-Market Pricing and Optimal Resolution of Bank Failures", *Review of Financial Studies*, 21 (6), 2705 – 2742.

Adler, M. and B. Dumas, 1983, "International Portfolio Choice and Corporation Finance: A Synthesis", *Journal of Finance*, 38 (3), 925 – 984.

Adler, M. and B. Dumas, 1984, "Exposure to Currency Risk: Definition and Measurement", *Financial Management*, 13 (2), 41 – 50.

Adolfson, M., S. Laséen, J. Lindé and M. Villani, 2007, "Bayesian Estimation of an Open Economy Dsge Model with Incomplete Pass-through", *Journal of International Economics*, 72 (2), 481 – 511.

Aggarwal, R. , I. Erel, M. Ferreira and P. Matos, 2011, "Does Governance Travel around the World? Evidence from Institutional Investors", *Journal of Financial Economics*, 100 (1), 154 – 181.

Aguiar, M. and M. Amador, 2011, "Growth in the Shadow of Expropriation", *Quarterly Journal of Economics*, 126 (2), 651 – 697.

Ahmed, R. , 2021, "Monetary Policy Spillovers under Intermediate Exchange Rate Regimes", *Journal of International Money and Finance*, 112, 102342.

Aizenman, J. , 2010, "International Reserves and Swap Lines in Times of Financial Distress: Overview and Interpretations", East Asian Bureau of Economic Research Finance Working Papers, No. 23008.

Aizenman, J. , M. D. Chinn and H. Ito, 2020, "Financial Spillovers and Macroprudential Policies", *Open Economies Review*, 31 (3), 529 – 563.

Aizenman , J. and N. Marion, 2003, "The High Demand for International Reserves in the Far East: What is Going On?", *Journal of the Japanese and International Economies*, 17 (3), 370 – 400.

Albuquerque, R. and C. Vega, 2009, "Economic News and International Stock Market Co-Movement", *Review of Finance*, 13 (3), 401 – 465.

Alexander, S. S. , 1952, "Effects of a Devaluation on a Trade Balance", *IMF Staff Papers*, 2 (2), 263 – 278.

Alfaro, L. , A. Chanda, S. Kalemli-Ozcan and S. Sayek, 2004, "Fdi and Economic Growth: The Role of Local Financial Markets", *Journal of International Economics*, 64 (1), 89 – 112.

Allayannis, G. and J. P. Weston, 2001, "The Use of Foreign Currency Derivatives and Firm Market Value", *Review of Financial Studies*, 14 (1), 243 – 276.

Allen, F. and D. Gale, 2000, "Financial Contagion", *Journal of Political Economy*, 108 (1), 1 – 33.

Aloui, R. , et al. , 2011, "Global Financial Crisis, Extreme Interdependences, and Contagion Effects: The Role of Economic Structure?", *Journal of Banking & Finance*, 35 (1), 130 – 141.

Anaya, P., M. Hachula and C. J. Offermanns, 2017, "Spillovers of US Unconventional Monetary Policy to Emerging Markets: The Role of Capital Flows", *Journal of International Money and Finance*, 73, 275 – 295.

Aron, J., 2000, "Growth and Institutions: A Review of the Evidence", *World Bank Research Observer*, 15 (1), 99 – 135.

Arora, V. and A. Vamvakidis, 2011, "China's Economic Growth: International Spillovers", *China & World Economy*, 19 (5), 31 – 46.

Bacchetta, P., R. Cordonier and O. Merrouche, 2019, "The Rise in Foreign Currency Bonds: The Role of Capital Controls", Online Working Paper, Swiss National Bank.

Bacchetta, P. and E. Van Wincoop, 2005, "A Theory of the Currency Denomination of International Trade", *Journal of International Economics*, 67 (2), 295 – 319.

Backus, D. K., A. W. Gregory and C. I. Telmer, 1993, "Accounting for Forward Rates in Markets for Foreign Currency", *Journal of Finance*, 48 (5), 1887 – 1908.

Backus, D. K., P. J. Kehoe and F. E. Kydland, 1992, "International Real Business Cycles", *Journal of Political Economy*, 100 (4), 745 – 775.

Bai, Y. and J. Zhang, 2012, "Financial Integration and International Risk Sharing", *Journal of International Economics*, 86 (1), 17 – 32.

Baker, M. and J. Wurgler, 2002, "Market Timing and Capital Structure", *Journal of Finance*, 57 (1), 1 – 32.

Balasubramanyam, V. N., M. Salisu and D. Sapsford, 1996, "Foreign Direct Investment and Growth in EP and is Countries", *Economic Journal*, 106 (434), 92 – 105.

Barattieri, A., M. Cacciatore and F. Ghironi, 2021, "Protectionism and the Business Cycle", *Journal of International Economics*, 129, 103417.

Barro, R. J., 1979, "Money and the Price Level under the Gold Standard", *Economic Journal*, 89 (353), 13 – 33.

Barrot, L.-D. and L. Serven, 2018, "Gross Capital Flows, Common Factors, and the Global Financial Cycle", World Bank Policy Research Working Paper, 8354.

Basak, S. and A. Shapiro, 2001, "Value-at-Risk-Based Risk Management: Optimal Policies and Asset Prices", *Review of Financial Studies*, 14 (2), 371 – 405.

Baxter, M., 1995, "International Trade and Business Cycles", *Handbook of International Economics*, 3, 1801 – 1864.

Baxter, M. and M. A. Kouparitsas, 2005, "Determinants of Business Cycle Comovement: A Robust Analysis", *Journal of Monetary Economics*, 52 (1), 113 – 157.

Bekaert, G., M. Ehrmann, M. Fratzscher and A. Mehl, 2014, "The Global Crisis and Equity Market Contagion", *Journal of Finance*, 69 (6), 2597 – 2649.

Bekaert, G., M. Hoerova and M. L. Duca, 2013, "Risk, Uncertainty and Monetary Policy", *Journal of Monetary Economics*, 60 (7), 771 – 788.

Benigno, G., H. Chen, C. Otrok, A. Rebucci and E. R. Young, 2013, "Financial Crises and Macro-Prudential Policies", *Journal of International Economics*, 89 (2), 453 – 470.

Bernanke, B., M. Gertler and S. Gilchrist, 1996, "The Financial Accelerator and the Flight to Quality", *Review of Economics and Statistics*, 78 (1), 1 – 15.

Bhattarai, K., S. K. Mallick and B. Yang, 2021, "Are Global Spillovers Complementary or Competitive? Need for International Policy Coordination", *Journal of International Money and Finance*, 110, 102291.

Bhattarai, S., A. Chatterjee and W. Y. Park, 2020, "Global Spillover Effects of US Uncertainty", *Journal of Monetary Economics*, 114, 71 – 89.

Black, F., 1974, "International Capital Market Equilibrium with Investment Barriers", *Journal of Financial Economics*, 1 (4), 337 – 352.

Blanchard, O., J. D. Ostry, A. R. Ghosh and M. Chamon, 2016, "Capital Flows: Expansionary or Contractionary?", *American Economic Review*, 106 (5), 565 – 569.

Blinder, A. S., M. Ehrmann, M. Fratzscher, J. De Haan and D. -J. Jansen, 2008, "Central Bank Communication and Monetary Policy: A Survey of Theory and Evidence", *Journal of Economic Literature*, 46 (4), 910 – 945.

Bodnar, G. M. and W. M. Gentry, 1993, "Exchange Rate Exposure and Industry Characteristics: Evidence from Canada, Japan, and the USA", *Journal of International Money and Finance*, 12 (1), 29 – 45.

Boehm, C. E. and T. N. Kroner, 2020, "The US, Economic News, and the Global Financial Cycle", Seminar in International Economics, University of Michigan.

Borensztein, E., J. De Gregorio and J. -W. Lee, 1998, "How does Foreign Direct Investment Affect Economic Growth?", *Journal of International Economics*, 45 (1), 115 – 135.

Borio, C., 2014, "The Financial Cycle and Macroeconomics: What have We Learnt?", *Journal of Banking & Finance*, 45, 182–198.

Borio, C., 2019, "A Tale of Two Financial Cycles: Domestic and Global", Lecture at the University of Zürich, www.bis.org/speeches/sp191119a.pdf.

Borio, C. and H. Zhu, 2012, "Capital Regulation, Risk-taking and Monetary Policy: A Missing Link in the Transmission Mechanism?", *Journal of Financial Stability*, 8 (4), 236–251.

Borio, C. E., M. Drehmann and F. D. Xia, 2018, "The Financial Cycle and Recession Risk", *BIS Quarterly Review*, December.

Brainard, W. C. and R. N. Cooper, 1968, "Uncertainty and Diversification in International Trade", *Food Research Institute Studies*, 8 (3), 1–29.

Brunnermeier, M. K., S. Nagel and L. H. Pedersen, 2008, "Carry Trades and Currency Crashes", *NBER Macroeconomics Annual*, 23 (1), 313–348.

Brunnermeier, M. K. and Y. Sannikov, 2014, "A Macroeconomic Model with a Financial Sector", *American Economic Review*, 104 (2), 379–421.

Bruno, V. and H. S. Shin, 2015, "Cross-Border Banking and Global Liquidity", *Review of Economic Studies*, 82 (2), 535–564.

Bruno, V. and H. S. Shin, 2017, "Global Dollar Credit and Carry Trades: A Firm-Level Analysis", *Review of Financial Studies*, 30 (3), 703–749.

Bulow, J. and K. Rogoff, 1989, "A Constant Recontracting Model of Sovereign Debt", *Journal of Political Economy*, 97 (1), 155–178.

Burnside, C., M. Eichenbaum, I. Kleshchelski and S. Rebelo, 2011, "Do Peso Problems Explain the Returns to the Carry Trade?", *Review of Financial Studies*, 24 (3), 853–891.

Caballero, J., U. Panizza and A. Powell, 2016, "Foreign Currency Corporate Debt in Emerging Economies: Where are the Risks?", VoxEU.org.

Caballero, R. J., E. Farhi and P.-O. Gourinchas, 2008, "An Equilibrium Model of 'Global Imbalances' and Low Interest Rates", *American Economic Review*, 98 (1), 358–393.

Caggiano, G. and E. Castelnuovo, 2021, "Global Financial Uncertainty: Does It Matter for the Global Business Cycle?", *SUERF Policy Briefs*, No. 124.

Caldara, D., M. Iacoviello, P. Molligo, A. Prestipino and A. Raffo, 2020, "The Economic Effects of Trade Policy Uncertainty", *Journal of Monetary Economics*, 109, 38–59.

Calderon, C., A. Chong and E. Stein, 2007, "Trade Intensity and Business Cycle Synchronization: Are Developing Countries Any Different?", *Journal of International Economics*, 71 (1), 2–21.

Calvo, G. A., L. Leiderman and C. M. Reinhart, 1996, "Inflows of Capital to Developing Countries in the 1990s", *Journal of Economic Perspectives*, 10 (2), 123–139.

Calvo, G. A. and C. M. Reinhart, 2002, "Fear of Floating", *Quarterly Journal of Economics*, 117 (2), 379–408.

Campbell, J. Y., K. Serfaty-De Medeiros and L. M. Viceira, 2010, "Global Currency Hedging", *Journal of Finance*, 65 (1), 87–121.

Canzoneri, M. B. and J. A. Gray, 1985, "Monetary Policy Games and the Consequences of Non-Cooperative Behavior", *International Economic Review*, 26 (3), 547–564.

Cerutti, E., S. Claessens and A. K. Rose, 2017, "How Important is the Global Financial Cycle? Evidence from Capital Flows", NBER Working Paper, w23699.

Cerutti, E., S. Claessens and D. Puy, 2019, "Push Factors and Capital Flows to Emerging Markets: Why Knowing your Lender Matters More Than Fundamentals", *Journal of International Economics*, 119, 133–149.

Cerutti, E., S. Claessens and L. Laeven, 2017, "The Use and Effectiveness of Macroprudential Policies: New Evidence", *Journal of Financial Stability*, 28, 203–224.

Cetorelli, N., L. S. Goldberg and F. Ravazzolo, 2020, "Have the Fed Swap Lines Reduced Dollar Funding Strains During the Covid-19 Outbreak?", Federal Reserve Bank of New York, No. 20200522.

Cetorelli, N. and L. S. Goldberg, 2011, "Global Banks and International Shock Transmission: Evidence from the Crisis", *IMF Economic Review*, 59 (1), 41–76.

Chan, K., V. Covrig and L. Ng, 2005, "What Determines the Domestic Bias and Foreign Bias? Evidence from Mutual Fund Equity Allocations Worldwide", *Journal of Finance*, 60 (3), 1495–1534.

Chen, D., H. Gao and Y. Ma, 2021, "Human Capital-Driven Acquisition: Evidence from the Inevitable Disclosure Doctrine", *Management Science*, 67 (8), 4643–4664.

Chen, Q., A. Filardo, D. He and F. Zhu, 2016, "Financial Crisis, US Unconventional Monetary Policy and International Spillovers", *Journal of International Money and Finance*, 67, 62 – 81.

Chen, Y. -C. and K. Rogoff, 2003, "Commodity Currencies", *Journal of International Economics*, 60 (1), 133 – 160.

Chen, Y. R., Y. L. Huang and C. N. Chen, 2009, "Financing Constraints, Ownership Control, and Cross-Border M&As: Evidence from Nine East Asian Economies", *Corporate Governance: An International Review*, 17 (6), 665 – 680.

Chinn, M. D. and J. A. Frankel, 2005, "Will the Euro Eventually Surpass the Dollar as Leading International Reserve Currency?", NBER Working Paper, w11510.

Choi, J. J. and M. Rajan, 1997, "A Joint Test of Market Segmentation and Exchange Risk Factor in International Capital Market", *Journal of International Business Studies*, 28 (1), 29 – 49.

Claessens, S. and M. A. Kose, 2013, "Financial Crises Explanations, Types, and Implications", IMF Working Papers, No. 2013/028.

Clarida, R., J. Galí and M. Gertler, 2002, "A Simple Framework for International Monetary Policy Analysis", *Journal of Monetary Economics*, 49 (5), 879 – 904.

Coffee Jr, J. C., 2002, "Racing Towards the Top?: The Impact of Cross-Listings and Stock Market Competition on International Corporate Governance", *Columbia Law Review*, 1757 – 1831.

Cohen, B. J., 2012, "The Benefits and Costs of an International Currency: Getting the Calculus Right", *Open Economies Review*, 23 (1), 13 – 31.

Corsetti, G., L. Dedola and S. Leduc, 2008, "International Risk Sharing and the Transmission of Productivity Shocks", *Review of Economic Studies*, 75 (2), 443 – 473.

Corsetti, G., P. Pesenti and N. Roubini, 1999, "What Caused the Asian Currency and Financial Crisis?", *Journal of Japan and the World Economy*, 11 (3), 305 – 373.

Cravino, J. and A. A. Levchenko, 2017, "Multinational Firms and International Business Cycle Transmission", *Quarterly Journal of Economics*, 132 (2), 921 – 962.

Crucini, M. J., M. A. Kose and C. Otrok, 2011, "What are the Driving Forces of International Business Cycles?", *Review of Economic Dynamics*, 14 (1), 156 – 175.

Cunha, R. and A. Kern, 2021, "Global Banking and the Spillovers from Political Shocks at the Core of the World Economy", *Review of International Organizations*, 1 – 33.

Das, T. K. and B. -S. Teng, 1998, "Resource and Risk Management in the Strategic Alliance Making Process", *Journal of Management*, 24 (1), 21 –42.

Davis, J. S., 2014, "Financial Integration and International Business Cycle Co-Movement", *Journal of Monetary Economics*, 64, 99 – 111.

Davis, J. S., G. Valente and E. Van Wincoop, 2019, "Global Capital Flows Cycle: Impact on Gross and Net Flows", NBER Working Paper, w25721.

Davis, J. S. and E. Van Wincoop, 2021, "A Theory of the Global Financial Cycle", NBER Working Paper, w29217.

Dedola, L., G. Rivolta and L. Stracca, 2017, "If the Fed Sneezes, Who Catches a Cold?", *Journal of International Economics*, 108, S23 – S41.

De Haas, R. and I. Van Lelyveld, 2014, "Multinational Banks and the Global Financial Crisis: Weathering the Perfect Storm?", *Journal of Money, Credit and Banking*, 46 (s1), 333 – 364.

Dekle, R. and K. Hamada, 2015, "Japanese Monetary Policy and International Spillovers", *Journal of International Money and Finance*, 52, 175 – 199.

Demirgüç-Kunt, A. and E. Detragiache, 1998, "The Determinants of Banking Crises in Developing and Developed Countries", *IMF Staff Papers*, 45 (1), 81 – 109.

Devereux, M. B. and J. Yetman, 2014, "Capital Controls, Global Liquidity Traps, and the International Policy Trilemma", *Scandinavian Journal of Economics*, 116 (1), 158 – 189.

Diamond, D. W. and R. G. Rajan, 2012, "Illiquid Banks, Financial Stability, andInterest Rate Policy", *Journal of Political Economy*, 120 (3), 552 – 591.

Diebold, F. X. and K. Yilmaz, 2012, "Better to Give Than to Receive: Predictive Directional Measurement of Volatility Spillovers", *International Journal of forecasting*, 28 (1), 57 – 66.

Di Giovanni, J., 2005, "What Drives Capital Flows? The Case of Cross-Border M&A Activity and Financial Deepening", *Journal of International Economics*, 65 (1), 127 – 149.

Di Giovanni, J., S. Kalemli-Ozcan, M. F. Ulu and Y. S. Baskaya, 2017, "International Spillovers and Local Credit Cycles", NBER Working Paper, w23149.

Dornbusch, R., 1976, "Expectations and Exchange Rate Dynamics", *Journal of Political Economy, 84 (6), 1161 – 1176.

Dornbusch, R. and S. Fischer, 1980, "Exchange Rates and the Current Account", American Economic Review, 70 (5), 960 – 971.

Doukas, J. and N. G. Travlos, 1988, "The Effect of Corporate Multinationalism on Shareholders' Wealth: Evidence from International Acquisitions", Journal of Finance, 43 (5), 1161 – 1175.

Drehmann, M., C. Borio and K. Tsatsaronis, 2012, "Characterising the Financial Cycle: Don't Lose Sight of the Medium Term!", BIS Working Paper, 380.

Dumas, B. and B. Solnik, 1995, "The World Price of Foreign Exchange Risk", Journal of Finance, 50 (2), 445 – 479.

Dunning, J. H. and S. M. Lundan, 2008, Multinational Enterprises and the Global Economy, Edward Elgar Publishing.

Eaton, J. and M. Gersovitz, 1981, "Debt with Potential Repudiation: Theoretical and Empirical Analysis", Review of Economic Studies, 48 (2), 289 – 309.

Ederington, J., 2001, "International Coordination of Trade and Domestic Policies", American Economic Review, 91 (5), 1580 – 1593.

Edwards, S., 1999, "How Effective are Capital Controls?", Journal of Economic Perspectives, 13 (4), 65 – 84.

Edwards, S., 2015, "Monetary Policy Independence under Flexible Exchange Rates: An Illusion?", The World Economy, 38 (5), 773 – 787.

Edwards, S. and R. Rigobon, 2009, "Capital Controls on Inflows, Exchange Rate Volatility and External Vulnerability", Journal of International Economics, 78 (2), 256 – 267.

Eichengreen, B., 1987, "Conducting the International Orchestra: Bank of England Leadership under the Classical Gold Standard", Journal of International Money and Finance, 6 (1), 5 – 29.

Eichengreen, B., 2011, "International Policy Coordination: The Long View", NBER Working Paper, w17665.

Eichengreen, B., A. Mehl and L. Chiţu, 2019, "Mars or Mercury? The Geopolitics of International Currency Choice", Economic Policy, 34 (98), 315 – 363.

Eichengreen, B., A. Rose and C. Wyplosz, 1996, "Contagious Currency Crises",

NBER Working Paper, w5681.

Eichengreen, B., P. Gupta, A. Mody and I. Goldfajn, 2008, *Sudden Stops and Imf-Supported Programs*, University of Chicago Press.

Eichengreen, B. J., 1995, *Golden Fetters: The Gold Standard and the Great Depression*, 1919 – 1939, Oxford University Press.

Elliott, D., R. Meisenzahl and J. -L. Peydró, 2021, "Nonbank Lenders as Global Shock Absorbers: Evidence from US Monetary Policy Spillovers".

Engel, C. and K. D. West, 2005, "Exchange Rates and Fundamentals", *Journal of Political Economy*, 113 (3), 485 – 517.

Epstein, B., R. Mukherjee and S. Ramnath, 2016, "Taxes and International Risk Sharing", *Journal of International Economics*, 102, 310 – 326.

Epure, M., I. Mihai, C. Minoiu and J. -L. Peydró, 2021, "Global Financial Cycle, Household Credit, and Macroprudential Policies", Department of Economics and Business, Universitat Pompeu Fabra.

Erel, I., R. C. Liao and M. S. Weisbach, 2012, "Determinants of Cross-Border Mergers and Acquisitions", *Journal of Finance*, 67 (3), 1045 – 1082.

Eun, C. S. and B. G. Resnick, 1984, "Estimating the Correlation Structure of International Share Prices", *Journal of Finance*, 39 (5), 1311 – 1324.

Eun, C. S. and S. Janakiramanan, 1986, "A Model of International Asset Pricing with a Constraint on the Foreign Equity Ownership", *Journal of Finance*, 41 (4), 897 – 914.

Fama, E. F., 1984, "Forward and Spot Exchange Rates", *Journal of Monetary Economics*, 14 (3), 319 – 338.

Fama, E. F. and K. R. French, 1992, "The Cross-Section of Expected Stock Returns", *Journal of Finance*, 47 (2), 427 – 465.

Fama, E. F. and K. R. French, 1993, "Common Risk Factors in the Returns on Stocks and Bonds", *Journal of Financial Economics*, 33, 3 – 56.

Farhi, E. and J. Tirole, 2012, "Collective Moral Hazard, Maturity Mismatch, and Systemic Bailouts", *American Economic Review*, 102 (1), 60 – 93.

Farhi, E. and M. Maggiori, 2018, "A Model of the International Monetary System", *Quarterly Journal of Economics*, 133 (1), 295 – 355.

Feldkircher, M., 2015, "A Global Macro Model for Emerging Europe", *Journal of*

Comparative Economics, 43 (3), 706 – 726.

Fernandes, N. and M. A. Ferreira, 2008, "Does International Cross-Listing Improve the Information Environment", *Journal of Financial Economics*, 88 (2), 216 – 44.

Fischer, S., 1987, "International Macroeconomic Policy Coordination", NBER Working Paper, w2244.

Fischer, S., 1997, "Capital Account Liberalization and the Role of the IMF", in "Should the IMF Pursue Capital-account Convertibility?", *Essays in International Finance*, Department of Economics, Princeton University.

Fleming, M. J. and N. Klagge, 2010, "The Federal Reserve's Foreign Exchange Swap Lines", *Current Issues in Economics and Finance*, 16 (4).

Flood, R. P. and P. M. Garber, 1984, "Collapsing Exchange-rate Regimes: Some Linear Examples", *Journal of International Economics*, 17 (1 – 2), 1 – 13.

Forbes, K., D. Reinhardt and T. Wieladek, 2017, "The Spillovers, Interactions, and (Un) Intended Consequences of Monetary and Regulatory Policies", *Journal of Monetary Economics*, 85, 1 – 22.

Forbes, K. J. and F. E. Warnock, 2012, "Capital Flow Waves: Surges, Stops, Flight, and Retrenchment", *Journal of International Economics*, 88 (2), 235 – 251.

Forbes, K. J. and F. E. Warnock, 2021, "Capital Flow Waves—or Ripples? Extreme Capital Flow Movements since the Crisis", *Journal of International Money and Finance*, 116, 102394.

Frankel, J. A., 1999, "No Single Currency Regime is Right for All Countries or at All Times", NBER Working Paper, w7338.

Frankel, J. A. and K. E. Rockett, 1988, "International Macroeconomic Policy Coordination When Policymakers do not Agree on the True Model", *American Economic Review*, 78 (3), 318 – 340.

Fratzscher, M., 2012, "Capital Flows, Push Versus Pull Factors and the Global Financial Crisis", *Journal of International Economics*, 88 (2), 341 – 356.

Freixas, X., L. Laeven and J.-L. Peydró, 2015, *Systemic Risk, Crises, and Macroprudential Regulation*, MIT Press.

French, K. R. and J. M. Poterba, 1991, "Investor Diversification and International Equity Markets", *American Economic Review*, 81 (2), 222 – 226.

Freund, C., M. Maliszewska, A. Mattoo and M. Ruta, 2020, "When Elephants Make Peace: The Impact of the China-US Trade Agreement on Developing Countries", The World Bank, No. 9173.

Friedman, M., 1953, *The Case for Flexible Exchange Rates. Essays in Positive Economics*, University of Chicago Press.

Galí, J. and T. Monacelli, 2005, "Monetary Policy and Exchange Rate Volatility in a Small Open Economy", *Review of Economic Studies*, 72 (3), 707 – 734.

Galí, J. and T. Monacelli, 2008, "Optimal Monetary and Fiscal Policy in a Currency Union", *Journal of International Economics*, 76 (1), 116 – 132.

Géczy, C., B. A. Minton and C. Schrand, 1997, "Why Firms Use Currency Derivatives", *Journal of Finance*, 52 (4), 1323 – 1354.

Geithner, T. F., 2014, *Stress Test: Reflections on Financial Crises*, Broadway Books.

Gennaioli, N. and S. Rossi, 2013, "Contractual Resolutions of Financial Distress", *Review of Financial Studies*, 26 (3), 602 – 634.

Georgiadis, G. and M. Jančoková, 2020, "Financial Globalisation, Monetary Policy Spillovers and Macro-modelling: Tales from 1001 Shocks", *Journal of Economic Dynamics and Control*, 121, 104025.

Germain, R. and H. Schwartz, 2014, "The Political Economy of Failure: The Euro as an International Currency", *Review of International Political Economy*, 21 (5), 1095 – 1122.

Gertler, M. and P. Karadi, 2015, "Monetary Policy Surprises, Credit Costs, and Economic Activity", *American Economic Journal: Macroeconomics*, 7 (1), 44 – 76.

Giese, J. and A. Haldane, 2020, "Covid-19 and the Financial System: A Tale of Two Crises", *Oxford Review of Economic Policy*, 36, S200 – S214.

Gilchrist, S., V. Yue and E. Zakrajšek, 2019, "US Monetary Policy and International Bond Markets", *Journal of Money, Credit and Banking*, 51, 127 – 161.

Glen, J. and P. Jorion, 1993, "Currency Hedging for International Portfolios", *Journal of Finance*, 48 (5), 1865 – 1886.

Goetz, M. R., L. Laeven and R. Levine, 2016, "Does the Geographic Expansion of Banks Reduce Risk?", *Journal of Financial Economics*, 120 (2), 346 – 362.

Goldberg, L., 2010, "Is the International Role of the Dollar Changing?", *Current Is-*

sues in Economics and Finance, 16 (1), 1 – 7.

Goldberg, L. S. , C. Kennedy and J. Miu, 2010, "Central Bank Dollar Swap Lines and Overseas Dollar Funding Costs", NBER Working Paper, w15763.

Goldberg, L. S. and C. Tille, 2008, "Vehicle Currency Use in International Trade", *Journal of International Economics*, 76 (2), 177 – 192.

Goldstein, M. and P. Turner, 2004, *Controlling Currency Mismatches in Emerging Markets*, Columbia University Press.

Goodfriend, M. , 1988, "Central Banking under the Gold Standard", Federal Reserve Bank of Richmond Working Paper, 88 – 05.

Gooptu, S. , 1993, *Portfolio Investment Flows to Emerging Markets*, World Bank Publications.

Gopinath, G. and J. C. Stein, 2021, "Banking, Trade, and the Making of a Dominant Currency", *Quarterly Journal of Economics*, 136 (2), 783 – 830.

Gourinchas, P. -O. and H. Rey, 2007, "International Financial Adjustment", *Journal of Political Economy*, 115 (4), 665 – 703.

Gourinchas, P. -O. and O. Jeanne, 2013, "Capital Flows to Developing Countries: The Allocation Puzzle", *Review of Economic Studies*, 80 (4), 1484 – 1515.

Grant, R. M. , 1987, "Multinationality and Performance among British Manufacturing Companies", *Journal of International Business Studies*, 18 (3), 79 – 89.

Greenwood, J. and B. Jovanovic, 1990, "Financial Development, Growth, and the Distribution of Income", *Journal of Political Economy*, 98 (5, Part 1), 1076 – 1107.

Grier, K. B. and R. M. Grier, 2021, "The Washington Consensus Works: Causal Effects of Reform, 1970 – 2015", *Journal of Comparative Economics*, 49 (1), 59 – 72.

Guo, K. and V. Stepanyan, 2011, "Determinants of Bank Credit in Emerging Market Economies 1", IMF Working Papers, 51.

Habib, M. M. and F. Venditti, 2018, "The Global Financial Cycle: Implications for the Global Economy and the Euro Area", *Economic Bulletin Articles*, 6.

Hall, R. E. and C. I. Jones, 1999, "Why do Some Countries Produce so Much More Output Per Worker Than Others?", *Quarterly Journal of Economics*, 114 (1), 83 – 116.

Hamada, K. , 1976, "A Strategic Analysis of Monetary Interdependence", *Journal of Political Economy*, 84 (4, Part 1), 677 – 700.

Hansen, L. P. and R. J. Hodrick, 1980, "Forward Exchange Rates as Optimal Predictors of Future Spot Rates: An Econometric Analysis", *Journal of Political Economy*, 88 (5), 829 – 853.

Harford, J., 2005, "What Drives Merger Waves?", *Journal of Financial Economics*, 77 (3), 529 – 560.

Hasler, M. and C. Ornthanalai, 2018, "Fluctuating Attention and Financial Contagion", *Journal of Monetary Economics*, 99, 106 – 123.

He, J. and L. K. Ng, 1998, "The Foreign Exchange Exposure of Japanese Multinational Corporations", *Journal of Finance*, 53 (2), 733 – 753.

He, Q., C. Zhang and W. Zhu, 2021, "Does Currency Matter for Regional Trade Integration?", *International Review of Economics & Finance*, 76, 1219 – 1234.

He, Q., J. Liu, S. Wang and J. Yu, 2020, "The Impact of Covid-19 on Stock Markets", *Economic and Political Studies*, 8 (3), 275 – 288.

Heller, H. R., 1966, "Optimal International Reserves", *Economic Journal*, 76 (302), 296 – 311.

Helpman, E. and A. Razin, 1978, *A Theory of International Trade under Uncertainty*, University Library of Munich.

Henisz, W. J., 2000, "The Institutional Environment for Multinational Investment", *Journal of Law, Economics, and Organization*, 16 (2), 334 – 364.

Hymer, S., 1970, "The Efficiency (Contradictions) of Multinational Corporations", *American Economic Review*, 60 (2), 441 – 448.

Iacoviello, M., 2015, "Financial Business Cycles", *Review of Economic Dynamics*, 18 (1), 140 – 163.

Ilzetzki, E., C. M. Reinhart and K. S. Rogoff, 2019, "Exchange Arrangements Entering the Twenty-First Century: Which Anchor Will Hold?", *Quarterly Journal of Economics*, 134 (2), 599 – 646.

Imbs, J. and R. Wacziarg, 2003, "Stages of Diversification", *American Economic Review*, 93 (1), 63 – 86.

Jermann, U. and V. Quadrini, 2012, "Macroeconomic Effects of Financial Shocks", *American Economic Review*, 102 (1), 238 – 271.

Jiang, Z., A. Krishnamurthy and H. Lustig, 2021, "Foreign Safe Asset Demand and the Dollar Exchange Rate", *Journal of Finance*, 76 (3), 1049 – 1089.

Jiménez, G. , S. Ongena, J. L. Peydró and J. Saurina, 2014, "Hazardous Times for Monetary Policy: What do Twenty-three Million Bank Loans Say About the Effects of Monetary Policy on Credit Risk-Taking?", *Econometrica*, 82 (2), 463 – 505.

Johnson, H. G. , 1972, "The Monetary Approach to Balance-of-Payments Theory", *Journal of Financial and Quantitative Analysis*, 7 (2), 1555 – 1572.

Jorion, P. , 1997, *Value at Risk: The New Benchmark for Controlling Market Risk*, Irwin Professional Pub.

Kalemli-Özcan, 2019, "US Monetary Policy and International Risk Spillovers", NBER Working Paper, w26297.

Kaminsky, G. L. and C. M. Reinhart, 2000, "On Crises, Contagion, and Confusion", *Journal of International Economics*, 51 (1), 145 – 168.

Kang, N. – H. and S. Johansson, 2000, *Cross-Border Mergers and Acquisitions: Their Role in Industrial Globalisation*, OECD Publishing.

Karolyi, G. A. , 2006, "The World of Cross-listings and Cross-listings of the World: Challenging Conventional Wisdom", *Review of Finance*, 10 (1), 99 – 152.

Kazi, I. A. , H. Wagan and F. Akbar, 2013, "The Changing International Transmission of US Monetary Policy Shocks: Is There Evidence of Contagion Effect on Oecd Countries", *Economic Modelling*, 30, 90 – 116.

Kehoe, P. J. and F. Perri, 2002, "International Business Cycles with Endogenous Incomplete Markets", *Econometrica*, 70 (3), 907 – 928.

Kenen, P. B. , 1989, *Exchange Rates and Policy Coordination*, Manchester University Press.

Kho, B. C. , R. M. Stulz and F. E. Warnock, 2009, "Financial Globalization, Governance, and the Evolution of the Home Bias", *Journal of Accounting Research*, 47 (2), 597 – 635.

Kim, B. – H. , H. Kim and B. -S. Lee, 2015, "Spillover Effects of the US Financial Crisis on Financial Markets in Emerging Asian Countries", *International Review of Economics & Finance*, 39, 192 – 210.

Kindleberger, C. P. , 1972, "The Benefits of International Money", *Journal of International Economics*, 2 (4), 425 – 442.

Kirshner, J., 1997, *Currency and Coercion: The Political Economy of International Monetary Power*, Princeton University Press.

Kiyotaki, N. and J. Moore, 1997, "Credit Cycles", *Journal of Political Economy*, 105 (2), 211–248.

Kiyotaki, N. and J. Moore, 2019, "Liquidity, Business Cycles, and Monetary Policy", *Journal of Political Economy*, 127 (6), 2926–2966.

Klein, M. and L. Linnemann, 2021, "Real Exchange Rate and International Spillover Effects of US Technology Shocks", *Journal of International Economics*, 129, 103414.

Kocherlakota, N. R., 2021, "Stabilization with Fiscal Policy", NBER Working Paper, w29226.

Koepke, R., 2019, "What Drives Capital Flows to Emerging Markets? A Survey of the Empirical Literature", *Journal of Economic Surveys*, 33 (2), 516–540.

Kollmann, R., Z. Enders and G. J. Müller, 2011, "Global Banking and International Business Cycles", *European Economic Review*, 55 (3), 407–426.

Kose, M. A., C. Otrok and C. H. Whiteman, 2003, "International Business Cycles: World, Region, and Country-specific Factors", *American Economic Review*, 93 (4), 1216–1239.

Kose, M. A., E. Prasad, K. Rogoff and S.-J. Wei, 2009, "Financial Globalization: A Reappraisal", *IMF Staff Papers*, 56 (1), 8–62.

Kose, M. A., E. S. Prasad and M. E. Terrones, 2003, "How does Globalization Affect the Synchronization of Business Cycles?", *American Economic Review*, 93 (2), 57–62.

Kritzman, M., Y. Li, S. Page and R. Rigobon, 2011, "Principal Components as a Measure of Systemic Risk", *Journal of Portfolio Management*, 37 (4), 112–26.

Krugman, P., 1979, "A Model of Balance-of-Payments Crises", *Journal of Money, Credit and Banking*, 11 (3), 311–325.

Krugman, P., 1999, "Balance Sheets, the Transfer Problem, and Financial Crises", *International Tax and Public Finance*, 6 (4), 459–472.

Laeven, L., F. Valencia and S. Claessens, 2012, "Systemic Banking Crises Database: An Update", IMF Working Papers, No. 2012/163.

Lane, P. R. and G. M. Milesi-Ferretti, 2003, "International Financial Integration",

IMF Staff Papers, 50 (1), 82 – 113.

Lang, M. H., K. V. Lins and D. P. Miller, 2003, "Adrs, Analysts, and Accuracy: Does Cross Listing in the United States Improve a Firm's Information Environment and Increase Market Value?", *Journal of Accounting Research*, 41 (2), 317 – 345.

Lee, K. C. and C. C. Kwok, 1988, "Multinational Corporations Vs. Domestic Corporations: International Environmental Factors and Determinants of Capital Structure", *Journal of International Business Studies*, 19 (2), 195 – 217.

Lessard, D. R., 1996, "Incorporating Country Risk in the Valuation of Offshore Projects", *Journal of Applied Corporate Finance*, 9 (3), 52 – 63.

Levine, P. and D. Currie, 1987, "Does International Macroeconomic Policy Coordination Pay and is it Sustainable?: A Two Country Analysis", *Oxford Economic Papers*, 39 (1), 38 – 74.

Levine, R., 2001, "International Financial Liberalization and Economic Growth", *Review of International Economics*, 9 (4), 688 – 702.

Levy, H. and M. Sarnat, 1970, "International Diversification of Investment Portfolios", *American Economic Review*, 60 (4), 668 – 675.

Lewis, K. K., 1999, "Trying to Explain Home Bias in Equities and Consumption", *Journal of Economic Literature*, 37 (2), 571 – 608.

Lewis, M. and K. T. Davis, 1987, *Domestic and International Banking*, MIT Press.

Loftus, M. L., 1972, "The International Monetary Fund, 1968 – 1971: A Selected Bibliography", *IMF Staff Papers*, 1, 174 – 258.

Longstaff, F. A., 2010, "The Subprime Credit Crisis and Contagion in Financial Markets", *Journal of Financial Economics*, 97 (3), 436 – 450.

Lothian, J. R., 2006, "Institutions, Capital Flows and Financial Integration", *Journal of International Money and Finance*, 25 (3), 358 – 369.

Lovchikova, M. and J. Matschke, 2021, "Capital Controls and the Global Financial Cycle", Federal Reserve Bank of Kansas City Working Paper, 21 – 08.

Lubik, T. A. and F. Schorfheide, 2007, "Do Central Banks Respond to Exchange Rate Movements? A Structural Investigation", *Journal of Monetary Economics*, 54 (4), 1069 – 1087.

Lucas, R., 1982, "Interest Rates and Currency Prices in a Two-country World",

Journal of Monetary Economics, 10 (3), 335 – 359.

Lucas, R. E., 1990, "Why Doesn't Capital Flow from Rich to Poor Countries?", *American Economic Review*, 80 (2), 92 – 96.

Lucey, B. M. and Q. Zhang, 2010, "Does Cultural Distance Matter in International Stock Market Comovement? Evidence from Emerging Economies around the World", *Emerging Markets Review*, 11 (1), 62 – 78.

Lustig, H. and A. Verdelhan, 2007, "The Cross Section of Foreign Currency Risk Premia and Consumption Growth Risk", *American Economic Review*, 97 (1), 89 – 117.

Maggiori, M., 2017, "Financial Intermediation, International Risk Sharing, and Reserve Currencies", *American Economic Review*, 107 (10), 3038 – 3071.

McCauley, R. N., A. S. Bénétrix, P. M. McGuire and G. von Peter, 2019, "Financial Deglobalisation in Banking?", *Journal of International Money and Finance*, 94, 116 – 131.

McKinnon, R. I., 1963, "Optimum Currency Areas", *American Economic Review*, 53 (4), 717 – 725.

McKinnon, R. I., 1982, "Currency Substitution and Instability in the World Dollar Standard", *American Economic Review*, 72 (3), 320 – 333.

McNeil, A. J., R. Frey and P. Embrechts, 2015, *Quantitative Risk Management: Concepts, Techniques and Tools*, Princeton University Press.

Meese, R. A. and K. Rogoff, 1983, "Empirical Exchange Rate Models of the Seventies: Do They Fit out of Sample?", *Journal of International Economics*, 14 (1 – 2), 3 – 24.

Mescall, D. and K. J. Klassen, 2018, "How does Transfer Pricing Risk Affect Premiums in Cross-border Mergers and Acquisitions?", *Contemporary Accounting Research*, 35 (2), 830 – 865.

Milner, H. V., 1997, *Interests, Institutions, and Information: Domestic Politics and International Relations*, Princeton University Press.

Mink, M. and J. De Haan, 2013, "Contagion During the Greek Sovereign Debt Crisis", *Journal of International Money and Finance*, 34, 102 – 113.

Miranda-Agrippino, S. and H. Rey, 2015, "World Asset Markets and the Global Financial Cycle", NBER Working Paper, w21722.

Miranda-Agrippino, S. and H. Rey, 2020a, "The Global Financial Cycle after Lehman," *AEA Papers and Proceedings*, 523 – 528.

Miranda-Agrippino, S. and H. Rey, 2020b, "US Monetary Policy and the Global Financial Cycle", *Review of Economic Studies*, 87 (6), 2754 – 2776.

Miranda-Agrippino, S. and H. Rey, 2021, "The Global Financial Cycle", NBER Working Paper, w29327.

Miranda-Agrippino, S. and T. Nenova, 2021, "A Tale of Two Global Monetary Policies", NBER Working Paper, c14595.

Mohanty, M. and M. Scatigna, 2005, "Has Globalisation Reduced Monetary Policy Independence?", *BIS Papers*, 23, 17 – 58.

Morck, R. and B. Yeung, 1992, "Internalization: An Event Study Test", *Journal of International Economics*, 33 (1 – 2), 41 – 56.

Moreira, A. and A. Savov, 2017, "The Macroeconomics of Shadow Banking", *Journal of Finance*, 72 (6), 2381 – 2432.

Mundell, R. A., 1961, "A Theory of Optimum Currency Areas", *American Economic Review*, 51 (4), 657 – 665.

Obstfeld, M., 1994, "Risk-Taking, Global Diversification, and Growth", *American Economic Review*, 84 (5), 1310 – 1329.

Obstfeld, M., 1996, "Models of Currency Crises with Self-Fulfilling Features", *European Economic Review*, 40 (3 – 5), 1037 – 1047.

Obstfeld, M., 2021, "The Global Capital Market Reconsidered", *Oxford Review of Economic Policy*, 37 (4), 690 – 706.

Obstfeld, M., J. C. Shambaugh and A. M. Taylor, 2009, "Financial Instability, Reserves, and Central Bank Swap Lines in the Panic of 2008", *American Economic Review*, 99 (2), 480 – 486.

Obstfeld, M. and K. Rogoff, 1995, "Exchange Rate Dynamics Redux", *Journal of Political Economy*, 103 (3), 624 – 660.

Osorio, C. and D. F. Unsal, 2013, "Inflation Dynamics in Asia: Causes, Changes, and Spillovers from China", *Journal of Asian Economics*, 24, 26 – 40.

Ostry, J. D., A. R. Ghosh, K. F. Habermeier, L. Laeven, M. D. Chamon, M. S. Qureshi and A. Kokenyne, 2011, "Managing Capital Inflows: What Tools to Use?", IMF Staff Discussion Notes, 006.

Oxelheim, L., A. Stonehill, T. Randøy, K. Vikkula, K. B. Dullum, K. -M. Moden, E. Liljeblom, A. Loflund and S. Krokfors, 1998, *Corporate Strategies to Internationalise the Cost of Capital*, Copenhagen Business School Press.

Oxelheim, L. and T. Randøy, 2003, "The Impact of Foreign Board Membership on Firm Value", *Journal of Banking & Finance*, 27 (12), 2369 – 2392.

Pandya, S. S., 2016, "Political Economy of Foreign Direct Investment: Globalized Production in the Twenty-First Century", *Annual Review of Political Science*, 19, 455 – 475.

Pantzalis, C., B. J. Simkins and P. A. Laux, 2001, "Operational Hedges and the Foreign Exchange Exposure of US Multinational Corporations", *Journal of International Business Studies*, 32 (4), 793 – 812.

Pasricha, G. K., M. Falagiarda, M. Bijsterbosch and J. Aizenman, 2018, "Domestic and Multilateral Effects of Capital Controls in Emerging Markets", *Journal of International Economics*, 115, 48 – 58.

Passari, E. and H. Rey, 2015, "Financial Flows and the International Monetary System", *Economic Journal*, 125 (584), 675 – 698.

Portes, R. and H. Rey, 1998, "The Emergence of the Euro as an International Currency", *Economic Policy*, 13 (26), 306 – 343.

Potjagailo, G., 2017, "Spillover Effects from Euro Area Monetary Policy across Europe: A Factor-Augmented VAR Approach", *Journal of International Money and Finance*, 72, 127 – 147.

Prabheesh, K., R. Anglingkusumo and S. M. Juhro, 2021, "The Dynamics of Global Financial Cycle and Domestic Economic Cycles: Evidence from India and Indonesia", *Economic Modelling*, 94, 831 – 842.

Prasad, E. S., R. G. Rajan and A. Subramanian, 2007, "Foreign Capital and Economic Growth", *Brookings Papers on Economic Activity*, (1), 153 – 231.

Pukthuanthong, K. and R. Roll, 2009, "Global Market Integration: An Alternative Measure and Its Application", *Journal of Financial Economics*, 94 (2), 214 – 232.

Rajan, R. G. and A. Subramanian, 2008, "Aid and Growth: What does the Cross-Country Evidence Really Show?", *Review of Economics and Statistics*, 90 (4), 643 – 665.

Ready, R., N. Roussanov and C. Ward, 2017, "Commodity Trade and the Carry Trade: A Tale of Two Countries", *Journal of Finance*, 72 (6), 2629 – 2684.

Reinhart, C. M., K. Rogoff and M. A. Savastano, 2003, "Debt Intolerance", *Brookings Papers on Economic Activity*, (1), 1 – 62.

Reinhart, C. M. and K. S. Rogoff, 2004, "The Modern History of Exchange Rate Arrangements: A Reinterpretation", *Quarterly Journal of Economics*, 119 (1), 1 – 48.

Reinhart, C. M. and K. S. Rogoff, 2009, *This Time is Different*, Princeton University Press.

Repullo, R. and J. Suarez, 2013, "The Procyclical Effects of Bank Capital Regulation", *Review of Financial Studies*, 26 (2), 452 – 490.

Rey, H., 2015, "Dilemma Not Trilemma: The Global Financial Cycle and Monetary Policy Independence", NBER Working Paper, w21162.

Rey, H., 2016, "International Channels of Transmission of Monetary Policy and the Mundellian Trilemma", *IMF Economic Review*, 64 (1), 6 – 35.

Rodrik, D. and A. Subramanian, 2009, "Why Did Financial Globalization Disappoint?", *IMF Staff Papers*, 56 (1), 112 – 138.

Rose, A. K., 2000, "One Money, One Market: The Effect of Common Currencies on Trade", *Economic Policy*, 15 (30), 8 – 45.

Rose, A. K., 2005, "One Reason Countries Pay Their Debts: Renegotiation and International Trade", *Journal of Development Economics*, 77 (1), 189 – 206.

Rose, A. K. and M. M. Spiegel, 2007, "Offshore Financial Centres: Parasites or Symbionts?", *Economic Journal*, 117 (523), 1310 – 1335.

Rossi, B., 2013, "Exchange Rate Predictability", *Journal of Economic Literature*, 51 (4), 1063 – 1119.

Salant, S. W., 1983, "The Vulnerability of Price Stabilization Schemes to Speculative Attack", *Journal of Political Economy*, 91 (1), 1 – 38.

Sarkissian, S. and M. J. Schill, 2016, "Cross-Listing Waves", *Journal of Financial and Quantitative Analysis*, 51 (1), 259 – 306.

Sarno, L. and M. P. Taylor, 2001, "Official Intervention in the Foreign Exchange Market: Is it Effective and, If so, How does it Work?", *Journal of Economic Literature*, 39 (3), 839 – 868.

Schenk, C. R., 1998, "The Origins of the Eurodollar Market in London: 1955 – 1963", *Explorations in Economic History*, 35 (2), 221 – 238.

Schularick, M. and A. M. Taylor, 2012, "Credit Booms Gone Bust: Monetary Policy, Leverage Cycles, and Financial Crises, 1870 – 2008", *American Economic Review*, 102 (2), 1029 – 1061.

Shapiro, A. C., 1975, "Exchange Rate Changes, Inflation, and the Value of the Multinational Corporation", *Journal of Finance*, 30 (2), 485 – 502.

Shimizu, K., M. A. Hitt, D. Vaidyanath and V. Pisano, 2004, "Theoretical Foundations of Cross-Border Mergers and Acquisitions: A Review of Current Research and Recommendations for the Future", *Journal of International Management*, 10 (3), 307 – 353.

Shleifer, A. and R. W. Vishny, 2003, "Stock Market Driven Acquisitions", *Journal of Financial Economics*, 70 (3), 295 – 311.

Solnik, B. H., 1974, "An Equilibrium Model of the International Capital Market", *Journal of Economic Theory*, 8 (4), 500 – 524.

Stone, M. R., W. C. Walker and Y. Yasui, 2009, "From Lombard Street to Avenida Paulista, Foreign Exchange Liquidity Easing in Brazil in Response to the Global Shock of 2008 – 09", IMF Working Paper, 2009/259.

Swanson, E. T., 2021, "Measuring the Effects of Federal Reserve Forward Guidance and Asset Purchases on Financial Markets", *Journal of Monetary Economics*, 118, 32 – 53.

Swoboda, A. K., 1968, *The Euro-Dollar Market: An Interpretation*, Princeton NJ.

Taylor, J. B., 2019, *Reform of the International Monetary System: Why and How?*, MIT Press.

Tillmann, P., 2016, "Unconventional Monetary Policy and the Spillovers to Emerging Markets", *Journal of International Money and Finance*, 66, 136 – 156.

Triffin, R., 1960, *Gold and the Dollar Crisis: The Future of Convertibility*, New Haven: Yale University Press.

Van Oordt, M. R. and C. Zhou, 2019, "Estimating Systematic Risk under Extremely Adverse Market Conditions", *Journal of Financial Econometrics*, 17 (3), 432 – 461.

Van Wincoop, E., 1994, "Welfare Gains from International Risk Sharing", *Journal of Monetary Economics*, 34 (2), 175 – 200.

Verdelhan, A., 2010, "A Habit-Based Explanation of the Exchange Rate Risk Premium", *Journal of Finance*, 65 (1), 123 – 146.

Verdelhan, A., 2018, "The Share of Systematic Variation in Bilateral Exchange Rates", *Journal of Finance*, 73 (1), 375 – 418.

Wagner, A. F., R. J. Zeckhauser and A. Ziegler, 2018, "Company Stock Price Reactions to the 2016 Election Shock: Trump, Taxes, and Trade", *Journal of Financial Economics*, 130 (2), 428 – 451.

Williamson, R., 2001, "Exchange Rate Exposure and Competition: Evidence from the Automotive Industry", *Journal of Financial Economics*, 59 (3), 441 – 475.

Wooldridge, P. D., 2006, "The Changing Composition of Official Reserves", *BIS Quarterly Review*, September.

Xu, E. Q., 2017, "Cross-Border Merger Waves", *Journal of Corporate Finance*, 46, 207 – 231.

第四章　保险学科前沿

"无风险，无保险。"人类社会的历史就是一部与风险不断抗争的历史。保险制度是经济社会发展中分散和管理风险的一项基础性制度，维护经济社会的行稳致远。生产力和生产关系的相互作用、相互影响推动着人类社会的发展进步，这也从根本上决定了各类保险的产生和不断发展。本章第一节回顾分析了风险不断催生保险的基本事实，并提出了当前全球和中国面对的四大新兴风险源——不断加剧的气候变化、日益深化的老龄社会、难以预计的大型疫情以及突飞猛进的信息技术。针对这四个风险源的前沿学术研究在近年大量涌现。基于基本事实和相关文献，本章第二至第五节依次分析这四个风险源所带来风险的具体表现，以及保险部门应如何积极应对。

一　引言：风险演变、保障需要与保险

（一）各类风险催生保险不断出现

社会生产资料的积累和生活财富的增加催生了财产风险，个人权利保障的需要和社会运行规则的完善催生了责任风险，社会协作关系的复杂化和精细化催生了信用风险，而这些风险又分别催生了财产保险（狭义的财产损失保险）、责任保险和信用保证保险。人不仅是发展的工具，更是发展的目标，个人自身风险需要人身保险的保障，包括侧重管理风险结果的人寿保险和侧重管理风险过程的健康保险。工业化促进生产活动的规模化，单次风险事故的损失增加，工业化加剧了这一趋势，而城

市化促进了风险单位在空间上的聚集,这均带来灾难性损失,并催生了保险的保险——再保险。

1. 财产风险与保险

财产保险起源于海上保险和火灾保险,特别是受火灾保险的影响较大。中世纪,欧洲手工业者按照所属行业结成了各类互助合作组织,共同分担成员遭受的火灾损失。1591年,德国汉堡发生了一起严重火灾,酿造行业损失惨重,灾后,各酿造厂为了在今后遭受火灾损失时,能够获得资金援助以重建厂房和商业资信,成立了多家火灾保险合作组织。此后,德国多个地区出现了类似的火灾保险合作组织:柏林(1718年)、汉诺威(1750年)、利珀(1752年)、东弗里西亚(1754年)、巴伐利亚(1811年)。

英国伦敦在1666年9月发生了一起严重火灾,大火持续了5天,损失惨重。次年,伦敦医生兼房地产商尼古拉·巴蓬开办了一家火灾保险事务所,经营房屋火灾保险。这成为世界上最早的商业火灾保险。1680—1681年,巴蓬和11位投资人联合出资4万英镑,设立了世界上第一家火灾保险股份公司——凤凰火灾保险公司。该公司根据房屋结构、租金等风险因子采用了差别费率制,标志着现代意义的火灾保险以及财产保险的正式出现。美国第一家财产保险公司是由本杰明·富兰克林于1752年在宾夕法尼亚州费城创立的。18世纪60年代兴起的工业革命促进了社会生产力的发展,扩大了社会风险的种类和严重程度,也使社会风险结构由以自然风险为主发展为自然风险和人为风险并重,这从根本上促进了财产保险险种的丰富。汽车出现后,财产保险进入了一个新的发展阶段。

2. 责任风险与保险

责任保险最早出现于19世纪的欧美国家,当时,欧美正处于工业革命和民主思想广泛兴起和传播的时代。1804年3月,法国颁布的《民法典》(《拿破仑法典》)明确规定,损害他人财产或身体者需要承担赔偿责任。这促成了责任保险在法国的诞生。不久,德国也效仿法国开办了责任保险。随着工业革命的成功和侵权法的成熟,英国出现了多个责任保险险种，如1855年的铁路承运人责任保险、1870年的建筑工程公众责任保险、1875年的马车意外事故第三者责任保险、1880年的雇主责任保险、1888年的电梯责任保险等。1890年以前，责任保险的业务量很小，此后，主要由于汽车的逐步普及和民事法律制度的健全，责任保险开始迅速发展。现在责任保险已经嵌入社会生活的方方面面，例如交通工具责任保险、产品责任保险和职业责任保险已分别成为交通工具所有者或使用者、厂商和专业人士难以或缺的保险。

3. 信用风险与保险

信用保险是随着资本主义商业信用风险和道德风险的频发而发展起来的。1893年，美国成立了一家专营信用保险的信用保险公司。1919年，英国成立了世界上第一家官方支持的出口信用担保机构，此后，得到了多国效仿。保证保险出现于1840年的伦敦。早期的保证保险由个人商行或银行办理。1852—1853年，英国有几家保险公司试图开办合同担保业务，但因缺乏足够的资本而没有成功。1901年，美国马里兰州的诚实存款公司首次在英国提供合同担保，此后，英国几家公司相继开办了此项业务，并逐渐将其推向欧洲市场。20世纪初，英国、德国、日本等国均通过立法将保证保险作为保险公司的业务。

4. 生命风险与保险

古罗马有一种互助组织称为丧葬互助会，它以参与者按规定交纳的分摊款，支付会员死亡后的丧葬费用。世界上现存最早的人寿保险单是1536年英国人查德·马丁为威廉·吉朋承保的生命保险单。天文学家哈雷在1693年编制了第一张生命表，载明了每个年龄的死亡率，为寿险保费计算提供了依据。18世纪四五十年代，辛普森根据哈雷的生命表，制作了依死亡率增加而递增的费率表。之后，陶德森提出了"均衡保险费"理论。1762年成立的伦敦公平保险社，根据哈雷编制的生命表制定了随死亡费率递增的费率表，标志着现代人寿保险的开始。1807年，英国人在美国费城设立了第一家营业所，开始了美国的人寿保险业务。

12世纪以后，意大利出现了恭丹斯组织，通过用国债和市债的形式，把老百姓手里的钱积聚起来。因为采用强制认购的形式会受到普遍抵制，所以公债发行人每年会给予购买者一定的酬金。17 世纪中叶，意大利人伦佐·佟蒂提出了一项联合养老办法，这个办法后来被称为《佟蒂法案》，并于 1689 年正式实行。《佟蒂法案》的特点是，把利息付给该群体的生存者。这可以看成是一种年金保险。15 世纪后期，欧洲的奴隶贩子把运往美洲的非洲奴隶当作货物进行投保，后来船上的船员也可以投保；如遇到意外伤害，由保险人给予经济补偿。这是意外伤害保险的早期形式。

5. 健康风险与保险

健康保险的原始雏形与功能早在古代社会就已经存在。在公元前 2500 年前的埃及，为了给人们提供治疗疾病和安排殡葬的资金，泥瓦匠们组织了互助组织，每个想要加入的人都需要先向互助组织支付费用。类似的团体在公元前 9 世纪的古罗马也出现了，其中影响最大、流传最广的是被称为"格雷基亚"的互助共济组织。

友谊会也是出现比较早的一类健康保险组织，它诞生于 17 世纪末的英国，于十八九世纪黄金发展时期，到 20 世纪二三十年代逐渐衰落。友谊会的出现可以被视为古代互助形式的一种复兴。友谊会通过互助形式为其成员提供了当时福利国家所能提供的所有医疗保健等福利，所以友谊会的开创性作用是不可忽视的。

6. 大型风险与再保险

在社会财富较少的时代，一艘船只及其运输货物的损失往往就成为巨灾损失。再保险最初是为了分散海上运输业的风险而设计的。目前有记载的第一笔再保险业务发生在 1370 年。意大利保险商 Guilano Grillo 承保了从意大利热那亚（Genoa）到尼德兰布鲁日（Bruges）的海上保险。他签署了一份由拉丁文书写的保险单，将其中风险高的航程［从西班牙加的斯（Cadiz）到布鲁日］的责任分包出去，其余的航程（地中海的一段）则留下来。该保单分包业务即可视为再保险保单。

15 世纪末到 16 世纪初，世界贸易和保险业的中心逐渐由欧洲南部和东南部转移至欧洲的大西洋沿岸。19 世纪的火灾巨灾为再保险的发展提供了强大的动力。世界最早的火灾再保险合约出现在 1820 年的德国。

1842年5月的汉堡大火造成的总损失达3500万美元。由于火灾中被烧毁的建筑物主要是由城市火灾基金（1667年成立）承保的，这次大火造成的损失将该基金消耗殆尽。出于提升风险的承保能力的需要，1846年，世界第一家专业再保险公司——经营再保险业务而不经营直接保险业务——科隆再保险公司在德国成立，不过，该公司到1852年才在法国资本的支持下开始实际营业。1871—1873年，德国至少成立了12家独立的再保险机构。美国的再保险起步较晚。美国的第一家专业再保险公司于1890年成立。日本已知最早的再保险合约是横滨保险公司和商业联合保险公司于1904年或1905年签订的，后来，横滨保险公司将该保险业务转分保给了利物浦伦敦环球保险公司。

（二）新兴风险要求保险加快发展

1. 气候变化风险

气候变化通过全球变暖、海平面上升、降水模式变化、海洋酸化、极端天气（热浪、野火等）等多个渠道影响居民消费、收入和财富分配、经济增长、人口迁移、人类健康和寿命、幸福感、政治稳定等方方面面。气候变化对人类的影响不仅广泛，而且深刻。例如，如果2100年全球温度上升3.7℃，全球GDP将因此减少23%，南亚、东南亚、非洲南部等不发达地区受到影响更大（Burke, et al., 2015）。国际货币基金组织模拟分析发现，即使《巴黎协定》中的气候应对措施顺利实施，到2100年，全球变暖将使低收入国家的GDP减少9%（IMF, 2019）。随着中国工业化和城市化进程的推进，承灾体的脆弱性与暴露度增加，孕灾环境日趋复杂化，气候变化成为严重威胁中国可持续发展的"灰犀牛"风险（潘家华、张莹，2018）。

气候变化与保险业之间的关系是相互的。一方面，保险业直接承保各类风险事件的损失，气候变化是保险业面临的最大风险，它将会严重影响保险业的未来。另一方面，近几个世纪以来，保险业积累了大量关于气象灾害造成损失（可视为气候变化的短期剧烈影响）的数据资料，形成了模型方法等知识，因此，保险业可以赋能其他部门，提升全社会对气候变化的韧性。

2. 老龄社会风险

从老年人口的规模、增长速度和发展趋势来看，中国正处于老龄社会深化的阶段。"十四五"时期，中国60岁以上人口将突破3亿人，占总人口的比重超过20%，中国将从轻度老龄化进入中度老龄化。中国老龄负担系数[①]在2020年已突破20%，并且正在快速上升。人口老龄化和老龄社会深化对经济运行全领域、社会建设的各个环节、社会文化的诸方面乃至国家的综合实力都具有深远影响：一是劳动年龄人口和经济活动人口占总人口的比重和绝对数均连续数年下降；二是根据储蓄的生命周期假说，中青年人的储蓄动机较强，而老年人的储蓄动机较弱，因此，人口老龄化会降低全社会居民的储蓄率，不利于资本积累；老龄社会的深化使得基于现收现付制的社会养老保险压力剧增，让国家面临沉重的隐形债务负担，加大了居民在养老方面的财务和心理压力。

在老龄社会深化的过程中，保险业可优先发挥两个方面的作用。一是弥补老龄社会中的养老保障缺口。对此，社会养老保险和商业养老保险需要密切协作，国家、雇主、个人及全社会要形成合力，构建多层次、多支柱的养老保险体系。二是对于老龄社会中的投资低效问题，发展养老保险可以促进居民和国民储蓄，形成长期稳定和较低成本的资金，降低投资管理成本，从而更多地支持基础设施建设，助力实现环境、社会和治理（Environment, Social and Governance, ESG）目标，并促进资本市场的发展。

3. 大型疫情风险

自人类开始聚集以来，病毒性传染病就一直伴随着人类社会，影响着社会的方方面面。病毒性传染病之所以无法消灭，是因为病毒具有传染性和变异性，且能潜伏于人类体内而不被免疫系统发现。即使在医疗科学技术已经取得长足进步的今天，这种病毒性的传染流行病仍然会给世界的经济、社会带来极大的冲击，给各行各业都带来挑战。

[①] "65岁以上人口数"与"20—64岁人口数"之比。

大型疫情对保险的影响是多维的。一是直接造成大量赔付。虽然保险业资本金充足，有能力吸收这些损失，但是保险业短期仍面临较大赔付压力，并且遭受了声誉风险损失。二是暴露了社会保障的不足。这既指直接对应疾病的医疗保险，也包括更广泛意义上的社会安全网。那些收入长期略高于贫困线的人群和刚刚脱贫的人群，由于受教育程度低、劳动技能缺乏等原因，收入渠道往往较为单一，发展能力较弱，在遇到大型疫情的冲击时，可能成为新发贫困人口或返贫人口。三是疫情在一定程度上提高了全民保险意识，并为保险业加快数字化转型提供了契机。

4. 信息技术风险

数字经济（digital economy）正成为世界经济转型升级的重要驱动力，以及全球新一轮产业竞争的制高点。数字经济的发展建立在第四次工业革命的基础上，在这次革命中，信息技术将复杂多变"信息"转变为可以度量的"数据"，使其成为经济发展的驱动性要素。大量技术的普及与应用也制造了新的脆弱性。与工业社会相比，数字经济社会的风险体现出以下两个基本特征：超风险（hyper-risk），即数字化信息通信技术构建了一个相互依赖的超链接世界，生态型经济开始打破传统的企业和行业边界（Smith and Borodzicz, 2008）；快风险进化（fast risk clock speed），即风险更接近实时、更可能突然出现、更不可预测和更难以控制（World Economic Forum，WEF，2018）。数字经济时代要求我们像思考"科技重构经济"一样思考"科技重构风险"的命题。

信息技术风险与保险业的关系有互动性。一是与其他行业一样，保险业也面临信息技术使用带来的风险，如运营中断、数据泄露、市场势力滥用等。二是保险业可以承保这一新兴风险，如通过网络安全保险为主体提供自身财产损失和侵权赔偿责任风险的保障。三是保险业扮演着网络风险管理咨询人的角色，借助数据、分级和专业技能的优势，为客户提供防损减损工具以及网络安全、法律和公关服务。

二 气候变化、双碳战略与保险

(一) 保险业受到的冲击

气候变化对保险业的冲击可以分为 3 种——物理风险、转型风险和责任风险。

1. 物理风险

物理风险（physical risk）是指气候变化及天气相关事件对保险标的直接造成的损失，以及通过后续事件造成的间接损失。保险公司的承保业务、投资业务和经营模式均会受到气候变化带来的物理风险的影响。

承保损失。一是直接损失。全球气候相关自然灾害事件造成的保险损失已从 20 世纪 80 年代的年均约 45 亿美元增加到 2015—2018 年的年均约 136 亿美元（按 2018 年的价格水平，调整了通货膨胀因素）。天气灾害造成的损失呈上升趋势，这主要缘于经济增长和城市化促进了物质资本积累，进而使得风险敞口不断扩大；尽管如此，气候变化也产生了显著的影响。不仅是财产保险业务，气候变化也会影响人类的健康状况和死亡率，进而影响人身保险业务的赔付。根据 1968—2002 年美国各州面板的数据，一年中日均气温在 90 华氏度以上的天数每增加 1 天，年龄调整后的死亡率将增加 0.11%，按此预测，到 2100 年，气候变化将导致年龄调整后的死亡率增加 3%（Deschenes and Greenstone, 2011）。二是间接损失。气候相关风险的性质和发生率的变化会通过"中介渠道"扩大损失。例如，气候变化会影响粮食安全，进而增加农业、恐怖主义、政治风险等领域的保险产品的赔付。

投资损失。一是长期体现。全球经济损失会随着温度的上升而增加，其中，房地产价值的贬损对保险人投资的影响很大。二是短期体现。恶劣天气事件、温度升高等会影响投资者的情绪，给投资者带来乐观或悲观等"情绪冲击"，从而引起资产价格的非理性波动，可能让保险公司蒙受投资损失。

2. 转型风险

转型风险（translation risk）是指，保险企业在经济向低碳转型的过程中所面临的风险。这主要来自两个方面：承保业务，其面临来自高碳型行业的保费收入减少的风险；投资业务，其面临高碳型资产的价格下降所带来的投资损失。

一是承保损失。高碳型行业的萎缩会造成保险需求的减少，从而影响财产险公司的负债规模。这种影响是较为孤立和有限的，因为保险业的保费收入来自能源行业和传统公用事业公司的比重一般在10%以下（PRA，2015）。

二是投资损失。全球向低碳经济的转型可能导致高碳型资产大幅贬值甚至转为负债，即成为"搁浅资产"（stranded assets），这会造成持有这些资产的保险公司受损。向低碳经济转型主要影响两个层级的资产。第1级（"tier 1"）资产是指基于煤、石油和天然气开采企业以及传统公用事业公司的资产，此级资产直接受到节能减排政策的影响。第2级（"tier 2"）资产是指基于化学品、林木和造纸业、金属和采矿业、建筑和制造业的企业的资产，此级资产主要受到能源成本上升的间接影响。在欧盟的保险公司和养老金于2015年对非金融机构的权益类投资中，传统能源行业的占比为8.72%，而受气候政策严重影响的行业（包括传统能源、传统公用事业、传统能源密集的交通运输业和房地产业）的占比为49.0%（Battiston，et al.，2017）。

转型风险的风险源头包括可再生能源技术进步、社会认知、监管政策等。一是低碳技术的发展。碳排放开始显著减少的时间越晚，所需要的减排速度就越快，要将剩余的"2℃碳预算"控制在一个范围内，就需要大幅转变碳排放的轨迹。这受到碳捕集和封存等技术发展的影响。二是民众偏好的变化。例如，如果社会的低碳思维快速发展，劳动者普遍支持为缓释气候变化而付出成本，那么保险、养老金等机构投资者将不得不加大对节能减排领域的金融资产和实体项目的投资。三是政策调整。国家和地区在应对气候变化问题上越来越积极，政府的限制政策会对化石燃料公司的盈利能力和价值产生显著的不利影响。

3. 责任风险

责任风险（liabilty risk）是指，当事人遭受气候变化造成的损失时，会要求他们认为应当承担责任的主体赔偿，而如果索赔成功并且被索赔方已投保了责任保险，那么被索赔方的部分或全部成本就会转嫁给保险公司。责任风险出现在责任保险业务中，其与立法体制和执法环境高度相关。责任风险的来源可以分解为应对气候变化的 3 种责任——缓释失败、适应失败和披露或遵守失败（PRA，2015）。缓释失败的索赔声称，被保险人应当对气候变化造成的物理损失承担责任。适应失败的索赔声称，被保险人在其行为或决策中没有充分考虑到气候变化风险的影响。披露或遵守失败是指，被保险人未充分披露与气候变化有关的信息、以误导的方式披露信息或在其他方面未遵守与气候变化有关的法规和监管要求。

4. 小节

目前，物理风险、转型风险和责任风险这 3 种风险的影响从大到小排序为：物理风险＞转型风险＞责任风险，不过，若干年后的排序目前难以确定。关于这 3 种风险的认识和管理程度如下：对于物理风险，其短期影响较为成熟，其长期影响处于早期阶段；对于转型风险，处于早期阶段；对于责任风险，极少。

气候变化对保险业的影响涉及多个业务线、行业和地理区位，而且呈现出非线性、交织性、不可逆性等特点。因此，从广度和量级上看，气候变化对保险业的挑战大于绝大多数风险源。气候变化的影响长远且不确定性很强，超出了保险公司通常的商业规划的时间尺度。但是，未来保险业受气候变化的影响程度将很大程度上取决于当前采取的措施。因此，与其他领域类似，有效应对气候变化也是保险业的一项当务之急。

（二）如何承保气候风险

1. 积极承保突发巨灾冲击风险

保险业是经济社会的"减震器"，气候变化风险是重要的新兴风险，保险业应当积极承保，提升全社会的气候变化"韧性"。Nuzzo（2005）认为，"就像人们为财产和身体健康投保一样，我们的地球需要'可持续保险'(sustainability insurance)"。21世纪的前20年相比于20世纪的后20年，天气灾害事件的经济损失和保险赔付基本同比例上升，可见，保障缺口的绝对值增加了，其中洪水风险和干旱风险的被保障程度更低。

保险公司可以通过调整业务结构和设计保单来管理其气候变化的风险敞口。一是避免过高风险的业务，如位于低海拔（如低于海拔5米）地区的房地产业务，减少对高风险地区和行业的投资。二是业务分散化，即通过对不同地理区域、不同风险类型、不同产品的承保，降低其遭受多重重大损失的风险。三是风险再转移，即保险人将风险转嫁给再保险人，使自留损失与其风险偏好相一致，而再保险人通过在全球分散风险而避免过度承担风险，从而发挥着稳定器的作用。四是鉴于气候变化相关的法律责任处于变化中，保险公司很难将"气候变化"这一因素完全排除在保单之外，因此，为了控制气候变化风险的敞口，公司可以采用"索赔发生制"约定。

2. 加强日常风险管理和进行压力测试

气候变化风险是一种复杂的风险，它改变或放大了金融业的各种风险——市场风险、信用风险、操作风险、法律风险、声誉风险等，因此，一些国际组织建议将气候变化风险映射（mapping）到已有的风险类型中。表4-1说明了国际清算银行的金融稳定部门（Financial Stability Institute, FSI, 2019）建议的对保险公司气候变化风险的"映射"做法。

表4-1　将气候变化风险"映射"到保险公司已有风险类型的示例

气候变化风险举例		传统风险类型				
		承保风险	市场风险	信用风险	操作风险	流动性风险
物理风险	冰盖融化使得海平面上升，给沿海大都市带来洪水	承保沿岸建筑的保险的赔付支出	被投资企业的收入和利润由于洪水和营业中断而减少，估值下降	接受分保人的再保险人的评级下降，原保险人的风险敞口增加	保险人的房地产遭受洪灾，日常活动紊乱	受灾的保单持有人通过退保、保单贷款来索要流动性

续表

气候变化风险举例		传统风险类型				
		承保风险	市场风险	信用风险	操作风险	流动性风险
转型风险	削减温室气体排放等政策措施加强	承保绿色技术的保单定价偏低（可能由于缺乏数据等原因）	"搁浅资产"带来的投资损失	对企业债权的投资损失（可能由于立法或行政要求的强制转型）	保险人加强无纸化办公而带来的风险（如网络安全风险）	由于政治或社会压力而投资于流动性差的长期基础设施

资料来源：FSI（2019）。

由于气候变化的复杂性和非线性，定量分析气候变化风险时一般需要结合"情景分析"和"压力测试"这两种方法论。英国和荷兰是这方面的先行者。英格兰银行（PRA，2019）发布了压力情景分析的方案（征求意见稿），已于2021年实施。该方案：对于承保风险，考虑了4个自然灾害情景和1个经济滑坡情景；对于转型风险，将投资资产（如股票和公司债券）的精细数据与高排放行业的资产水平数据进行匹配，再基于国际能源署（IEA 450）提供的情景而形成最终情景。

3. 与政府部门加强合作

气候条件变化可能造成保险经营成本过高，如一次灾难性天气事件过后，保险公司可能选择退出市场。这在保险需求程度高的地区可能导致公共政策问题，进而损害保险业的声誉。对于风险过高的领域，保险业通常希望采用某种形式的政府与社会资本合作（Public-Private Partnership，PPP），以兼顾保险服务的可得性、避免过高的风险管理成本和防范道德风险。例如，政府加强对民众的风险和保险教育能提高投保率。Gallagher（2014）利用美国区域层面的洪水情况和洪水保险保单的面板数据，发现在洪水发生后的一年，保险购买量会达到峰值，然后，稳步下降，到灾后9年降低到与基线水平没有显著差异；被同样的电视媒体覆盖的地区中，非洪水地区投保率的增幅是洪水地区的1/3。

气候变化对低收入者的损害更大，而政府可以借助保险工具提升对弱势群体的帮扶效率。其一，保险赔付能够直接送达因受气候变化灾害受损的当事人，减少了财政资金拨付和使用过程中的耗损（"跑冒滴漏"），同时提高了精准性，还避免了政府救助问题上的"Samaritan"难题（Buchanan，1975）。Chantarat 等（2017）发现，与极端天气事件发生后的政府灾后救助（直接转移支付）相比，政府为极端天气的保险提供补贴能够更可靠、更及时地支持脆弱群体，对于防范"因灾致贫"更具成本效率。其二，一些国家的地理区域较小、经济总量不大，借助跨国的风险共担组织能够实现更大范围的气候灾害风险的分散。2014 年，加勒比巨灾风险保险基金（Caribbean Catastrophe Risk Insurance Facility，CCRIF）重组为一个独立的投资组合公司，以推进新产品（如过度降雨保险）并向新地区扩张。其三，气候灾害事件的时间分布差异较大，而保险机制擅长在长期中配置资源，所以采用保险机制有助于平滑财政资金运行。例如，Von Peter 等（2012）发现，在大型灾害发生后，保险深度更高的国家的经济下行程度更小、时间更短，财政赤字也更少。

4. 输出知识技能

气候变化风险是财产险经营活动的核心内容，所以保险业可以赋能其他部门，提升全社会的气候韧性。其一，保险业积累了极端天气事件发生、强度、影响范围等方面的数据资料，其在空间颗粒度（Botzen，et al.，2009）和预测平稳性（Henderson-Sellers，et al.，1998）上能够支持和改进 IPCC 的工作。其二，1994 年的 Andrew 飓风发生之后，国际保险业为了改进定价和准备金评估，一直致力于开发气候相关灾害事件的损失模型。这种技术能够为经济主体计算业务组合或投资组合的损失、评估所需资金准备提供帮助。Walker 等（2016）建议利用保险业的风险建模工具以协助决策者评估和管理建筑行业的气候适应性风险，并利用数据验证了其中的潜在共同收益，强调可向其他行业拓展的必要性。其三，财产险公司和再保险公司在气候变化风险的防灾减损上较为擅长，如美国华盛顿州的保险公司长期参与土地利用规划、建筑规范条款制订、防洪措施设计等。

5. 改进信息披露

为了提高金融业的气候变化风险对消费者和投资者的透明度，金融稳定理事会（与金融业代表一道）组建的气候相关财务信息披露工作组（Task Force on Climate-related Financial Disclosures，TCFD）于2017年6月发布了一个关于气候变化风险和机遇的清晰、可比和一致的全球框架。该框架"自上而下"（up-down）包括如下4个主题。治理：董事会和管理层在评估和管理气候相关风险和机遇过程中的作用；战略：气候相关风险和机遇对组织的业务、商业、财务规划的现实和潜在影响；风险管理：组织用于识别、评估和管理气候相关风险的过程；指标和目标：用于评估和管理气候相关风险和机遇的指标和目标。TCFD的建议和指引是自愿实施的，没有强制性。国际保险业基本认可该框架，但也存在少量不同意见：一些保险人认为自己在已有公开报告中已经披露了足够的信息；一些人寿与健康保险人认为，转型风险的研究结果并不明确，所以在技术上不可行。根据国际保险监督官协会（International Association of Insurance Supervisors，IAIS，2020）的调查：越来越多的保险人（2019年上半年的占比为76%）自愿披露了部分气候相关风险的信息，但是这些数据的有用性和可比性较差。

（三）保险业如何支持双碳战略

全球保险业在助力双碳战略方面有多个机制。

1. 追踪和使用最新科学成果、建设数据库和方法论

保险公司的定价和风险管理模型习惯于采用历史经验数据，而对于风险趋势（包括气候变化）缺乏前瞻性。一是物理风险方面。对于单家保险公司，气候相关灾害的重大赔付事件并非每年都发生，这使得保险公司对气候相关风险的定价整体上偏低了15%—30%，其中企业财产险和营业中断险是被低估程度最高的（Starominski-Uehara and Keskitalo, 2016）。逐渐意识到这些问题后，近些年，国际大型（再）保险公司开始加强关注气候变化风险的非线性、空间相关性、临界点等内容，并将气候专家的预测成果纳入风险模型，从而设计出更可持续、定价更适当的产品。二是转型风险和责任风险方面。它们的大小受到科技、立法和执法情况、政府政策、民众态度等因素的影响，保险业目前普遍缺乏对

这些因素的关注。

中国的保险公司在控制气候变化风险上是基于赔付的经验数据，措施主要是控制来自高风险地区的承保（"负债端"），有些公司在投资业务中关注了各行业的"碳足迹"。中国保险业正在与来自自然科学和社会科学的气候专家加强合作，提升对较长时期平均温度上升、温度变动加剧、气候周期变化、大气含水量等气候状况的预测能力，而中国精算师组织应当着手编制气候变化因素对主要险种赔付影响的历史和模拟资料。全球对于气候变化带来的财务影响的建模方法仍在探索中。

2. 发展新兴领域的保险

保险业是经济社会的"助推器"，应当支持节能减排领域。其一，为了实现《巴黎协定》的温控目标，到2050年实现温室气体的"净零"（net zero）排放，在2035年之前，全球在能源、交通运输、农业和工业系统上需要巨量投资。因此，这些行业的可保资源是巨大的，保险业正在积极开发可再生能源、绿色交通、绿色农业等方面的保险，并在这些领域积极投资。其二，国内外正在加强生态城市建设，而建筑业是温室气体减排潜力很大的领域，所以保险业应当积极为生态城市建设提供"一揽子"保险服务。其三，绿色经济发展的结果之一是知识产权、网络、平台、数据和客户关系等无形资产的占比增加，保险业应该改变主要承保有形资产的习惯，加强开发针对无形资产的产品。

3. 发挥费率机制的激励作用

保险费率是风险的价格，而在保险费率中考虑气候变化风险，可以实现以下3个目标。一是激励被保险人采取环境保护和低碳行为。例如，要求企业投保环境污染责任保险能将企业生产经营行为对环境的外部成本予以"内部化"，Boomhower（2019）利用美国得克萨斯州管理部门的数据发现，要求油气生产企业投保环境责任，会促进小企业减少生产、大企业增加生产，从而优化了环境成本的配置，提高了社会效益。又例如，一些国家运行的pay-as-you-go（PAPG）车险中，保险人减少使用私家车就能减少保费支出，美国的经验显示，PAPG车险激励驾驶员少开了8%的里程（Mills，2012）。二是让被保险人面对气候相关风险事件时减少损失，如避免在洪泛区建房。三是"拒保"也是一种信号，它向投保人提示其承担或面临的气候变化风险过高，此时，可能需要政府干预（Schäfer，et al.，2018）。

4. 投资时承担环境责任

国际领先的保险公司在投资时会考虑各行业的"碳足迹"。对于新兴的环境、社会和治理（ESG）投资，保险公司和养老金业并不积极，其原因可以概括为如下几点：ESG评级的"分类法"（taxonomy）可能是建立在个人主观信念、伦理观点或偏好的基础上，而非经过科学严格证实的客观事实；无法有效测量资金委托人/收益人对可持续性的偏好；存在"漂绿"情况，一些声称采用ESG投资的基金的表现其实难以持续；关于"采取ESG投资是否提升了基金的投资收益"的研究结论分歧很大（Friede，et al.，2015）；ESG投资的实施可能造成投资上的"从众"行为和"绿色泡沫"。一些国家和地区已经强制要求保险公司在投资中承担气候变化责任。

5. 建设公司治理机制

仅有个别领先的保险公司在针对气候变化和绿色发展问题改进公司治理。根据我们搜索的大型（再）保险公司的情况，与气候相关的公司治理措施包括以下方面：一是强调董事会的核心作用，设立气候风险委员会、环境委员会、新型风险委员会等；二是明确治理主体（尤其是高级管理层）的作用和责任，划分公司在风险管理、投资管理、企业社会责任管理等职能之间的职责分工；三是设定气候变化风险监测目标以及目标修订的具体流程；四是公司需要建立自身应对气候变化风险的能力，即使将部分分析工作外包给专业服务供应商，公司也应当制定并全面整合用于评估气候变化风险的指标。保险公司建设应对气候变化的公司治理机制的最大困难在于，公司董事会以及保险监管部门缺乏熟悉气候知识的专业人士。

三 老龄社会、劳资共进与保险

在中等及高收入国家中，老龄社会深化的主要原因是预期寿命的增加，以及第二次世界大战后出生率从高水平下降。在中国，人口老龄化除缘于预期寿命增加，还缘于出生率在实施计划生育后快速下降，并且在计划生育政策逐步放宽后没有明显回升。根据联合国人口司的数据，2020年，中国的老年负担系数已高于世界平均水平（16.3%），明显低于美国、欧洲大部分国家及日本等高收入国家（32.7%），但是，中国人口老龄化形势很严峻，老龄负担系数处于快速上升状态。

老龄社会的形成和加深对经济活动有着基础性的影响。一是劳动年龄人口的占比甚至绝对数都在下降，创造财富的人数在减少。虽然有工作需要较少的体力和较多的经验，但是这类工作在社会经济活动中所占比重较低，无法扭转老龄社会中劳动参与率的下降。二是全社会的储蓄率在下降，这不利于促进投资。如果经济体没有从外部借入资金的话，老龄社会中长期资本效率会降低，并且由于全社会的消费需求小于生产的商品，通货膨胀率将上升。三是老龄社会中发展养老、医疗、保健、护理、旅游等产业的重要性增强。四是老龄化对家庭财富构成和投资组合选择、资产价格、年金等保险产品、汇率等金融变量均有重要影响，同时，对金融结构调整和金融竞争力也有重塑的作用。五是老龄社会中财政和金融体系面临养老保障的压力。

（一）老龄社会中的保障缺口及其弥补

1. 老龄化趋势下的养老保障压力

（1）一般原理

在养老保险体系的充足性（或可实现的保障程度）方面，人口老龄化对现收现付制（PAPG）为基础的公共养老金的影响最大，其次是DB型商业养老金，最后是DC型商业养老金。

基于现收现付制的公共养老金的财务充足性取决于：交费水平、交费时间、基金投资收益率等收入因素；养老金待遇水平、养老金领取时间，其中，后者取决于退休年龄和预期寿命。老龄化会直接增加养老金领取时间，也会降低基金的投资收益率，还可能由于劳动年龄人口绝对数的减少而降低交费水平。OECD（2014a）对欧盟国家的研究认为，2010—2016年，老龄化使得公共养老金支出增加了8%—10%的GDP。

商业养老金包括两种基本类型：DB（Defined Benefit）型和DC（Defined Contribution）型。老龄社会的形成不利于维护DB型养老金的偿付能力（Solvency）。与公共养老金一样，如果养老金在精算时低估了人口预期寿命的增长，那么养老金支付的现值将被低估，导致养老金计划的基金充分度（funding ratio）下降。老龄社会的形成不利于DC型养老金的充分性（adequacy）。由于社会劳动性生产率和投资收益率的下降，他们在DC型账户中积累的资金将不足以购买到最初预期的商品，从而生活水平下降。

（2）评价退休收入充足性的方法

退休保障制度的目标是满足居民退休后的生活开支，所以设计退休保障制度需要对收入的充足性进行评价。充足性这一概念具有主观性，并且会随着环境的变化而变化，对其科学评估并不容易。对于退休收入的充足性，OECD（2020）认为可以采用4个步骤分析：充足性的目标→充足性的测度指标→设定充足性指标的目标值，将指标的实际值与目标值相比→评估政策效果。

第一步：充足性的目标。是指退休收入制度能否给参与人提供"充足"的退休后收入。政策制定者的行为目标是保障参与人退休后的感受或效用。考虑到效用难以度量，这通常表现为不同层次的"消费平滑"目标。一是保障参与人不会陷入老年贫困状态。这通常是设立公共养老金、强制养老金的基本目标。二是保障参与人的老年消费维持在较高水平。这通常是商业养老金、资金积累制养老金的基本目标。三是公平性目标。对公平性的理解存在较强的主观性。养老金制度对所有人——尤其是弱势群体，采取同样的制度设计，能促进机会平等。促进不同参与人之间的消费平等或养老金收入平等，通常也会促进公平。

第二步：充足性的测度指标。这需要对参与人的工作和退休收入进行建模。可以建立一个包含参与特征、劳动市场特征、退休收入保障制度特征和政策特征的收入生成方程。在收入生成方程中，输入参与人的特征因子（当前年龄、预期退休年龄、预期寿命、教育程度、当前收入、对养老金计划中的积累资金拟采取什么投资方式等），计算出其在各阶段的预期收入。与公共养老金相比，行业层面和公司层面的养老金的个人特征因子应当更加细化。

这种建模方法较为简便，但是要考虑不确定性，如工作中断、由于意外原因而取出养老金、投资严重失误、失能等，对此，可以加入随机性进行模拟分析。OECD（2020）建议在模拟时考虑的因素包括：金融风险因素，如资产回报率、通货膨胀、利率；人口风险因素，如死亡率、生育率、预期寿命；劳动市场风险因素，如失业与否、收入水平、退休年龄、工资水平变化趋势；行为风险，如是否参与退休储蓄计划、交费水平、投资选择。

衡量个人退休后相对于工作期间的生活水平，最常用的指标是退休收入替代率[1]（replacement rate）。但目前尚未有统一的方法来计算收入替代率。对于分子，有的采用退休第一期的收入，有的采取退休后数年甚至到去世时的收入的折现值。对于分母，有的采取退休前一期的收入，有的则将工作各期的收入折现到退休前一期。对于收入的类型，有的包括来自金融资产和房产的财产性收入，有的则不包括。对于收入所指的人群，有的将同一人退休前后的收入进行比较，有的将退休后不久人群的平均收入与将要退休的人群的平均收入比较。因此，理解和分析替代率的数据时，要注意其计算方式和相关假设。

第三步：设定充足性指标的目标值，将指标的实际值与目标值相比。设定目标值需要考虑参与人所享受的社会福利制度、不同个人或家庭的特征以及不同退休阶段的差异。一般而言，对于低收入者、无房者、身体有严重伤病者和家庭负担重的参与人会设定更高的替代率目标。如果

---

[1] "退休收入"除以"退休前工作收入"。

明确设定养老金的充足性指标,其将成为政府的一个硬性的债务约束,可能带来副作用:一是个人使用该目标值时可能不注意结合个人情况;二是该目标值给政府带来压力。

第四步:评估政策效果。评估政策定位于宏观层面,关注的是人群整体或有某些特征的人群,而不是微观个体。可采用的指标有:退休收入达到目标水平的人数占比、不利情况下(如1%、5%的概率发生)收入的下降程度;制度总盈余或不足。政策评估时应当考虑长期的后果,权衡提供充足的退休收入与其他目标,并且应当对可以选择的制度措施进行敏感性分析,考虑强制交费、调整退休年龄、改变投资策略、修改匹配交费、设计税收制度等一项或多项变化对政策实施效果的影响。

2. 保险系统如何积极应对分析

结合中国的现实情况,提高养老金的充足性应当关注以下几点内容。

(1)公共养老金中加入自动调整机制

在人口老龄化加深的过程中,以现收现付制为基础的公共养老金面临的财务压力日益增加。因此,在制度设计时嵌入一些自动调整机制,可以在一定程度上缓解这种压力。

一是调整养老金待遇水平,减少养老基金支出。这种做法较少直接使用,更多的是间接使用的。例如,在人口预期寿命延长、人口负担率提高、经济增长或人均收入增长放缓的环境下,调低养老金待遇水平的增长率。已有大约一半的OECD国家在强制养老金制度中将退休待遇水平与人口预期寿命挂钩(OECD,2012),在有些国家(如瑞典、挪威和意大利),这是通过采取能够产生DC型养老金效果的名义账户制(Notional Defined Contribution,NDC)实现的。

为了减轻养老金负担,各国较常用的指数化调整方法有两种(OECD,2014b)。一是将养老金待遇的确定由基于工资增长率,改为基于物价增长率。二是因为参与人的收入水平在人生的不同时期可能差异较大,而高通胀增加这种差异,所以在DB型养老金中,仅依赖退休前一期的收入来确定退休待遇水平是不合理的,对此,可以采用追溯调整法降低待遇的慷慨程度。即使养老金制度采用了指数化设计,政府也能适时对其进行修改（"时间不一致性"）。因此，养老金待遇往往呈现出一定的"顺周期"性质：公共财政状况更健康时，养老金待遇就会增加；公共财政状况更拮据时，养老金待遇就会下降。

二是提高养老金的交费率，以及获得其他收入，从而增加养老基金收入。公共养老金收入主要来自雇主和雇员基于雇员工资水平交纳的税费，因此提高交费率能够增加养老基金的收入。对于名义账户制的公共养老金，提高交费率会同时增加基金的未来支出。提高交费率也可能产生副作用，例如劳动者由于收入下降而减少劳动供给，以及雇主由于劳动力成本上升而减少用工。

建立养老金公共储备是一种被广泛使用的做法，大约一半的 OECD 国家都采用了这一做法（OECD，2012）。这种储备的建立可能有明确的制度规定支持，也可能有很灵活的操作空间。在老龄社会加深的过程中，建立养老金储备基金能在不增加税费的情况下，显著改善养老金系统的财务稳健性。

三是调整获取养老金的年龄或其他资格。对于 DB 型养老金计划，这不仅增加了参与人向养老金计划交费的时间，也减少了参与人领取养老金的时间。领取养老金的年龄可以与人口预期寿命挂钩，这种做法已经被半数以上的 OECD 国家采取，并且受到越来越多国家的青睐。由于风险厌恶的参照依赖函数带来的锚定效应，延迟领取养老金可能会相应促进参与人的劳动供给，相关证据较多，如 Behaghel 和 Blau（2012）关于美国法定退休年龄从 65 岁渐进式调整到 66 岁改革的研究发现，参与人的劳动供给"同步地"增加了。

当前，主要国家的退休年龄是在 60—69 岁，所以在中国基本养老保险中，提高养老金领取年龄的空间是很大的。提高养老金领取年龄需要"渐进式"进行，并且调整期要长。此外，提高领取养老金要求的最低交费年限，也是一种常见做法。

这种做法可能是有代价的。一是会影响参与人的身心状况。2006年，荷兰将 1950 年 1 月 1 日之后出生的人的养老金领取年龄提高了 13 个月，这严重损害了 1949 年和 1950 年出生的参与人的精神健康和工作积极性，对于配偶没有养老金收入的已婚工人来说，这种影响更强。（De Grip, et al., 2012; Montizaan, et al., 2016）。二是削弱了政策制定者的群众基础，使其面临政治压力。

（2）商业养老金中采用自动加入机制

一是自动加入机制的目标人群最好为养老险覆盖不足，但有支付能力的人群。一些国家设置的自动加入机制仅针对刚开始工作的新人，而如果将目标人群扩大到所有人，更能显著提高参与率。

二是设定年龄、收入水平等门槛时，要鼓励参与人更早进行储蓄。因为低收入者已经通过公共养老金实现了较高的替代率，所以可以仅对收入超过一定水平的人设定自动加入机制；这种做法还较少使用，OECD国家中仅有英国采取了这一做法（OECD，2020）。

三是设定加入后可以无成本退出的时间限制（opting-out window），允许退出后的人再次加入。无成本退出的时间通常设定为加入后的1—6月，在此期间，如果参与人退出，可以取回全部交费。在很多国家，自动加入机制不再针对已经选择退出的人。在另一些国家，每隔几年会对所有符合资格的人重新启动自动加入机制。各国的退出率差异较大，有的在10%左右，有的超过70%，后者如智利的自由职业者群体（OECD，2014b）。自动加入者退出的最主要原因是缺乏支付能力，其次是已经获得了充分的保障和预期工作会变动，最后是对制度缺乏理解或信任（OECD，2014b）。

四是设定默认交费率时，应当考虑公共养老金的替代率。公共养老金替代率越高，交费率越低。因为考虑到一些参与人会长期按照默认交费率交费，而不会提高交费率，所以可以对默认交费率采用递增的设计，促进参与人逐步提高交费水平。

五是通过国家或雇主的匹配交费，提高参与人的积极性。此项措施能提高雇员的参与率和交费水平，对于低收入者的影响更大。如果为匹配交费设计一个较高的门槛，即参与人的交费超过该门槛时，国家或雇主才会进行匹配交费，那么，雇员通常会增加交费以超过该门槛。

六是加强教育和宣传。例如，Bai等（2021）对中国农村的实验研究发现，给被实验者适当的信息手册能够促进他们参与养老保险，降低他们退休收入的不确定性。

这几点对当前中国建设第二支柱养老保险均是有借鉴意义的。在近两年发展迅速的城市定制医疗保险（"惠民保"）中，深圳市采取了自动加入机制，将保险覆盖率提升至60%，远高于各城市的平均水平。

（3）促进非传统就业者进行养老储蓄

随着经济全球化和劳动分工的深化、互联网和数字技术的发展，以及老龄社会的形成和政府管理方式的变革，全社会的就业方式呈现多元化的趋势。非传统就业形式是指区别于传统"全职雇员"的就业形式，具体形式多种多样，包括：具有稳定劳动关系的兼职工作者、长期合同的临时工、临时合同的临时工、临时代理工作等；自我雇佣者，包括自己单干者、合伙工作者、雇佣他人者、平台（platform）工作者；非正式就业者，未注册或未纳入常规统计的工作者（OECD，2020）。

这些非传统就业形式的劳动者获得的养老保障常常是不足的，在已有的正规保障体制中也受到一定歧视。一是兼职工作者。他们可能受最低工资、工作时间要求的限制而无法参加强制或自愿的养老金计划，获得的真实劳动待遇水平较低，老年贫困风险较高。二是临时工作者。他们更换工作的频率较高，失业风险也较高，所以即使养老金制度没有对他们与全职雇员区别对待，他们获得的待遇水平也较低。例如，职业养老金账户资金携带不便、变更等待期长对他们的影响较大。三是自我雇佣者。在许多国家，自我雇佣者不需要参加强制养老金计划，并且即使参加，他们的交费基数、交费率和待遇水平也低于同等收入水平的全职雇员。四是非正式就业者。他们一般不被要求参与强制性养老金计划，可能仅参与了居民养老保险计划、社会低保和社会救济制度。

为非传统就业者提供养老金，特别是基金积累制养老金，是全球范围内普遍关注的一个问题。OECD（2020）总结了各国为非传统就业者提供养老金计划所采取的措施。

一是对非传统就业者采取与全职雇员相同的制度。取消养老金计划参与门槛中的最低工资、每天工作时间、工龄等内容。对于职业养老金计划：一些国家已经将非传统就业者完全纳入其中；而一些国家考虑到管理成本较高等原因，并不鼓励小企业发起职业养老金计划，这是可以改进的。对于个人养老金计划：完全可以纳入非传统就业者。自动加入机制也可以纳入非传统就业者。

二是基于工作场景提供更便利的养老金计划。为小企业就业者和自我雇佣者提供多雇主计划（Multiple Employer Plan，MEP）可以减轻计划的设立成本和运营成本，也可以减少每个参与人在进行养老储蓄时因行为失误而遭受的损失。在美国，2021年1月起，任何雇主和自我雇佣者都可以参加多雇主计划。MEP计划是开放式的，参与人之间不需要有什么关系。在爱尔兰，如果雇主没有参加职业养老金计划，就需要选择退休储蓄账户（Personal Retirement Savings Account，PRSA）服务提供者，为自己的所有雇员提供保障。互联网平台为就业做出了巨大贡献，它们通常不认为自己是雇主，不会主动为所连接的劳动者提供养老金待遇。但是，互联网平台至少可以为劳动者参与个人养老保险计划提供便利，例如，Uber和Lyft就为驾驶员提供了参与个人储蓄计划（Individual Retirement Account，IRA）的便利（Gale, et al., 2018）。

三是设计专门的养老金产品。自我雇佣者和非正式就业者更需要专门设计的养老金计划。这些计划可以采用团体方式参保，也可以采用个人方式参保。因为一些产品是基于职业类型的特征设计的，所以当参与人改变职业时，会中断养老金计划。法国为自我雇佣者和农业生产者专门设计了Madelin合同。在日本，20—59岁的自我雇佣者及其家人、佣人和学徒均能参与国家的养老金计划。考虑到自我雇佣者的经营利润有养老保障的作用，可以给予其一定的税收优惠。财务激励措施的设计需要考虑不同非传统就业形式的特点，尤其是收入获取方式的差异，一般而言，固定名义补贴的促进作用较强。

（4）DB型计划和DC型计划均要发展

当前，在全球范围内，职业养老金中DB模式的占比在下降，DC模式的占比在上升。这主要是因为，DB模式的发起人（sponsor）要承担几种难以对冲的风险，资产负债缺口风险较高。①投资风险，即养老金计划中积累资金的投资收益率可能低于预期，甚至遭受损失。②长寿风险，即养老金计划参与人的寿命可能超过预期水平。③工资增长风险，即参与人在退休前的工资可能上涨到高于预期水平。④通货膨胀风险，即对通胀进行指数化设计的养老金——特别是没有指数增幅上限的计划——面临通胀风险。⑤利率风险，即用于对计划的负债进行折现的利率可能变动。⑥监管风险，即监管政策或其解释可能发生变化。

评估 DB 型养老金计划的负债时，应当关注折现率的选择。Kisser 等（2015）评估了美国 DB 型养老金计划的负债，发现由于折现率被高估，养老金计划的负债被低估了 10%，并且低估程度在非充分基金（underfunded）养老金计划中更为明显。该文还分析了美国国会于 2012 年发布的《21 世纪养老金发展法案》（Moving Ahead for Progress in the 21st Century Act，MAP21）对 DB 型计划折现率的影响，研究发现，养老金计划采用了更高的折现率，如非充分基金 BD 型计划使用的折现率提高了 2.13% 以上。Inkmann 等（2017）认为，养老金应公布两种负债价值：承诺负债，是指在折现率中忽略发起人的违约率，这时的折现率通常稍高于无风险利率，如 AA 级公司债券的利率；期望负债，是指折现率包含发起人的违约率。这两种负债估值的差距会提示参与人自身养老金待遇可能减少的程度。

在追求实现共同富裕的过程中，为了保障普通劳动者的利益，制度设计应当更支持 DB 型养老金计划，这是因为，DB 型计划有其固有的优点。①参与人承担的风险较小，承担的主要是发起人的违约风险。这种风险在有 DB 型养老金保险保障机制的国家也不存在，如美国、英国、日本、德国等。②DB 型计划通过交费率、记账利率的设定可以发挥再分配的功能，而 DC 型计划不行，因此，DB 型计划对弱势群体和老年群体更有利。Gerrans 和 Clark（2013）对澳大利亚的研究发现，老年人、低收入者和女性更喜欢 DB 型计划，而年轻人、高收入者和男性更喜欢 DC 型计划。

（二）老龄社会中的投资低效及其改进

1. 养老金投资的优劣势

发展商业养老金有助于形成基金，促进投资，提高投资效率。①无论是 DB 型养老金，还是 DC 型养老金，养老金计划对主观折旧率低的人群（秉持"长期主义"的人群）都更有吸引力。②投资的规模经济效应可以降低投资管理的费用。③个人投资者缺乏投资经验和成熟的心理，通过参与养老金基金可以改善这种劣势。④养老金计划发起人可以比个人更充分地分散风险，并能承担更多风险。⑤养老金投资的期限长。例如，Greenwood 和 Vayanos（2010）发现，英国养老基金为了匹配负债的期限，投资于长期资产，压低了长期资金的融资成本（使用英国的高等级债券收益率度量）。

发展商业养老金也有不利于投资的方面。一是养老金投资可能会增加交易成本，这包括：雇佣外部投资管理人的费用、将资金转移到专门投资账户的费用、在养老金计划和投资管理人之间的委托代理成本、在投资机会出现时决策的时间成本。二是作为养老金计划的发起人，雇主的交费责任越大，其生产经营投资受到的限制越大。例如，Campbell 等（2012）发现，企业的 DB 型养老金交费责任增加了企业的融资成本。Phan 和 Hegde（2013b）发现，美国公司向 DB 型养老金计划的交费每增加 100 美元，公司的资本投资将减少 21 美元。

2. 保险系统积极应对分析

结合中国的现实情况，提高养老金的投资效率应当关注以下几个方面。

（1）养老基金的基础设施投资

在大多数国家，基础设施的内容还没有明确的界定，但通常包括铁路、公路、桥梁、机场、电站、市政设施等。基础设施的回报率虽然不算高，但可以提供稳定、与其他资产相关性低的现金流。养老金计划对基础设施的投资通常用间接的方式进行，以降低投资风险。间接投资主要是采用基于投资现金流设计的债务工具，其次是专门的基础设施投资金，如 BOT（build-operate-transfer）基金，再次是私募股权基金。

从各国的情况看，养老金计划对基础设施的投资比例一般为 1%—5%，仅有个别国家超过了 5%（Paklina and Stańko，2021）。各国养老金计划投资的基础设施一般位于本国。各国对养老金投资基础设施的监管主要采用比例上限、集中度限制和信用评级限制的方法。关于养老金计划对基础设施投资方式的监管目前有放宽的趋势。

在当前低增长、低利率环境下，养老金计划正在寻找收益更高、资产负债匹配更好、分散性更强的投资领域和投资项目，所以将更加关注基础设施投资。并且，中国 2021 年中央经济工作会议要求"适度超前开展基础设施投资"。养老金计划可以在基础设施建设期间进行投资，也可以仅投资已经建设完成的项目。近年，大型养老金计划加大了对基础设施的投资，而中小养老金计划由于风险承担能力较弱，可能仅投资基础设施融资产品中的高层次部分，并对其享有优先受偿权。养老金投资基础设施需要解决的主要问题包括项目的估值和流动性约束，以及法律风险、交易对手风险、政治风险等操作风险问题。此外，也需要加强相关统计和数据分析，如采用穿透（look-through）法建立有一定颗粒度的数据库。

（2）养老基金投资纳入 ESG 理念

投资中的 ESG 理念是介于财务投资理念和社会价值投资理念之间的。财务投资的目标是最大化股东的价值或者最大化股东和债务人的价值，这可以通过风险调整后的绝对投资收益来度量，而不考虑环境、社会、治理等因素。社会价值投资的目标没有定论，更多关注的是社会价值，特别是环境责任以及员工利益、性别平等狭义的社会利益。ESG 投资是在追求最大化财务回报的基础上，加入 ESG 因素。推动 ESG 投资发展的基本因素包括（OECD，2019）：企业等组织的理念转变，从仅关注股东利益转向更关注利益相关者的利益；全社会以及社会责任投资的倡导者更加关注"可持续"问题；E、S 和 G 方面的数据披露进展迅速；环境和气候变化给金融机构带来了物理风险和转型风险。

ESG 理念自身存在需要完善的问题。①当前，ESG 评分指标较多关注 E，而 S 和 G 还没有得到足够的重视。养老金属于长期投资，要考虑劳动条件、利润分享、人权、社会和地方社区责任、透明度、反腐举措、员工教育和许多其他目标（EIOPA，2018）。②对 E 的考虑也不够充分。E 不光是指气候，还应当包括污染、资源枯竭、生物多样性以及其他环境因素。③"分类法"还不够客观科学，从某种程度上说，它是建立在主观信念、个人伦理观点或分类法制定者个人偏好基础上的。

养老金计划纳入 ESG 理念的优势。①养老金投资是长期导向的，纳入 ESG 理念可以促进从短期视角到长期视角的转变，推动其向可持续金融转型。②养老金与 S 有着天然的相关性，因为养老金是一项劳动条件，尤其是 DB 型（固定待遇型）养老金计划可以视为是与成员的契约。因此，从社会伙伴角度看，关注养老基金投资的 S 维度具有重要意义。③纳入 ESG 理念后会更多地与投资机会挂钩，与声誉联系在一起。

养老金计划纳入 ESG 理念可以分为以下几个层次。①不投资违反社会规范的行业，如武器制造、烟、酒、赌博和色情业、高污染行业。②根据联合国、OECD、学术机构、金融机构等主体发布的各类专业指数，仅投资得分高于某个标准的主体。③聚焦 E、S 或 G 的某个小领域进行主题投资，如针对碳足迹进行投资。④盯住某个 ESG 指数进行投资。

养老金计划纳入 ESG 理念还需要重点关注一些问题。①开发 S 和 G 支柱。②加强对客户偏好的度量。受托人的职责应当基于养老金未来领取者的偏好。因为偏好的测量本身难度较大，一些计划成员缺乏金融知识，所以难以有效测量计划成员对可持续投资的偏好。大多数计划成员可能并不关心环境，而只关心自己未来实际收入的可持续性。③证明投资回报。因为 ESG 投资限制了投资的领域，所以不会带来更高的收益，并且由于分散化程度较低，反而会导致较高的风险。一些研究成果表明，虽然可持续投资的风险贯穿于整个周期，但是其风险程度相对低；而这一投资方式经过风险修正后可以带来更高的收益。一些投资基金声称自己在 ESG 上占优势，但实际上，这些基金的构成和表现的持续性并不强。④避免绿色泡沫。如果所有机构投资者都投资相同的资产类别，表现出从众行为，那么我们就需要关注可能出现的"绿色泡沫"问题。

（3）提升养老金投资绩效

养老金投资的低效是普遍存在的。Dahlquist 等（2018）分析了 DC 型养老金的最优投资选项问题。该文梳理了养老金体系内外个人持股的详细数据，发现被动投资者和主动投资者各自内部和彼此之间在劳动收入、金融财富、股市参与等方面均存在异质性。该文建立了一个生命周期消费—储蓄模型，其中有一个 DC 型养老金账户和默认加入设计，研究发现，相对于一般的基于年龄的资产配置，最优资产配置可以将退休期间的待遇提升 1.5%。

养老金计划的投资策略要基于参与人生命周期内的收入支出和风险承担特征。生命周期投资包括目标日期策略和长期回报策略（OECD，2018）。①目标日期策略下，投资组合的风险随时间的推移而降低，到参与人退休时，投资基本在低风险资产上。这种风险降低的路径被称为"下滑曲线"（glide path）。此策略常作为 DC 型养老金计划中个人账户的默认投资选项，但并不适用于 DB 型账户。②长期回报策略。此策略通常被养老金储备金基金和主权财富基金采用，较少被个人账户投资采用。此策略的关键是，在可接受的风险水平下，实现投资收益最大化，其中，投资风险主要取决于基金的目标、来源和规模。此战略的回报较好，但投资收益率的波动也较大。

长期基金的投资收益主要取决于大类资产的配置而非个体标的。当前，养老金计划正在低利率环境下追逐收益，呈现以下四个趋势：从债券向权益转移、从传统领域向非传统领域转移、非传统投资内容发生显著变化以及国际投资的增加（OECD，2015）。其中，非传统投资领域包括土地和房产、不动产投资信托（REITS）、未分配的保险合同、私募股权基金、对冲基金、结构化产品等。这要求养老金计划建设专业的投资服务、数据及分析系统、内部管理流程等。Phan 和 Hegde（2013b）发现完善养老金计划发起人的外部和内部的治理，能促进其更多地投资权益，而更少地投资现金、政府债券和保险公司产品，从而提升了养老金的收益水平。

近年来，养老金投资中的"权益崇拜"倾向在加重，这是一个值得思考的问题。与债券投资相比，权益投资一般有更高的收益和更高的风险，因此，从这两种投资调整风险后的收益率看，很难确定孰优孰劣。养老金投资是长期的，因此，一种较流行的观点是：因为养老金计划投资的短期涨幅会相对抵消（"均值回复"效应），使得其长期投资的波动率较低，所以养老金投资不需关注短期变动，而要更多地投资权益资产。然而，对于时间分散化以及长期风险溢价差异，还没有明确的研究结论。

减少"自我投资"（self investment）能大概率提升养老金的投资绩效。美国的401（k）等DC型养老金计划常投资于雇主公司的股票，这显然不利于个人财富的分散化，并使个人承担了非系统性风险。Even和Macpherson（2007）对美国5000多个DC计划的研究发现，如果投资充分分散，那么在承担同等风险的情况下，养老金计划的收益率将提高23.9%。进一步地，Even和Macpherson（2009）模拟分析了401（k）计划对雇主股票的资产投资，发现效率损失很大，尤其是对风险厌恶程度高的参与人和非人力财富少的参与人。

在投资中追求"阿尔法"收益。养老金计划的投资者通常是在大类资产配置方面，通过选择具体标的和买卖时机，追求超额收益。在信息披露和传播条件差、市场流动性不足、个体资产异质性大的市场中，往往存在超额收益。但是这类市场的规模通常较小，不利于养老金计划的辗转腾挪。

（4）养老金投资促进金融市场稳定

通常认为，养老金具有稳定金融市场的作用。例如，Bohl等（2009）利用1999年波兰的养老金制度改革作为拟自然实验，对股市回报进行了Markov-switching-GARCH分析，发现养老基金的持股增加会暂时性地降低股市回报的波动率。

养老金能稳定金融市场是基于以下原因。一是很多养老金组织是非营利的，在构建完投资组合后，倾向长期持有，不会频繁交易。二是养老金计划的现金流入流出与市场回报率之间的相关系数低。三是养老金计划参与人取回资金的成本高，投资选择权较少，所以计划管理人面对的流动性和管理压力较小。同时，养老金负债期限长，现金流入的可预期性强，有保险产品的性质，所以，投资管理人可以早做规划。四是养老金计划在全球范围内的连通性较弱。

养老金投资也可能成为金融市场的不稳定因素（Park and Staňko, 2017），所以需要加以防范。一是采取止损和"甩卖"策略。在不利的市场环境下，计划管理者会尽快出售贬值的资产，所以将会成为大空头，并打击市场信心。二是羊群效应。不同养老金计划的负债较为类似，并且面临一样的监管约束环境，更可能使用相同的咨询报告，彼此之间还存在排名的竞争，很容易相互学习而产生"共识"。无论是上涨还是下跌的市场环境中，这均会带来市场的共振（Bank of England, 2014）。例如智利要求养老基金管理人的回报率不低于行业平均水平 2 个百分点，Krasnokutskaya 等（2018）认为，这种监管导致了养老基金管理人投资了更多更高风险的资产，投资组合的风险上升。三是流动性或强制清仓风险。根据 DC 型养老金计划的合约，参与人可能有权从一种投资项目（或公司）转向另一种投资项目（或公司），因此，在市场压力环境下，参与人转化投资行为会加剧相关资产价值的下跌或上涨。四是养老金计划的资金规模大，如果开展证券出借业务，由于基金水平与资产价值直接相关，将加强市场的顺周期性。五是杠杆风险。因为养老金计划从外部融资是受限的，养老金投资于内嵌杠杆的产品或者非对冲用途的衍生品，就会放大市场的负向共振。

四　大型疫情、医疗保障与保险

重大公共卫生事件爆发突然、损失严重，符合巨灾风险的特征。大型疫情对保险业既是机遇，又是挑战。

（一）保险业受到的影响

一百年来，历史上暴发了多次病毒性流行病。这类疾病事件难以预测，爆发频率不定。Erlen（2010）的研究表明，自 1590 年以来，世界历史上有 11—14 种大流行病。这些大流行病的爆发间隔时间，短则 2

年,长则半个世纪。每年大流行病爆发的概率为3—4个百分点。过去这些年,大流行病的爆发频率并未有显著的增加或者减少,无规律可循,难以预测。20—21世纪,由病毒引起的呼吸系统流行病如表4-2所示。

表4-2　　　　　20—21世纪的重大呼吸系统传染病

时间	名称	首次报告病例地点	病毒类型	致死人数(人)
1918—1919年	西班牙流感	美国	H1N1	0.5亿—1亿
1957—1958年	亚洲流感	中国	H2N2	100万—200万
1968—1969年	中国香港流感	中国	H3N2	100万
2003年	SARS	中国	SARS-CoV	919
2009—2010年	H1N1流感	墨西哥	H1N1	1.85万
2014—2015年	埃博拉	非洲	Ebola	1.1万
2015年	MERS	中东	MERS-CoV	465
2019年至今	新型冠状病毒肺炎	—	Covid-19	超过600万*

注:*截至2022年3月30日,根据约翰斯·霍普金斯大学的统计。
资料来源:世界卫生组织及其他公开资料。

随着社会的进步和公共交通的进一步发展,传染病很容易扩散至世界各地。每一场传染病的爆发都给社会带来极大的损失,引起人类社会极大的恐慌。每一次爆发也是对人类医疗技术、国家治理能力以及各行各业危机抵御能力的考验。保险在承担社会风险管理职能的同时,面对大规模爆发的流行病,也要审视自身面临的重大风险。

1. 国内外对流行病风险的探讨

国内外保险从业人员对重大传染病可能带来的风险非常敏感,对是否可能引发保险公司出现危机做了很多探讨。Bradford(2006)在其研究中提出在大流行病爆发中,除了房屋保险公司会幸免于难,其他全球范围内的所有保险公司在最坏情况下可能会损失713亿美元。Huynh等

(2013)的研究中提出,北美精算协会在2007年对30位保险行业专家就大流感提升美国正常死亡人数的程度进行了调研。他们认为,在中等程度情形下和在较严重情形下,死亡率将分别提升0.7‰和6.5‰,不过,目前这两种情形尚未在现实中出现。流行病之所以引发保险公司极大的担忧,一方面是因为保险公司作为经营风险的主体,本身就对风险极为敏感;另一方面,也是非常重要的原因,历史上曾经出现因为大流感的巨量赔付导致不少保险公司破产的情况。1918年西班牙大流感就是前车之鉴。Dreyer等(2007)通过模拟1918年西班牙流感(严重传染病)、1957年亚洲流感(中度传染病)、1968年中国香港地区流感(轻度传染病)和2003年SARS(较严重传染病)四种情形,分析了南非流感大流行对保险业的影响,认为轻度大流行和重度大流行将使南非经济分别损失11亿兰特和550亿兰特。

2. 西班牙大流感对保险业造成的冲击

西班牙大流感起源于美国,是世界上几百年来有据可循的最大的一次流感。它在18个月内形成了三次波浪式发展。Huynh等(2013)提到,西班牙大流感造成了0.5亿—1亿人死亡。西班牙大流感在一年之内造成的死亡人数超过了第一次世界大战死亡人数。不仅如此,西班牙大流感的易感人群不是年幼或者年长身体相对虚弱的人,而是年龄在25—35岁的青壮年人群。疾病专家们也无法确定为何此次流感90%的死亡者年龄都低于40岁。这严重偏离了保险公司的精算假设。人寿保险公司就此次流感总共赔付了1.25亿美元,当时美国的GDP是3000亿美元,保险赔付金额约为美国当年GDP的0.5%。在某种程度上,这次大流感改变了保险行业的格局。由于偿付能力不足,很多保险公司倒闭、被兼并。大都会人寿就是在这期间兼并了旧金山的西海岸人寿公司。除此之外,西班牙大流感给保险行业敲响了警钟。一些保险公司开始研究大流感、研究肺炎,改变精算程序。对于保险公司而言,虽然遭受了财务上的重大危机,但是保险公司也因此对风险有了更深层次的认识。

3. 2003年SARS疫情对保险业的影响

自改革开放以来,以2004年为分水岭,我国保险公司经历了起步阶段和专业化经营阶段。SARS 于 2002 年年底爆发于广州，迅速扩散到全国 26 个省（直辖市、自治区）以及世界上其他 19 个国家和地区。中国内地累计报告 SARS 型肺炎病例数量为 5327 例，死亡人数为 349 例，另有 19 例死于其他疾病。SARS 的传播途径与本次新冠肺炎疫情类似，主要通过近距离空气飞沫、气溶胶等传播。由于 SARS 发病快，传播范围广、致死率高等特点在全球范围内引发很大的恐慌。根据亚洲发展银行（Asian Development Bank，2003）的报告，SARS 造成 2003 年全球约 600 亿美元损失，超过 800 人死亡。疫情被成功控制，且致病人数并不多，因此对保险公司的实际赔付并未造成很大压力。即便如此，由于对 SARS 蔓延带来损失的恐惧，美国很多保险公司只赔付 SARS 爆发前购买的由 SARS 造成的损失，在 SARS 爆发之后将其剔除保障范围。这种将 SARS 剔除保障范围的行为不仅体现在人身险上，还体现在赛事活动取消、延迟等险种。2003 年中国保险业发展尚不成熟。当时的保险深度和密度尚不高。在这期间，中国内地的保险公司共接受 SARS 索赔案例 458 起，赔付总金额 281.59 万元。与国际市场上保险公司将 SARS 列为除外责任不同，当时中国一些保险公司开发出 SARS 相关保障产品。

4. 新冠肺炎疫情对经济、社会的影响远超 SARS

自世界卫生组织（WHO）于 2020 年 3 月 11 日正式宣布新型冠状病毒（COVID - 19）全球大流行以来。新冠肺炎疫情的发酵及其对经济社会的负面影响远远超出了人们最初的预期。新冠肺炎疫情对全球 GDP 增长的影响比疫情初期预测的更大、更广泛。保险业砥砺前行，处理和支付索赔、服务存量保单与签发新保单等工作仍在有条不紊地进行着。保险公司面临的与疫情相关的理赔险种包括活动取消或延期保险、旅行保险、营业中断保险、医疗事故责任险、工人赔偿、雇主责任保险、高管责任险、一般责任险、进出口信用保险等。具体来看，最主要的理赔来自以下 3 类。其一，理赔金额最大的险种是活动取消险。按照市场情况，若既定大型活动取消，单一赔偿金额可能高达数亿美元。其二，最常见的理赔险种是旅游取消险，也是此次全球疫情中赔付支出金额较大的险种。其三，覆盖行业最广的险种是营业中断险，也是理赔中最具争议的险种，是新冠肺炎疫情保险理赔诉讼的主要领域。酒店、餐饮、旅游、户外活动、生活服务等严重依赖线下经济活动的行业在这次疫情中损失惨重，甚至出现大面积的企业破产潮。新冠肺炎疫情是人类历史上一次真正的全球性大流行风险事件，可能是保险业面临的最复杂和最持久的一次系统性风险。这一系统性风险事件不仅带来了巨大的财务压力，更带来了潜在的声誉风险，即如何更好地开展理赔工作。Babuna 等（2020）将新冠肺炎疫情与以往的流行性疾病（如 SARS、H1N1 和 MERS）进行对比，基于 2020 年 3—6 月加纳的数据发现，新冠肺炎疫情造成了保险业索赔增加和利润下降，并估计从 2021 年 1 月起将恢复正常。

（二）保险业如何积极应对大型疫情

对突发的、蔓延速度快、波及地区广的风险，应当从事前、事中和事后三个阶段进行管理。国家举全国之力应对此次新冠肺炎疫情，各行各业在此次疫情中都受到了冲击。应对措施更多的是从事中和事后短期来做应急管理。事后管理方面，保险机构采取了种种措施支援和减少政府的压力，通过开辟理赔绿色通道、适当扩展责任保险、加强销售管理等为新冠肺炎疫情防控等做好保险服务工作。一些保险公司对抗疫前线人员提供保障额度超过万亿元。但从长期而言，保险业作为有社会风险管理职能的重要行业，也应汲取此次经验，一方面做到完善的风险管理，另一方面着力解决社会、经济、企业和家庭的补偿、稳定和持续的问题。

1. 提升保障与服务水平

（1）丰富保障型产品供给体系

保险业应当积极开发传染病相关产品，满足民众多样化的保险需要，并通过提供灾后补偿，降低个人因病致贫的可能性，提高企业恢复再生产的能力和速度，增强经济韧性。在人身险和健康险方面，应当进一步提高意外险、重疾险和护理保险等保障型险种在保费中的占比，并开发与传染病相关的附加险种。无论是在发达国家（Blume-Kohout and Sood，

2013），还是在发展中国家（Zhang and Nie，2021），健康保险的推广都能促进药品的研究开发。所以在财产险方面，应当大力发展企业财产保险，尝试将传染病爆发所导致的企业营业中断损失纳入营业中断保险承保范围。在责任保险方面，政府在应对突发公共卫生事件时也需要大量的人力投入，如医疗人员、警察、基层秩序维护人员等，面临很高的传染风险，或由于高强度工作而患病或殉职，因此可以通过责任保险机制承担一部分政府在公共卫生事件处理中的财务负担。对一些劳动密集型产业，也可以通过向受影响的个人或劳动密集型企业提供配套的信用保证保险产品，促进个人和企业尽快实现再投资和再生产。

（2）加大保险科技应用

互联网技术的发展，保险公司的培训、承保、核保、理赔等业务都可在线上进行。同时，线上保险业务的开发亦可减少由于代理人不能外出展业造成的损失。保险公司还可在大数据的支持下，准确掌握客户信息和客户需求，优化精算模型，合理定价。而且大数据的应用还能提高保险公司发现保险欺诈的水平，降低理赔风险。在此次疫情下，保险科技的发展彰显了重要的作用，保险公司应着力提高技术水平，发挥自身优势。

2. 加强自身风险管理和组织建设

（1）通过压力测试加强自身风险管理水平

此次疫情对财产险的负面冲击是不言而喻的，对寿险发展而言喜忧参半。疫情影响了寿险公司短期的保费收入，但就中长期而言，人们对风险的恐惧会增加人身保险的需求。随着未来保险深度和保险密度的增加，重大疫情和行业的发展相关度会更大。保险公司应重视和加强自身风险管理能力，将重大疫情风险引入公司压力测试模型，加强自身的资产负债管理水平，防范未来一旦出现重大风险事故引发的行业影响。

（2）发展相互保险

相互保险是投保人自愿联合、相互扶助、共同分担风险的一种组织形式。相互保险可避免股份制保险公司在此类问题中面临的困境，如保险的定价、逆向选择和道德风险等（Mayers and Smith，1981）。相互保险公司中，保单持有人是相互保险公司实际的所有者，具有明显的互助特征。其保单持有人的地位和股份制保险公司的股东地位类似，全部经营收益都用在投保人身上，损失也由所有投保人一起分摊，符合保险消费心理。中国近几年出现的网络互助（online mutual aid）促进了医疗保险，尤其是大病保险的覆盖率。Fang 等（2020）认为，网络互助与传统健康保险有三大区别：一是网络互助利用科技巨头的平台和数字技术来降低投保、核保、索赔和理赔的成本；二是网络互助不预先从成员那里收取保费，而是在出险后将赔付额在成员之间平均分摊，所以省去了复杂精算定价的风险；三是网络互助限制了保险金额。这造成了网络互助与传统健康保险之间形成 Rothschild-Stiglitz 均衡——较低风险的人参与网络互助，而较高风险的人参与传统健康保险。

新冠肺炎疫情最大的特点是传染速度快，一旦疫情出现，社会所有人都面临被传染的风险，而且像巨灾风险一样，股份制保险公司难以对风险进行定价。相互保险的模式一方面能满足在大规模疫情中人们对保险的需求问题，还能克服股份制保险公司面对的定价问题。相互保险承保这种影响范围大、损失程度高的风险有明显优势，所以中国应当加快发展相互保险。

3. 建设外部合作机制

（1）与相关政府部门合作建立重大疫情风险管理机制

成熟的巨灾保障机制应包含政府、保险业和民间救助三方面，单独依靠任何一方面都是不完善的。没有政府的支持，商业保险公司缺少开发此类保险产品的动力，也由于其公共物品性质，政府多年来实施的财政补贴的行为，普通企业、个人在风险爆发之前对其并不敏感，保险的供需两端不能有效衔接。政府可集结三方力量成立传染病保险基金，通过保费收入、国家财政支持，发行传染病债券等方式筹集资金（可参考巨灾债券），同时对参与基金筹集的机构、个人实施税收优惠政策。与此同时，重视保险公司的再保险业务，将部分风险通过再保险进行转移。而且在这过程中，应不仅和本国的再保险公司合作，还应尽可能地在全球范围内分散风险。

（2）与医疗机构加强合作

德国是现代社会保障的发源地，俾斯麦政府于1884年实施了强制医疗保险，对此，Bauernschuster等（2020）利用不同职业保险资格和不同区域之间的差异，发现医疗保险制度显著降低了死亡率，如蓝领工人的死亡率降低了6.2%—11.4%。这主要是由于，医疗保险制度促进了专业医生的供给，改善了人们的健康行为，如传染病预防的习惯。社会医保诞生后的130多年，医疗健康行业和保险行业均有了巨大发展。保险公司构建起丰富的产业链网络，发挥资源整合和协调能力，在类似疫情中发挥协同治理功能。医疗资源持续紧张会造成一定的民众恐慌，保险公司及时推出7×24小时的医疗救援热线和在线诊疗平台等增值服务可以"分流"线下医疗系统的压力。通过保险公司直接设立自己的医疗机构或者通过参股医疗机构的方式，将健康险和医疗业相结合，促使二者建立风险共担、利益共享机制，实现双方利益的整合和趋同。同时，二者的合作还可加强对医疗行为的管控和约束，减少医疗费用，有助于解决保险公司的道德风险和逆向选择问题。

五 信息技术、网络安全与保险

从"风险社会"视角看，人类社会现代化步伐在降低某些领域风险的同时，也带来了新的风险，信息技术发展演进就催生了新的风险，尤其是网络安全风险。2021年中央经济工作会议表示要"加快数字化改造，促进传统产业升级"。保险部门应当加强研究，既要积极承保和管理各类依托于数字信息技术的风险，又要在管理自身网络风险的基础上，积极使用信息和网络技术。

（一）信息技术发展与网络安全

1. 网络风险的含义

中国《国家网络安全事件应急预案》（中网办发文〔2017〕4号）采用了"网络安全事件"概念，将其定义为：由于人为原因、软硬件缺陷或故障、自然灾害等，对网络和信息系统或者其中的数据造成危害，对社会造成负面影响的事件，可分为有害程序事件、网络攻击事件、信息破坏事件、信息内容安全事件、设备设施故障、灾害性事件和其他事件。当前，还未形成一个被广泛认可的关于网络风险的定义。表4-3列示了一些关于网络风险的定义或描述。

表4-3　　　　对"网络风险"含义的现有理解举例

角度	学者或机构	定义或描述
技术视角	Böhmeand 和 Kataria（2006）	信息系统崩溃或失败的风险
	Öğüt 等（2011）	信息安全风险
	国际信息系统审计与控制协会（Information Systems Audit and Control Association, ISACA, 2013）	除传统的恶意软件（病毒、特洛伊木马、间谍软件、恶意广告软件等）、网络钓鱼攻击、分布式拒绝服务（DDoS）、黑客袭击等，还包括其他一系列特定场景，如特定组织的定制恶意软件、认证被盗、间谍与线人、传统软件的漏洞、攻击第三方服务商
	Refsdal 等（2015）	网络威胁所引起的网络空间风险
微观损失视角	全美保险监督官协会（National Association of Insurance Commissioners, NAIC, 2021, 内容不断更新中）	从网络保险承保责任的视角列举了至少8种损失：身份盗窃、业务中断、声誉损害、数据修复成本、客户名单和交易机密被盗、软硬件损坏成本、被影响客户的信用监督服务、诉讼费用
	劳合社（Lloyd's, 2015）	与线上活动、互联网交易、电子系统和技术网络以及个人信息存储相关的所有风险
	风险管理学院（Institute of Risk Management, IRM, 2016）	源于组织的信息技术系统的某种失败而导致的财物损失、业务中断或声誉损失的任何风险
	英国精算师协会（Institute and Faculty of Actuaries, IFoA, 2018）	由于人、过程或技术原因，导致信息技术系统故障而造成的任何财务损失、中断或负面声誉影响的风险

续表

角度	学者或机构	定义或描述
宏观损失视角	日内瓦协会（Geneva Association, 2016）	由于使用信息通信技术而破坏数据或服务的机密性、可得性或完整性的任何风险
	首席风险官论坛（CRO Forum, 2016）	在网络环境中开展业务的风险，具体包括：使用和传输电子数据以及互联网、电信网络使用过程中的风险；网络攻击造成的物理损失；数据不当使用造成的欺诈；数据使用、存储、转移过程中的责任；个人、企业或政府的电子信息的可得性、完整性和保密性
	IAIS（2016，2018a）	由于使用电子数据及其传输（包括通过互联网和电信网络等技术工具）所产生的任何风险。它还包括网络安全事件，滥用数据导致的欺诈、数据存储引起的任何责任，电子信息的可用性、完整性和机密性（无论是与个人、团体或政府相关的）可能造成的物理损害
	OECD（2017）	通过损坏信息或信息系统的机密性、完整性和可得性来干扰经济和社会目标的实现。采用"数字安全风险"概念来描述宏观水平的网络风险
金融监管视角	支付与市场基础设施委员会和国际证监会组织（CPMI-IOSCO，2016）	在一个组织的信息资产、计算机与通信资源领域内发生风险事件的概率及其对组织造成的各类损失后果

资料来源：笔者总结。

　　网络风险含义的特殊之处在于，难以用传统范式去界定，即难以通过描述出风险源和风险结果进行定义。其一，人类对互联网技术的创新与应用仍处于持续拓展中，难以列出所有风险情形——风险源是什么，风险的作用机制是什么？其二，网络系统作为现代社会的一种重要生产要素，其影响可能横跨时间和空间维度，呈现出"虚"和"实"的综合效应。"实"是指有形的或即期影响，如物理资产的损毁、营业收入中断、诉讼费用、罚款等，而"虚"是指无形的或远期影响，如声誉、品牌、策略、竞争力等方面的损失。其三，各部门"互联网+"程度存在较大差异，而不同的管理目标决定了不同的风险认知视角，所以必然存在风险感知和理解上的差异。基于这三方面因素,当前经济学领域的定义大多利用"一切""所有""任何"等词汇来表述网络风险损失的广泛性和难以预测性。

2. 网络风险的特征

(1) 广泛性

网络事件的各种负面后果涵盖了物理或数字、经济、心理、声誉、社会五大方面,包括可得到高达 50 多项的细分损失表现,具体情况如表 4-4 所示。

表 4-4　　　　　　　　网络风险损失表现汇总

影响维度	具体负面影响
物理或数字影响	受损或不可用、摧毁、盗窃、入侵(如遭受不速之客访问)、感染、暴露或泄露、腐化、性能下降、人身伤害、疼痛、死亡、起诉、滥用、身份被盗
经济影响	运营中断、销售或盈利中断、客户减少、利润减少、增长放缓、投资减少、股价下跌、资金被盗、财务或资金损失、监管罚款、调查费用、公关危机费用、补偿款支出、勒索支出、遭遇欺诈
心理影响	迷惑、不安、沮丧、担忧或焦虑、愤怒、尴尬、羞耻、自信丧失、满足感降低、观念转向消极
声誉影响	公共形象受损、公司声誉降低、客户关系受损、供应商关系受损、商业机会减少、无法招到有志员工、媒体监督、关键员工离职、失去证书或暂停认证、信用评分降低
社会影响	公众观感变差(如对技术的观感)、日常生活困扰、国家受到负面影响(如服务、经济等)、组织内部士气低迷

资料来源:Agrafiotis 等 (2018)。

(2) 不对称性

网络风险主要表现为一种人为的网络攻击或网络犯罪风险。网络的虚拟性、目标资产的无形性以及技术手段的动态性赋予网络攻击不对称特征。这体现为如下几点。

一是虚拟世界的信息不对称。网络犯罪的典型特点是远程操控和高度隐蔽性。网络世界身份的隐匿性成为犯罪分子绝佳的"隐身衣",而网络事件往往表现为计算机自身被接管,并传递和放大攻击命令,无法顺藤摸瓜地找出"幕后真凶"。人们只能知晓某个犯罪群体的"群像",却难以识别潜在的微观个体犯罪者。这导致了用于遏制传统犯罪的威慑性的言论或行为对网络风险难有作用,所以每一个防御型组织需要防备遍布全球的潜在威胁者。

二是无形资产的成本不对称。与传统犯罪更多破坏有形的物理资产相比,针对信息等无形资产的网络攻击潜藏着更大的风险。首先,无形资产的价值依附其对使用者的意义。在攫取经济利益的网络犯罪中,被盗取的信息即使对攻击者可能"一文不值",但对被攻击者却可能"价值连城"。这使得犯罪者可以利用这些数据来要挟被攻击者,收取高额的赎金。其次,数据资产没有明显的排他性,复制成本几乎为零,导致信息被盗和损失确认之间存在明显的时间差。犯罪分子可以利用这些时间差,选在重要时点曝光数据或泄露商业机密,以获取更大的经济收益。例如,股票市场操纵是网络犯罪的新领域。网络犯罪者通过入侵公司网络系统或者其律师和会计师网络系统(通常这些第三方服务商系统较容易被黑),获取兼并重组计划等内部信息,在消息公布之前买入股票,然后通过聊天室或社交媒体造势,最终拉高出货。这种情形下,网络犯罪是金融操纵的一种变形,且不易被察觉。

三是技术变革的投资不对称。信息技术对企业组织和网络犯罪者的贡献不对称,即防御组织和攻击者在同一技术的应用方向上存在差异。网络攻击处于持续变动中,存在一个恶性循环(vicious cycle),即技术进步让我们面临新的且专业化的网络攻击。虽然从总体层面看,科技进步带来了人类社会福利的提升,但是在某些微观层面,网络犯罪者享受了较多的科技红利。

四是投资额度的不对称。网络安全领域的攻击群体具有多样性,针对某种类型攻击的分析和修补措施对其他攻击类型来说可能是无效的(OECD,2011)。因此,企业组织需要关注多种技术攻击手段,而网络攻击者可以从开源软件、技术交流论坛等开放平台"淘金",基于目标企业的脆弱性而采取某种攻击技术。在这场"道高一尺,魔高一丈"的可重复博弈中,企业组织的网络安全投资额度被迫"滚雪球"式的越来越高,网络犯罪的投资成本则增长缓慢。

五是投资激励的不对称。组织的网络安全投资面临一个共同障碍:网络安全难以证明其有效性,却可以从风险事件的发生反证其投资无效性。网络安全投资存在两大困境:安全投资无法使用传统的物理资产投资评估方法,如投资回报率分析、成本效益分析;虚拟世界中的网络共生安全会降低个体进行安全投资的积极性(Böhme and Schwartz, 2010)。总之,投资评估困难以及"搭便车"现象共同决定微观个体的主动安全投资意愿不足。反观网络犯罪群体,技术的变革可能给予更高的投资激励,主要体现在预期收益的提升和清晰的投资回报机制方面。

(3) 动态性

网络风险主要表现为一种人为的网络攻击风险,而网络攻击和网络防御之间的博弈处于不断升级中。自20世纪80年代起,随着互联网技术的发展,网络威胁逐渐演变,先后经历了如下4个发展阶段。20世纪80年代,在相对封闭的(closed-off)互联网世界中,学者和网络爱好者出于娱乐和教育目的主导了黑客行为,不同的行为动机逐步分化出黑帽子(black-hats)和白帽子(white-hats),但是,随着时间的推移,这些动机开始变质。20世纪90年代,不断增长的普通互联网用户日益成为网络攻击的"猎物"。恶意分子通常利用分布式拒绝服务技术(DDoS)对企业组织的电子化业务、消费者、敏感信息和财务信息等进行攻击,并于1999年制造了第一例网络间谍事件。21世纪初期,互联网已经成为人们生活和商业活动的常规组成部分,大量复杂的网络攻击开始出现,如金融木马、数据泄露、网上银行的百万级别资金被盗等,而智能手机的发展则拓展了网络攻击的边界。这个阶段首次出现了军事网络攻击,如2007年4月的爱沙尼亚事件和2008年8月的格鲁尼亚事件。2010年起,网络攻击开始呈现商业化、组织化和专业化的特征,综合采取了木马、勒索软件、分布式拒绝服务攻击、业务邮件欺诈、结构化查询语言（Structured Query Language，SQL）注入、扰乱关键基础设施等攻击方式。

(4) 共生性和相关性

信息通信技术的快速演变使得网络风险具有了某些基本特征。一方面，分布（distribution）和互联（interconnection）对应的属性是共生安全（interdependent security），具体表现为一个主体的网络风险依赖于其他主体或群体的行为。另一方面，普遍性（universality）和可重复性（reuse）对应的属性是风险传播（risk propagation）和相关性（correlation），具体表现为网络风险容易衍生出其他风险。我们将网络风险与其他风险类型进行比较，如表4-5所示。

表4-5　　　　　　　　　　网络风险的特征

风险类型	风险属性
传统保险风险（可保风险）	非共生、非相关
航空行李丢失风险	非共生、相关
自然巨灾风险	非共生、空间相关
网络风险	共生、相关
恐怖主义风险	共生、相关

资料来源：笔者总结。

(5) 系统性

随着经济活动对信息技术的依赖日益增强，经济学领域也开始关注和重视网络事件的系统性影响，衍生出如系统性网络风险（systemic cyber risk）、网络末日（cyber geddon）、网络恐怖（cyber terrorism）、网络战（cyber war）等概念。中国数据库技术大会（Database Technology Conference China，DTCC，2014）对网络风险的系统性做了最高级别的描述，认为"网络风险毫无疑问是顶级的系统性威胁，不仅是全球的金融市场和相关的基础设施，也包括全世界的政府和军队组织"，而该观点也获得了越来越多的支持。世界经济论坛（World Economic Forum，WEF，2018）认为，"系统性网络风险"是指，一个关键基础设施生态系统的某个微观部分的一个网络事件（攻击或其他负面事件）导致的延迟、拒绝、故障、中断或损失，不仅影响风险源的服务，还会影响与之相关的（逻辑上或地理上）生态系统部分，最终给公众健康或安全、经济安全或国家安全带来重大负面效应。

（二）如何承保网络安全风险

1. 网络风险的可保性分析

一种风险要满足一系列"可保条件"，才称为可保风险。可保风险的要素可以分为4个：损失是偶然的、意外的；大量同质的风险单位使得损失可以合理预测；损失是有限的；风险单位的独立性较强，不会出现大量标的同时发生损失。因此，按照传统的可保标准来看，网络风险不符合损失确定性和风险独立性的条件。

近年来，数据泄露、网络攻击、病毒感染等风险事件数量攀升促进了网络保险的迅速发展，但是网络保险保费体量依然较小。即使是网络保险最发达的美国，其市场也处于初期发展阶段，据评估，美国的网络保险渗透率还不足15%，其中，在金融行业的渗透率已达75%，但在中小企业中渗透率不足5%（Geneva Association，2018）。网络风险承保面临以下困难。

一是网络风险特征对传统保险精算度量的挑战。网络事件之间的依存关系使得风险独立性假设不复存在，难以对损失频率和损失程度进行复合加总，所以迫切要求采用一种合适的方法，利用新的数学模型来刻画网络结构中的相互依赖性。在信息安全领域的研究中，也有大量文献质疑经典概率理论（Classical Probability Theory，CPT）对无形资产损失（信息损失）的适用性。这些文献的一个重要论点是：CPT分析风险的重要前提是，已知风险或知道如何识别风险，而信息系统风险属于典型的未知风险，所以CPT可能失效。

二是风险损失数据的稀缺。企业等组织不愿意对外披露风险事件信息。即使所有遭遇网络攻击的组织都如实报告了风险事件，根据中心数据库的信息来测量经济影响依然是个大问题。这是因为，网络风险的潜在经济影响广泛，包含了可量化的成本，还包含了不可量化的中长期成本，尤其是一些"缓慢燃烧"（slow-burn）成本（如失去竞争优势和消费者流失等这类中长期成本）会很大程度上影响最终的账单。更重要的是，即使有可用的数据，网络风险的行为人、攻击方式和技术变革也使得过去信息对未来的预测性不强。

三是网络保险市场存在严重的信息不对称现象。遭遇过严重网络攻击的企业将更倾向于购买网络保险（Shackelford，2012），造成逆选择。购买网络保险后，企业可能会降低网络安全投资预算，这是道德风险的表现。网络安全投资还有外部性，即网络风险共生安全性使得某个被保险人的自我保护投资效果严重依赖与之相关的第三方组织的网络安全状况，从这个角度看是变相放大了道德风险。

2. 保险业积极应对网络风险保险的国际经验

（1）承保方式

网络风险的承保通常可以采取以下两种方式：一是在现有保单中以批单形式新增某些网络相关风险责任，这主要是针对多种责任商业保险（multi-peril commercial）、职业责任险（error & mission）、高管责任险（D&O）、企业综合保单（business owners）、财产险等传统保单，增加责任后的保单可称为复合保单（packaged policy）；二是签发单独承保网络风险的新保单，生成独立网络风险保单（standalone cybersecurity policy）。复合保单的承保方式占市场主导，独立网络风险保单占比将提高。

（2）承保责任

网络风险保险主要覆盖投保组织的直接财产损失和第三方损失。这包括：由于被保险人的网络安全失败或数据保护失败而导致的第三方索赔责任；由于被保险人的网络安全失败或数据泄露而导致的直接费用，如告知费用、公共关系维护费用、其他协助管理和控制事件损失的相关服务支出、法医调查、法律咨询和数据泄露受害者的监督成本等；由于网络安全失败导致业务中断的相关损失,如收入减少和运营费用;受到恶意者以破坏网络安全为要挟的勒索以及调查费用;被保险人网站面临的相关媒体责任,如侵犯版权、侵犯商标权、诽谤、侵犯隐私等。除此之外,网络风险保险还提供人员伤亡和财物损失和个人身份保障,例如一系列保护伞产品(umbrella product)能够赔偿投保企业的一般财产和责任保险之外的风险事件损失。

网络风险保险承保的风险损失可分为两大类:第一方损失,主要包括营运中断损失、数据丢失、泄露、损坏相关的恢复成本(如通知成本、监控成本、取证调查费用等)、监管合规罚款、网络敲诈和勒索等损失;第三方损失,主要包括数据泄露相关责任和法律成本以及危机管理成本。根据美国宾夕法尼亚州、纽约州和加利福尼亚州保险监管系统中的代表性网络保险保单,美国网络风险保险承保的主要责任可概括为17类(见表4-6)。保险公司需要不断提升承保技术才能不断拓展网络保险的承保责任。

表4-6　　　　　美国网络保险保单的主要承保责任

1. 第三方索赔成本、罚款、辩护和处置成本	7. 调查取证服务相关成本	13. 用于恢复活动的备用系统
2. 公共关系服务费用成本	8. 数据敲诈相关费用	14. 网络盗窃
3. 通知受影响的个体的成本	9. 数据丢失、安全泄露	15. 网站信息
4. 向受影响个体提供服务和监控的成本	10. 数据损坏相关成本	16. 补救措施确定成本
5. 营业收入损失	11. 法律审查	17. 咨询处理成本
6. 数据恢复成本	12. 恐怖主义	

资料来源:笔者总结。

3. 保险业积极应对网络保险的做法

一是保险集团战略性进入市场。网络风险管理有较高的技术门槛:

需要较高的精算技术，需要广阔的风险应对服务供应商方面的"人脉网"，还需要强大的数据处理能力。这是国际上强大的保险集团最先开发网络风险保险产品的原因。因此，建议有实力的保险集团战略性进入网络保险市场，一方面，逐步建立我国的网络风险管理综合服务体系，另一方面，逐步建立我国的网络安全数据库，并提供专业的大数据处理服务。

二是定位于综合风险管理供给商的角色。在网络风险频发的时代，保险业已经向更高维度悄然升级，未来将更加关注做好综合性风险管理服务和相关大数据服务。虽然价格战和渠道战有短期影响，但是构建综合性的风险管理服务体系才是增加客户黏性的法宝。网络风险识别比较困难，因此，企业进行网络风险管理的前提是识别网络风险和缩短风险暴露时间。对此，保险业需要整合社会资源帮助投保企业建立更完善的网络风险预防系统，并建立威胁情报、脆弱性扫描、系统结构分析、防止恶意签名技术、专业的风险事件应对计划等。网络事件发生后保险公司应当帮助投保组织降低经济损失和声誉损失等。此外，从全社会总福利角度看，由保险公司整合一系列网络风险管理服务到网络风险保险中，是一种更集约的商业模式。

三是以数据密集行业的中小企业为突破口。在美国，购买网络风险保险的客户主要集中在高数据价值产业，如零售业、金融业和健康护理业，他们会重点保护其消费者数据信息。除此之外，一些数据资产占比较小的行业由于存在网络风险暴露，也开始注重网络风险管理，如电力行业和制造业。相关研究显示，大部分网络袭击目标定位于小型和中型商业组织。中小型客户的风险管理方式有限，发展网络风险保险能满足它们的保障需求，并且保险公司提供的附加增值服务对它们也具有意义。

四是支持自保公司开展网络风险保险。这是因为：网络风险是长期的潜在威胁，公司可以利用自保公司进行资金的积累；网络风险常与其他风险伴随发生，尤其是地震、海啸等自然巨灾，适合被统筹管理；自保公司可以承保网络相关的系列风险（如声誉风险），而且还可以保障数据泄露损失；自保公司可以直接进入再保险市场，有效分散风险等。Aon（2014）分析认为，承保网络风险的自保公司多属于医药健康产业，因为随着美国《病人保护和可支付医疗法案》（Patient Protection and Affordable Care Act，PPACA）的实施，医药公司和医院需要对电子病历的网络攻击承担法定责任。

（三）信息技术风险在保险业的体现

信息技术显著改变了保险活动：从产品的设计、承保和定价，到市场推广和分销，再到理赔和持续客户关系管理。机器学习和人工智能、分布式账本技术（如区块链）、远程信息处理、智能顾问等信息技术也给保险业带来或放大了诸多风险。

1. 产品错选风险

在市场推广和分销阶段，通过社交媒体进行精准营销可能会让客户感到困惑，使得他们难以分清社交媒体上的中性观点与保险供给者提供的产品推介资料之间的区别。在全自动咨询过程中，智能顾问一般无法发现消费者的犹豫不决（IAIS，2018b），也难以解决产品复杂性造成的问题，所以给消费者推介的不一定是最佳的产品服务。如果算法有误或者人工智能存在缺陷，那么，可能导致保险公司提供不恰当或不一致的建议。在信息技术的支持下，保险公司向客户披露的内容可能无法以书面或其他耐久且方便获取的媒介保存。与非数字化的信息传播方式相比，信息技术往往更可能让消费者面临信息过载的问题。

2. 消费操纵风险

在依托远程信息技术、人工智能和大数据等技术进行的市场营销活动中，客户可能在不知情的情况下被广告诱导或引导，例如，保险公司、中介人和第三方市场营销人员可能通过特定的搜索引擎或点击赞助商链接锁定客户，或者通过强调或限制某些信息来促使客户采取某些行动。由于补偿机制或所有权结构，比价网站可能只显示某些产品并/或引导消费者购买有利于网站而不利于消费者的产品。此外，比价网站、App等媒介可能促使消费者在挑选产品时只关注价格，从而购买性价比低或不能满足自身风险保障需求的产品。

3. 市场势力风险

保险供给者可能利用信息技术形成市场势力。运用数字化方式销售保险产品时，可以更方便地"搭售"其他保险产品或非保险产品。如果决策过程本身的透明度弱，那么，保险供给者可能会说——算法和自动化决策给出的结果是无法解释的，但这可能导致对消费者的不公正和歧视（BaFin，2018）。在一些市场上，大部分交易集中在少数几个比价网站，甚至某些细分市场或产品线中仅有一家比价网站，这种"集中度"风险可能损害消费者权益。总之，保险供给者的市场势力可能会降低消费者从保险产品中获得的价值，出现"厂商榨取消费者剩余"的情况。

4. 信息安全风险

随着越来越多的消费者数据由第三方收集、存储并使用，以及高级数据分析技术的普及，隐私和数据保护问题变得越来越重要。例如，在消费者的车辆上安装电子设备，可以获取驾驶人的物理位置信息，并监测其驾驶行为，进而用于确定保险事故发生的时间和地点；但是，如果这类数据未被妥善地保存、分享或遭到泄露，那么将对消费者造成损害（A2ii，2018）。在一些风险和保险领域，信息安全问题会严重损害客户的社会地位和职业声望。

5. 客户排斥风险

随着新技术的发展，消费者数据的收集、存储和使用在过去十余年中显著增加了。大数据和自动化流程促进了更精细化的定价，但是，这也使得一些客户群体需要交纳更多的保费，甚至无法得到保险服务。保险供给者可能向高风险投保人收取高额保费，甚至其目的就是要阻止他们购买保险。即使一些消费者没有"被定价完全排斥在外"，新数据和自动化程序也扩大了价格区间，使得他们面临明显偏高的保费或其他购买门槛（BaFin，2018）。这是消费者无法获得对自己有用且可负担的保险产品的一种表现。

(四) 保险有效运用信息技术

1. "保险"与"信息技术"的耦合机制

保险系统和信息技术系统表现出结构、功能、时空等维度上的耦合关联。

（1）结构耦合

围绕政府、科技机构、企业、消费者这四大主体，保险和信息技术两类系统之间形成二元和多元结构的耦合。当前，主要探讨的是保险—信息技术之间的二元结构，即信息技术赋能保险供给侧结构性改革，保险为信息技术的应用提供落地"土壤"（如科技保险、共享经济保险、网络安全保险等）。随着创新科技所带来的更多社会领域的变革，保险和信息技术之间将更多地表现为多元结构，那时候我们需要以经济社会发展的视角来思考保险科技的发展形态，也就是图4-1中两个"旋涡"之间的互动。创新型技术的广泛应用与保险产品和服务之间形成共生协同发展，例如保险业发挥更广泛的功能以增强社会韧性、发掘经济发展潜力和提升现代治理能力。当前某些领域的"产品+服务"业务模式探索就是针对这一层面的实践创新。

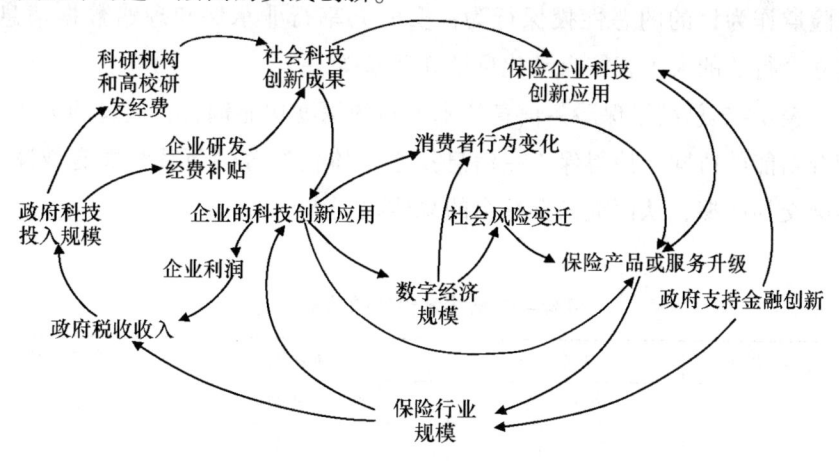

图4-1 保险—信息技术系统的耦合分析

资料来源：吴婷和王向楠（2020）。

(2) 功能耦合

与支付清算、网络贷款等领域相比，保险科技的起步较晚，但保险与信息技术却具有更广泛的耦合度。两者之间具有基于"信息流动"的功能互补，围绕"数据"的生产、存储、分析和应用展开的一系列新技术或新过程能有效弥补传统保险业经营中的"短板"。

一是信息技术赋能动态定价。由于技术条件限制，传统保险承保只能实现阶段性（如一年、几年或终身等保单期限）动态风险评估，通常是保险公司利用上期的历史索赔数据在续保中给予保费优惠或加费。信息技术创新的一个核心功能就是不断地"缩小"保险定价范围和"缩短"保单覆盖时段，即科技赋能下的场景化定制保险。

二是信息技术赋能透明交易。无论是社交媒体的保险消费信息实时分享，还是雨后春笋般发展起来的保险比价平台，均在日益增加保险交易的透明性和消费者的保险消费决策"自信"度。此外，某些基于区块链技术的交易增信应用也将有效减轻保险交易中的信息不对称。

三是信息技术赋能反欺诈。科技创新已经成为保险业反欺诈的"利器"。例如，通过理赔数据中的线索串联，精准挖掘和遏制个人或团伙保险欺诈；通过建立公司或行业保险欺诈"黑名单"，从源头上预防以保险欺诈为目的的恶性投保行为；实时共享行业承保和理赔数据信息，建立全行业的人工智能自动化反欺诈系统等。

表4-7总结了保险—信息技术创新的深度功能耦合，通过两大系统耦合功能的协同，使得保险—信息技术一体化复合创新系统能有效减少社会交易摩擦，从而提高全社会的总体福利水平。

表4-7　　　　保险—信息技术创新的功能耦合

保险功能	方式或手段	信息技术赋能	保险—信息技术创新
风险管理	风险识别	高频的消费者触达	精准风险分类
	风险分析	多维场景数据	个性化风险定价
	风险控制	实时互动机制	动态风险监测
	风险预防	远程反馈机制	及时风险预警

续表

保险功能	方式或手段	信息技术赋能	保险—信息技术创新
风险补偿	承保风险	高效便捷	提高承保效率
	资金给付	智能迅速	提高补偿效率
社会治理	互助共济	高效撮合	增加社会信任
资源配置	风险定价	跨产业数据流动	精准配置

资料来源：笔者制作。

（3）时空耦合

从保险系统和科技系统发展的历史和现实来看，两者之间呈"螺旋式"发展，在某个人类社会发展阶段中存在时间、空间和速度等多方面的关联，整体上呈现出一体化协同发展的耦合现象。保险创新和科技创新的耦合表现为不同时空的科技创新、经济环境、保险创新之间的逐步融合。例如，前期的科技创新与当前保险创新的耦合，前期保险创新与当前科技创新的耦合。本章所研究的保险科技，其产生与发展也正是基于这种跨时空耦合：前期通过科技保险、网络安全保险等承保创新大力支持新科技的研发和应用，这些第四次工业革命的创新成果又进一步推进未来的保险创新。只是这次科技创新对保险创新的促进规模和深度是前所未有的，进而推动保险生态的重构。

2. 保险运行中使用信息技术的逻辑

信息技术对保险市场的影响无疑是全方位的，保险的业务属性具有较为明显的颠覆式创新基础。当前的一些创新业务主要是针对某些"劣势"群体或传统保险市场所忽视的"长尾市场"。社会风险特征、消费者行为和预期的转变以及保险风险结构的变化等需求侧变革均要求保险业依赖科技实现整体产业升级。

一是数字社会风险的新特征。与传统工业社会相比，数字经济时代的社会风险体现出以下两大基本特征。一是超风险（hyper-risk）。数字经济时代，数字化信息通信技术构建了一个相互依赖的超链接世界（hyper-connected world），生态型经济开始打破传统的企业和行业边界。超链接世界是一个不同类型系统的高度耦合，从系统的叠加性来看，"超风险"类似于高阶维度的系统性风险，即耦合系统之间所形成的风险网络。风险层面上表现出更高维度的风险——超风险（hyper-risks），可来自社会学、生物学、物理学、经济学、政策学等方面的多个网络（Helbing，2013）。二是快风险进化（fast risk clockspeed）。在瞬息万变的数字经济时代，技术的革新明显体现出快风险进化的特点。快风险进化和传统的慢风险进化存在本质区别（见表4-8）。新冠肺炎疫情的爆发对公共安全、社会伦理、经济发展、社会稳定等诸多方面的叠加影响就是这两大新特征的最好佐证。

表4-8　　　　　　　快风险进化和慢风险进化的性质比较

风险特征	慢风险进化	快风险进化
风险管理信息	可用的	接近于实时
管理信息趋势	大量信息	信息很少
风险事实趋势	确定的	突然出现的
结果趋势	可预测的	不可预测的
认知状态	容易控制	难以控制
侧重点	规则	原则
关注	细节	锚定
目标	一致性	创造性
控制方法	计划	授权
管理重点	过程	专业技能

资料来源：WEF（2018）。

二是消费者行为和预期的变革。信息技术进步使保险公司更容易监控并收集客户行为的详细数据，这既可以减轻道德风险问题，也会给先发者市场优势，从而损害消费者福利。Reimers和Shiller（2019）利用按驾驶方式付费（pay-how-you-drive，PHYD）的车险在美国一些州先后推出拟自然实验，发现社交媒体的蓬勃发展使得消费者之间的信息沟通十分充分，保险消费者获取的产品和消费体验信息也将更加多元化。虽然先发企业的利润在最初会增加，但利润会随着市场进入者增加而被侵蚀。这表明这种创新并没有造成垄断的效果。

三是保险风险结构的变化。从风险更替的角度理解，各产业持续推进的"互联网+"和"科技+"进程更像是将某些传统的保险风险逐步转化为信息技术系统相关风险的过程。以汽车产业为例，其技术变革中的风险变异机制表现为：技术革新将逐步降低出险概率，如使用驾驶辅助系统有望将高速公路事故减少近一半，通过物联网技术则可以实现监测和预警；创新技术应用与普及增加了信息技术系统失败风险，统一标准的信息系统的可攻击性和内生脆弱性又衍生出潜在的"系统性"风险，如物联网和智能辅助驾驶系统一旦出现故障，可能引起广泛集中的"交通事故"。可见，科技应用可能使得汽车保险风险从相对"高频低损"向"低频高损"转变，对极端风险的管理提出更高要求。

四是在大力发展"新基建"和工业互联网背景下的风险更替。未来将会有更多的产业经历类似汽车产业的风险更替。通过智能机器间的连接并最终实现人机连接，结合软件和大数据分析实现智能控制和智能制造，实时监测和预防机制会降低传统类可保风险（如火灾、爆炸等），但又增加技术类和操作类新兴风险。

（执笔人：王向楠）

参考文献

潘家华、张莹：《中国应对气候变化的战略进程与角色转型：从防范"黑天鹅"灾害到迎战"灰犀牛"风险》，《中国人口·资源与环境》2018年第10期。

吴婷、王向楠：《保险科技：内涵、耦合机理和发展逻辑》，《保险理论与实践》2020年第5期。

Access to Insurance Initiative（A2ii），2018，"Regulating for Responsible Data Innovation：The Role of Insurance Regulators in Dealing with Risks Relating to Consumer

Data Protection and Privacy", https://a2ii.org/en/knowledge-center/icp-self-assessment/regulating-for-responsible-data-innovation-the-role-of-insurance-regulators-in-dealing-with-risks-relating-to-consumer-data-protection-and-privacy.

Agrafiotis, I., J. R. C. Nurse and M. Goldsmith, et al., 2018, "A Taxonomy of Cyber-harms: Defining the Impacts of Cyber-attacks and Understanding how they Propagate", *Journal of Cybersecurity*, 4 (1), tyy06.

Asian Development Bank, 2003, "Assessing the Impact and Cost of SARS in Developing Asia", *Asian Development Outlook 2003*, Manila: Asia Development Bank.

Babuna, P., X. Yang and A. Gyilbag, et al., 2020, "The Impact of Covid-19 on the Insurance Industry", *International Journal of Environmental Research and Public Health*, 17 (16), 5766.

Bai, C.-E., W. Chi, T. X. Liu, et al., 2021, "Boosting Pension Enrollment and Household Consumption by Example: A Field Experiment on Information Provision", *Journal of Development Economics*, 150 (102622).

Bank of England, 2014, "Pro-cyclicality and Structural Trends in Investment Allocation by Insurance Companies and Pension Funds", London: Bank of England.

Battiston, S., A. Mandel, I. Monasterolo, et al., 2017, "A Climate Stress-test of the EU Financial System", *Nature Climate Change*, 7 (4), 283–288.

Bauernschuster, S., A. Driva, and E. Hornung, 2020, "Bismarck's Health Insurance and the Mortality Decline", *Journal of the European Economic Association*, 18 (5), 2561–2607.

Behaghel, L., and D. N. Blau, 2012, "Framing Social Security Reform: Behavioral Responses to Changes in the Full Retirement Age", *American Economic Journal: Economic Policy*, 4 (4), 41–67.

Böhme, R. and G. Schwartz, 2010, "Modeling Cyber-insurance: Towards a Unifying Framework", Workshop on the Economics of Information Security (WEIS), University of Cambridge, UK.

Böhme R. and G. Kataria, 2006, "Models and Measures for Correlation in Cyber-insurance", Workshop on the Economics of Information Security (WEIS), University of Cambridge, UK.

Blume-Kohout, M. E. and N. Sood, 2013, "Market Size and Innovation: Effects of

Medicare Part D on Pharmaceutical Research and Development", *Journal of Public Economics*, 97, 327 – 336.

Bohl, M., J. Brzeszczyński and B. Wilfling, 2009, "Institutional Investors and Stock Returns Volatility: Empirical Evidence from a Natural Experiment", *Journal of Financial Stability*, 5 (2), 170 – 182.

Boomhower, J., 2019, "Drilling Like There's no Tomorrow: Bankruptcy, Insurance, and Environmental Risk", *American Economic Review*, 109 (2), 391 – 426.

Botzen, W. J. Aerts and J. Van den Bergh, 2009, "Willingness of Homeowners to Mitigate Climate Risk Through Insurance", *Ecological Economics*, 68 (8 – 9), 2265 – 2277.

Bradford, M., 2006, "Potential Avian Flu Pandemic Raises Insurance Questions", *Business Insurance*, 40 (1), 11 – 22.

Buchanan, J. M., 1975, "The Samaritan's Dilemma", In *Altruism, Morality and Economic Theory*, Phelps, E. S. ed., New York: Russell Sage Foundation.

Burke, M., J. Dykema, D. B. Lobell, et al., 2015, "Incorporating Climate Uncertainty Into Estimates of Climate Change Impacts", *Review of Economics and Statistics*, 97 (2), 461 – 471.

Campbell, J. L., D. S. Dhaliwal, and W. C. Schwartz, 2012, "Financial Constraints and the Cost of Capital: Evidence from the Funding of Corporate Pension Plans", *Review of Financial Studies*, 25 (3), 868 – 912.

Chantarat, S., C. Barrett, and G. Turvey, 2017, "Welfare Impacts of Index Insurance in the Presence of a Poverty Trap", *World Development*, 94, 119 – 138.

CPMI-IOSCO, 2016, "Guidance on Cyber Resilience for Financial Market Infrastructure", https://www.bis.org/cpmi/publ/d146.htm.

CRO Forum, 2016, "Concept Paper on a Proposed Categorisation Methodology for Cyber Risk", https://www.thecroforum.org/wp-content/uploads/2016/06/ZRH-16-09033-P1_CRO_Forum_Cyber-Risk_web-2.pdf.

Dahlquist, M., O. Settyand, R. Vestman, 2018, "On the Asset Allocation of a Default Pension Fund", *Journal of Finance*, 73 (3), 1893 – 1936.

Database Technology Conference China (DTCC), 2014, "Cyber Risk——A Global Systemic Threat——A White Paper to the Industry on Systemic Risk", https://www.dtcc.com/~/media/Files/Downloads/issues/risk/cyber-risk.pdf.

De Grip, A., M. Lindeboom and R. Montizaan, 2012, "Shattered Dreams: The Effects of Changing the Pension System Late in the Game", *Economic Journal*, 122 (559), 1 – 15.

Deschenes, O. and M. Greenstone, 2011, "Climate Change, Mortality, and Adaptation: Evidence from Annual Fluctuations in Weather in the US", *American Economic Journal: Applied Economics*, 3 (4), 152 – 185.

Dreyer, A., G. Kritzinger and J. D. Decker, 2007, "Assessing the Impact of a Pandemic on the Life Insurance Industry in South Africa", In Proceedings of the 1st IAA Life Colloquium, Stockholm, Sweden.

EIOPA, Occupational Pensions Stakeholder Group, 2018, "Response to European Commission's Action Plan: Financing Sustainable Growth", EIOPA-OPSG-18 – 17, September, EIOPA-OPSG-18 – 13, June 13.

Erlen, J., 2010, "A Cruel Wind: Pandemic Flu in America, 1918 – 1920", *Journal of the History of Medicine and Allied Sciences*, 65 (2), 263 – 265.

Even, W. E., and D. A. Macpherson, 2007, "Pension Investments in Employer Stock", *Journal of Pension Economics and Finance*, 7 (1), 67 – 93.

Even, W. E., and D. A. Macpherson, 2009, "Managing Risk Caused by Pension Investments in Company Stock", *National Tax Journal*, 62 (3), 439 – 453.

Fang, H., X. Qin, W. Wu, et al., 2020, "Mutual Risk Sharing and Fintech: The Case of Xiang Hu Bao", *SSRN Electronic Journal*, No. 3781998.

Federal Financial Supervisory Authority (BaFin), 2018, "Big Data Meets Artificial Intelligence", www. bafin. de/SharedDocs/Downloads/EN/dl _ bdai _ studie _ en. html; jsessionid = 17D8386C1A00AD740CF23AB405425824. 1_ cid298.

Financial Stability Institute, 2019, "Turning up the Heat-climate Risk Assessment in the Insurance Sector", FSI Insights on Policy Implementation, No 20.

Friede, G., T. Busch and A. Bassen, 2015, "ESG and Financial Performance: Aggregated Evidence from more than 2000 Empirical Studies", *Journal of Sustainable Finance & Investment*, 5 (4), 210 – 233.

Gale, W., S. Holmes and D. John, 2018, "Retirement Plans for Contingent Workers: Issues and Options", *Journal of Pension Economics and Finance*, 19 (2), 1 – 13.

Gallagher, J., 2014, "Learning about an Infrequent Event: Evidence from Flood Insurance Take-up in the United States", *American Economic Journal: Applied Economics*, 6 (3), 206 – 233.

Geneva Association, 2016, "Ten Key Questions on Cyber Risk and Cyber Risk Insurance", https://www.genevaassociation.org/research-topics/cyber-and-innovation/ten-key-questions-cyber-risk-and-cyber-risk-insurance.

Geneva Association, 2018, "Advancing Accumulation Risk Management in Cyber Insurance", https://www.genevaassociation.org/research-topics/cyber/advancing-accumulation-risk-management-cyber-insurance.

Gerrans, P. and G. L. Clark, 2013, "Pension Plan Participant Choice: Evidence on Defined Benefit and Defined Contribution Preferences", *Journal of Pension Economics and Finance*, 12 (4), 351 – 378.

Greenwood, R., and D. Vayanos, 2010, "Price Pressure in the Government Bond Market", *American Economic Review*, 100 (2), 585 – 590.

Helbing, D., 2013, "Globally Networked Risks and How to Respond", *Nature*, 7447, 51 – 59.

Henderson-Sellers, A., H. Zhang, G. Berz, et al., 1998, "Tropical Cyclones and Global Climate Change: A Post-IPCC Assessment", *Bulletin of the American Meteorological Society*, 79, 19 – 38.

Huynh, A., A. Bruhn and B. Browne, 2013, "A Review of Catastrophic Risks for Life Insurers", *Risk Management and Insurance Review*, 16 (2), 233 – 266.

Information System Auditing and Control Association (ISACA), 2013, "A Simple Definition of Cybersecurity", https://www.isaca.org/Knowledge-Center/Blog/Lists/Posts/Post.aspx? ID = 296.

Inkmann, J., D. Blake and Z. Shi, 2017, "Managing Financially Distressed Pension Plans in the Interest of Beneficiaries", *Journal of Risk and Insurance*, 84 (2), 539 – 565.

Institute and Faculty of Actuaries (IFoA), 2018, "Cyber Operational Risk Scenarios for Insurance Companies Research Project", https://www.actuaries.org.uk/news-and-insights/news/ifoa-publish-cyber-operational-risk-scenarios-insurance-companies.

Institute of Risk Management (IRM), 2016, "Cyber Risk Resources for Practitioners", https://www.theirm.org/knowledge-and-resources/thought-leadership/cyber-risk.

International Association of Insurance Supervisors (IAIS), 2016, "Issues Paper on

Cyber Risk to the Insurance Sector", https://www.iaisweb.org/file/61254/cybersecurity-issue-paper-post-public-consultation-clean.

International Association of Insurance Supervisors (IAIS), 2018a, "Draft Application Paper on Supervision of Insurer Cybersecurity", https://www.iaisweb.org/file/75304/draft-application-paper-on-supervision-of-insurer-cybersecurity.

International Association of Insurance Supervisors (IAIS), 2018b, "Issues Paper on Increasing Digitalisationin Insurance and its Potential Impact on Consumer Outcomes", https://www.iaisweb.org/page/supervisory-material/issues-papers/file/77816/issues-paper-on-increasing-digitalisation-in-insurance-and-its-potential-impact-on-consumer-outcomes/.

International Association of Insurance Supervisors (IAIS), 2020, "Issues Paper on the Implementation of the TCFD Recommendations", https://www.iaisweb.org/page/supervisory-material/issues-papers//file/88991/issues-paper-on-the-implementation-of-the-tcfd-recommendations.

International Monetary Fund (IMF), 2019, "Macroeconomic and Financial Policies for Climate Change Mitigation: A Review of the Literature", IMF Working Paper, WP/19/185.

Kisser, M., J. Kiff and M. Soto, 2015, "Do Pension Plans Manipulate Pension Liabilities?", Netspar International Pension Conference, January.

Krasnokutskaya, E., Y. Liand P. E. Todd, 2018, "Product Choice under Government Regulation: The Case of Chile's Privatized Pension System", *International Economic Review*, 59 (4), 1747–1783.

Lloyd's of London, 2015, "Emerging Risk Report: Business Blackout——The Insurance Implications of a Cyber Attackon the U. S. Power Grid", https://www.lloyds.com/news-and-risk-insight/risk-reports/library/society-and-security/business-blackout.

Mayers, D. and C. W. Smith Jr., 1981, "Contractual Provisions, Organizational Structure, and Conflict Control in Insurance Markets", *Journal of Business*, 54 (3): 407–434.

Mills, E., 2012, "The Greening of Insurance", *Climate Change*, 338, 1424–1425.

Montizaan, R., F. Cörvers, A. De Grip and T. Dohmen, 2016, "Negative Reciprocity and Retrenched Pension Rights", *Management Science*, 62 (3), 668–681.

National Association of Insurance Commissioners (NAIC), 2021, "Data, Innovation and Cyber", https://content.naic.org/cipr_topics/topic_data_innovation_and_cyber.htm.

Nuzzo, R., 2005, "Profile of Stephen H. Schneider", *Proceedings of the National Academy of Sciences of the United States of America* (PNAS), 102 (44), 15725 – 15727.

OECD, 2011, "Reducing Systemic Cybersecurity Risk, Information Systems and Innovation Group", London School of Economic, Oxford University, OECD/IFP Project on "Future Global Shocks".

OECD, 2012, "Putting Pensions on Auto-pilot: Automatic-adjustment Mechanisms and Financial Sustainability of Retirement-income Systems", *OECD Pensions Outlook* (Chapter 2), OECD Publishing.

OECD, 2014a, "Responding to the Challenges Posed by Population Ageing and Longevity Risk", *OECD Pensions Outlook*, OECD Publishing.

OECD, 2014b, "Increasing Private Pension Coverage and Automatic Enrolment Schemes: Evidence from Six OECD Countries", *OECD Pensions Outlook*, OECD Publishing.

OECD, 2015, *Pension Markets in Focus*, OECD Publishing.

OECD, 2017, "Supporting an Effective Cyber Insurance Market", OECD for the G7 Finance Ministers and Central Bank Governors Meeting on 11 – 13, May.

OECD, 2018, "Strengthening the Application of OECD Core Principles of Private Pension Regulation: Lessons from Investment Institutions", *OECD Pensions Outlook 2018*, OECD Publishing.

OECD, 2019, "Social Impact Investment 2019: The Impact Imperative for Sustainable Development", https://www.oecd-ilibrary.org/development/social-impact-investment-2019_9789264311299-en.

OECD, 2020, "Increasing the Role of Retirement Savings Plans for Workers in Nonstandard Forms of Work", *OECD Pensions Outlook*, OECD Publishing.

Paklina, N., and D. Stańko, 2021, "Supervision of Infrastructure Investments by Pension Funds", IOPS Working Papers on Effective Pensions Supervision, No. 36.

Phan, H. V. and S. P. Hegde, 2013a, "Corporate Governance and Risk Taking in Pension Plans: Evidence from Defined Benefit Asset Allocations", *Journal of Financial & Quantitative Analysis*, 48 (3), 919 – 946.

Phan, H. V. and S. P. Hegde, 2013b, "Pension Contributions and Firm Performance: Evidence from Frozen Defined Benefit Plans", *Financial Management*, 42 (2), 373 –411.

Prudential Regulation Authority (PRA), Bank of England, 2015, "The Impact of Climate Change on the UK Insurance Sector, A Climate Change Adaptation", September.

Prudential Regulation Authority (PRA), Bank of England, 2019, "Enhancing Banks'and Insurers' Approaches to Managing the Financial Risks from Climate Change", https://www.bankofengland.co.uk/prudential-regulation/publication/2019/enhancing-banks-and-insurers-approaches-to-managing-the-financial-risks-from-climate-change-ss.

Refsdal, A., B. Solhaug and K. Stølen, 2015, *Cyber-risk Management Cyber-systems*, *Cyber-risk Management*, Springer International Publishing.

Reimers, I. and B. R. Shiller, 2019, "The Impacts of Telematics on Competition and Consumer Behavior in Insurance", *Journal of Law and Economics*, 62 (4), 613 – 632.

Schäfer. L, K. Warner and S. Kreft, 2018, "Exploring and Managing Adaptation Frontiers with Climate Risk Insurance", in Mechler, R., et al. (eds.), *Loss and Damage from Climate Change, Climate Risk Management, Policy and Governance*, Spring.

Shackelford, S. J., 2012, "Should your Firm Invest in Cyber Risk Insurance?", *Business Horizons*, 55 (4), 349 – 356.

Smith, K. and E. Borodzicz, 2008, "Risk Clockspeed: A New Lens for Critical Incident Management and Response", *Systemist*, 30 (2), 345 – 370.

Starominski-Uehara M. and E. C. H. Keskitalo, 2016, "How does Natural Hazard Insurance Literature Discuss the Risks of Climate Change?", *Journal of Insurance Regulation*, 35 (6), 1 – 26.

Öğüt, H., S. Raghunathan and N. Menon, 2011, "Cyber Security Risk Management: Public Policy Implications of Correlated Risk, Imperfect Ability to Prove Loss, and Observability of Self-protection", Risk Analysis, 31 (3), 497 – 512.

von Peter G., S. von Dahlen and S. Saxena, 2012, "Unmitigated Disasters? New Evidence on the Macroeconomic Cost of Natural Catastrophes", BIS Working Papers, No. 394.

Walker, G. R., M. S. Mason, R. P. Crompton and R. T. Musulin, 2016, "Application of Insurance Modelling Tools to Climate Change Adaptation Decision-making Relating to the Built Environment", *Structure and Infrastructure Engineering*, 12 (4), 450 – 462.

World Economic Forum (WEF), 2018, "Regional Risks for Doing Business 2018,

Insight Report", https://www.weforum.org/reports/regional-risks-for-doing-business.

Zhang, X. and H. Nie, 2021, "Public Health Insurance and Pharmaceutical Innovation: Evidence from China", *Journal of Development Economics*, 148 (102578).

第五章 金融科技前沿

近年来，金融科技在国内外蓬勃发展，数字技术与金融业务深度融合，不断推动金融发展。2019年中国人民银行发布的《金融科技（FinTech）发展规划（2019—2021年）》指出，金融科技成为推动金融转型升级的新引擎、服务实体经济的新途径、促进普惠金融发展的新机遇和防范化解金融风险的新利器。与此同时，金融科技的发展对传统金融机构带来较大冲击，衍生了一些新的风险，可能对金融业造成不利影响。为此，《中华人民共和国国民经济和社会发展第十四个五年规划和2035年远景目标纲要》指明了我国金融科技的发展方向，即"稳妥发展金融科技，加快金融机构数字化转型。强化监管科技运用和金融创新风险评估，探索建立创新产品纠偏和暂停机制"。

本章旨在对最近一二十年国内外金融科技领域的发展进行综述，为该领域未来的研究提供一定参考。本章一共分为五个部分，包括金融科技简介，金融科技驱动金融创新发展的机理，金融科技与公平效率，金融科技与风险，金融科技发展前景（见图5-1）。

一 金融科技简介

（一）概念界定

金融科技（FinTech）一词最早出现于20世纪70年代。Bettinger（1972）将其定义为银行业专业经验与现代管理科学、计算机技术的融合。金融科技源于Finance和Technology两个英文单词的组合。尽管学术

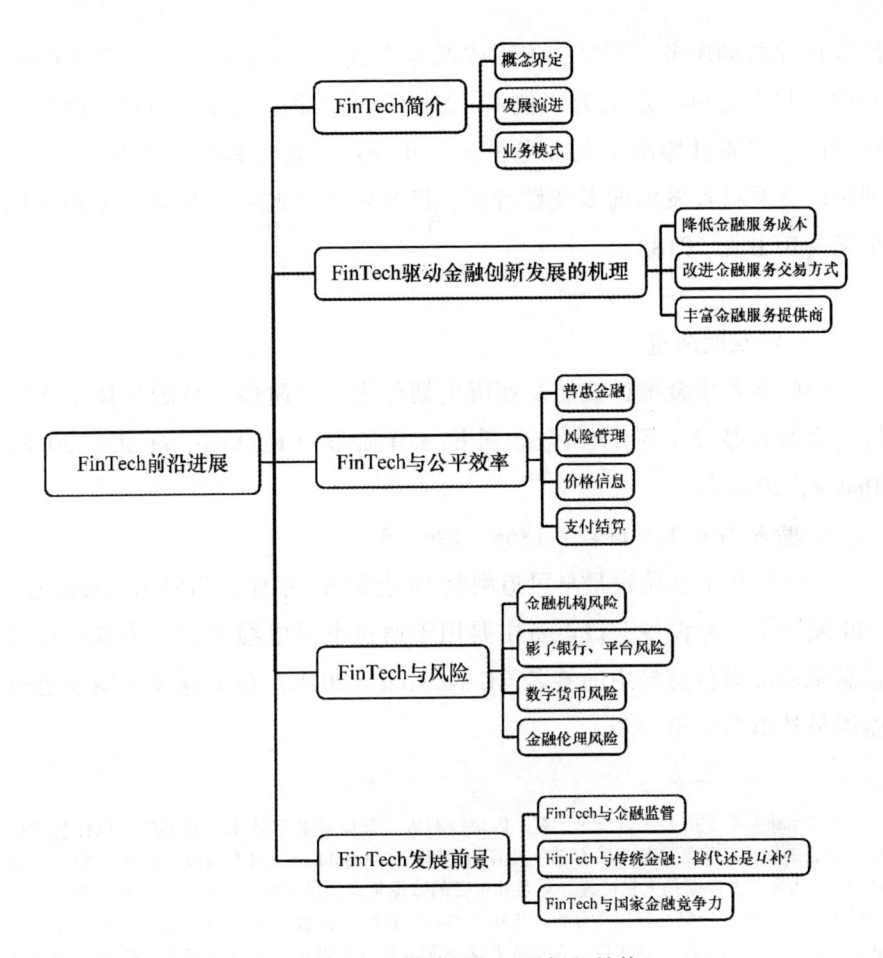

图 5-1　金融科技前沿进展框架结构

界和业界对金融科技的关注不断上升，但对其定义仍缺乏共识。Lee（2015）将金融科技定义为金融体系的创新者和颠覆者。金融科技公司是拥有比传统金融机构更大的灵活性、安全性、效率和机会的新商业模式。Milian 等（2019）和 Demir 等（2020）认为，金融科技描述了互联网相关技术（如云计算和移动互联网）与金融服务（如贷款和支付）之间的联系。Zavolokina 等（2016）介绍了不同作者提供的金融科技定义列表和机构并得出结论，金融科技有三个维度，分别是投入（技术、组织和资本流动的结合），创建、改进、改变或破坏原始模型的机制，产出（创建新的服务、产品、流程或商业模式）。金融稳定委员会（FSB，2017）将金融科技定义为"技术①支持的金融服务创新，即对金融服务供给产生实质性影响的新业务模式、新应用、新流程和新产品"。鉴于现阶段金融科技发展的多变性特征，巴塞尔银行监管委员会也采用了该定义（BCBS，2018）。

（二）发展演进

一些学者将金融科技的发展历史划分为三个阶段：金融科技 1.0 阶段、金融科技 2.0 阶段和金融科技 3.0 阶段（Buckley, et al., 2016；Thakor, 2020）。

1. 金融科技 1.0 阶段：1866—1967 年

金融科技 1.0 阶段最早可追溯至 19 世纪 60 年代。当时 Giovanni Caselli 发明了一种设备，该设备主要用于通过电报电缆发送、传输和接收信息来验证银行交易中的签名。Getsmarter（2018）认为这项发明是迈向金融科技革命的第一步。

---

① 此处主要是指大数据、元计算、区块链和人工智能等数字技术。数字技术以比特为单位的信息来表示，降低了数据的存储、计算和传输成本（Goldfarb and Tucker, 2019）。Chebbi 等（2015）认为，大数据是大量高速、复杂和可变的数据集合，需要使用先进技术才能实现对其信息的采集、存储、分配、管理和分析。IBM 和 Oracle 总结出大数据的"5V"特点，即大量、高速、多样、低价值密度和真实性。人工智能这一词语是由斯坦福大学退休名誉教授 McCarthy 等（1955）提出，是指："制造出智能设备的科学和工程技术。"多数研究是通过计算机编程使得机器表现得聪明，如下象棋。但今天我们更强调机器能够像人类一样进行学习。云计算是一种将可伸缩、弹性、共享的物理和虚拟资源池以按需自服务的方式供应和管理，并提供网络访问的模式。云计算模式由关键特征、云计算角色和活动、云能力类型和云服务分类、云部署模型、云计算共同关注点组成。Gamage 等（2020）界定区块链为不可变的分布式数字账本，它使用高级加密技术实施保护，在点对点网络中的点对点节点之间复制，并使用共识机制对交易日志达成一致，而控制权则是分散的。在典型的区块链系统中，数据以区块（block）为单位产生和存储，并按照时间顺序连成链式（chain）数据结构。作为金融科技领域最有价值的创新类型，区块链是分布式账本，在点对点网络中运行（Chen, et al., 2019）。区块链技术提供了去中心化的共识，并通过智能合约潜在地扩大合约空间。与传统合约相比，区块链有可能产生共识，更好地反映与业务运营高度相关的突发事件的"真相"，从而提高合约效率（Goldstein, et al., 2021）。智能合约可以通过增强进入和竞争，缓解信息不对称并改善福利和消费者剩余，但达成共识期间不可约的信息分配可能会鼓励更多勾结（Cong and He, 2019）。不过，区块链可以通过更广泛的经济成果来维持市场均衡。

第二次世界大战后，技术进步迅猛，尤其是在通信和信息技术领域。当时，国际商业机器公司（IBM）提供了计算机开发的第一个破译工具。20 世纪 50 年代，新型信用卡提供商在美国银行服务市场上亮相。这场消费者革命得到了 1966 年美国银行间卡协会（现为万事达卡）的支持。

2. 金融科技 2.0 阶段：1967—2008 年

1967 年，巴克莱金融控股公司在英国推出了第一台 ATM 机，标志着金融科技 2.0 阶段的到来（Buckley, et al., 2016）。金融科技 2.0 阶段的特点是金融服务从模拟领域转向数字领域。在支付领域，1968 年英国成立的计算机办公室是当今自动化银行间结算服务的基础。电子支付系统最初由美国联邦储备系统在 1918 年建立（Getsmarter, 2018），并在 20 世纪 70 年代初推出。在认识到互联跨境国内支付系统的必要性后，环球银行间金融电信协会（SWIFT）成立于 1973 年。

随着计算机化和技术发展，证券领域也逐渐从纸质交易转向电子交易。1980 年的美国和 1983 年的英国首次为客户提供网上银行服务。这一时期，金融机构在内部运营中增加了对 IT 的使用，逐渐取代了大多数基于纸张的模式。1981 年 Michael Bloomberg 创立了创新市场解决方案。1984 年，金融机构越来越愿意使用彭博终端，证明了传统金融服务公司是金融科技工具的接受者。

在 20 世纪 80 年代后期，金融服务在很大程度上变成了一个数字行业，其基础是全球金融机构、金融市场参与者和客户之间的电子交易。互联网的出现开启了另一个增长阶段。2001 年，美国 8 家银行至少有 100 万在线客户。到 2005 年，英国出现了第一批没有实体分支机构的银行（如 ING Direct、HSBC Direct、Egg Banking）。21 世纪初，银行的内外部流程开始进行完全的数字化。此外，监管机构越来越多地使用技术，特别是在证券交易领域，计算机交易系统和数据日志成为最常见的信息来源（Buckley, et al., 2016）。

3. 金融科技 3.0 阶段：2008 年至今

2008 年国际金融危机被视为金融科技 3.0 阶段的开启事件。人工智能、大数据、分布式计算、密码学、生物识别、移动互联网等技术的创新发展，促进了各类金融机构新应用的出现。

金融科技3.0阶段表明了金融服务不再仅由受监管的金融机构提供（Buckley, et al., 2016）。在这个阶段，金融科技与银行之间的界限越来越模糊，同时数字服务平台开始出现。该阶段有3个重要事件：其一，区块链技术。2009年区块链网络的建立和实施，成为加密比特币的基础。加密比特币是第一个在区块链技术中发挥作用的解决方案（Lakhani and Iansiti, 2017）。区块链技术自2015年以来变得越来越重要。其二，基于NFC（近场通信）技术移动支付的应用。2011年创建的Google电子钱包支付系统是最早应用此类技术的项目之一。其三，基于人脸识别的生物识别解决方案。2017年，阿里巴巴实施了脸部微笑表情支付解决方案，允许用户对着摄像头微笑支付（Getsmarter, 2018）。

（三）业务模式

数字技术进步旨在降低匹配交易方的搜索成本，产生在收集和使用大数据方面的规模经济，实现更低成本、更安全的信息传输，以及降低验证成本（Thakor, 2020）。金融科技行业企业的商业模式可以分为四大类。与全能银行的传统增值领域类似，金融科技业务可以基于其参与融资、资产管理、支付结算以及其他金融科技业务进行区分。

1. 融资业务

金融科技公司的一项重要业务是为个人和企业提供融资。众筹描述了一种融资形式。代替传统银行，众筹门户网站充当中介。考虑到投资者的投资，众筹门户网站可以根据类型进一步细分为三个子领域。在众筹的第一个子领域，虽然参与基于捐赠的众筹的投资者不会因其贡献而获得报酬，但在基于奖励的众筹中，他们会收到某种形式的非货币补偿——预订产品或某种其他形式的声望，例如将投资者的名字放置于受资助电影的片尾。通常，个人在基于奖励和基于捐赠的众筹中启动项目没有成本。如果活动成功，一些门户网站收取总资金5%—11%的费用。其他门户网站通过投资者和项目发起人的自愿捐赠获得收入。在众筹的第二个子领域，投资者获得股权、债务或混合所有权的份额。通常，众筹门户网站从成功融资公司收取的费用中获利。众筹门户网站也通过要求投资者从融资公司未来的成功中获得收入，即从公司的潜在利润、企业价值和退出收益中扣除一定份额。众筹的第三个子领域主要为使个人和企业能够从众筹中获得贷款的平台。作为提供贷款的回报，投资者会收到预先确定的利率。广义来看，P2P 也属于这一类众筹。P2P 借贷是通过在线平台向个人和企业提供贷款，直接将贷方与借款人匹配起来，而无需借助银行中介（Thakor, 2020）。

不同于众筹模式，一些金融科技公司通过与银行合作，向个人和企业提供信贷服务。这些贷款通常具有无抵押、额度低、期限短等特征。不同于传统商业银行信贷模式，金融科技公司，尤其是大金融科技公司（如蚂蚁集团、微信财付通、京东金融等），通常不需要抵押品，更多是通过机器学习对客户大数据信息进行分析，继而做出授信决策。在中国，助贷、联合贷款是此类贷款常见的表现形式。值得注意的是，金融科技公司在进行授信和风控时，会使用多种类型的数据。除了个体年龄、性别、职业、教育背景等人口特征信息，还大量使用电商平台消费记录、社交互动、网页搜索等数字足迹。同时，金融科技公司往往将贷款流程自动化，从而能提供简便、高效的信贷服务。

2. 资产管理业务

金融科技公司的资产管理业务涵盖提供资产的建议、处置和管理，以及个人财富综合管理。社交交易是一种投资形式，投资者可以观察、讨论和复制社交网络其他成员的投资策略或投资组合。个人投资者预期会从大量交易者的集体智慧中受益。根据社交交易平台的商业模式，平台可以向用户收取点差、订单成本或投资金额的一定百分比。

创新的软件解决方案和计算机系统在资产管理领域金融科技公司的商业模式中发挥着重要作用。智能投顾是指投资组合管理系统，它借助机器学习模型，提供基于算法的大量自动化投资建议，有时还会做出投资决策，成为人类财富顾问的廉价替代品。智能投顾的算法通常依托被动投资和多元化策略。它们考虑了投资者的风险承受能力、投资的首选期限以及其他目标。智能投顾提供商通常通过向投资者预扣与其投资总额成比例的费用来融资。同时，它们收取与投资绩效相关的费用。目前，智能投顾仍然是一项年轻的技术，仅占整体财务咨询的一小部分；在欧洲尤其如此，其机器人管理的资产规模远少于美国（Vives, 2019）。

金融科技公司的个人财务管理（PFM）包括提供私人财务规划，特别是使用软件或基于应用程序的服务来管理和呈现财务数据。PFM 使客户能够在一个应用程序中可视化其存放在不同金融机构的资产及从不同借贷机构借来的贷款。应用程序或软件通常需要用户一次性付费或年度付费。为了将不同提供商的账户整合到一个 PFM 系统中，PFM 使用应用程序编程接口（API）技术与经常开放访问的金融机构的门户连接。然而，在许多 PFM 系统中，还需要手动输入账户数据。

一些金融科技公司还提供传统银行产品。通过有效利用技术并摒弃烦琐的实体网点，此类金融科技公司能提供具有更高性价比和效率的传统银行产品。在中国，最具代表性的是货币市场基金。例如，蚂蚁集团吸收生态用户的闲散资金，以余额宝这种货币市场基金产品的形式为其提供短期投资工具，并由持有公募基金牌照的第三方基金公司管理。通过分析客户投资和存取款模式，再根据货币市场的流动性，大型科技公司为客户提供了近乎实时的存取款服务。

3. 支付结算业务

支付是一个总称，适用于应用程序和服务涉及国内和国际支付结算的金融科技公司。随着互联网技术应用和移动智能终端的普及，移动互联成为金融体系的一个核心技术支撑，并逐步演化为金融科技公司的一个核心业务领域。移动支付通常包含通过移动手机处理的各项功能，包括使用移动手机进行付款或银行转账。移动支付是在第三方支付体系基础上完善发展起来的。第三方支付改变了客户—商业银行—央行的传统支付清算模式，基于二次结算的方式实现了大规模的小额交易在第三方支付公司的轧差后进行清算的功能。此外，金融科技公司提供的电子钱包或网络钱包也属于新型支付结算方式。电子钱包是一种可以存储数字货币和支付信息的系统。用户可以在支付过程中使用先前已存储的支付信息，而无须使用移动电话或互联网重新输入，从而实现便捷交易。

资金跨境转移，特别是汇款，也是金融科技公司支付业务的重要组成部分。目前，大多数跨境银行转账都通过 SWIFT 进行，在延缓代理银行之间消息传递速度的同时产生了额外的费用，并且也不利于交易时卖方核实实际的付款额。金融科技公司通过采用分布式记账技术可以简化国内和跨境系统，提高交易速度和降低交易成本。

4. 其他金融科技业务

其他金融科技公司业务涉及无法按上述三个传统银行职能分类的业务（融资、资产管理和支付结算）。提供保险是金融科技公司的一项重要业务。这些金融科技公司通常也被称为保险科技公司。它们提供点对点保险，其中一组保单持有人聚集在一起，在发生损失时承担集体责任，如蚂蚁集团的"相互宝"。另外，金融科技公司也会通过分销保险产品的方式介入保险业务。凭借大量的客户基数，金融科技公司与保险公司合作，成为第三方产品的分销渠道，提供车险、健康险等保险产品。在此过程中，金融科技公司还可以收集客户数据，并结合其他数据，帮助保险公司更精细地校准风险的评估和定价。

此外，金融科技公司业务还包括为金融机构提供技术解决方案，属于技术、IT 和基础设施领域。

二　金融科技驱动金融创新发展的机理

伴随着数字技术的快速发展，金融科技给金融业带来了深刻影响。一方面，金融科技减少了信息不对称，降低了金融服务成本；另一方面，借由区块链、人工智能、大数据等数字技术，金融科技改变了金融服务的交易方式。最为重要的是，金融科技公司（尤其是大型科技公司）对现有商业银行业务模式和竞争力产生了明显冲击，引发金融服务提供商之间更为激烈的竞争。

（一）降低金融服务成本

金融机构、金融科技公司和大型科技公司正在利用技术来减少经济摩擦。具体而言，它们可通过以下方式缩小信息差距并降低成本。

其一，降低产品定制化成本。数据和自动化促进了复杂合同的执行和监控，以及更有效市场的创建，这可以使金融服务更接近经典 Arrow 和 Debreu（1954）模型的典型一般均衡。例如，Agarwal 等（2020）利用印度一家大型金融科技贷款公司调查了数字足迹变量在预测贷款结果方面的边际提升作用，包括贷款批准的可能性、贷款目的、贷款的期限以及违约的可能性。他们发现，数字足迹变量（登录社交媒体平台记录）会对贷款批准概率产生重大影响。至于违约的预测能力，当信用评分本身具有较低的辨别力时，数字足迹的边际价值更高。Berg 等（2020）分析了数字足迹的信息内容对消费者违约的预测能力。根据超过 25 万个观测样本，他们的研究表明即使是来自数字足迹的简单、易于访问的变量也等于或超过信用局评分的信息内容。有意思的是，数字足迹信息对不可评分客户的鉴别能力与对可评分客户的鉴别能力非常相似。

传统银行系统和营销渠道是围绕标准化产品建立的，并没有完全围绕以消费者为中心来开展产品开发和营销。更多定制化的服务，例如贷款、投资建议或退休计划，其产品结构考虑到了不同国家和地区借款人的个人状况，依赖于业务经验丰富和收费高昂的专家。相比之下，金融科技支持的流程自动化降低了产品定制化成本，并可以跟踪各种结果的不同突发事件，从而降低风险。数据和计算能力的可用性提高，可以更好地定价风险，根据消费者的需求定制产品或服务，并有可能构建一系列状态相依的产品，并通过智能合约或其他新兴技术执行和监控。

其二，降低提供金融服务的固定成本和边际成本。技术降低了许多传统物理基础设施的成本和需求，如银行营业网点。在新兴市场和发展中国家，一个重要的例子是移动货币。移动货币减少了对传统银行分行和支付受理基础设施［如销售点（POS）终端］的需求，并已在一些国家广泛使用以替代银行账户。基于云基础设施，包括银行即服务（BaaS），提供计算能力、数据存储，甚至合规服务。金融服务提供商可以连接到这些服务并按需购买尽可能多的容量，而无须构建数据中心和其他后台基础设施。金融中介机构可以通过技术支持的自动化和"直通式"流程降低边际成本,并随着数据和基于人工智能流程的广泛使用而加速。

其三,降低消费者的搜索和转换成本。大数据的应用提高了缺乏信用记录的个人和小微企业获得金融服务的可能性。而连通性和在线搜索的进步则降低了用户寻找金融服务提供商的成本。同时,消费者使用多个金融服务提供商的边际成本也降低了。从通用互联网通信协议和标记语言的出现,到"开放银行"和促进数据访问和交换的标准化 API,技术应用变得越来越简便。增加对远程供应商及其产品和价格信息的访问减少了用户的搜索成本。因此,搜索和转换成本的降低适用于供应商和个人客户。例如,客户可以选择一家提供较低费用和随时连接客户银行账户的初创汇款服务提供商。降低搜索成本最终可以让需要融资的人与拥有多余资金的人直接联系,智能贷款合同取代了中介提供的监控。较低的搜索、开户和转换成本可以使市场更具竞争力。

(二) 改进金融服务交易方式

通过连接和计算进步,数字创新有助于降低交易成本并支持广泛的新金融服务模式。数字技术可以帮助降低收集、存储、处理和交换信息的成本,包括搜索成本、复制成本、跟踪成本和验证成本(Goldfarb and Tucker, 2019)。在金融领域,这可以帮助借款人更快地找到合适的贷款报价,或帮助储户找到适合其特定需求的投资产品。技术还可以帮助各方自动验证事件,从而创建更广泛的状态依存产品。例如,一个保险客户可以使用手机摄像头或其他远程设备记录产生保险索赔的损坏情况,或者无人机可以验证已种植的田地以支付农业贷款。区块链技术通过提供一组底层功能,使个人和企业更容易在点对点的基础上进行交互,即使双方事先彼此不认识。在极端情形下,个人或企业(如 P2P 中的贷方、借方和私人信贷市场)能够直接互动,而无须银行融通资金、评估信贷和提供持续的监控、服务功能。

Chen 等(2019)使用 2003—2017 年美国专利商标局的专利申请数据,发现大多数金融科技创新为创新者带来了可观的价值,其中区块链尤其有价值。对于整个金融领域来说，物联网、智能投顾和区块链是最有价值的创新类型。当创新涉及来自非金融初创公司的颠覆性技术时，对金融行业的负面效应更大，但大量投资于自身创新的现有市场领导者可以避免大部分的负面影响。

金融科技对金融服务交易方式产生影响的一个例子是智能投顾。财务咨询可能有助于投资者缓解分散化不足并帮助投资者实现更好的结果（Gennaioli, et al., 2015）。然而，对于大多数散户投资者而言，传统的财务顾问成本太高，而智能投顾使投资者能够以低成本获得财务咨询。人类顾问通常采用"一刀切"的方法，可能容易出现行为偏见或表现出认知限制（Foerster, et al., 2017）。尽管智能投顾可能会受到开发者的偏见、冲突和限制，但是其不受特定、人工投资顾问特质的影响。

当投资者无法使用该工具时，再平衡资产组合涉及一系列复杂的决策。投资者面临从大量证券中进行选择并将其财富分配到所选股票中去的艰巨任务。为了简化这一问题，投资者经常使用次优的经验法则（Frydman, et al., 2018）。而智能投顾工具简化了流程，其自动化执行让投资者可以轻松实施收到的建议。D'Acunto 等（2019）研究了财富管理智能投顾的引入对投资者投资决策的影响。他们研究的智能投顾工具是一家经纪公司向其印度客户推出的自动投资组合优化器。该工具使用马科维茨的均值—方差优化模型，根据历史数据和现代技术（如收缩和卖空约束）构建最佳投资组合权重。该工具是灵活的，允许投资者重新平衡当前投资组合或添加额外股票。它包括一个工具，让投资者在均值—方差空间中可视化投资组合选择。更为重要的是，该工具包含简化的交易执行。投资者只需要点击一个按钮，就可以批量执行所有交易，以获得他们的目标投资组合。他们研究发现，采用智能投顾工具的投资者往往表现得更活跃，管理的资产更多，能获得分散化的收益。对于事前非多元化投资者来说，其在采用后增持并持有波动性较小且回报率较高的投资组合。就事前已多元化的投资者而言，其持有的股票减少，但波动性有所降低，并在采用后交易增多。此外，他们还发现智能投顾的采用者减少了处置效应、追涨杀跌和排名效应等投资者行为偏差。

(三)丰富金融服务提供商

经济摩擦的减少、新的进入机会以及规模经济和范围经济的转变将对不同金融服务提供商产生不同的影响。影响将取决于它们当前的市场地位和利用技术的能力。银行在社会信任和监管地位方面具有优势,而金融科技公司在利用数据、连接性和改进的处理能力以及将监管障碍转化为可解决的技术挑战方面非常灵活。大型科技公司将金融科技公司的优势与非金融业务的大规模现有客户群、相关客户数据和高水平的品牌信任相结合(Stulz,2019;OECD,2020)。

1. 在位者:银行

尽管竞争日益激烈,但目前金融机构仍占有大部分市场份额。银行的优势在于已经克服了一些形成信任障碍的信息不对称:它们受到监管,已经进入市场并随着时间的推移证明了其可靠性。提供多种金融产品的银行降低了客户转换和组装成本。银行受益于金融资本的规模经济,以及更大范围所固有的多元化收益。银行在客户数据方面也具有规模经济,同时客户通常对银行保护他们的数据有更高的信任(Armantier, et al., 2021)。

银行正在价值链的每个环节进行创新和升级。事实上,数字化转型是绝大多数银行的战略重点,其目标是削减间接成本、员工人数和营业网点,改进产品并与消费者建立紧密的关系。例如,欧盟 15 国每百万居民的银行员工人数在持续下降,从 1997 年的 7300 名员工/百万居民降至 2018 年的 5500 名员工/百万居民,11 年间下降了 24.7%。相应地,欧盟 15 国每百万居民对应的银行网点也是快速下降,从 1997 年的 540 个网点/百万居民降至 2018 年的 331 个网点/百万居民,减少了 38.7%(Boot, et al., 2021)。大型银行可以利用规模、客户群、监管专业知识和能力来更新其技术并管理庞大的资产负债表,以便有效地与大型科技公司竞争。中小银行可以利用按需服务基础设施和外部服务提供商进行快速且成本较低的数字化转型。

一些大型银行已建立了分销平台,允许金融科技公司直接向它们的用户提供它们的产品。API 等基础设施的创新可以促进这些伙伴关系，这主要源于金融科技公司具有实现规模的需求，以及银行在客户的金融服务关系中存在的中心地位。只要客户直接或通过金融科技公司与银行账户绑定，银行就可继续受益于自身在资本、连通性和高质量消费者金融数据上的优势。

银行在监管和合规方面拥有深厚的专业知识，并在新进入者之前通过了关键的监管要求。许多金融科技公司和大型科技公司与银行直接或间接合作，提供金融服务，以访问后台或基础设施层受监管的金融系统。B2B 金融科技公司和大型科技公司以合作伙伴关系或 SaaS 参与的形式向银行提供服务。这也是银行与大型科技公司合作以获得最先进的云计算和数据处理服务的主要方式，这些服务需要深厚的专业知识和规模经济。金融科技公司还使用银行访问支付系统，或使用内部难以构建的其他核心银行系统功能。此外，根据监管环境和金融科技公司做出的商业模式选择，其客户通常需要在金融机构拥有一个账户才能使用金融科技公司的服务，这推动了客户对一些现有银行服务的持续需求。

银行在管理复杂的大型资产负债表和应对不断变化的法规方面也具有比较优势。金融作为监管最严格的行业之一，这些优势至关重要。因此，许多金融科技公司和大型科技公司可能不愿意成为成熟的受监管金融机构，这可能是一个缓慢、昂贵且不确定的过程。然而，监管科技解决方案可能会削弱银行的这种比较优势（Auer，2019）。

银行面临的主要挑战是它们受到遗留系统、网络和文化的阻碍，并非所有银行都能适应和生存。遗留基础设施在过时时不能轻易地以同样的速度缩减。金融机构和监管机构也注意到需要为非数字化客户群体维持最低限度的服务，尤其是在替代品有限的偏远地区。银行履行了可能未应用于新竞争对手或可以通过监管套利规避的监管和合规要求。如果不采取措施公平竞争，这些监管和社会义务可能会导致银行的竞争劣势。

2. 进入者：金融科技企业

在推动金融服务拆分后，许多金融科技公司开始重新捆绑这些服务。金融科技公司一直在通过自身或合作伙伴关系和平台方式为其业务添加新产品。这使它们能够向现有客户交叉销售，并使自身对新客户更具吸引力。由于规模经济和范围经济仍然很重要，专注于有限产品范围的金融科技公司可能无法在足够大的收入基础上实现资金协同效应或分摊客户获取成本、监管合规成本和品牌认知度投资，以产生利润或与银行在价格上全面竞争。金融科技公司利用高质量数据为当前环境下的特定客户群建立一套服务，这无疑会与全能银行长期开发的产品组合不同。

金融科技企业最初远离那些需要大量许可、资本和监管的金融活动。它们专注于支付、信用卡和财务建议等活动，并避免了高度监管的资本密集型业务，如资产负债表表内借贷和证券承销。事实上，监管差异促进了金融科技公司在许多市场的快速崛起，这些差异允许其以最小的监管负担进入和运营这些市场。随着监管机构的跟进，金融科技企业战略发生了转变。在一些市场，金融科技公司被迫申请许可证，如消费信贷市场、第三方支付市场等。

一些金融科技公司将监管状态视为其产品发展战略的重要考量因素。例如，替代型金融平台最初侧重于匹配资金供需，规避了中介的监管负担。然而，在重新捆绑的过程中，一些金融科技公司寻求全银行许可证。特别是，借贷平台在为批发市场的运营或使用纯P2P融资模式提供资金方面面临挑战。其结果是，它们变得更加依赖银行提供资金，或者寻求自身的银行牌照。其他金融科技公司更愿意通过跨境扩张以扩大现有产品的规模来避免更高的监管负担。新冠肺炎疫情和由此产生的经济混乱加大了金融科技公司依靠众筹、资本市场或银行合作伙伴来实现融资的难度（Ben-David, et al., 2021）。

3. 进入者：大型科技公司

规模经济和范围经济等基本经济力量以及网络效应增大了大型科技公司的基本优势。大型科技公司已拥有大量活跃的客户群，在其核心市场创造了规模经济、范围经济以及网络效应，并越来越能利用这些优势在金融领域产生市场力量（BIS, 2019; Frost, et al., 2019）。与传统金融机构相比，系统开发的敏捷性和创建易于使用的客户界面是大型科技公司的比较优势，而大型科技公司对客户数据的访问和对客户行为的理解可能等于甚至超过金融机构。大型科技公司可以捆绑金融服务，以加强其核心业务（如电子商务、在线广告）生态系统的价值主张，或者将提供金融服务作为其交叉销售给现有客户群的新产品。这个现象在发达市场经济体和新兴市场经济体都很普遍，尤其是在新兴市场经济体。由于金融服务位于其他业务活动之上，因此大型科技公司可以通过非金融业务收入补贴其金融业务，以形成比较优势（Vives，2019）。例如，微信支付、WhatsApp Pay和其他提供商允许用户汇款彼此免费，但商家和企业用户的费用可能更高。在某些情况下，大型科技公司通过为其核心业务带来流量而从客户数据中产生的价值可能高于金融服务费收入。

尽管技术进步，消费者搜索和组装成本仍然很高。这些力量鼓励重新捆绑，并为大型多产品提供商带来优势，包括从相邻市场扩展到金融服务的技术公司。数字平台越来越成为监管审查的对象。与多个竞争者相比，如果网络效应较大，单一平台可能会增加消费者福利，但也可能因价格上涨或平台多样性减少而降低福利。Farronato等（2020）发现，与两个独立且相互竞争的平台相比，消费者在单一组合平台上的平均状况并未得到显著改善。尽管收购平台上的用户由于网络效应从合并中受益，但被收购平台上的用户经历了更糟糕的结果。

大型科技公司已经积累了大量传统金融机构缺乏的相关替代型的客户数据。利用自身处理数据的优势，大型科技公司能够为其平台上缺乏抵押品或具有良好信用记录的商家提供量身定制的金融服务，如保险服务或资金贷款。这已经根除了传统的"关系银行"的概念，在该概念中，银行拥有关于客户的高级专有硬信息和软信息，从而使客户处于受控状态。大型科技公司还经常选择与现有金融机构合作提供这些服务，以便其可以专注于自身的核心市场。服务捆绑启动了一个反馈循环，即"数据—网络—业务活动"循环，使得大型科技公司的生态系统对用户变得更有价值（BIS，2019），继而以此形成和扩大其市场势力。这会产生新用户、更高的用户参与度和更多的用户数据，反过来又会促进网络效应以及规模经济、范围经济，从而使大型科技公司能够增加其生态系统的价值（Brynjolfsson and McElheran，2016；Vives，2019；Farboodi，et al.，2019）。大型科技公司可以利用独特的市场力量提供场景化融资——将金融服务与核心活动捆绑在一起。除了"数据—网络—业务活动"反馈循环外，"场景化金融"可能会提高相对于传统金融机构运营的效率和投资组合的绩效。如果零售商延迟还款，那么向购买库存的零售商提供营运资金信贷的分销平台可能会切断商品供应。依托网络效应和高转换成本，大型科技公司可以通过降级或在违约情况下将商家排除在生态系统之外的简单威胁来强制其偿还贷款。尽管一些研究表明金融科技公司和大型科技公司信贷倾向于补充而不是取代其他形式的信贷（Hodula，2022），但一些大型科技公司已探索成为吸收存款的金融机构。

三　金融科技与公平效率

金融科技的发展促进了金融服务的公平，提升了金融服务的效率。就公平而言，金融科技推动了各国金融服务的普惠性，提高了社会公平。从效率上看，金融科技带来了金融服务在风险管理、价格信息、支付结算等领域效率的提升，推动了金融业的发展。

（一）普惠金融

普惠金融是一个多维概念，各国选择了多种方式增强普惠金融，并取得了不同程度的成效。普惠金融的异质性在亚太地区尤为突出，因为这里既有处于金融技术前沿的国家，也有旨在提供基本金融服务的国家。巨大的差异不仅体现在国家之间，也反映在国家内部。Jahan 等（2019）总结出亚太地区普惠金融发展的 12 个典型特征：①与其他地区一致，亚太国家在普惠金融方面取得了重大进展，但差距也最大；②与同一收入组的世界其他国家相比，亚太国家在金融服务获取和使用方面往往表现良好；③亚太地区国家普惠金融的进展反映在各个方面，并因国家而异；④即使是平均普惠金融程度高的国家也面临国内差异；⑤收入水平较高的国家往往具有较高的普惠金融水平，但新兴市场和低收入国家内部存在巨大差异；⑥占亚太地区 1/3（37 个国家中的 13 个）的小国在普惠金融方面面临特殊挑战；⑦对于企业而言，亚太经济体在融资渠道方面往往表现良好，但在某些情况下，融资渠道仍然是一个制约因素；⑧强大的监管环境似乎与更高的普惠金融相关，尽管它不是唯一的决定因素；⑨金融体系的结构，如公有制和市场集中度，在决定全球和亚太地区的普惠金融发展水平方面发挥着作用；⑩金融服务的可得性并不一定转化为在金融系统中对金融服务的有效使用；⑪普惠金融与金融发展相关，但不等同于金融发展；⑫金融科技公司正通过补充或绕过传统银行业务，成为亚太地区经济体的重要金融服务提供商。此外，为了系统全面地评估普惠金融在一段时间内的进展程度，Khera 等（2021）开发了一个新的数字普惠金融指数，发现两个重要结论：一是采用金融科技一直是普惠金融的关键驱动因素；二是不同国家和地区之间存在很大差异，其中非洲和亚太地区取得的进步最大。例如，北京大学和蚂蚁集团联合编制的"北京大学数字普惠金融指数"从覆盖广度、使用深度和数字化程度三个维度刻画了中国各地区普惠金融的发展状况。通过对该指数的分析，郭峰等（2020）发现，2011—2018 年中国数字普惠金融取得了跨越式发展，并在不同地区表现出很强的收敛性。不过，中国中西部地区与东部沿海地区尽管在数字金融覆盖广度上的差距大幅缩小，但二者在数字金融使用深度上仍存在较大差距。

  过去二十年，政策制定者和研究人员对普惠金融的兴趣迅速上升。理论表明，金融市场的不完善（主要是信息不对称、市场分割和交易成本）通过限制穷人获得正规金融服务的机会来阻止他们摆脱贫困，新的金融技术被视为普惠金融的关键驱动因素。事实上，联合国《2030 年可持续发展议程》（UN‑2030‑ASD）和《G20 数字普惠金融高级原则》（G20‑HLP‑DFI）强调了利用金融科技的潜力来减少金融排斥和收入不平等的重要性。Demir 等（2020）使用 2011 年、2014 年和 2017 年的全球 Findex 调查数据，分析了 140 个国家的金融科技、普惠金融和收入不平等之间的相互关系。他们发现，普惠金融是金融科技减少收入不平等的关键渠道。此外，数字普惠金融通过投融资功能，优化家庭资产配置，有助于降低农户的脆弱性，起到减贫、防止返贫的作用（彭澎、徐志刚，2021；张海燕、韩晓，2021）。

数字技术和大数据的最新进展使金融科技贷款成为一种潜在的有前途的解决方案，可降低信贷成本并提高金融的普惠性。由于技术进步和竞争增强，近年来金融中介的成本有所下降。Philippon（2019）认为，智能投顾中固定成本与可变成本的性质很可能推动实现金融服务的民主化。在信贷市场领域，有充分的证据表明，更多的数据可以提高稳定性。例如，信用登记处可以对抗逆向选择并减少贷方和借方之间的信息不对称。信用登记处促使先前被排除在市场之外的安全借款人获得贷款，提高总贷款量（Pagano and Jappelli，1993），从而促进普惠金融。

金融科技信贷通过四种方式增强普惠金融水平，并超越传统的信用评分，包括：利用非传统的数据来源，以改进对借款人过往记录的评估；评估抵押品价值；预测收入前景；预测一般情况的变化（Bazarbash，2019）。Fuster 等（2019）使用美国抵押贷款申请和发放数据，发现金融科技公司处理抵押贷款申请速度比其他贷款者快 20%，同时更快的处理速度并未导致更高的违约。此外，金融科技公司相比其他贷款者更有弹性地调整信贷供给响应抵押贷款需求冲击，从而缓解与传统抵押贷款相关的抵押品价值约束。

由于信息成本高昂，向中小型企业提供信贷服务一直是全球政策制定者面临的长期挑战。大型科技公司使用大量数据来评估公司的信誉，可以减少解决信贷市场信息不对称问题时对抵押品的需求，进而可能缓解这个问题。通过利用现有平台上的大数据或数字足迹，一些大型科技公司已向数百万小型企业提供短期贷款。通过分析一家中国领先的网上银行的 180 万笔贷款交易数据，Huang 等（2020）使用大数据和机器学习模型评估信用风险的金融科技方法与使用传统金融数据和记分卡模型的银行方法进行了比较。他们发现，金融科技方法可以更好地预测正常时期和外部冲击时期的贷款违约，从而体现出信息和建模优势。同时，大型科技公司的专有信息可以补充或在必要时替代风险评估中的信用记录，允许无银行账户的企业借款。因此，他们认为，借助更有效和平衡的政策支持，大型科技公司可以帮助促进全球普惠金融。除了通过网上银行融资渠道，中小企业也可以使用 P2P 借贷平台满足自身的流动性需求。例如，Abbasi 等（2021）考察了点对点（P2P）借贷金融技术是否扩大了中小企业的融资渠道。通过使用 2011—2018 年经合组织国家样本，他们发现 P2P 贷款平台显著提高了中小企业获得融资的机会。

金融科技除了直接作用于中小企业信贷，还能通过银行间接影响中小企业的信贷。通过分析 2011—2018 年中国各省银行的贷款记录，Sheng（2021）发现金融科技有效地促进了银行业对中小企业的信贷供应。与中小银行相比，金融科技的作用更为显著地影响了大银行对中小企业信贷的增长。

（二）风险管理

金融科技有助于优化风控模型，增强金融体系的韧性。Gambacorta 等（2019）比较了基于机器学习技术的信用评分模型与传统损失和违约模型的预测能力。通过使用中国领先的金融科技公司在 2017 年 5—9 月的专有交易级数据，他们测试了不同模型在正常时期和经济受到冲击时预测损失和违约的表现，发现基于机器学习和非传统数据的模型在总信贷供给受到负面冲击的情况下，相比传统模型更能预测损失和违约。一个可能的原因是机器学习可以更好地挖掘压力时期变量之间的非线性关系。不过，对于信用记录较长的借款人，使用基于机器学习和大数据的金融科技信用评分技术模型的优势下降。同时，更多地使用基于机器学习和大数据的大型科技信贷可能会降低抵押品在信贷市场中的重要性，并可能削弱金融加速器机制（Gambacorta, et al., 2020）。例如，Pierri 和 Timmer（2020）分析了贷方采用信息技术对金融稳定的影响。他们发现，当危机来袭时，IT 应用程度更高的银行不良贷款率显著更低。IT 应用程度高的银行发放的抵押贷款表现更好，并且没有产生低质量的贷款。因此，他们认为，贷款中的技术采用可以通过产生更具弹性的贷款来增强金融稳定性。

金融科技有助于改善消费者的风险承担水平。Hong 等（2020）通过使用来自蚂蚁集团关于消费、投资和金融科技使用的账户数据，探讨金融科技如何降低投资壁垒，并帮助家庭转向最优风险承担。通过使用消费数据，他们进一步从消费波动性推断个人的风险承受能力。他们发现，虽然金融科技的采用提高了所有人的风险承受能力，但风险承受能力更强的个人从金融科技进步中受益更多。通过考察跨地理位置的风险承担，他们发现金融服务覆盖率低的城市从金融科技渗透中受益最大。因此，他们认为，通过解除传统约束，金融科技提高了最需要它的人的风险承担。

近年来，越来越多的商业银行在其运营流程中采用了银行金融科技。理论上，银行金融科技可能对其信用风险产生正反两方面的影响。一方面，银行金融科技可以降低信用风险。有研究表明，商业银行采用新兴技术可以获得技术溢出效应（Blalock and Gertler, 2008；Newman, et al., 2015），有助于提高银行风险管理效率，从而降低银行信用风险。银行金融科技借助区块链、云计算等新兴技术，提高了数据隔离、资源分散的实时系统化管理水平，有利于银行提高风险管理效率，继而降低信用风险。此外，银行金融科技还可以通过改善银行内部治理与提升银行业务多元化程度，降低信用风险（Demirgüç-Kunt and Huizinga, 2010）。另一方面，银行金融科技可能会增大信用风险。银行金融科技带来的技术风险，如数据安全风险、隐私保护风险、交易安全风险、身份认证风险等，都可能增大银行信用风险。此外，银行金融科技增加了监管风险。这种情况可能导致银行利用银行金融科技从事监管套利等违法活动，从而增大银行信用风险。

实践上，银行金融科技总体上降低了银行信用风险。例如，Cheng 和 Qu（2020）通过对 2008—2017 年中国银行业的考察，发现国有银行相比其他银行发展金融科技的速度更快。而且，在银行金融科技的五个子领域中，互联网技术的发展领先于人工智能技术、区块链技术、云计算技术和大数据技术。他们发现银行金融科技显著降低了中国商业银行的信用风险，不过在大型银行、国有银行和上市银行中，银行金融科技对信用风险的抑制效应较弱。

(三) 价格信息

信息是所有金融交易和市场的基本组成部分，但会以多种形式呈现。一般而言，金融市场和机构的一个主要目的是收集、处理和传输信息。除了一些信用数据，用于构建预测模型的大数据还可以包括稀疏、细粒度的客户数据，比如个人通过网络留下浏览记录、消费者交易、停车场的卫星图片等非结构化数据。

一些研究考察了金融科技对资本市场有效性的影响。其核心是金融科技能否提升资产价格中的信息含量。近年来，移动设备的普及、低成本传感器和数字技术的应用降低了数据收集成本，推动收集实时、精细数据成为可能（Zhu，2019）。假定价格不能完全反映投资者的私人信号，嘈杂的理性预期模型（Noisy Rational Expectation Model）表明，信息获取成本的降低会提高股票价格的信息量（Grossman and Stiglitz，1980）。

数字技术从根本上改变了信息在金融市场中的传播和生产方式，影响到资产价格的信息含量。理论上，数字技术可以对信息生产产生正反两方面的影响。一方面，数字技术促进信息更及时、更广泛的传播，导致信息生产被挤出，继而降低资产价格定价效率。首先，公共信息被广泛传播时，价格可能会揭示出更多的信息。由于信息处理需要时间，信息处理者的优势下降，导致信息处理活动的强度降低。因此，随着低精度信息的成本下降，价格更有可能在高精度信息可用之前得以反映，而这会促使交易者减少对高精度信息的需求，导致价格信息含量下降（Dugast and Foucault，2018）。其次，公共信息可以成为投资者信念的协调工具，此时公开信息的更大范围传播可能导致投资者高估公共信息而低估私人信息。若私人信息的准确性很高，则股票价格的信息效率会降低（Amador and Weill，2010）。最后，大量信息的可得性可能造成信息过载问题，导致投资者减少分配给信息处理的注意力。

另一方面，数字技术的大量应用会挤入信息生产，提高资产价格信息含量。其一，数字技术降低了获取公司披露信息和从披露信息中提取有价值信息的成本，这会提高信息生产者生产信息的利润，推动其提高信息生产。此时，交易者获取的信息更多，从而使得价格揭示更多的信息。其二，更大程度披露公司信息可以降低市场交易者的不确定性，这会刺激交易者获取有关公司的更多信息并进行交易（Goldstein and Yang, 2015），从而提高股票价格的信息含量。

为衡量上述两种效应的相对大小，Gao 和 Huang（2020）借助美国1993—1996 年实施的 EDGAR 系统准自然实验，发现企业信息披露方式由纸质转为互联网显著提高了信息生产，即挤入效应大于挤出效应。在EDGAR 实施后，个人投资者和卖方分析师的股票价格信息更丰富、更准确，表明现代信息技术的应用促进了更多、更广泛的信息传播，改善了信息生产，并提高了价格的信息含量。此外，Bartlett 等（2022）发现证据表明，金融科技贷方使非裔和拉丁裔美国借款人更容易进入抵押贷款市场，并为这些借款人提供更公平的定价。这表明金融科技能够提高信贷定价效率。类似地，Iyer 等（2016）通过对在线信贷市场的分析，发现利用非标准信息可以提高贷款效率。

（四）支付结算

智能手机为金融发展提供了巨大机遇，有望成为各种金融交易的常用工具。通过分析巴西（Oi Paggo）、印度尼西亚（TCASH）和肯尼亚（M-PESA）三个移动支付项目，Iman（2018）总结出，当前移动支付体系在具有共享公共基础设施的复杂多维网络中运行，并在这些基础设施上竞争为客户提供价值。

移动货币服务在新兴经济体和发展中经济体中迅速推广，并为家庭和企业提供了进行支付、储蓄和汇款的新方式。移动支付的发展带来了较低的交易成本与运营成本（Heng, et al., 2021）。大量证据表明，移动支付对消费者、劳动供给、消费产生了重大影响。一个例子是肯尼亚的 M-PESA，它于 2007 年由电信企业 Safaricom 推出，本质上是对银行支付系统服务的替代。例如，用户可以将钱存入手机关联的账户，还可以进行点对点转账甚至取款。Jack 和 Suri（2014）探索了移动支付创新对肯尼亚的影响，发现移动货币可显著提升家庭分担风险的能力，其内在机制是交易成本的减少。进一步分析发现，移动货币有助于增加风险分担网络的有效规模和活跃参与者的数量，但未增加信息、监控和承诺成本。同时，Suri 和 Jack（2016）发现肯尼亚居民使用移动支付系统还可以提高人均消费水平，并使 19.4 万户家庭（占肯尼亚家庭的 2%）摆脱贫困。进一步分析发现，随着时间的推移，移动货币提高了消费分配的效率，同时允许更有效地配置劳动力，从而显著减少肯尼亚的贫困。类似地，Zhao 等（2022）使用中国家庭金融调查（CHFS）数据，发现移动支付显著提高了中国农村居民消费，尤其是农村老年人、低收入人群和低教育人群等社会弱势群体。其原因可以部分归结于，移动支付带来了交易成本的降低、流动性约束的缓解以及心理账户损失的减少。

此外，数字支付还对经济社会活动产生重要影响。例如，Agarwal 等（2019）以新加坡一家领先银行的 2.5 万名客户为研究样本，发现移动技术的引入不仅增加了电子钱包的使用，还促使小型和创业公司的销售额显著增长（每月增长 3.5%）。Patnam 和 Yao（2020）使用 Paytm[①] 交易的精细数据考察移动货币的使用如何影响印度经济。他们利用非货币化政策期间促使移动货币采用率激增的时期，分析了移动货币如何影响传统的风险分担。他们发现，移动货币的使用通过抑制降雨冲击对经济活动和家庭消费的影响来增强抵御冲击的韧性。他们通过围绕分阶段的目标干预进行公司调查来补充这些发现，该干预激励公司采用移动支付技术。他们的结果表明，与其他公司相比，采用移动支付的公司在使用 6 个月后提高了销售额。此外，移动货币还能显著降低社会犯罪风险（Economides and Jeziorski，2017）。

---

① Paytm 是印度最大的移动货币服务提供商之一，拥有超过 4 亿用户。

四 金融科技与风险

金融科技是一柄"双刃剑"。在推动金融服务更为公平、更有效率的同时,金融科技也对金融业带来了多重风险。其一,金融科技公司对传统金融机构形成竞争,提高了后者风险承担与转型风险。其二,金融科技推动了影子银行的发展,并产生了金融服务新的模式(如P2P),可能增大系统性金融风险。其三,数字技术的进步促进了各国货币形态的加快转变,在从纸质货币转向数字货币的过程中,可能引发金融体系的不稳定。其四,金融科技利用大数据优势提供更多元化的金融服务,提高了消费者剩余,但也可能导致用户数据隐私泄露、价格歧视、数字鸿沟与过度借贷等金融伦理风险。

(一) 金融机构风险

1. 银行风险承担

现代银行业具有更强的风险承担能力。从软信息到硬信息、从零售存款到批发金融的转变可能会产生更多的不稳定性。由于硬信息使业务具有更大的扩展性,传统银行基于软信息的关系型业务受到侵蚀。新的竞争对手能够使用硬信息并突破银行与客户之间的传统关系。

金融科技公司和大型科技公司进入银行业产生了多种风险。理论上,大型科技公司可能会利用客户数据和技术优势进行所谓的"撇脂",这使它们能够比传统银行更有效地筛选出低质量的贷款。因此,传统银行最终可能会承受更大的信用风险和逆向选择问题。竞争压力的增加可能会导致银行为了恢复盈利能力而承担更大的风险。Dell'Ariccia 和 Marquez (2006) 表明,当未知借款人的比例较低时,银行会通过要求较高的抵押品来筛选借款人。但是,当市场上特征不明的借款人比例较高时,银行会放宽贷款要求,减少筛选,提供无抵押条件的合同,扩大信贷。这会导致贷款组合恶化、银行利润下降以及发生系统性危机的可能性更大。

Stiglitz 和 Weiss (1981) 提出的信贷配给理论认为,银行信贷决策会考虑贷款利率和贷款风险。银行收取的利率会通过两个渠道影响其贷款风险，即筛选借款者（逆向选择）和影响借款者行为（激励效应）。对新进入者施加的监管负担程度及公共部门向它们提供的保证，对于它们相比银行的竞争力至关重要。例如，如果数字货币提供商可以使用中央银行准备金，那么它们就不会受到市场风险和流动性风险的影响，并且会成为事实上的狭义银行，在吸引资金的竞争方面对银行构成巨大挑战（Vives，2016）。这种竞争可能具有促进创新、促进跨境支付、避免数字货币供应的潜在垄断以及使货币政策传导更有效等优势，但它会损害银行并使其存款基础不稳定。为留住客户，银行会改善客户服务和提高存款利息，导致盈利能力下降。此外，存款特许权价值的侵蚀（如大型科技公司引入货币市场共同基金）将限制其作为利率风险对冲的价值，从而限制银行提供信贷的能力。为保证一定的利润水平，银行倾向于提高贷款利率，这会通过逆向选择和激励效应渠道增大借款者违约的概率，导致银行贷款损失风险提高。

2. 金融机构数字化转型风险

金融科技的兴起促使银行加快数字化转型，极大改变了金融服务的提供方式（Agarwal and Zhang，2020）。信息通信技术产生了自动取款机和网上银行等创新。大数据、人工智能、区块链等数字技术正在改变银行业务，并有可能颠覆现有的金融中介机构，尤其是银行。新的数字技术使广泛的金融活动自动化，并有可能在金融部门的某些领域提供新的、更具成本效益的产品，从贷款到资产管理，从投资组合建议到支付系统。

数字化转型有助于提高金融机构经营效率，但也伴随产生新的风险。一些金融机构可能依赖于大型科技公司提供的第三方服务（如数据存储、传输或分析）。在这种情况下，网络攻击或大型科技公司运营失败可能会带来金融机构的系统性风险。与加密相关的活动在很大程度上不受监管，特别容易受到网络攻击。网络事件变得越来越复杂，其成本难以量化。Aldasoro 等（2022）使用包含跨部门10万多个网络事件的独特数据库，发现大型公司受到网络攻击影响的成本更高。金融部门面临大量网络攻击，但平均成本较低，这要归功于其增加对信息技术安全的投资。在网络事件相对较小的情况下，使用云服务可以降低成本。但是，随着云提供商变得具有系统重要性，金融机构对云的依赖可能会增加尾部风险（Danielsson and Macrae，2019）。Aldasoro 等（2020）根据跨国数据估算出，与网络攻击相关的在险价值（VaR）仅占到银行总收入的 0.2%—4.2%。但是，Bouveret（2018）以各国报纸文章和媒体报告数据，测算出网络攻击造成的损失能占到金融机构净收入的 14%—19%，远高于司法管辖区金融机构公开报告的损失。

（二）影子银行、平台风险

1. 影子银行风险

监管机构对竞争性上升和风险承担程度提高做出的反应可能是提高银行的审慎要求，这反过来可能会增加银行绕过监管的动机，并促使影子银行活动的增加。其结果是监管范围之外影子银行活动的自我增长。例如，宏观审慎监管试图限制系统性风险，但对银行杠杆贷款的限制可能会增加银行非杠杆贷款（Kim，et al.，2018）。例如，2007—2015 年美国影子银行在住宅抵押贷款市场中的份额几乎增长了一倍（从 30% 到 50%），在线"金融科技"贷方的增长尤为明显。Buchak 等（2018）研究了监管负担和技术优势两种力量如何促成了这种增长，发现金融科技贷方似乎提供更高质量的产品并收取 14—16 个基点的溢价。相比其他贷方，它们似乎使用不同的信息来设定利率。他们发现，监管负担的差异大概能解释影子银行增长的 60%，而技术差异能解释大约 30%。在金融科技借贷平台推动下，与受监管经纪业务相比，尽管不受监管的影子融资保证金账户持有的资产较少，但其对金融市场崩盘的影响更大（Bian，et al.，2018）。

2. 平台风险

市场借贷平台最初是为了监管套利，通过非存款机制筹集资金以避免受到与银行相同的监管。这些平台对银行产生了竞争，降低了借款人成本，并为投资者提供更高的收益。平台效率的提高部分源于监管开销的减少、所需的资本更少以及没有存款保险费（一些 P2P 平台确实预留了资金用于自我保险）。很大一部分市场投资者将 P2P 视为银行储蓄产品的替代品，但在大多数情况下，他们需要在没有任何类型存款保险的情况下承担直接信用风险，并且通常没有意识到这种风险。

逆向选择可能在借贷平台上出现。P2P 借贷的双盲性质使得借款人在网络借贷中更有可能出现逆向选择。在可比信用的消费者中，P2P 贷款的违约率高于其他类型的信贷（Balyuk and Davydenko, 2019）。由于线上借贷平台是通过收费而非利差盈利，并且是以高固定成本和低边际成本运营，因此规模对其而言十分重要。平台需要吸引市场的双方，并且倾向于向弹性较小的一方（通常是借款人）收取更高的费用。更高的费用可能会产生更严重的风险，从而加剧逆向选择问题。Di Maggio 和 Yao（2021）发现，通过硬信息做出授信决策，金融科技贷方首先向高风险借款人，随后是更安全的借款人贷款，从而获得更大市场份额。相比传统金融机构相同特征借款人的借款，金融科技借款人显著更容易违约。与传统银行相比，市场借贷平台中的贷方与借款人之间存在更大的信息不对称。例如，Chava 等（2021）使用综合征信局数据，比较了市场借贷平台借款人与相似特征的银行贷款申请人，发现长远来看前者信用评分更低，违约率更高。

平台对道德风险和逆向选择问题有潜在的模糊影响，影响金融稳定性。如果金融科技平台在其帮助发起但未保留贷款中的权益较低，则可能会出现道德风险问题。由于平台在贷款的筛选过程中发挥着核心作用，其主要目标是最大化贷款量和费用收入，因此它们可能会选择让贷款质量降低。由于这些平台几乎没有软信息，而传统银行在这一领域具有优势，因此这种影响可能会进一步加剧（Vallée and Zeng, 2019）。另外，即使大型科技平台为其发起的贷款提供资金，道德风险也可能会增加，因为它们将有动力扩大信贷以支持其他平台业务，例如在其电子商务平台上销售额外的产品或服务，或获取补充数据以通过广告获利。

（三）数字货币风险

1. CBDC 风险

中央银行数字货币（CBDC）比以往任何时候都受到更多关注。然而，各国发行 CBDC 的动机各不相同，政策方法和技术设计也存在差异。CBDC 可以设计为具有类似于现金或存款的属性，并且可以是计息的：与存款密切竞争的 CBDC 会抑制银行的信贷和产出，而类似现金的 CBDC 可能会导致现金消失。因此，最佳 CBDC 设计需要在银行中介与维护多样化支付工具的社会价值之间取得平衡。不过，当网络效应很重要时，带息的 CBDC 减轻了中央银行的权衡（Agur, et al., 2022）。

世界各地的中央银行都在探索，在某些情况下甚至试行 CBDC。CBDC 有望实现广泛的新功能，包括政府对公民的直接支出、无摩擦的消费者支付和货币转移系统，以及一系列新的金融工具和货币政策操作。然而，CBDC 也带来了许多具有挑战性的技术目标和设计问题，在质量和数量上与现有政府和消费者的支付系统不同。一个运作良好的 CBDC 将需要一个非常有弹性、安全和高性能的新基础架构，能够加入、验证和支持大规模用户。这将需要一个足够简单的架构来支持模块化设计和严格的安全分析，同时足够灵活以适应当前和未来新功能的需求和使用。CBDC 还需要以某种方式解决隐私和透明度之间与生俱来的矛盾，即保护用户数据免受滥用，同时有选择地允许用于最终用户服务、决策者和执法调查的数据挖掘和干预（Allen, et al., 2020）。

正在进行的数字革命可能会导致与传统货币交易模式的彻底背离，货币不同角色的分拆会造成在专业货币之间更激烈的竞争（Brunnermeier, et al., 2019）。与大型平台生态系统相关的数字货币可能会导致货币重新捆绑，其中支付服务与一系列数据服务打包在一起，鼓励差异化但却不鼓励平台之间的互操作性。数字货币也可能引发国际货币体系的剧变：与邻国在社会或数字上融合的国家可能面临数字美元化，而具有系统重要性平台的盛行可能会导致跨越国界数字货币的出现。

CBDC 的引入使中央银行通过与商业银行争夺存款，参与大规模中介活动，为传统货币存款需求提供了一个有吸引力的替代品。Fernández-Villaverde 等（2021）推导出一个等价结果，表明在不存在银行恐慌时，通过私人金融中介实现的分配与通过 CBDC 实现的分配等价。然而，在恐慌期间，他们发现中央银行的刚性兑付与商业银行签订的合同具有阻止挤兑的能力。因此，中央银行比商业银行部门更稳定。存款人事前预期到了这个功能，并且中央银行作为存款垄断者出现，将所有存款从商业银行部门中吸走。但是，这种垄断可能会危及期限转换。Schilling 等（2020）理论分析表明，虽然中央银行总能兑现其名义上的义务，但仍可能发生挤兑，表现为过多的实物资产清算或未能保持价格稳定。他们证明了 CBDC 面临的三难困境：效率、金融稳定（即不出现挤兑）和物价稳定，中央银行最多可以实现两个。

2. 私人数字货币、稳定币风险

私人数字货币面临技术、可用性、监管挑战、有限的流动性和市场操纵等风险，存在很多不确定性。而这些不确定性会引起私人数字货币（如比特币）价格异常波动，这会限制社会对其的接受度和使用率。同时，上述因素使私人数字货币无法用作短期价值存储和支付手段，从而增加了对其使用的障碍。事实上，大多数加密数字货币交易代表的是投机性投资，而不是典型的经济活动。

如果私人数字货币提供商无法获得中央银行准备金，那么即使它们将客户资金作为批发存款存入，他们也会面临市场风险和流动性风险。这将使系统变得不稳定，因为如果私人数字货币持有者担心私人数字货币供应商投资不稳定，他们可能转向获得银行提供的存款保险。同时，银行资金也可能变得不稳定，因为银行将有更大比例的不稳定批发存款（Skeie, 2020）。此外，在高通胀的国家，私人数字货币可能比法定货币更受欢迎。全球使用私人数字货币的作用类似于发展中国家的传统硬通货，它消除了法定通货膨胀，但加剧了银行的脆弱性。通过限制通货膨胀和缓解宏观经济冲击与银行挤兑，区域使用的山寨币优于全球数字货币和其他硬通货（Skeie, 2020）。另外，加密货币容易成为非法交易的支付工具。加密货币正在通过启用"黑色电子商务"来改变黑市。加密货币是世界上最大的不受监管的市场之一。Foley 等（2019）发现约四分之一的比特币用户参与了非法活动。他们估计每年约有 760 亿美元的非法活动涉及比特币（占比特币交易的 46%），这接近于美国和欧洲非法毒品市场的规模。不过，由于比特币公共区块链的交易历史特征，监管当局能够追踪非法用户，从而这种非法交易方式正在减少。

货币和支付系统的基础技术正在迅速发展。分布式账本技术（DLT）的出现和传统中心化系统的快速发展都在改变货币和支付特征。这些趋势体现在私人"稳定币"中：加密货币价值与法定货币或其他资产挂钩。稳定币①——尤其是潜在的"全球稳定币"，例如 Facebook 的 Libra 提案——从世界各地的金融当局的角度来看，构成了对金融稳定、货币政策传导和货币主权等领域的一系列挑战（Arner, et al., 2020）。加密货币波动性降低了其成为交换媒介或价值储存的能力，导致试图实施汇率挂钩以稳定这些货币（Sultanum, 2021）。该策略已被 US Dollar Tether、Steem Backed Dollar 和 TrueUSD 等加密货币使用；之前被巴西、墨西哥和阿根廷等国采用。然而，如 Obstfeld（1996）所讨论的，如果汇率挂钩不是 100% 由储备支持的，那么它很容易受到投机攻击。

（四）金融伦理风险

随着数据成为更重要的市场力量来源，效率与隐私保护之间的矛盾日益显现。提供商对其客户数据的控制可以维护隐私，但会减少竞争。数据的非竞争性可以为数据在规模和范围上产生递增的回报（Farboodi, et al., 2019；Boissay, et al., 2021）。任何单一的附加数据（如支付信息或客户对公司产品的评论）与现有的大量数据相结合时都具有附加价值。出于这个原因，数据对大型科技公司和其他业务范围广泛的公司更有价值，从而产生了所谓的数字垄断。因此，数据可能成为反垄断意义上的"基础设施"。在大数据推动下，算法价格歧视能够将潜在客户群

---

① 稳定币是一种加密货币，它使用稳定机制试图用现有的本国货币或其他资产来维持价格稳定（Garcia, et al., 2021）。大多数稳定币试图通过将其价值与参考资产联系起来，通过资产支持的机制或算法链接到参考资产来保持稳定性。

体解析为更精细组别，每组人群都与不同的价格相匹配。大型多产品供应商原则上可以获取全部消费者剩余（Bar-Gill，2019）。

复杂的机器学习算法可能并不像它们的数学性质所暗示的那样中立。虽然较少的人为干预意味着基于偏好的歧视可能会下降，但由人类或对历史数据进行训练可能会引入新的偏见（Morse and Pence，2021）。Fuster等（2019）使用美国抵押贷款数据发现，黑人和拉丁裔借款人从信用评分模型引入机器学习中获益的可能性要小得多。这表明该算法可能会在不同群体之间产生不同的影响并增加不平等。金融科技似乎无法缩小在获得金融服务方面的性别差距，因为女性分享数据的倾向低于男性。Chen等（2021）发现男性比女性更有可能使用金融科技产品服务（27%对19%），并且这种模式适用于每个国家（秘鲁和印度除外）。此外，女性在与在线公司打交道时更担心自身安全，不太愿意共享数据以获得更好的金融服务。

技术改变了歧视在金融服务中的表现方式。在决策角色中使用算法取代人类自由裁量权减少了基于偏好的歧视，新的建模技术扩大了家庭获得金融服务的机会，这些人以前被排除在金融市场之外。然而，算法可能会因人类参与开发过程而表现出偏见，并且它们的不透明性和复杂性可能会促进在金融服务提供的几个方面（包括广告、定价和信用风险评估）与反歧视法不一致的统计歧视。在信贷市场中，算法评分与面对面决策均可能产生歧视，但前者产生的歧视要明显少于后者。Bartlett等（2022）发现，贷款者分别向拉丁裔或非裔美国借款人消费和再融资抵押贷款收取更高利息，导致其每年多花费4.5亿美元利息。尽管金融科技算法存在歧视，但相比面对面贷款减少了40%。算法的价格歧视水平较低表明消除面对面的互动可以减少歧视。

此外，金融科技还会产生数字鸿沟和过度借贷问题。Carlin等（2017）分析了通过新技术更好地获取金融信息如何改变消费信贷的使用和影响财务的健康。采用新技术后，千禧一代和X世代成员承担的财务费用和罚款较少，而婴儿潮一代则无法从技术进步中受益。D'Acunto等（2020）研究了首次借款人对透支工具的支出反应，并通过金融科技应用程序得出他们的偏好、信念和动机。用户永久增加支出，降低储蓄率，并将支出从非可自由支配的商品重新分配到可自由支配的商品。

五 金融科技发展前景

金融科技的蓬勃发展，降低了金融服务的成本，提高了金融服务效率，有效提升了普惠金融，对金融行业产生了积极影响。与此同时，金融科技的不断发展对传统银行业经营模式和竞争力造成了明显冲击，并衍生出一些新的风险，如影子银行、平台风险，数字货币风险，金融伦理风险，从而对各国（尤其是中国）监管带来新的挑战。未来，金融科技的发展需要关注哪些领域？本节重点讨论了三个方面，分别为金融科技与金融监管、金融科技与传统金融的关系以及金融科技与国家金融竞争力。

（一）金融科技与金融监管

金融科技具有提升社会福利的潜在颠覆性能力。有效的金融监管对金融服务业，尤其对金融科技的创新和可持续发展至关重要（Treleaven, 2015）。在此过程中，监管改革和创造新业务也存在前所未有的机遇。然而，为了让新技术在不危及金融稳定的情况下为消费者和企业带来益处，监管需要迎接挑战。监管机构面临的挑战将是保持公平的竞争环境，在促进创新和维护金融稳定之间取得适当的平衡（Vives, 2019）。

欧洲的方法是对相同的服务制定相同的规则和监督，而与产品和服务的供给者无关。然而，当前的监管是针对机构而不是产品和服务的。原因之一是机构可能会失败，从而产生系统性风险问题。对此，监管科技可能是一个有效的解决方案。监管科技通过利用近乎实时的数据功能、自动化高级算法流程，将先进模型的构建和分析与人工智能联系起来，提供了包含合规所需所有工具的机会。因此，监管科技降低了成本、决策时间并加快了匹配速度，从而大大提高了合规职能的价值（Anagnostopoulos, 2018）。

目前，监管金融科技提供新服务的趋势是采用"监管沙箱"，以便金融科技公司在没有银行业严格监管的情况下进行试验，并让监管机构寻找到确保金融科技公司经营活动安全的最佳方式。世界各地的政策制定者都在采用"监管沙箱"作为刺激金融部门创新的工具，同时对新出现的风险保持警惕。"监管沙箱"使符合条件的申请人能够在一定时期内测试其技术支持的金融解决方案。因此，这些工具允许创新，同时防止系统性风险引起的金融市场严重不稳定（Alaassar, et al., 2021），并能提高金融科技企业创新所需的融资机会。例如，Cornelli 等（2020a）使用英国的独特数据，首次证明了世界上第一个沙箱在改善金融科技公司获得融资方面的有效性。与未进入的公司相比，进入沙箱的公司在进入后筹集的资金显著增加了15%，同时筹集资金的可能性提高了50%。进一步分析表明，沙箱通过两种渠道促进了金融科技公司获得资本，即减少了信息不对称和降低了监管成本（不确定性）。

监管机构需要在更广泛竞争带来的创新、效率和消费者保护监督、执法产生的抑制影响之间取得平衡。根据监管范围的设置方式，需要金融科技公司开发新的披露方法、确定产品适用性和知情同意，以确保提高效率的承诺不会以客户损失和信任度降低为代价（Feyen, et al., 2021）。

互联网虚拟性产生的信息不对称是金融科技监管面临的另一个挑战，而新媒体的参与则会使信息环境更加复杂。以寻求创新与监管之间动态平衡的视角，Zhou 和 Chen（2021）考察了新媒体参与下的声誉调整，以及相应的创新路径选择。研究发现，过度创新金融科技平台的均衡策略与其时间偏好直接相关。对于更注重当前利益的平台，高压监管环境和舆论监督可以有效抑制过度创新，而对于着眼长远利益的平台，适当放松监管压力和舆论环境可以通过假装合规来鼓励平台维护其声誉。

近年来，数据安全和数据隐私是各国金融科技监管的重要领域。例如，随着商业数字支付平台的市场份额稳步上升，未来可能无法实现支付中的隐私。隐私是使用现金支付的固有特征。Garratt 和 Oordt（2021）探讨了动态框架中支付隐私的减少对福利的潜在影响。在他们的框架中，公司可能会使用当前客户付款支付的数据来对未来客户进行价格歧视，导致个人客户不承担未能保护其隐私的全部成本，而其他客户承担了被实施价格歧视的成本。因此，客户可能会选择不保护他们的支付隐私。解决这些权衡需要就数据共享进行广泛讨论。《欧盟通用数据保护条例》（GDPR）、《加州消费者保护法》（CCPA）、《中华人民共和国个人信息保护法》等数据保护规则代表了保护消费者隐私和限制企业使用个人数据领域监管的重要进展。

（二）金融科技与传统金融：替代还是互补

金融科技公司和大型科技平台已经在全球范围内扩大了贷款。Cornelli 等（2020b）估计，2019 年它们的信贷流量分别达到了 2230 亿美元和 5720 亿美元。中国、美国和英国是金融科技信贷最大的三个市场。在中国、日本、韩国、东南亚以及非洲和拉丁美洲的一些国家，金融科技巨头信贷增长迅速。他们发现，在人均国内生产总值较高、银行业加成率较高且银行业监管不那么严格的国家，此类贷款更为发达。人均银行分支机构越少，金融科技信贷越大。他们还发现，金融科技和大科技信贷在营商便利度越高、投资者保护披露和司法系统效率越高、银行存贷比越低、债券和股票市场越发达的地方更为发达。他们认为，替代型信贷似乎是对其他形式信贷的补充，而不是替代它们。发展中国家的贷方正在利用金融科技工具在手机上创建全数字贷款。以肯尼亚 M-Shwari 数字贷款产品为例，Bharadwaj 等（2019）发现，虽然数字贷款提高了居民的金融可得性和弹性，但其一个重大缺陷是仅提供小额、短期贷款（贷款平均值为 4.8 美元，30 天利率为 7.5%），使其并未挤占其他形式的信贷，从而不能解决更大范围内的信贷市场失灵问题。数字技术有望扩大对银行系统服务不足的小微企业的金融服务供给。Erel 和 Liebersohn（2020）研究了金融科技对引入工资保障计划（PPP）所创造的金融服务需求的反应，发现金融科技主要是扩大金融服务的整体供给，而不是对金融服务市场重新分配。

金融科技信贷是否替代传统信贷取决于外部条件，并呈现一定的异质性。通过使用 2013—2019 年 78 个国家和地区数据，Hodula（2021）发现金融科技平台信贷可以作为传统银行信贷的补充和替代品。进一步分析表明，在集中度较低、流动性更强、更稳定的银行业中，银行和金融科技平台信贷往往不会竞争相同的客户，而是作为互补品共存。此外，在不太稳定且高度集中的银行业，金融科技平台信贷可能会直接替代银行信贷。金融科技信贷能否填补消费和商业领域的信贷缺口？Bazarbash 和 Beaton（2020）使用 109 个国家 2015—2017 年数据，研究了金融科技对企业和消费者的信贷与金融发展之间的关系。他们发现，在金融深度下降的国家，金融科技向消费者提供的贷款增长，凸显了其在填补传统银行信贷缺口方面的作用，这一结果在低收入国家尤为突出。在商业领域，金融科技贷款在金融效率下降的地方扩张。在消费信贷市场，Tang（2019）发现，P2P 贷款在服务高质量借款人方面是银行贷款的替代品，但在小额贷款方面补充了银行贷款。例如，Wolfe 和 Yoo（2017）发现，在美国消费信贷市场，小型农村商业银行因 P2P 平台的侵占而损失了用户贷款，证实 P2P 信贷是银行贷款的替代品。

（三）金融科技与国家金融竞争力

金融科技正被全球市场采用，但并非均匀。在一些经济体，特别是在发展中国家，金融服务的需求未得到满足正在推动对金融科技的采用。在这些国家，金融科技有望实现更大的普惠金融。在其他经济体中，应用金融科技可能与传统金融的高成本、有利的监管环境和其他宏观经济因素有关。此外，人口统计特征起着重要作用，因为年轻人群更有可能信任和使用金融科技服务。金融科技帮助提高金融体系的普惠性和效率，例如金融科技公司和大型科技公司推动了银行提供新产品和降低服务成本，从而有利于经济增长（Hau, et al., 2019；Frost, 2020）。

金融科技行业在撒哈拉以南非洲地区开始快速增长。与大陆法系国家相比，英美法系国家采用更多的社交媒体、数字货币、共享单车和其他金融科技应用程序（Yermack, 2018）。一个重要原因在于，金融科技所需的电力、电信和互联网基础设施在英美法系国家得到了更广泛的建设。因此，在具有英美法系的新兴市场国家中，普惠金融的效果更好。

金融抑制历来阻碍了对新兴市场和发展中经济体的投资。金融科技可以通过市场竞争提升利率市场化水平，继而提高金融体系效率。例如，在中国，银行存款长期受制于有约束力的利率上限。中国领先金融科技公司推出了一款货币市场基金（MMF），该基金具有类似存款的取回功能，同时不受到利率上限的影响。Buchak 等（2021）发现，该货币市场基金快速增长，存款基础更多暴露于支付应用程序的银行出现了更大的存款流失。值得注意的是，为应对该基金带来的冲击，这些银行对金融创新进行了更多投资，并推出具有类似特征的竞争型基金，从而促使自身盈利能力并未下降。他们的研究表明，金融科技通过引入资金竞争有助于刺激传统银行利率市场化。

（执笔人：汪勇）

参考文献

郭峰、王靖一、王芳、孔涛、张勋、程志云：《测度中国数字普惠金融发展：指数编制与空间特征》，《经济学》（季刊）2020 年第 4 期。

彭澎、徐志刚：《数字普惠金融能降低农户的脆弱性吗?》，《金融评论》2021 年第 1 期。

张海燕、韩晓：《数字金融的可持续减贫效应研究——贫困脆弱性视角》，《金融评论》2021 年第 6 期。

Abbasi, K., A. Alam, N. A. Brohi, et al., 2021, "P2P Lending Fintechs and SMEs' Access to Finance", *Economics Letters*, 204, 109890.

Agarwal, S., P. Ghosh, J. Li, et al., 2020, "Digital Payments and Consumption: Evidence from the 2016 Demonetization in India", *SSRN*, No. 3641508.

Agarwal, S., W. Qian, B. Y. Yeung, et al., 2019, "Mobile Wallet and Entrepreneurial Growth", *AEA Papers and Proceedings*, 109, 48 – 53.

Agarwal, S. and J. Zhang, 2020, "FinTech, Lending and Payment Innovation: A Review", *Asia-Pacific Journal of Financial Studies*, 49（3）, 353 – 367.

Agur, I., A. Ari and G. Dell'Ariccia, 2022, "Designing Central Bank Digital Currencies", *Journal of Monetary Economics*, 125, 62 – 79.

Alaassar, A., A. L. Mention and T. H. Aas, 2021, "Exploring a New Incubation Model for FinTechs: Regulatory Sandboxes", *Technovation*, 103, 102237.

Aldasoro, I., L. Gambacorta, P. Giudici and T. Leach, 2020, "Operational Risks in the Financial Sector", BIS Working Papers, No. 840.

Aldasoro, I., L. Gambacorta, P. Giudici and T. Leach, 2022, "The Drivers of Cyber Risk", *Journal of Financial Stability*, 100989.

Allen, S., S. Čapkun, I. Eyal, et al., 2020, "Design Choices for Central Bank Digital Currency: Policy and Technical Considerations", *National Bureau of Economic Research*, No. 27634.

Amador, M., P. O. Weill, 2010, "Learning from Prices: Public Communication and Welfare", *Journal of Political Economy*, 118 (5), 866–907.

Anagnostopoulos, I., 2018, "Fintech and Regtech: Impact on Regulators and Banks", *Journal of Economics and Business*, 100, 7–25.

Armantier, O., S. Doerr, J. Frost, et al., 2021, "Whom do Consumers Trust with Their Data? US Survey Evidence", BIS Bulletin, No. 42.

Arner, D. W., R. Auer and J. Frost, 2020, "Stablecoins: Risks, Potential and Regulation", BIS Working Papers, No. 905.

Arrow, K. J. and G. Debreu, 1954, "Existence of an Equilibrium for a Competitive Economy", *Econometrica*, 22 (3), 265–290.

Auer, R., 2019, "Embedded Supervision: How to Build Regulation into Blockchain Finance", BIS Working Papers, No. 811.

Balyuk, T. and S. Davydenko, 2019, "Reintermediation in FinTech: Evidence from Online Lending", Michael J. Brennan Irish Finance Working Paper Series Research Paper, No. 18–17.

Bank for International Settlements (BIS), 2019, "Big Tech in Finance: Opportunities and Risks", BIS Annual Economic Report.

Bar-Gill, O., 2019, "Algorithmic Price Discrimination: When Demand is a Function of Both Preferences and (mis) Perceptions", *University of Chicago Law Review*, 86 (2), 217–254.

Bartlett, R., A. Morse, R. Stanton, et al., 2022, "Consumer-lending Discrimination in the FinTech Era", *Journal of Financial Economics*, 143 (1), 30–56.

Basel Committee on Banking Supervision (BCBS), 2018, "Sound Practices: Implications of Fintech Developments for Banks and Bank Supervisors", Bank for International Settlements.

Bazarbash M., 2019, "Fintech in Financial Inclusion: Machine Learning Applications in Assessing Credit Risk", *International Monetary Fund Working Papers*, No. 2019/109.

Bazarbash M., Beaton K., 2020, "Filling the Gap: Digital Credit and Financial Inclusion", IMF Working Papers, No. 2020/150.

Ben-David, I., M. J. Johnson and R. M. Stulz, 2021, "Why did Small Business Fintech Lending Dry Up During March 2020?", National Bureau of Economic Research, No. 29205.

Berg, T., V. Burg, A. Gombović, et al., 2020, "On the Rise of Fintechs: Credit Scoring Using Digital Footprints", *The Review of Financial Studies*, 33 (7), 2845–2897.

Bettinger A., 1972, "Fintech: A Series of 40 Time Shared Models used at Manufacturers Hanover Trust Company", *Interfaces*, 2 (4), 62–63.

Bharadwaj P., Jack W., Suri T., 2019, "Fintech and Household Resilience to Shocks: Evidence from Digital Loans in Kenya", National Bureau of Economic Research, No. 25604.

Bian J., He Z., Shue K., et al., 2018, "Leverage-induced Fire Sales and Stock Market Crashes", National Bureau of Economic Research, No. 25040.

Blalock, G. and P. J. Gertler, 2008, "Welfare Gains from Foreign Direct Investment Through Technology Transfer to Local Suppliers", *Journal of International Economics*, 74 (2), 402–421.

Boissay, F., T. Ehlers, L. Gambacorta, et al., 2021, "Big Techs in Finance: On The New Nexus Between Data Privacy and Competition", *The Palgrave Handbook of Technological Finance*, Palgrave Macmillan.

Boot, A., P. Hoffmann, L. Laeven, et al., 2021, "Fintech: What's Old, What's New?", *Journal of Financial Stability*, 53, 100836.

Bouveret A., 2018, "Cyber Risk for the Financial Sector: A Framework for Quantitative Assessment", International Monetary Fund Working Papers, No. 2018/143.

Brunnermeier, M. K., H. James, J. P. Landau, 2019, "The Digitalization of Money", National Bureau of Economic Research, No. 26300.

Brynjolfsson, E. and K. McElheran, 2016, "The Rapid Adoption of Data-driven Decision-making", *American Economic Review: Papers & Proceedings*, 106 (5), 133 – 139.

Buchak, G, G. Matvos, T. Piskorski, et al., 2018, "Fintech, Regulatory Arbitrage, and the Rise of Shadow Banks", *Journal of Financial Economics*, 130 (3), 453 – 483.

Buchak, G., J. Y. Hu and S. J. Wei, 2021, "FinTech As a Financial Liberator", National Bureau of Economic Research, No. 29448.

Buckley R, D. Arner and J. Barberis, 2016, "The Evolution of Fintech: A New Post-crisis Paradigm", *Georgetown Journal of International Law*, 47 (4), 1271 – 1319.

Carlin, B, A. Olafsson and M. Pagel, 2017, "Fintech Adoption Across Generations: Financial Fitness in the Information Age", National Bureau of Economic Research, No. 23798.

Chava S., Ganduri R., Paradkar N., et al., 2021, "Impact of Marketplace Lending on Consumers' Future Borrowing Capacities and Borrowing Outcomes", *Journal of Financial Economics*, 142 (3), 1186 – 1208.

Chebbi, I., W. Boulila and I. R. Farah, 2015, "Big Data: Concepts, Challenges and Applications", *Computational Collective Intelligence*, Springer.

Chen, M. A., Q. Wu and B. Yang, 2019, "How Valuable is FinTech Innovation?", *The Review of Financial Studies*, 32 (5), 2062 – 2106.

Chen, S., S. Doerr, J. Frost, L. Gambacorta and H. S. Shin, 2021, "The Fintech Gender Gap", SSRN, No. 3799864.

Cheng, M. and Y. Qu, 2020, "Does Bank FinTech Reduce Credit Risk? Evidence from China", *Pacific-Basin Finance Journal*, 63, 101398.

Cong, L. W. and Z. He, 2019, "Blockchain Disruption and Smart Contracts", *The Review of Financial Studies*, 32 (5), 1754 – 1797.

Cornelli, G., S. Doerr, L. Gambacorta, et al., 2020a, "Inside the Regulatory Sandbox: Effects on Fintech Funding", BIS Working Papers, No. 901.

Cornelli, G., J. Frost, L. Gambacorta, et al., 2020b, "Fintech and Big Tech Credit: A New Database", BIS Working Papers, No. 887.

D'Acunto, F., N. Prabhala and A. G. Rossi, 2019, "The Promises and Pitfalls of Robo-advising", *The Review of Financial Studies*, 32 (5), 1983 – 2020.

D'Acunto, F, T. Rauter, C. K. Scheuch, et al., 2020, "Perceived Precautionary Savings Motives: Evidence from Fintech", National Bureau of Economic Research, No. 26817.

Danielsson, J. and R. Macrae, 2019, "Systemic Consequences of Outsourcing to the Cloud", VoxEU, 2 December.

Dell'Ariccia, G. and R. Marquez, 2006, "Lending Booms and Lending Standards", *The Journal of Finance*, 61 (5), 2511 – 2546.

Demir, A., V. Pesqué-Cela, Y. Altunbas, et al., 2020, "Fintech, Financial Inclusion and Income Inequality: A Quantile Regression Approach", *The European Journal of Finance*, 1 – 22.

Demirgüç-Kunt, A. and H. Huizinga, 2010, "Bank Activity and Funding Strategies: The Impact on Risk and Returns", *Journal of Financial Economics*, 98 (3), 626 – 650.

Di Maggio, M. and V. Yao, 2021, "Fintech Borrowers: Lax Screening or Cream-Skimming?", *The Review of Financial Studies*, 34 (10), 4565 – 4618.

Dugast, J. and T. Foucault, 2018, "Data Abundance and Asset Price Informativeness", *Journal of Financial Economics*, 130 (2), 367 – 391.

Economides, N. and P. Jeziorski, 2017, "Mobile Money in Tanzania", *Marketing Science*, 36 (6), 815 – 837.

Erel, I. and J. Liebersohn, 2020, "Does FinTech Substitute for Banks? Evidence from the Paycheck Protection Program", National Bureau of Economic Research, No. 27659.

Farboodi, M., R. Mihet, T. Philippon, et al., 2019, "Big Data and Firm Dynamics", *American Economic Review: Papers & Proceedings*, 109, 38 – 42.

Farronato, C., J. Fong and A. Fradkin, 2020, "Dog Eat Dog: Measuring Network Effects Using a Digital Platform Merger", National Bureau of Economic Research, No. 28047.

Fernández-Villaverde, J., D. Sanches, L. Schilling, et al., 2021, "Central Bank Digital Currency: Central Banking for All?", *Review of Economic Dynamics*, 41, 225 – 242.

Feyen, E., J. Frost, L. Gambacorta, et al., 2021, "Fintech and the Digital Transformation of Financial Services: Implications for Market Structure and Public Policy", FSB, No. 117.

Financial Stability Board (FSB), 2017, "Supervisory and Regulatory Issues Raised by

FinTech that Merit Authorities' Attention", 27 June.

Foerster, S., J. T. Linnainmaa, B. T. Melzer, et al., 2017, "Retail Financial Advice: Does One Size Fit All?", *The Journal of Finance*, 72 (4), 1441 – 1482.

Foley, S., J. R. Karlsen and T. J. Putniņš, 2019, "Sex, Drugs, and Bitcoin: How Much Illegal Activity is Financed Through Cryptocurrencies?", *The Review of Financial Studies*, 32 (5), 1798 – 1853.

Frost, J., 2020, "The Economic Forces Driving FinTech Adoption Across Countries", BIS Working Papers, No. 838.

Frost, J., L. Gambacorta, Y. Huang, et al., 2019, "BigTech and the Changing Structure of Financial Intermediation", *Economic Policy*, 34 (100), 761 – 799.

Frydman, C., S. M. Hartzmark, D. H. Solomon, 2018, "Rolling Mental Accounts", *The Review of Financial Studies*, 31 (1), 362 – 397.

Fuster, A., M. Plosser, P. Schnabl, et al., 2019, "The Role of Technology in Mortgage Lending", *The Review of Financial Studies*, 32 (5), 1854 – 1899.

Gamage, H. T. M., H. D. Weerasinghe and N. G. J. Dias, 2020, "A Survey on Blockchain Technology Concepts, Applications, and Issues", *SN Computer Science*, 1 (2), 1 – 15.

Gambacorta, L, Y. Huang, H. Qiu, et al., 2019, "How do Machine Learning and Non-traditional Data Affect Credit Scoring? New Evidence from a Chinese Fintech Firm", BIS Working Papers, No. 834.

Gambacorta, L., Y. Huang, Z. Li, et al., 2020, "Data vs Collateral", BIS Working Papers, No. 881.

Gao, M. and J. Huang, 2020, "Informing the Market: The Effect of Modern Information Technologies on Information Production", *The Review of Financial Studies*, 33 (4), 1367 – 1411.

Garcia, A., B. Lands B and D. Yanchus, 2021, "Stablecoin Assessment Framework", *Discussion Papers from Bank of Canada*, No. 2021 – 6.

Garratt, R. J. and M. R. C. VanOordt, 2021, "Privacy As a Public Good: A Case for Electronic Cash", *Journal of Political Economy*, 129 (7), 2157 – 2180.

Gennaioli, N., A. Shleifer and R. Vishny, 2015, "Money Doctors", *The Journal of Finance*, 70 (1), 91 – 114.

Getsmarter, 2018, "The Evolution of the Fintech Industry", https://www.getsmarter.com/blog/career-advice/the-evolution-of-the-fintech-industry/.

Goldfarb, A and C. Tucker, 2019, "Digital Economics", *Journal of Economic Literature*, 57 (1), 3 –43.

Goldstein, I., C. S. Spatt and M. Ye, 2021, "Big Data in Finance", *The Review of Financial Studies*, 34 (7), 3213 –3225.

Goldstein, I. and L. Yang, 2015, "Information Diversity and Complementarities in Trading and Information Acquisition", *The Journal of Finance*, 70 (4), 1723 –1765.

Grossman, S. J. and J. E. Stiglitz, 1980, "On the Impossibility of Informationally Efficient Markets", *The American Economic Review*, 70 (3), 393 –408.

Hau, H, Y. Huang, H. Shan, et al., 2019, "How FinTech Enters China's Credit Market", *AEA Papers and Proceedings*, 109, 60 –64.

Heng, D, S. Chea and B. Heng, 2021, "Impacts of Interest Rate Cap on Financial Inclusion in Cambodia", International Monetary Fund Working Papers, No. 107.

Hodula, M., 2022, "Does Fintech Credit Substitute for Traditional Credit? Evidence from 78 Countries", *Finance Research Letters*, 46, 102469.

Hong, C. Y., X. Lu and J. Pan, 2020, "Fintech Adoption and Household Risk-taking", National Bureau of Economic Research, No. 28063.

Huang, Y, L. Zhang, Z. Li, et al., 2020, "Fintech Credit Risk Assessment for SMEs: Evidence from China", IMF Working Papers, No. 193.

Iman, N., 2018, "Is Mobile Payment Still Relevant in the Fintech Era?", *Electronic Commerce Research and Applications*, 30, 72 –82.

Iyer, R., A. I. Khwaja, E. Luttmer and K. Shue, 2016, "Screening Peers Softly: Inferring the Quality of Small Borrowers", *Management Science*, 62 (6), 1554 –1577.

Jack, W. and T. Suri, 2014, "Risk Sharing and Transactions Costs: Evidence from Kenya's Mobile Money Revolution", *American Economic Review*, 104 (1), 183 –223.

Jahan, M. S., J. De, M. F. Jamaludin, et al., 2019, "The Financial Inclusion Landscape in the Asia-Pacific Region: A Dozen Key Findings", IMF Working Papers, No. 79.

Khera, P, S. Ng, S. Ogawa, et al., 2021, "Is Digital Financial Inclusion Unlocking Growth?", International Monetary Fund, No. 167.

Kim, S., M. C. Plosser and J. A. C. Santos, 2018, "Macroprudential Policy and The Revolving Door of Risk: Lessons from Leveraged Lending Guidance", *Journal of Financial Intermediation*, 34, 17–31.

Lakhani, K. R. and M. Iansiti, 2017, "The Truth About Blockchain", *Harvard Business Review*, 95 (1), 119–127.

Lee, P., 2015, "The Fintech Entrepreneurs Aiming to Reinvent Finance", *Euromoney*, 46 (552), 42–48.

McCarthy, J., M. Minsky, C. E. Shannon, N. Rochester, 1955, "A Proposal for the Dartmouth Summer Research Project on Artificial Intelligence", *AI Magazine*, 27 (4), 12.

Milian, E. Z., M. M. Spinola, M. M. de Carvalho, 2019, "Fintechs: A Literature Review and Research Agenda", *Electronic Commerce Research and Applications*, 34, 100833.

Morse, A. and K. Pence, 2021, "Technological Innovation and Discrimination in Household Finance", *The Palgrave Handbook of Technological Finance*, Palgrave Macmillan.

Newman, C., J. Rand, T. Talbot, et al., 2015, "Technology Transfers, Foreign Investment and Productivity Spillovers", *European Economic Review*, 76, 168–187.

Obstfeld, M., 1996, "Models of Currency Crises With Self-fulfilling Features", *European Economic Review*, 40 (3–5), 1037–1047.

OECD, 2020, "Digital Disruption in Banking and Its Impact on Competition", http://www.oecd.org/daf/competition/digital-disruption-in-financial-markets.htm.

Pagano, M., T. Jappelli, 1993, "Information Sharing in Credit Markets", *The Journal of Finance*, 48 (5), 1693–1718.

Patnam, M. and W. Yao, 2020, "The Real Effects of Mobile Money: Evidence from a Large-Scale Fintech Expansion", IMF Working Papers, No. 138.

Philippon, T., 2019, "On Fintech and Financial Inclusion", National Bureau of Economic Research, No. 26330.

Pierri, M. N., M. Y. Timmer, 2020, "Tech in Fin Before Fintech: Blessing or Curse for Financial Stability?", CESifo Working Papers, No. 8067.

Schilling, L., J. Fernández-Villaverde and H. Uhlig, 2020, "Central Bank Digital Currency: When Price and Bank Stability Collide", National Bureau of Economic Research,

No. 28237.

Sheng, T., 2021, "The Effect of Fintech on Banks' Credit Provision to SMEs: Evidence from China", *Finance Research Letters*, 39, 101558.

Skeie, D. R., 2020, "Digital Currency Runs", SSRN, No. 3294313.

Stiglitz, J. E and A. Weiss, 1981, "Credit Rationing in Markets with Imperfect Information", *American Economic Review*, 71 (3), 393–410.

Stulz, R. M., 2019, "Fintech, Bigtech, and the Future of Banks", *Journal of Applied Corporate Finance*, 31 (4), 86–97.

Sultanum, B., 2021, "The Cost of Information in the Blockchain: A Discussion of Routledge and Zetlin-Jones", FRB Richmond Working Paper, No. 21–02.

Suri, T. and W. Jack, 2016, "The Long-run Poverty and Gender Impacts of Mobile Money", *Science*, 354 (6317), 1288–1292.

Tang, H., 2019, "Peer-to-Peer Lenders Versus Banks: Substitutes or Complements?", *Review of Financial Studies*, 1900–1938.

Thakor, A. V., 2020, "Fintech and Banking: What do We Know?", *Journal of Financial Intermediation*, 41, 100833.

Treleaven, P., 2015, "Financial Regulation of FinTech", *Journal of Financial Perspectives*, 3 (3), 1–14.

Vallée, B. and Y. Zeng, 2019, "Marketplace Lending: A New Banking Paradigm?", *The Review of Financial Studies*, 32 (5), 1939–1982.

Vives, X., 2016, *Competition and Stability in Banking*, Princeton University Press.

Vives, X., 2019, "Digital Disruption in Banking", *Annual Review of Financial Economics*, 11, 243–272.

Wolfe, B., and W. Yoo., 2017, "Crowding Out Banks: Credit Substitution by Peervto-peer Lending", SSRN, No. 3000593.

Yermack, D., 2018, "FinTech in Sub-Saharan Africa: What has Worked Well, and What hasn't", National Bureau of Economic Research, No. 25007.

Zavolokina, L., M. Dolata, G. Schwabe, 2016, "The FinTech Phenomenon: Antecedents of Financial Innovation Perceived by the Popular Press", *Financial Innovation*, 2 (1), 1–16.

Zhao, C., Y. Wu, J. Guo, 2022, "Mobile Payment and Chinese Rural Household

Consumption", *China Economic Review*, 71, 101719.

Zhou. X. and S. Chen, 2021, "FinTech Innovation Regulation Based on Reputation Theory with the Participation of New Media", *Pacific-Basin Finance Journal*, 67, 101565.

Zhu, C., 2019, "Big Data As a Governance Mechanism", *The Review of Financial Studies*, 32 (5), 2021–2061.

第六章　金融与收入分配前沿

长久以来，人类对公平分配的向往和追求从未停歇，与之所对应的分配不公、贫富分化的现象成为千古难题。自古典主义学派的收入分配理论问世以来，在之后的半个世纪里，围绕收入分配问题的研究不断推进，形成了不同的派系和观点，这些派系和观点为我们理解和学习收入分配奠定了基础。随着技术和制度的不断完善，一些金融学者根据不同研究目的，针对金融影响收入分配差距这一问题展开广泛而深入的研究。然而，由于现实中金融影响收入分配的前提条件、标准数学模型推论以及利用不同核心解释变量分析得出的结论有较大差异，导致金融影响收入分配的研究结论一直存在争议，但这些研究推动了理论的反思和计量分析的进步，为我们继续从金融视角研究收入分配问题提供了有力支撑，也为在实现共同富裕背景下针对金融如何缩小收入分配进行研究推向了高潮。鉴于此，本章首先以收入分配的内涵、理论演进与基本事实为脉络，对金融影响收入分配的发展逻辑进行梳理，并从金融活动、金融政策和包容性金融等角度对金融影响收入分配差距的理论与实证研究进行梳理，最后对本章进行总结与展望。需要说明的是，在金融影响收入分配差距的黄金时期，国外学术界出现了大量的理论和实证研究，但由于数量较大，本章无法全面涵盖，只是重点综述了一些经典的和最新的研究成果。

一 收入分配的内涵、理论演进与基本事实

收入分配问题历来都是各国经济学家关注的重要问题,要想厘清金融影响收入分配差距的因素和作用机理,需要对其基本内涵、理论演进以及金融在收入分配中起到的作用进行系统性梳理。

(一) 收入分配的内涵界定及度量方法

1. 收入、收入分配及公平分配的内涵

从收入的内涵来看,收入是一个人或一个家庭在一定时期内的全部进账和现金收入的总和。与收入不同,财富是一个存量,它是指一个人或一个家庭在某一时点所拥有的所有资产的货币净值。个人收入是指在一定时期内消费过程中所行使的权利的市场价值与财产权价值变化的总和。个人收入减去个人所得税就是个人可支配收入,即人们可用来消费或储蓄的收入(高鸿业,2008)。从收入分配的本身内涵来看,其可以分为两类:一类是功能性收入分配,主要是指收入在劳动、资本、土地等各种生产要素之间的分配,其是一种分配模式;另一类是规模性收入分配,主要是指收入在不同社会经济群体之间的收入分配,其是一种分配结果。从收入分配的层次角度,收入分配又包括初次分配和再分配。其中,初次分配是国民经济各部门及其成员直接在生产领域所进行的分配,而再分配是在初次分配的基础上,对国民收入再次分配和调节,以此保证低收入群体可以无偿得到部分转移性收入,实现公平、效率。针对分配公平的内涵,目前存在很大分歧。丁伯根(1991)认为由于个人初始禀赋和努力程度的不同导致其收入会产生差异,只有当个人所获得的收入等于他对国民收入所做出的贡献时,收入分配才会公平。Rawls(1976)认为分配公平应该建立在可以满足社会之最不利成员的最大利益基础之上,更应该体现在收入分配的结果上。Nozick(1974)认为分配的公平更应该体现在分配过程上。也有学者认为分配的公平应该在分配的起点上,如果每个人都可以获得相同的公共资源(如教育、医疗

等），分配可以实现公平（Arneson，1989）。

2. 收入分配状态的测度

目前，关于衡量收入差距或收入不平等的指标主要有四种，一是利用先验的选择性过程测算出收入差距或收入不平等的基尼指数和对数离差均值；二是利用公理性方法测算出收入差距和收入不平等的泰尔指数和广义熵指数；三是在福利经济学理论基础上测算出收入差距或收入不平等的 Atkinson 指数；四是以 Sen 为代表的基于某种价值标准来测算出收入差距和收入不平等的社会福利。不同的度量指标各有其优缺点：基尼系数使用最广泛，但较易受到离群值的影响，且不易对其进行分解；泰尔指数易于分解，但对收入差异持更加接纳的态度；变异系数较为直观，但不满足转移性原则；利用分位数比值计算的指标不受离群值影响，但不能度量收入的整体分布状况。

（二）收入分配理论的历史演进

1. 收入分配理论演进的概述

国外最早谈及收入分配问题和共同富裕思想源于文艺复兴时期产生的社会福利思潮，他们提出的"乌托邦"只是一种美好愿景，没有实质性的框架。真正开始关注该问题的是古典经济学派，他们以功能性收入分配为主线，将经济活动分为生产、交换、分配和消费四个部分。最具代表性的古典经济学家大卫·李嘉图（David Ricardo）深入讨论了土地、劳动和资本三种生产要素之间的收入分配，他认为土地的边际生产率逐渐下降，但单位土地租金和每个工人的工资是固定的；当社会发展到一定水平时，社会总产品的增长率赶不上租金和工资的增长率，当租金的收入份额和工资的收入份额不断增加时，利润份额会不断下降，甚至最终达到零。但与之不同的是，马克思从资本积累的角度对收入分配分析后认为，资本家之所以会改进生产技术是为了获得超额利润，并通过将大量资本转化为购买机器和设备的固定资本会使工资的收入份额不断减少，严重时会使工人阶级陷入贫困。随着英国"边际革命"的爆发，一些学者基于边际效用理论从生产要素角度讨论收入分配，自此新古典主义学派得以形成和发展。他们认为资本和劳动力的价格由其边际生产率决定，因此生产要素的边际生产率是决定这一要素在国民收入中所占份额的关键。该理论在凯恩斯理论出现之前一直处于正统位置，特别是提出的效率工资、准地租等观点对西方经济学产生很大影响。

随着经济的不断发展和变化，一些经济学家从规模性收入分配视角对收入分配问题进行了讨论并形成了不同的观点。与古典主义学派的观点不同，凯恩斯（Keynes）认为不公平的收入分配是产生有效需求不足的重要原因，政府通过富人的个人所得税等再分配政策来可以解决有效需求不足，实现不同群体之间的公平分配。新剑桥学派的代表琼·罗宾逊（Joan Robinson）从社会群体角度分析发现国民收入由工人阶级的收入和资产阶级的收入组成，工资和利润在国民收入分配中是一种此消彼长的线性关系，投资率越高，利润在国民收入中的份额越大，工资收入的份额越小。随着凯恩斯理论的"失灵"，哈耶克（Hayek）的观点开始受到推崇。他从收入分配的合理性角度提出，虽然穷人致富的可能性比富人要小很多，但可以通过自身的努力而不是有势力者的恩惠获得成功。他还提出收入的初次分配取决于生产要素在市场中的贡献程度，而收入的再分配需要政府采取一系列税收措施才能将富人的部分收入转移给穷人，解决"金字塔"形最顶端的收入分配问题（哈耶克，1997）。

随着资本主义国家贫富差距的拉大，福利经济学派的收入分配理论应运而生。该学派的观点从再分配政策的社会伦理角度发现，社会改革必须注重解决收入分配不公问题，个人收入差距扩大要考虑社会公众心理承受能力等。例如，庇古（Pigou）利用基数效用论的边际效用递减规律提出"收入均等化"主张，并认为富人增加一元钱的效用要明显低于穷人增加一元钱的效用，通过实行个人所得累进税制和遗产税制以及社会保障制度（如转移支付）等再分配政策可以将富人的部分收入转移给穷人，可以缩小贫富差距，提高社会福利水平。而帕累托（Pareto）否定了庇古的观点，他从生产与交换最优条件的角度出发，提出贫富群体之间收入的转移不会提高社会福利，富人越富既会扩大收入差距，也会提高社会福利。卡尔多（Kaldor）和希克斯（Hicks）则认为经济社会的变动会给不同群体带来不同的影响，如果通过调整税收或价格等经济政策让受益者的境况变好，那么他能补偿受害者的损失而且还有剩余，整个社会的经济效益就会得到改进。森（Sen）以"个体差异性"（即个体不平等）为起点，创造性地提出五种可以保障个体实现可行能力的工具性自由，并认为通过这五种自由的组合可以实现个体可行能力的平等，促进其生活水准和生活质量的提高。

围绕上述研究，一些经济学家针对收入分配随经济增长和社会发展阶段的动态变化进行了验证。比较有代表性的成果有两个：一个是库兹涅茨假说。该假说是库兹涅（Kuznets）基于18个国家的经验统计分析后得出的结论，他发现经济发展所带来的"创造"与"破坏"会影响社会经济结构变化和收入分配差距；并且在工业化发展的早期，收入分配差距会随经济发展而逐渐扩大，而在工业化发展的后期，经济将充分发展，收入分配差距将会缩小。另一个是"U"形假说。该假说是皮凯蒂（Thomas Piketty）基于20多个欧美国家300多年的收入数据分析后得出的结论，他发现收入不平等呈现出先下降后上升的"U"形变化态势，并且在自由市场经济条件下造成收入分配不平等的根本原因是资本收益率大于经济增长率，而征收累进税是解决调节收入分配的最主要方法。

表6-1　　　　　　　　　不同学派的收入分配理论

学派	经济学家	国家	提出的理论	主要观点
古典主义学派	Smith	英国	劳动价值论	收入的分配由工资、利润和地租组成
	Ricardo	英国	工资论	工资、利润、地租来自工人创造的价值
			利润论	利润由利润率和剩余价值组成
			地租论	地租是土地的级差收益
	Mill	英国	工资论	短期由市场决定，长期由工人人数决定
			地租论	地租是自然垄断的结果
			利润论	利润包括利息、保险费和管理工资
	Marx	德国	按劳分配论	收入的公平分配具有相对性；劳动者个人禀赋和劳动能力是造成收入差距的根本原因；共产主义社会中，公平可以分为"按劳分配"的初级阶段和"按需分配"的高级阶段

续表

学派	经济学家	国家	提出的理论	主要观点
新古典主义学派	Marshall	英国	工资论	劳动边际生产力决定劳动需求价格,培养、训练和劳动成本决定劳动供给价格
			利息论	资本边际生产力决定利息需求价格,资本家等待决定利息供给价格
			地租论	土地(无供给价格)边际生产力决定地租
			利润论	利润是企业家才能应得的报酬
	Clark	美国	工资论	劳动边际生产力决定工人工资的自然标准
			利息论	资本边际生产力决定边际资本的利息
			地租论	地租是一种特殊的利息形式
			利润论	利润是一种短暂性的额外收入
凯恩斯主义学派(含后凯恩斯主义学派)	Keynes	英国	政府干预论	用"看得见的手"(即政府手段)调节收入分配、解决有效需求不足
	Samuelson	美国	再分配论	税收有助于缩小收入差距而提升社会公平
	Robinson	美国	两阶级模式论	工资和利润在国民收入分配中是一种此消彼长的线性关系
奥地利学派	Hayek	奥地利	哈耶克学说	自由市场条件下,穷人可通过努力获得成功
福利经济学派	Pigou	英国	收入均等化	贫富群体收入的转移会提高社会福利
	Pareto	意大利	帕累托最优	富人越富既会扩大收入差距,也会提高社会福利
	Kaldor	英国	卡尔多改进	如果政策让受益者变好,那么能补偿受害者的损失且有剩余,整个社会经济效益会得到改进
	Sen	印度	可行能力论	五种自由的组合可使个体实现可行能力的平等

资料来源:笔者根据资料整理所得。

2. 对收入分配理论的理解

收入分配理论主要始于古典主义学派,他们系统性讨论了土地、劳动和资本三种生产要素之间的收入分配,其提出的思想为其他学派研究收入分配问题奠定了基础。基于古典主义学派框架下，新古典经济学派以边际生产理论为核心，讨论了功能性收入分配的决定因素，并形成了成熟的生产要素分配理论。随着经济的不断发展和变化，一些经济学家讨论了收入分配对经济发展产生的影响以及收入分配的变化趋势。凯恩斯提出用政府的再分配政策来调节收入分配，解决市场有效需求不足，奥地利学派提出与凯恩斯完全不同的"哈耶克学说"。随着贫富差距的不断拉大，福利经济学派先后从道德或社会福利角度对社会财富的再分配方式政策提出了不同的理论观点。诚然，这些观点虽然存在不同的缺陷，但已广泛应用在经济学基础理论研究领域当中，至今仍是推进研究收入分配的理论基础。由于理论假设与现实相差较大，这些纯理论导向型的学术观点与经验证据并不完全一致，特别是20世纪70年代以来，随着国外计量分析方法的快速发展，收入分配差距的经验分析得到了高度重视，一些学者根据经济增长和社会发展阶段的动态变化，验证得到收入分配的倒"U"形假说或"U"形假说，但是对于如何解释理论研究和经验研究之间的差距，成为当前经济学研究的核心问题之一。另外，针对资本主义国家制度的种种弊端，马克思和恩格斯批判地继承了古典主义学派的观点，同时基于劳动价值论和剩余价值论系统性提出按劳分配理论以及共产主义社会收入公平分配的两大特点，这些核心的理论观点对构建具有中国特色社会主义的收入分配理论体系奠定了很强的研究方向和理论体系，也为学界从金融视角开展收入分配问题的理论研究提供了思路。

（三）全球收入分配差距的基本事实

首先，从全球主要国家的基尼系数来看①（见图6-1），1995—2018年全球主要国家（46个）的基尼系数平均值为38.06%，并且2002年

---

① 一般而言，基尼系数处于0—1。当基尼系数在0.2及以下视为收入绝对平均，0.2—0.3（含）视为收入分配差距比较合理，0.3—0.4（含）视为收入分配差距相对合理，0.4—0.5（含）视为收入分配差距较大，0.5以上视为收入分配差距悬殊。根据国际惯例，0.4被认为是警戒线。

之前全球主要国家的基尼系数较高，基本超过了 0.4，说明收入差距较大，2002 年以后全球基尼系数基本上维持在 0.35 左右，处在相对合理水平。从不同地区来看，2003 年以来，中东和中亚地区的收入分配相对合理（基尼系数均值为 33.73%），而西半球的收入分配差距最大（基尼系数均值为 38.78%），并且亚洲和太平洋地区呈现出上升趋势，欧洲基本呈现下降趋势，中东和中亚地区略有上升，而西半球的呈现下降趋势。

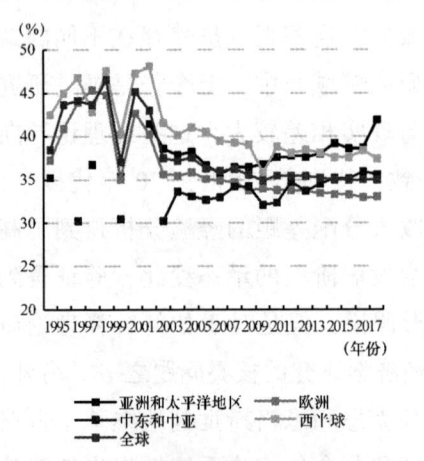

图 6-1　全球基尼系数均值变化

图 6-2　收入排名前 1% 的人群占据的收入份额变化

注：以上全球 46 个国家包括阿根廷、奥地利、比利时、玻利维亚、巴西、加拿大、中国、哥伦比亚、丹麦、芬兰、法国、德国、希腊、洪都拉斯、匈牙利、冰岛、印度尼西亚、爱尔兰、意大利、哈萨克斯坦、吉尔吉斯共和国、拉脱维亚、立陶宛、卢森堡、马耳他、摩尔多瓦、荷兰、挪威、巴拿马、巴拉圭、秘鲁、波兰、葡萄牙、罗马尼亚、俄罗斯联邦、斯洛伐克共和国、斯洛文尼亚、西班牙、瑞典、瑞士、泰国、土耳其、乌克兰、大不列颠联合王国、美国、乌拉。

资料来源：根据世界银行（https://databank.worldbank.org/home.aspx）数据整理所得。

其次，从全球收入排名前 1% 的人群占据的收入份额情况（见图 6-2），1995—2018 年全球收入排名前 1% 的人群占据的收入份额均值为 27.85%，其变化呈现出倒"U"形变化趋势，不仅符合库兹涅茨假说，也可以看出收入处在金字塔尖的人群有所减少。从不同地区看，中东和中亚地区的收入排名前 1% 的人群占据的收入份额均值最低（为 25.90%），亚洲和太平洋地区最低（为 32.49%），说明中东和中亚地区收入处在金字塔尖的人群较少，而亚洲和太平洋地区的收入处在金字塔尖的人群较少。进一步从变化趋势来看，2003 年以来，亚洲和太平洋地区的收入排名前 1% 的人群占据的收入份额略有上升，导致财富份额加速分化，而其他地区基本保持平稳。

最后，从中国的情况来看，1995—2018 年中国基尼系数的均值为 40.34%，已高于 0.4 这一警戒危险线，在全球范围内处于中等偏高水平；收入排名前 1% 的人群占据的收入份额均值为 30.46%，在全球范围内处于世界的中低水平。总体来看，虽然中国的收入差距和前 1% 人口占有的财富比例持续提高，但仍可以将收入和贫富差距保持在合理区间内，使其不至于掣制经济增长。

二　金融如何影响收入分配差距

（一）金融影响收入分配的发展逻辑

金融的发展最初是商品的货币化进程。在资本主义出现之前，随着社会分工和商品经济的发展，货币作为被人们充当一般等价物的特殊商品用来表征其他商品的价值，进而进行平等、普惠、开放的市场交易。随着经济的不断发展，商品交易中出现了各种融资、结算、汇兑、投资等需求，其逐渐被信用交易所取代，由此自发形成了彼此信任、公平共享的金融。随着资本主义的形成和发展，原本以信用制度为基础、带有公平属性的金融发生了异化，市场交易中的货币资本不再作为货币的货币，原本作为生产要素服务于实体经济发展的资本已异化为资本的货币，成为一种榨取剩余劳动价值和谋取利益的工具。随后，在资产阶级的运作下，资本家以资本虚拟化的形式向社会大众有规律的创造储藏货币，然后为商业活动提供信用基础，并使功能日益丰富的金融的发展带动货币的流动起来，进而促进实体经济的增长（伊藤诚、考斯达斯，2001）。但是，随着经济高度金融化，各种具有逐利性质的金融工具不断被创造出来，并通过高杠杆的金融交易实现资本扩张，导致实体经济发展远远滞后于金融的发展。事实上，在资产阶级的运作下，金融对生产领域、非生产领域以及金融领域都发生了翻天覆地的变化。具体而言，在生产领域，由于工人所创造的劳动价值远低于金融投资所产生的价值，导致金融改变了食利者的投资行为，使他们更倾向于投资一些盈利能力高、风险低的金融资产，这在一定程度上会使金融资本加速集中在少数资本家手中，而工人阶级的实际工资却在减少，这使得富者更富、穷者更穷。在非生产领域，持续下降的工资抑制了工人有效需求的增加，在资本家允许工人可以进入金融市场时，工人只能通过支付昂贵的借贷（高利贷）来解决消费需求，这在一定程度上不仅加大了工人的生活成本，也加大了与食利者的收入差距。在金融领域，银行也会通过创新一系列金融产品和服务将工人储蓄在银行的收入以金融掠夺的形式获取金融利润，实现金融化。那么，金融与收入分配之间到底存在什么样的关系？金融通过什么路径对收入分配产生影响？针对这些问题，下文将对金融与收入分配的已有研究进行系统的梳理和评述。

（二）金融活动对收入分配影响的研究

1. 金融发展对收入分配差距影响的研究

目前，学术界针对各种社会机制在收入分配过程中的作用给予高度关注。20世纪90年代以来，随着经济金融化的加速，许多学者围绕金融发展与收入分配差距展开了深入讨论，他们通过推导数理模型得到并形成三个不同的结论：第一个结论是Greenwood和Jovanovic（1990）提出的Kuznets效应论，即金融发展对收入分配差距的影响服从倒"U"形变化趋势。该理论在构建内生增长模型的基础上分析发现，金融的发展过程符合动力学原理，是非线性的（Beck and Demirguc-Kunt, 2009）。在金融发展早期，金融部门只能向比较富有且有较高支付能力的代理人提供信贷资金，并以不平等的分配为代价来促进储蓄和投资，刺激经济增长；当金融发展达到一定水平后，经济金融得以加强，金融部门才有能力向更多不富裕的代理人提供信贷资金，以此促进更平等的收入分配。

第二个结论是 De Gregorio（1996）提出的扩大论。该观点在构建内生增长的生命周期模型基础上发现，在金融发展较低时，金融部门只能惠及那些在经济和政治上联系密切且能提供抵押品的富人和上层阶级，而穷人和没有学习天赋的人只能通过非正式的家庭关系获得信贷资金，这会加剧收入分配不平等。事实上，造成这一现象的原因是那些获得金融资源的人拥有较好的学习天赋和教育资源，并有机会成为上层阶级（Rajan and Zingales，2003；Haber, et al.，2003）。第三个结论是 Galor 和 Zeira（1993）以及 Banerjee 和 Newman（1993）提出的缩小论。该理论认为在存在投资不可分割性和规模回报率不断增加的情况下，由于信息不对称和交易成本造成的金融不完善产生信贷约束，这种约束对缺乏抵押品和联系的小企业和穷人会产生不利影响。但实行更具包容的金融发展会削弱个人初始财富与创业精神之间的联系，使因缺乏抵押品而难以进入市场的穷人也能获得金融服务，进而促进人力资本投资和经济增长，改善收入分配不平等（Aghion and Bolton，1997；Galor and Moav，2004）。以上分析来看，现有理论研究是在某种特定假设前提条件下验证得出的，并且这些观点更多是为了探寻二者之间的关系而强用理论模型推导出来，没有形成一个系统性的理论框架。

从实证研究进展来看，学者们基于上述理论研究成果，对该问题进行了大量的验证。具体而言：在支持第一个观点方面，Canavire-Bacarreza 和 Rioja（2008）利用 GMM 方法分析 1960—2005 年拉丁美洲和加勒比数据后发现，只有达到某一水平后，金融发展才对最贫穷的群体产生积极的收入分配效应，而低于这一水平时，富人会通过剥削穷人来维持自己的优势，并扩大收入分配差距。Kim 和 Lin（2011）以及 Chakroun（2020）利用面板门槛模型分别对不同样本国家分析后也得到相同结论。但也有学者通过实证分析得出了与 Kuznets 效应论相反的结论。例如，Tan 和 Law（2012）、Tita 和 Aziakpono（2016）以及 Dogan（2018）通过实证分析发现金融发展与收入分配差距之间存在"U"形关系。在支持第二个观点方面，Johansson 和 Wang（2014）、Jauch 和 Watzka（2016）以及 Haan 和 Sturm（2017）利用 GMM 模型分别分析 1981—2005 年 90

个国家、1960—2008 年 138 个国家、1975—2005 年 121 个国家的数据后验证了该假说。在支持第三个观点方面，Beck 等（2007）以及 Jobarteh 和 Kaya（2019）利用 GMM 模型分别分析 1960—2006 年多个国家和 1990—2014 年 23 个非洲国家数据，Ang（2010）以及 Shahbaz 等（2015）利用 ARDL 模型分别分析 1951—2014 年印度和 1965—2011 年伊朗数据后，均验证了该假说。梳理以上文献发现，现有针对金融发展对收入分配差距影响的研究存在很大的不确定性，除了采用不同样本框进行分析外，还存在其他两方面原因：一个原因是采用银行信贷或广义货币供应量与 GDP 之比来衡量金融发展的做法只能代表金融体系的一个方面，不能很好反映金融发展本身的深度、准入和效率（Svirydzenka, 2016）；另一个原因是研究过程中所选用的计量方法基本上忽视了不同收入分布条件下的金融发展对收入分配差距的影响。仅有个别学者关注了该问题。例如，Altunbaş 和 Thornton（2019）利用分位数回归方法分析后发现，金融发展会缩小中等收入国家的收入分配差距，但会扩大低收入国家和高收入国家的收入分配差距。总体来讲，我们可以给出一个判断：即金融发展只有在一定水平条件下才能缩小收入分配差距。还有一些研究认为金融发展对收入分配差距的影响程度在期限上有一定差异。例如，Sehrawat 和 Giri（2015）利用 ARDL 方法分析 1982—2012 年印度的数据后发现，金融发展在长短期内均会扩大收入分配差距；而 Chen 和 Kinkyo（2016）利用 PMG 模型分析 1961—2012 年 88 个国家的数据发现，金融发展在短期内会扩大收入分配差距，而在长期内会缩小收入分配差距。这些研究结果表明，改善金融发展并不完全意味着收入不平等的长期减少；在暂时改善金融发展的条件下，决策者会通过协调代理人期望来选择"好"的均衡（高收入和低收入不平等的均衡），消除"坏"的均衡（低收入和高收入不平等的均衡）（Vachadze, 2021）。综上来看，目前针对金融发展对收入分配影响的实证研究质量普遍不高，有相当文献是为了支持和验证前述的理论研究而进行的强加分析，并且由于同一维度上选择的具体衡量金融发展水平的指标有所不同，现有研究结论存在较大差异。另外，上述文献大多从宏观层面进行了讨论，鲜有从微观层面分析的研究。可见，对于该问题的研究还有很大的挖掘空间。

从二者之间作用机制的研究进展来看，多数研究从经济增长机制、门槛效应、非均衡发展和技术进步等宏观层面讨论了金融发展对收入分配差距影响的作用机制。

第一，经济增长机制。是指金融发展通过影响储蓄—投资转化率、资本边际生产率和私人储蓄率对经济增长产生影响进而影响收入分配。首先，从储蓄—投资转化率来看，提高金融发展会促使降低金融部门的交易成本，提高效率以及储蓄资金转化成投资资金能力促进经济增长，进而影响收入分配。在金融发展水平越高的地区，其经济增长速度越快，个体和非金融部门的收入越高；而金融发展水平越低的地区其经济增长速度越低，个体和非金融部门的收入越低，这会恶化收入分配差距。其次，从资本边际生产率来看，一方面，金融部门通过自身信息资源优势和专业技术优势能有效识别和管理投资项目，并引导信贷资金从低收益的项目转向高收益的项目，提高资本边际收益率；另一方面，个体可以通过借助金融部门的信贷资金进行人力资本投资和积累，进而提高资本边际生产率。最后，从私人储蓄率来看，私人储蓄率主要通过财富效应和替代效应对经济增长产生影响进而影响收入分配差距。随着金融不断发展，高风险、低收入的金融产品不断被创新出来，当提高储蓄率时，个人的储蓄意愿和储蓄资产收益会相应提高，预防性储蓄会相应减少，在财富效应和替代效应的共同影响下个人将会减少私人储蓄而增加当期消费，从而刺激经济增长。

第二，门槛效应。是指由于信息不对称和交易成本的存在，金融部门在放贷以及提供其他服务时对不同客户群体设定了服务门槛（Chakroun, 2020）。在金融发展初期，金融工具较为短缺，富人因其财富水平高于最低门槛，较易获得金融部门的产品和服务，并获得较多的资本投资收益；穷人则因无力承担相应的成本且缺乏有效的抵押担保而经常受到金融排斥，无法提高个人收入和福利，这在一定程度上扩大了收入分配差距；随着金融不断发展，每个社会成员都有平等享受到公平、合理金融服务的机会，那些原来被排斥在金融服务体系之外的穷人通过财富的逐渐积累而跨过门槛从而享受到丰富的金融服务，获得了一些资本投资所带来的收益，从而缩小了不同群体之间的收入分配。

第三，非均衡发展。是指因信息不对称、市场分割等金融割裂问题而导致不同地区之间信贷资源配置存在明显失衡，这种失衡会导致金融发展对收入分配差距产生不同的影响。在信贷市场存在地区分割的条件下，由于落后地区所掌握的投资信息和信贷资源远不及发达地区，其会因信息不对称和信息不完善而存在较为严重的信贷约束，从而只能通过"寻租"才能得到贷款取得"意外利润"，这会严重影响地区之间的收入分配差距。

第四，技术进步。是指金融发展通过外部的信贷资金支持来解决个人或生产部门的融资需求，促进其使用新技术进行生产，进而提高个人或部门的劳动生产率和工人工资，改善收入不平等（Katz and Murphy，1992）。在金融发展的初级阶段，技术创新会恶化收入分配不平等（Mnif，2016）。一方面，仅有少数个人和部门能获得金融部门信贷资金，通过促进使用技术创新来打破消费约束和技术封闭，进而提高收入；另一方面，那些不能获得金融部门信贷资金的个人和部门无法进行技术创新，在面临信贷约束和技术封闭的情况下只能维持原有低收入状态（Jones and Kim，2018；Aghion，et al.，2019）。

以上文献更多讨论的是金融发展与经济增长之间关系，忽视了金融发展本身对收入分配差距影响的作用机制。从微观层面的作用机制来看，降低信息和交易成本的金融发展通过人力资本、劳动力市场和技能回报对收入分配产生影响。第一，人力资本。在存在金融摩擦的情况下，金融市场的不完善会不成比例地阻碍低收入家庭的人力资本积累，使子女的能力禀赋和教育机会受到父母财富的影响（Becker and Tomes，1979，1986）的研究发现，甚至严重时还会迫使子女辍学从事赚钱的经济活动（Baland and Robinson，1998）。但在完善的信贷市场中，金融发展可以减少代际传递的持续性并给弱势群体带来了经济机会，子女可以通过信贷融资来进行人力资本投资，加速总体增长，减少收入不平等。第二，劳动力市场。已有研究发现，促进经济活动的金融发展可以改变劳动力市场机制来缩小收入差距（Beck, et al., 2009）。当金融机构加大对低技能工人的金融服务力度时，就会缩小收入分配。即使金融发展没有直接增加对低技能工人的金融服务，也会通过其他经济活动来为低技能工人提供更多的经济机会来提高其收入水平。第三，技能回报。金融发展还可以通过增加技能回报或创业能力回报来影响收入分配。如果金融市场只向那些有足够抵押品的人提供贷款，而不是向那些有才华和商业理念的企业家提供贷款，那么收入差距只会越来越大。当一个非常有前途但很穷的企业家因为金融市场的改善而能够得到贷款时，不仅会削弱家庭财富和经济机会之间的联系，还会刺激更多的其他企业进入金融市场获得贷款。

2. 金融开放对收入分配差距影响的研究

伴随经济全球化的飞速发展，金融市场得以快速发展和开放，于是许多学者围绕金融开放对收入分配的影响以及作用机制展开了激烈的理论与经验讨论。目前，金融开放主要包括资本账户自由化、证券市场自由化以及金融部门开放，其中，资本账户开放和金融市场开放是两个最核心的要素（Kaminsky and Schmukler, 2003）。与金融发展对收入差距影响的研究现状类似，已有针对金融开放收入分配影响的研究并未达成一致观点。从理论上来讲，一方面，当金融部门为了穷人的利益而对信贷市场的不完善采取自由化的政策和行动时，金融开放可以缓解收入不平等（Haan and Sturm, 2017）；另一方面，金融开放会使获得信贷的机会更加公平，可以大大提高国内金融市场的效率。然而，在大多数情况下，金融开放的影响似乎并不能成功的观测到，即使在经济快速增长的同时，金融开放也会导致金融市场下降，进而影响收入分配差距，加剧了收入不平等。实证研究也得到类似的结果。一些学者研究发现金融开放会缓解收入分配差距。例如，Bertola 和 Prete（2013）的研究发现，除了资本账户开放会对收入分配差距产生影响外，金融开放会通过增加对股票和信贷的投资机会来缓解收入分配不平等。Zhang 和 Naceur（2019）的研究认为，金融开放会通过提高金融效率和稳定性来缓解贫富收入差距。Naeem 和 Li（2019）对 1990—2015 年 OECD 成员国 35 个非金融企业的数据分析后发现，金融部门改革可以通过缓解金融约束来提高企业的投资效率，进而缩小收入分配差距。当该国的金融发展水平较高时，自由化对不平等的影响会减轻。这强化了一种观点，即在金融发展超过一定水平的国家，自由化的好处大于其成本。但个别学者研究发现金融开放会扩大收入分配差距。例如，Seven 和 Coskun（2016）基于新兴经济体和工业化国家的样本分析发现，金融市场开放通过资本流动会使更多的富人产生资本收益，进而导致造成收入分配差距更大。De Haan 和 Sturm（2017）通过分析 1973—2005 年 91 个国家的数据发现，金融开放或金融自由化是造成收入分配产生差距的主要根源，并且金融开放或金融自由化对收入不平等的影响主要取决于金融发展的制度质量和水平。还有一些学者研究发现，金融开放与收入不平等之间存在非线性关系，即金融开放对收入分配的影响具有库兹涅兹效应，并且会因经济发展阶段的不同而呈现出显著的差异。例如，Tan 和 Law（2012）基于 35 个发展中国家的样本分析发现，金融开放对收入分配差距具有的非线性影响。金融开放在早期会恶化收入差距，而随着金融开放程度的深化、市场机制的完善、金融中介的发展，金融开放又会促使收入分配差距收敛，缩小收入分配差距。Zehri（2020）的研究发现，当金融发展水平较高时，金融开放才会缓解收入不平等。也就是说，当金融发展超过一定水平后，金融开放的好处大于其开放成本。

3. 金融全球化对收入分配差距影响的研究

目前，只有为数不多的研究讨论了金融全球化对收入分配差距影响，但其结论并未达成共识。例如，Delis 等（2014）基于 Abiad 等（2010）提出的金融改革指数来衡量金融全球化，发现金融全球化会缓解收入不平等，但 Agnello 等（2012）的研究却认为其对收入不平等并没有产生显著的影响。Jaumotte 等（2013）的研究发现，贸易开放会显著缓解收入分配不平等，但外商直接投资（FDI）度量的金融全球化却会加剧收入分配不平等。Bumann 和 Lensink（2016）使用 Chinn 和 Ito（2008）提出的资本账户开放指数来衡量金融全球化，发现金融全球化会缓解收入不平等，但 Furceri 和 Loungani（2018）从劳动收入份额角度分析后发现,随着金融深度的不断增加,金融全球化大大增加了生产重新分配到国外的可能性,这在一定程度上会降低工人的劳动议价能力和劳动收入份额,进而使金融全球化对收入不平等的加剧效应更加明显。还有学者针对金融全球化对收入不平等的时间效应进行了分析。例如,Khan 等(2021)的研究表明金融全球化可能对收入分配产生林迪效应。也就是说,金融全球化有可能在短期内略微缓解收入不平等,但最终会潜在地加剧收入不平等,并且其对收入不平等产生的影响在时间上要明显早于其他因素。从金融全球化对收入分配差距影响的作用机制来看,主流研究主要从工资分配渠道进行了讨论,仅有少数研究从劳动力份额视角进行了讨论。而从劳动力份额来看,一方面,Piketty(2014)的研究发现,资本主义的世袭制度和融资机制会使企业和个人资本份额不断增长,从而永久性地缓解收入不平等(Khan, et al., 2019;Khan, et al., 2020)。另一方面,资本偏向的技术进步会不成比例地有利于劳动力中的技能密集型部分(Larrain, 2015),使得资本在企业生产中的地位将逐渐放大(Dao, et al., 2019),特别是第二个机器时代的到来(Brynjolfsson and McAfee, 2014),越来越多传统的劳动力将被人工智能和机器人等技术性资本所替代(Korinek and Stiglitz, 2017),工人的劳动议价能力将逐渐降低,从而可能会使金融全球化加剧收入不平等。此外,金融全球化还会通过外国直接投资进入尚未开发的经济体,以此增加市场集中度,改变资本收入份额与劳动收入份额之间的比例,调节国民总收入分配(Autor, et al., 2020;Barkai, 2020)。

(三) 金融政策对收入分配差距影响的研究

1. 货币政策对收入分配差距影响的研究

首先,从货币政策对收入分配差距影响的理论研究,目前主要集中在广义的新凯恩斯学派,他们主要围绕收入分配过程中的"效率"问题对劳动报酬收入份额的问题进行了深入讨论。一般而言,在开放经济条件下,为实现通货膨胀目标制,中央银行会将利率设定在一个较高水平,这会减少出口、增加失业(Galindo and Ros, 2009),并导致国内居民劳动收入份额下降，进而加大收入分配差距（Michetti and Tropeano, 2008）。如果中央银行长期实行高利率的货币政策，只能提高金融资本收入份额，不能提高生产资本收入份额和非金融部门的劳动报酬收入份额（Hein and Schoder, 2011）。但也有学者认为，劳动和资本可以相互替代，经济产出和就业可由市场自发调节，收入分配并不受货币政策干预（Koray, 2013）。对于标准的货币政策而言，其目的就是引导实际短期利率，使其对标自然利率，从而保持经济平衡和价格稳定。当通胀低于预期目标且产出缺口为负时，货币政策就会自发的使实际利率低于自然利率，以满足需求，而当通胀高于预期目标且产出缺口为正时，情况正好相反。2008年国际金融危机的爆发，一些学者围绕劳动收入份额和通货膨胀之间的关系进行讨论。例如，Holmberg（2006）基于瑞典数据分析发现，劳动收入份额在开放经济条件下对通货膨胀的动态变化可以体现产出缺口，但两者的关系不显著。Abbas等（2016）基于澳大利亚数据分析发现，劳动收入份额在有国际贸易和实际汇率的条件下不能反映通货膨胀变化。以上关于货币政策与劳动报酬收入份额的研究并非主流，其多数集中围绕货币政策对收入分配差距影响的作用机制展开的讨论。事实上，货币政策影响收入分配差距主要有直接效应和间接效应。

（1）货币政策对收入分配差距影响的直接效应

目前，货币政策主要通过收入构成、金融市场分割、资产配置和储蓄再分配四个渠道来直接影响收入分配差距。第一，收入构成。收入构成渠道是指货币政策会通过因个体职业选择、职业技能和家庭初始财富的差异带来的收入构成差异来影响收入分配（Doepke and Schneider, 2006）。一般而言，与低收入家庭主要依靠劳动收入和转移支付不同，而高收入家庭更多依靠投资收入和企业经营（Algan and Ragot, 2010）。由于工人工资增长的速度比企业利润增长的速度慢很多，那些拥有企业所有权的人的收入将大幅增加。特别是在央行实行低利率政策（即采取扩张性货币政策）的情况下，企业利润和投资利得的增长速度会明显快于劳动工资的增长速度，此时财富会从低收入家庭流向高收入家庭（Coibion, et al., 2017），资产较多的群体的财产性收入就会增加，从而扩大不同收入群体的收入差距。第二，金融市场分割。金融市场分割是指货币政策会通过经济主体参与金融市场活跃程度来影响收入分配。由于金融市场的不完善，导致只有高收入的经济主体才能进入金融市场参与活动并从中获利（Aghion and Bolton, 1997; Cravino, et al., 2020）。在央行增加货币供应量的条件下，如果金融市场分割越精细，其处理信息更高效，获得实际利率变化的信息就越快，与金融市场联系紧密的高收入部门和经济个体会通过增加收入和消费而获益，而那些与金融市场联系不紧密的中低收入部门和个体就难以享受到货币扩张所带来的福利（Williamson, 2008）。第三，资产配置。资产配置渠道是指货币政策会通过利率调整来影响资产价格，进而影响个体或家庭的投资组合和资产配置，导致财富的重新分配（Hohberger, et al., 2019）。家庭总收入既包括金融资产（如股票、债券、基金等），也包括非金融资产（工资、转移性支付等）。金融资产和非金融资产的持有者对利率和风险具有不同的敏感性，当货币政策发生变化，其对资产组合的综合收益率也会产生不同的影响（Brunnermeier and Sannikov, 2012）。在实施扩张性货币政策情况下，资产价格（特别是股票价格）因通货膨胀的原因而上涨会使财富从喜欢持有较多现金的低收入家庭转移到高收入家庭，导致高财富投资者的资本收益大幅上升，进而提高资产较多人群的财富占比，加剧收入和财富分配不平等（Adam and Tzamourani, 2016; Samarina and Nguyen, 2019）。第四，储蓄再分配。储蓄再分配渠道是指货币政策通过调整利率和货币供应量来影响家庭储蓄和借贷以及金融净收入和债务，进而对收入分配产生影响（Dolado, et al., 2018）。与高收入家庭不同，中低收入家庭因储蓄能力有限而更愿意持有现金。因此，在央行降低利率（即采取扩张性货币政策）的条件下，高收入家庭的存款和生息资产会因利率下降而遭受较大损失，从而使借款的低收入家庭受益（Doepke and Schneider, 2006），这在一定程度上会缩小收入分配差距（Samarina and Nguyen, 2019）。以上分析发现，在实施宽松货币政策的条件下，货币政策会通过收入构成和金融市场分割来加剧收入不平等，通过收入构成和资产配置会加剧财富不平等。

(2) 货币政策对收入分配差距影响的间接效应

目前,货币政策主要通过工资异质性和通货膨胀两种渠道来间接影响收入分配差距。第一,工资异质性渠道。工资异质性渠道是指货币政策通过就业对不同劳动收入阶层产生不同的影响,其主要取决于劳动力市场状况和工人技能(Nakajima,2015)。美国和英国的研究表明,实行扩展性货币政策通常缓解收入不平等(Deutsche Bundesbank,2016),即当实施扩张性货币政策时,失业率就会下降,低收入群体和掌握低技能工人的失业风险就会下降,所有部门的就业和工资水平也会有所上升,收入差距也会缩小;而当实施紧缩性货币政策时,缓慢的经济增长会使失业率上升,此时由于低收入人群和掌握低技能的工人对工资性收入具有很强的刚性和黏性,失业风险就会上升,所有部门的就业和工资水平会下降,收入差距也会进一步扩大(Heathcote, et al.,2010;Coibion, et al.,2017)。如果失业持续太久,这些群体还会因"劳动力市场需求不足"而使永久性收入造成损失。第二,通货膨胀渠道。通货膨胀渠道分为意外通货膨胀渠道和预期通货膨胀渠道。其中,意外通货膨胀渠道是指当货币政策导致通货膨胀发生意外变化时,而造成一些群体可能会从中受益或遭受损失,也可以称之为费雪渠道(Auclert,2019)。已有研究发现,意外的通胀低估会导致名义财富从年轻家庭向老年家庭重新分配,因为年轻人是净债务人,而老年人是净债权人(Nakajima,2015;Klaus and Junyi,2016),并且储户和借款人从货币政策中受益,提高包括存款在内的所有类型金融和实物资产的回报(Draghi,2016)预期通货膨胀渠道是指当货币政策引起预期通货膨胀出现时,不同的家庭拥有不同数量的现金,但由于现金不能得到收益,其购买力会受到预期通货膨胀的侵蚀,可将之称为预期通货膨胀渠道。一般而言,低收入家庭倾向于用现金进行较大比例的交易,可能持有较大比例的现金资产,因此他们会因为预期通货膨胀而损失更多(Bennett, et al.,2014)。因此,从这个渠道来看,货币政策会导致预期通货膨胀上涨,不利于降低不平等。梳理以上文献可以发现,在实施宽松货币政策条件下,货币政策会通过意外通货膨胀渠道缩小收入和财富的不平等,会通过预期通货膨胀渠道加剧收入和财富的不平等。

其次,从货币政策对收入分配差距影响的实证研究来看,已有研究主要从利率调整和宏观审慎货币政策两个角度进行了分析。从利率调整对收入分配差距影响的研究进展来看,一些学者分别基于英国1969—2012年的数据以及32个发达国家和新兴市场国家的1990—2013年数据分析后发现,提高名义利率(即采取紧缩性货币政策)会加剧收入分配不平等,而降低名义利率(即扩张性货币政策)会改善收入分配不平等(Villarreal and Andrés, 2014; Coibion, et al., 2017; Mumtaz and Theophilopoulou, 2017; Lenza and Slacalek, 2021),并且因不同类型的货币政策冲击、经济周期以及不同国家的劳动收入份额和再分配政策的影响而产生不同程度的影响(Mumtaz and Theophilopoulou, 2017; Furceri, et al., 2017; Furceri, et al., 2018)。但Doepke等(2015)的分析却得到了不同的结论,认为采取紧缩性货币政策(提高利率)会降低收入不平等,这是因为提高利率会引起通货膨胀降低,而通货膨胀的降低又会将上层贷款人的财富分配给中产阶级借款人。也有学者研究发现,降低利率(即采取扩张性货币政策)并不一定会加剧收入分配不平等。例如,Williamson(2008)研究发现,中央银行短期内增加市场流动性能降低利率,实现社会财富从金融部门转移到非金融部门,进而缩小部门之间的收入差距。Saiki和Frost(2018)研究2008年国际金融危机之后日本的微观家庭层面的数据后发现,零利率政策和非常规的货币政策会扩大收入分配差距。个别学者从宏观审慎货币政策角度对该问题讨论后发现,缺乏宏观审慎的货币政策会加剧收入分配不平等,并且不同类型的宏观审慎措施对收入分配不平等的影响也会有所不同。一般而言,有对系统重要性金融机构有特殊要求的国家,其收入分配不平等程度较低,有反周期资本缓释、集中度限制、直接信贷增长限制的国家,其收入分配不平等程度较高(Frost and Stralen, 2018)。

2. 金融稳定政策对收入分配差距影响的研究

大量研究表明,金融稳定不仅有助于促进稳定的经济增长,而且也有助于实现更公平的收入分配。现有关于金融稳定对收入分配差距的影响主要集中金融危机和金融监管两个方面。

第一，从金融危机对收入分配差距影响的研究来看，现有研究较少，且这些研究主要从银行危机视角进行了讨论，并没有得到较为一致的结论。例如，Denk 和 Cournède（2015）以及 Jaumotte 和 Osorio（2017）基于 OLS 模型分别对 20 个 OECD 国家 1980—2010 年的数据和 31 个 OECD 国家 1974—2011 年的数据分析后发现，银行危机对收入分配不平等并没有产生影响。但是，一些研究却发现金融危机会加剧收入分配差距不平等。例如，Li 和 Yu（2014）以及 De Haan 和 Sturm（2017）利用面板回归模型分别对 18 个亚洲国家 1996—2005 年的数据和 121 个国家 1975—2005 年的数据分析后发现，美国次贷危机的爆发使许多核心经济区和 OECD 国家出现了暂时的经济动荡和不稳定，大量的企业会因为资金链断裂而倒闭，工人会失去市场议价能力和资金获取能力，进而加剧了收入不平等。而 Baiardi 和 Morana（2016）更是发现，金融危机不仅会加剧受主权债务危机影响较大的欧元区国家的收入分配不平等，也会加剧受主权债务危机影响较小但再分配政策不太明显的国家的收入分配不平等。

第二，从金融监管对收入分配差距影响的研究来看，金融监管是为了确保一个运转良好的金融体系及其顺利发展，因为金融稳定不仅有助于促进稳定的经济增长，而且也有助于实现更公平的收入分配。目前，关于该问题的争论主要集中在公共利益理论和集团利益理论两大理论派系之间，他们针对收入分配过程中的金融监管问题进行了讨论并形成不同的观点。具体而言，首先，公共利益理论的学派认为金融监管对缓解收入不平等负有一定责任（Posner，1974；Philippon and Reshef，2012），可以通过控制金融风险、改变市场竞争行为、加强金融深化和降低信息不对称等来缩小收入分配差距。一方面，金融监管可以通过合理的控制金融市场风险，消除金融部门在市场中的垄断竞争行为，维护低收入者利益，并且让低收入者能更加充分地享受金融发展所带来的红利，增加其财富水平（Shughart and McChesney，2010；Manish and Colin，2019）；另一方面，金融监管可以敦促金融机构通过金融深化和获取更多的信息，为更多资金持有量低、风险承受能力弱的低收入群体提供金融服务，以此改善低收入者的资产配置结构，调整收入分配（Stiglitz，2012）。其次，集团利益理论的学派认为金融监管会通过提高金融准入门槛、加大税收负担和"监管捕获"来扩大收入分配差距。一方面，管制权力的滥用会增加管制捕获的可能性，特别是金融准入门槛的提高会使市场中的低收入群体获得金融服务的能力下降，进而影响了其资产配置能力和风险应对能力，但这一影响对高收入群体影响并不大（Boyer and Ponce，2012）；另一方面，更强大、更集中的监管机构不仅不容易被接受（Mitchener，2007），而且还会加大被监管者的税收负担，使低收入群体的相对收入有所减少，不利于缓解收入分配差距。另外，与普通投资者而言，金融监管的加强还会促使资产规模较大的金融机构从金融监管部门捕获更多的政策信息，特别是政治依赖性较强的金融机构更容易受到"监管捕获"的影响（Boye and Ponce，2012），从而使监管政策更有利向其倾斜，进而从中攫取更多利润，加剧收入分配差距。从为数不多的实证研究来看，由于不同的国家的制度环境和制度执行能力有较大差异，导致金融监管对收入分配的影响方向并不一致，加之大多数国家的金融监管还处于不成熟的发展阶段，监管空白的情况时有发生，导致其与理论研究一样，也存在上述两种截然不同的观点。一些支持公共利益说的实证研究发现，金融监管会缓解收入分配差距。例如，Flaherty（2015）基于 14 个 OCED 国家的数据分析发现，更严格的金融监管有利于减少前 1% 高收入群体对财富的占有。Haan 等（2017）通过分析跨国数据发现更严格的金融监管会控制金融的过度自由化和银行危机的爆发，能显著改善收入分配不平等。Frost 和 Stralen（2017）分析宏观审慎政策对收入分配差距后发现，资产集中限制、宏观审慎准备金要求和银行间敞口限制会加剧收入分配差距，使用贷款价值和债务收入（DTI）限制的国家，其收入不平等更为严重，而使用外汇（FX）借贷的杠杆比率和限制的国家，其收入不平等较小。另一些支持集团利益说的实证研究发现，放松的金融监管环境意味着个人和职能收入分配的不平等性加剧。例如，Calderón 和 Chong（2009）使用两种形式的劳动力市场监管的跨国数据分析发现，只有非官方的劳动力市场监管才能缓解收入不平等，而行政强制执行的法律法规对缓解收入不平等的效果并不明显。De Haan 和 Sturm（2017）研究发现金融自由化可能会加剧金融发展水平较高的收入不平等。Chambers 和 O'Reilly（2021）基于1997—2015年美国50个洲的数据，分析联邦监管限制对收入分配差距的影响后发现，金融监管通过提高消费价格、保护现有企业和加剧工资不平等而抑制小企业和低收入家庭的竞争，进而扩大收入分配差距。还有一些学者研究发现监管会通过影响劳动力市场而加剧收入不平等。例如，Kleiner 和 Vorotnikov（2017）以及 Blair 和 Chung（2019）的研究发现金融监管还会加剧劳动力市场的不平等，许可证条例制度会限制一些潜在者进入市场的成本而提高执照持有人的工资水平，从而可能加剧工资不平等。

（四）包容性金融对收入分配差距影响的研究

1. 包容性金融对收入分配差距影响的研究

21世纪以来，人们对贫困和不平等问题的关注，一些学者从金融服务的获取和使用的角度进行了深入讨论。由于传统金融市场存在信息不对称、搜集穷人的信息成本高等问题，导致金融机构不仅对穷人具有很强的排斥性，而且还阻碍了其在人力资本、健康和创业等方面的投资，扩大了收入差距（Beck, et al., 2018；De Haan and Sturm, 2017；Tchamyou, et al., 2019）。为提高金融服务的覆盖面，使更多的人能享受到金融服务，包容性金融的概念首次在"2005国际小额信贷年"中被提出（Sarma and Pasi, 2011）。于是，包容性金融或金融包容一词开始受到关注。Kapoor（2014）的研究认为包容性金融可以让所有个人都能为经济增长做出贡献并从中获益，该观点也在印度（Ghosh and Vinod, 2017）、中国（Park, 2015）和非洲（Chikalipah, 2017；Tchamyou, 2019）等众多发展中国家得到支持和验证。事实上，包容性金融是由传统的金融体系逐步发展而来，但与传统的金融体系为居民提供储蓄、投资、信贷、商业保险等多种金融服务不同的是，包容性金融通过金融中介或者金融市场找到资源使用效率最优的融资者不同，包容性金融更加重视平等性和公平性，旨在为那些被正规金融机构排除在外的弱势群体的金融服务可得性问题，这种非常规的金融制度安排必然使包容性金融存在某种形式的转移支付。事实上，更大程度的包容性金融倾向于通过改善信贷歧视解决穷人的金融服务问题，并为其生产性投资提供资金，减少收入分配不平等。Tchamyou等（2019）的研究认为，边际强化理论和广义的边际理论是包容性金融影响收入分配的两个基本理论。其中，边际强化理论是指金融机构通过提高对现有客户的服务质量来影响收入不平等（Chipote, et al., 2014），广义的边际理论是指金融机构通过将客户群体平等地扩展到以前未触及的人群，使更多的人从正规金融中获益进而解决收入不平等问题（Chiwira, et al., 2016）。理论上来讲，包容性金融不仅可以让更多贫困群体获得金融部门提供的存贷款等金融服务来促进生产经营，还能通过金融教育促进其在财务规划、人力资本、医疗服务、保险等方面的投资，带来更高工资水平的工作，以此提高收入、消除绝对贫困（Demirguc-Kunt, et al., 2017；Neaime and Gaysset, 2018；Mushtaq and Bruneau, 2019；Koomson, et al., 2020）。与此同时，包容性金融还能通过促进金融部门提供更加高效和便宜的金融服务来促进整个金融系统的发展（Fouejieu, et al., 2020）。随着近年来FinTech技术和金融科技等数字信息技术的快速应用和推广，以数字技术为主导的包容性金融（即数字包容性金融）得到了发展。数字包容性金融包括金融业的所有电子产品和服务，如信用卡和芯片卡、电子交易系统、网上银行和在线交易服务以及所有移动和应用服务（Karlan, et al., 2016），它比包容性金融的积极效应更强（N'Dri and Kakinaka, 2020）。大量研究表明，通过数字包容性金融可以使更多被正规金融排除在系统之外的"长尾群体"获得和使用金融服务（Carballo, 2017；Lashitew, et al., 2019；Senyo and Osabutey, 2020），这在一定程度上能提升社会福祉，促进经济健康和谐发展。

从实证研究来看，针对包容性金融对收入不平等和贫困的影响，主流文献利用不同国家不同时间段的数据进行了研究，并佐证了包容性金融可以惠及穷人、缩小收入差距的观点。例如，Beck等（2006）认为具有较发达金融系统的经济体能够更快的消除收入不平等现象，降低贫困水平。Chibba（2008）肯定了包容性金融能减少贫困的能力，并且指出金融包容能促进亲贫式增长，有利于达到千年发展目标。Park 和 Mercado（2017）基于 2004—2012 年 176 个国家数据，Neaime 和 Gaysset（2018）基于 2002—2015 年中东和北非国家的数据，Mushtaq 和 Bruneau（2019）基于 2001—2012 年 62 个国家数据，Demir 等（2020）基于 2011 年、2014 年和 2017 年 140 个国家数据，Fouejieu 等（2020）基于 2004—2015 年 19—107 个国家数据均发现包容性金融可以缓解收入分配不平等（见表 6-2）。还有一些研究认为通过其他战略和干预政策可以实现包容性金融对收入分配差距的缓解作用。例如，通过提供小额贷款（Bravo, et al., 2018）、增加监管（Chen and Divanbeigi, 2019）、外国银行进入（Leon and Zins, 2019）、将金融服务与邮局整合（Anson, et al., 2013）、创业（Kimmitt and Munoz, 2017）、缩短与银行的距离（Demirgüç-Kunt and Klapper, 2012）、增加电子支付设备（Banka, 2014）等。从以上研究来看，现有的研究主要围绕金融服务的可得性来讨论包容性金融，并且这些研究主要侧重于实证分析。由于包容性金融的实施效果主要取决于相关政策的具体设计和其他政策的配合，但这些因素在实证分析中很难量化并被很好地控制，因此很容易导致内生性问题。

表 6-2　　关于包容性金融对收入不平等影响的文献梳理

文献	样本	时间	被解释变量	解释变量	观点
Park and Mercado (2017)	176 个国家	2004—2012 年	贫困人口比例、基尼系数	每 10 万成年人使用自动取款机的次数；每 10 万成年人拥有银行分支机构数量；每 1000 名成年人中有借款的人；信贷总量占国内生产总值；每 1000 名成年人中有储户	包容性金融能总体降低贫困和不平等水平，但对亚洲发展中国家的收入不平等不显著
Neaime and Gaysset (2018)	中东和北非	2002—2015 年	基尼指数	每 10 万成年人使用 ATM 的情况；每 10 万成年人拥有银行数量	包容性金融可以缓解收入不平等，但不能缓解贫困

续表

文献	样本	时间	被解释变量	解释变量	观点
Mushtaq and Bruneau (2019)	62个国家	2001—2012年	贫困人口比例、基尼指数、贫困差距	人均存款；借款人比率	包容性金融可以显著缓解收入不平等和贫困
Demir, et al. (2020)	140个国家	2011年、2014年和2017年	基尼指数	使用手机支付人数；银行账户数量；储蓄数量；借款人数量	包容性金融和金融科技可以减少不同分位数下的收入不平等
Fouejieu, et al. (2020)	19—107个国家	2004—2015年	基尼指数	每10万成人使用自动取款机；每10万成年人拥有银行分行的数量；借款人人数；存户人数；移动货币账户数量；移动货币交易数量	包容性金融可以缓解收入不平等

资料来源：笔者根据文献整理所得。

2. 包容性金融对收入分配差距影响的作用机制研究

目前，包容性金融主要通过生产要素、劳动力转移和均衡调节三个渠道来影响收入分配差距，这些渠道均是通过提高金融服务的可及性或可获得性来缓解低收入人群的流动性约束进而影响收入增长。第一，生产要素。是指包容性金融通过提高其渗透度、增加杠杆率和可承担度来影响其绝对收入水平，进而缩小收入分配差距。理论上来讲，包容性金融可以通过提高金融服务的渗透度来降低金融部门的交易成本、通过增加杠杆率来提高金融服务的实际使用效用性以及通过降低贷款准入门槛将风险的监督成本转嫁给其他借款人来减少对弱势群体的初始财富的约束，从而使更多从事简单劳作的也可以通过投入更多的资本和劳动来扩大生产，增加产出、提高绝对收入水平。第二，劳动力转移。是指包容性金融通过调整其渗透度、使用度和可承担度来影响人力资本投资，并通过人力资本转移来影响收入水平，进而缩小收入分配差距。传统观点认为，金融市场本身的不完善性导致个人仅能通过原始财富来对人力资本进行投资，而包容性金融通过为弱势群体提供公平的信贷支持可以增加其人力资本的投资机会和渗透进程，进而实现个人跨部门、跨行业和跨地区的人口流动，改善不熟练工人的就业机会，以此调整收入结构、减少或延续收入分配不平等（Arora，2018）。第三，均衡调节。是指通过调整可负担性来平衡金融部门的商业可持续发展和风险承担能力，以此调节相对收入，进而改善收入分配差距。理论上来讲，包容性金融在保证金融部门商业可持续发展的同时通过支付适当的成本来降低金融服务门槛，让更多低收入的弱势群体获得低成本的金融产品和服务，从而消除不同部门、不同行业和不同地区之间的金融不均衡，实现各收入阶层之间的均等化，进而缓解收入分配差距。除了上述研究，一些学者从金融素养和金融创新等视角对该问题进行了讨论。例如，Ramakrishnan（2012）从金融知识或金融素养视角分析发现，包容性金融可以通过提高弱势群体的金融知识来促进其金融市场的参与经验，有利于金融知识的普及，形成居民长期的人力资本积累机制，进而改善家庭生活质量，缩小收入分配差距。类似地，Grohmann 等（2018）从异质性角度分析发现，金融素养越高的地区，金融包容性水平就越高，对缩小收入分配差距就越明显。Ouma 等（2017）从金融创新和技术实现角度研究发现，金融创新和数字技术可以绕过基础设施不足和搜集信息成本高等问题来惠及穷人，特别是通过加强手机使用强度来为弱势群体提供包容性金融服务，可以提高其家庭储蓄水平。Anshari 等（2020）的研究更是发现，在拥有大量互联网用户和大量金融科技公司的东南亚地区，其包容性金融对无存款群体的影响更明显。

3. 包容性金融对收入分配差距影响的悖论

包容性金融起源于金融排斥，而金融排斥在已有研究中主要分为机会排斥、条件排斥、价格排斥、市场排斥和自我排斥。如果想要实现包容性金融，就必须从根本上消除金融排斥。但在包容性金融发展过程中，由于金融部门本身存在双重目标冲突性问题（扩大金融服务的覆盖面和财务可持续性），导致包容性金融很容易出现"目标偏移"现象。具体而言，第一，包容性金融的目标冲突。不同于公益或慈善机构，包容性金融并非全部包容，如果一味地扩大对那些高信贷成本和高风险的穷人金融覆盖面和金融能力，让所有个体都参与金融市场获得融资形成"极端的金融包容"，正规金融无法正确识别那些不打算偿还贷款、想诈骗他人钱财的群体，不利于包容性金融的可持续发展（Ozili，2021）。因此，如何平衡好金融机构商业可持续发展与社会责任，以可负担的成本为有金融服务需求的弱势群体提供适当、有效的金融服务是包容性金融发展的关键之处。第二，包容性金融发展的异化。虽然包容性金融使穷人获得的金融服务不再"难"和"贵"，但也带来了一些问题。一是一些信息技术的运用可能会使金融机构将金融服务延伸至金融素养和金融风险防范意识较低的学生和老年等弱势群体，未能考虑受众群体的可接受能力和还款能力，容易使其陷入"过度负债"的陷阱当中；二是"非活跃用户"问题，即金融机构付出巨大成本让原来被排除在金融市场以外的群体进入到正规金融市场后，他们也可能会在一段时间内不愿意享受和使用金融产品和服务，他们的不活跃减少了金融交易量，影响整个经济的产出。因此，注重弱势群体客户保护，使其在得到相应的权益保护的同时要保证包容性金融的有效性。第三，包容性金融的重点在于"渔"而非"鱼"。穷人之所以长期受到金融排斥的原因除了其与富人初始财富水平存在明显差异外，还有其未拥有较好的学习天赋和教育资源，没有机会跨越阶级。面对穷人，包容性金融不仅仅解决的为提供的是公平、平等的金融服务，更应该在此基础之上，通过金融教育提高其金融素养和金融决策能力，激发其内心认知和造血潜能，从而更加全面改善穷人的生存能力、发展能力和创新能力。

（五）家庭房产对收入分配差距影响的研究

影响收入分配差距的因素还有很多，特别是随着近年来研究的深入和细化，一些学者从与金融相关的家庭房产和土地等方面进行了分析，对于分析收入分配差距，特别是财富差距具有重要意义。目前，由于各个国家的经济发展状况、金融制度安排、市场发育程度和文化背景有所不同，国外针对土地资本化对收入差距影响的讨论较少，因此我们只重点梳理了家庭房产对收入分配差距影响。

在针对财富和收入不平等的分析和讨论中，由于房产具有价值大、成本高、流动性差等投资品的属性，因而被西方发达国家认为是家庭财富积累的重要因素之一，是造成收入和财富不平等加剧的主要驱动力（Aladangady，2017）。Di（2005）的研究发现，与金融财产相比，美国的房产不如金融财产分布的均匀，而且变的极不平等。Lundberg 和 Waldenström（2017）的研究更是发现，2000—2012 年美国财富排在前 10% 的人的净财富增加了 2—3 倍，而财富排在后 10% 的人的净财富降到了更负的水平。关于房产问题的讨论更多集中讨论是房产本身价值对居民消费的影响，而对收入分配影响的研究较少。于是，一些学者专门针对房产价值（即房价）的变化对收入差距进行了深入讨论，并支持了"房价上涨会造成居民收入差距扩大"这个观点。由于住房资产作为居民家庭财产，住房既具有消费属性又具有投资属性，房价的波动通过改变家庭财产价值会改变居民家庭之间的收入分配（Miles，1994）。Matlack 和 Vigdor（2008）利用 1970—2000 年美国大都市区域数据验证了房价上涨会显著加剧收入差距的扩大。Marietta 和 Boumeester（2010）以荷兰为例分析发现，发现房价上涨会长期拉大租房者和拥有房屋所有权者的收入差距。Cooper（2013）基于美国近期的研究数据分析发现，住房财富的增加对年轻家庭和拥有流动资产相对较少的家庭的消费支出影响更大。但也有个别学者提出相反的观点。例如，Määttänen 和 Terviö（2011）从收入和住房质量异质性角度分析发现，收入差距扩大会对房价产生负面影响。

事实上，造成房价上涨使居民收入差距扩大主要存在三方面原因：一是房价上涨所带来的财富效应。由于房价上涨会使房地产价值增加，无形中增加了居民家庭的财富（Thomas, et al.，2004），进而使居民家庭可用于支付房贷利息大大增加，从而增加了居民家庭的消费（Case, et al.，2005；Munk，2020）。二是房价上涨所产生的信贷效应。房价的上涨使房地产的潜在可抵押价值上升（Gan，2010）。在经济形势较好时，资金报酬率高于抵押贷款利率，此时有房产的家庭，可以将住房进行抵押获得贷款，从而获得资本报酬率高于贷款利率的那部分收入。而无房一族，因为没有抵押品，所以难以获得抵押贷款进行投资。这种情形下，有房一族本着收入份额的提升无疑会拉开有房和无房群体的收入差距，导致穷人更穷，富人更富（Matlack and Vigdor，2008）。三是房价上涨所引起的挤出效应。在家庭可支配收入一定的情况下，房价上涨将会增加住房支出，最终影响到其他领域的消费支出。由于低收入阶层的住房消费倾向更高，因此房价上涨对低收入阶层造成的消费挤出效应要比高收入阶层更明显，因而使得各阶层的收入差距进一步扩大（Iwaisako，et al.，2015）。此外，房价上涨对低收入群体造成的消费挤出效应通常使其减少教育支出（Benjamin，et al.，2004），而教育支出的减少不利于其人力资本积累，使其收入水平难以提升。

三 总结和展望

（一）总结与评述

有关金融对收入分配影响的研究最早始于 Greenwood 和 Jovanovic（1990）的研究，他们以金融要素作为切入点，将金融发展对经济增长的影响演变为金融发展对收入分配的影响。沿着 Greenwood 和 Jovanovic（1990）的研究思路，不同学者在特定假设前提条件下验证得到二者之间关系。随着金融的不断发展以及计量分析方法的不断深化，不同学者采用不同方法分析全球或不同国家的宏观数据发现，不同阶段、不同水平的金融发展对收入分配差距的影响也存在着不同的影响，并没有得到一致性的结论，既有支持缩小论或扩大论的，也有支持 Kuznets 效应论，这些文献不仅提供了理论基础和研究思路，也为我们进一步讨论金融与收入分配差距留下了巨大的研究空间。随着金融的不断发展以及计量分析方法的不断深化，不同学者除了从金融发展角度继续讨论外，从金融开放、金融全球化、金融政策（监管政策、货币政策等）以及包容性金融等也进行了讨论，这些虽然拓展了金融发展对收入分配差距影响的研究宽度，但到目前为止，其研究中普遍存在的缺陷有：一是在研究深度上，虽然金融影响收入分配差距的研究已从理论研究发展到前因后果的实证检验，但收入分配只是一种"副产品"，其侧重点还是聚焦在经济增长方面；二是在研究视角上，从简单的金融活动演化到金融政策、包容性金融等角度；三是在研究数据方面，现有研究已从单一的使用宏观数据研究逐渐发展为向微观数据倾斜检验其影响机制的研究，但在讨论作用机制时，不同学者使用不同来源、不同样本进行验证得到差异较大的研究结论，并不具有普遍适用性，其还有待深入挖掘；四是在研究内容上，现有研究仍侧重于宏观层面的分析，未将金融、收入差距和经济增长的内生演化纳入到同一分析框架中进行分析，并且这些研究过于集中讨论金融与规模性收入分配之间的关系，针对金融对要素收入分配的影响缺乏系统性研究。随着当前全球收入不平等和财富不平等不断加剧，将金融影响收入分配的宏观研究拓展到宏微观机制深入融合研究，以及将金融对规模性收入分配的影响拓展到对要素收入分配的研究，是当前和未来研究的重点方向和领域。

除存在上述普遍问题外，我们发现实证研究方面还存在许多不足：第一，内生性问题有待重视。从已有关于金融发展对收入分配差距影响的研究中，国外学者多采用世界银行公开发布的金融发展指数来衡量金融发展，并且多采用时间序列模型或固定效应模型来分析，忽视了数据测量误差和模型设定偏差所产生的内生性问题。当存在这类问题时，可做一些尝试，比如采用工具变量法、分位数回归、GMM 等方法解决模型设定偏差问题；采用不同的衡量方法衡量金融发展，尽可能排除其他有竞争性的解释等。第二，异质性的研究重视不够。已有研究试图通过理论模型来解释金融对收入分配差距的影响和作用机理，但这些标准化的数学推导似乎与经验研究的研究结论并不完全一致。在理论和实证研究方面，多数研究往往从劳动力转移、资本、技能、工资等某个单一的角度来进行验证，忽略了金融本身的差异对收入分配差距的综合影响。但不可否认的是，我们无法构建一个能够反映所有相关异质性的理论模型，也不能解决所有因素与金融之间可能存在双向因果的问题。就现有研究来看，我们可以做进一步深化。例如，就金融发展对收入分配差距影响的研究而言，金融是金融规模、金融结构或金融效率三个维度的综合表现，不同维度上的差异通过不同的途径对收入分配差距可能都会产生不同的影响，正是不同维度差异的共同作用，才会导致金融对收入分配差距的影响和作用机制千差万别。第三，难以选择合适的基准进行比较分析。金融对收入分配差距的复杂性不仅来源于不同国家不同时期金融制度和金融发展的差异，更来源于其不断变化的经济基础（如市场潜能、经济发展水平等）等因素以及初始收入分配的影响。如果基于部分历史数据进行经验验证不够全面的，往往得不到准确结果。值得注意的是，虽然学术界从理论角度证实了金融对收入分配差距影响存在时间效应，但在实证中很难通过微观数据进行佐证，忽略了过去很多金融信息对当期收入分配差距的影响，具有一定局限性。例如，在分析货币政策对收入分配差距影响时，我们不能仅仅只分析在利率上升之后的货币政策对收入分配差距的影响，也应该考虑利率上升之前的货币政策是如何影响收入分配差距。当然，这类通过实证研究可以解决，可以考虑将利率上升之前作为基准事件，通过设定一系列假设条件或采用准自然实验来分析，可以提高研究结论的可信度。

（二）研究展望

金融影响收入分配差距的研究已逐渐形成完善的研究框架和理论体系，与宏观金融、微观金融等理论虽有很大关联，但又截然不同。近年来，随着全球收入不平等和财富不平等问题的不断关注，从金融角度讨论收入分配差距的研究也取得了很大进步，但也发现了许多新的问题，未来的研究需要持续对该问题进行综合研究，尤其是以下几个方面的问题：第一，对于金融发展对收入分配差距影响的研究，不应该只聚焦金融发展本身的讨论，应将可能影响金融发展的其他金融因素（如货币政策、金融稳定）纳入到同一框架中进行分析，以此讨论金融发展对收入分配差距的综合影响。第二，包容性金融和金融科技是值得深入研究的方向。包容性金融和金融科技不仅仅金融发展的一个新阶段，更是未来从金融角度分析和调节收入分配差距的主要方向。虽然这方面研究已取得一些研究成果，但也存在一些值得探讨的地方。例如，包容性金融和金融科技对收入分配差距的缓解效应在多大程度比较合理？政府干预包容性金融的风险和成本问题，其干预程度到底应该多大？第三，数据需要进一步完善和挖掘。从金融对收入差距影响的研究趋势来看，基于宏观数据进行定量分析仍然在较长时期内是研究金融对收入分配差距影响的基础，数据质量是继续支撑研究金融影响收入分配差距的理论突破和实证创新的前提。首先，在数据的建设方面，可通过新技术手段或者大数据平台，进一步将更多影响金融的因素纳入到数据体系中，同时将其纳入到同一分析框架中进行系统性分析。其次，在数据的应用方面，有待挖掘。从现有研究情况来看，用于学术研究的数据主要有两个：一个是世界银行公布的金融发展数据，这类数据库虽然样本大，但寻求经验研究的创新空间很有限；另一个是针对自己的研究目标而构建小型数据库，这虽然为研究特定时间、特定地区的金融影响收入分配差距的问题研究提供了可鉴思路，但不一定具有普遍适用性。最后，要将金融伦理、地理、历史、文化、法律等其他学科的数据进行匹配，形成新的变量来进一步讨论金融与收入差距之间的关系，可能是未来继续深化研究的新方向。

（执笔人：张珩）

参考文献

保罗·A. 萨缪尔森、威廉·D. 诺德豪斯：《经济学》，萧琛等译，华夏出版社 1999 年版。

弗里德利希·冯·哈耶克：《自由秩序原理》，邓正来译，生活·读书·新知三联书店 1997 年版。

高鸿业：《西方经济学》（第四版），中国人民大学出版社 2008 年版。

J. 丁伯根：《生产、收入与福利》，向宝玉译，北京经济出版社 1991 年版。

伊藤诚、考斯达斯·拉帕维查斯：《货币金融政治经济学》，孙刚、戴淑艳译，经济科学出版社2001年版。

Abbas, Syed, K., Sgro, Pasquale, Bhattacharya, Prasad, and Sankar, 2016, "The New Keynesian Phillips Curve: An Update on Recent Empirical Advances", *International Review of Economics & Finance*, 43 (5), 378 – 403.

Abiad, A., Detragiache, E., and Tressel, T., 2010, "A New Database of Financial Reforms", *IMF Staff Papers*, 57 (2), 281 – 302.

Adam, K., and Tzamourani, P., 2016, "Distributional Consequences of Asset Price Inflation in the Euro Area", *European Economic Review*, 89, 172 – 192.

Aghion, P., Akcigit, U., Bergeaud, A., Blundell, R., and Hemous, D., 2019, "Innovation and Top Income Inequality", *Review of Economic Studies*, 86 (1), 1 – 45.

Aghion, P., and Bolton, P., 1997, "A Theory of Trickle——Down Growth and Development", *The Review of Economic Studies*, 64 (2), 151 – 172.

Agnello, L., Mallick S. K., and Sousa R. M., 2012, "Financial Reforms and Income Inequality", *NIPE Working Papers*, 116 (3), 583 – 587.

Aladangady, A., 2017, "Housing Wealth and Consumption: Evidence from Geographically Linked Microdata", *American Economic Review*, 107 (11), 3415 – 3446.

Algan, Y., and Ragot, X., 2010, "Monetary Policy with Heterogeneous Agents with Borrowing Constraints", *Review of Economic Dynamics*, 13 (2), 295 – 316.

Altunbaş, Y., and Thornton, J., 2019, "The Impact of Financial Development on Income Inequality: A Quantile Regression Approach", *Economics Letters*, 175 (FEBa), 51 – 56.

Ang, J. B., 2010, "Finance and Inequality: the Case of India", *Southern Economic Journal*, 76 (3), 738 – 761.

Anshari, M., Almunawar, M. N., and Masri, M., 2020, "Financial Technology and Disruptive Innovation in ASEAN", *International Journal of Asian Business and Information Management*, 11 (4), 29 – 43.

Anson, J., Berthaud, A., Klapper, L., and Singer, D., 2013, "Financial Inclusion and the Role of the Post Office", *Policy Research Working Paper*, No. 6630.

Arneson, R., 1989, "Equality and Equal Opportunity of Welfare", *Philosophical Studies*, 56 (1): 77 – 93.

Arora, S., 2018, "Regime-Switching Monetary and Fiscal Policy Rules and Their Interaction: An Indian Case Study", *Empirical Economics*, 54, 1573 – 1607.

Auclert, A., 2019, "Monetary Policy and the Redistribution Channel", *American Economic Review*, 109, 333 – 2367.

Autor, D., Dorn, D., Katz, L. F., Patterson, C., and Van Reenen, J., 2020, "The Fall of the Labor Share and the Rise of Superstar Firms", *Quarterly Journal of Economics*, 135 (2), 645 – 709.

Baiardi, D., and Morana, C., 2016, "The Financial Kuznets Curve: Evidence for the Euro Area", *Journal of Empirical Finance*, 39 (B), 265 – 269.

Banerjee, A., and Newman, A. F., 1993, "Occupational Choice and theProcess of Development", *Journal of Political Economy*, 101 (2), 274 – 298.

Banka, H., 2014, "M-PESA at the Point of Sale: Expanding Financial Inclusion and Reducing Demand for Physical Cash", *Journal of Payments Strategy & Systems*, 7, 359 – 369.

Barkai, S., 2020, "Declining Labor and Capital Shares", *The Journal of Finance*, 75 (5), 2421 – 2463.

Beck, T., and Demirguc-Kunt, A., 2009, "Financial Institutions and Markets Across Countries and Over Time-Data and Analysis", Pdicy Research Working Paper, No. 4943, The World Bank.

Beck, T., Demirguc-Kunt, A., and Levine, R., 2007, "Finance, Inequality and the Poor", *Journal Economic Growth*, 12 (1), 27 – 49.

Beck, T., Demirguc-Kunt, A., and Peria, M. M., 2006, "Banking Services for Everyone? Barriers to Bank Access and Use Around the World", *Social Science Electronic Publishing*, 22 (3), 397 – 430.

Beck, T., Pamuk, H., Ramrattan, R., and Uras, B. R., 2018, "Payment Instruments, Finance and Development", *Journal of Development Economics*, 133, 162 – 186.

Becker, G., and Tomes N., 1986, "The Family and the Distribution of Economic Rewards", *Journal of Labor Economics*, 4 (3), S40 – S47.

Becker, G. S., and Tomes N., 1979, "An Equilibrium Theory of the Distribution of Income and Intergenerational Mobility", *Journal of Political Economy*, 87 (3), 1153 – 1189.

Benjamin, J. D., Chinloy, P., and Jud, G. D., 2004, "Real Estate Versus Financial Wealth in Consumption", *The Journal of Real Estate Finance and Economics*, 29 (3),

341 – 354.

Bennett, B., Conover D., O'Brien, S., and Advincula, R., 2014, "Cash Continues to Play a Key Role in Consumer Spending: Evidence from the Diary of Consumer Payment Choice", Working Paper, Federal Reserve Bank of San Francisco.

Blair, P. Q., and Chung, B. W., 2019, "How Much of Barrier to Entry is Occupational Licensing?", *British Journal of Industrial Relations*, 57 (4), 919 – 943.

Boyer, P. C., and Ponce, J., 2012, "Regulatory Capture and Banking Supervision Reform", *Journal of Financial Stability*, 8 (3), 206 – 217.

Bravo, C., Sarraute, C., Baesens, B., and Vanthienen, J., 2018, "Credit Scoring for Good: Enhancing Financial Inclusion with Smartphone-Based Microlending", Paper Presented at the ICIS 2018 Conference Proceedings, California: San Francisco.

Brunnermeier, M., and Sannikov, Y., 2012, "Redistributive Monetary Policy", *Proceedings*, (9), 331 – 384.

Brynjolfsson, E., and McAfee, A., 2014, *The Second Machine Age: Work, Progress, and ProsPerity in a Time of Brilliant Technologies*, WW Norton & Company.

Bumann, S., and Lensink, R., 2016, "Capital Account Liberalization and Income Inequality", *Journal of International Money and Finance*, 61, 143 – 162.

Calderoón, C., and Chong, A., 2009, "Labor Market Institutions and Income Inequality: Anempirical Exploration", *Public Choice*, 138 (1 – 2), 65 – 81.

Canavire-Bacarreza, G. J., and Rioja, F. K., 2009, "Financial Development and the Distribution of Income in Latin America and the Caribbean", *IZA Discussion Papers*, 30 (5), 489 – 505.

Carballo, I. E., 2017, "Financial Inclusion in Latin America", in A. Farazmand (Ed.), *Global Encyclopedia of Public Administration, Public Policy, and Governance*, Springer International Publishing.

Case, K. E., Quigley, J. M., and Shiller, R. J., 2005, "The Stock Market Versus the Housing Market", *Advances in Macroeconomics*, 5 (1), 1235 – 1235.

Chakroun, M., 2020, "Threshold Effects in the Relationship Between Financial Development and Income Inequality", *International Journal of Finance & Economics*, 25 (3), 365 – 387.

Chambers, D., and O'Reilly, C., 2021, "Regulation and Income Inequality in the

United States", *European Journal of Political Economy*, 9, 102101.

Chen, R., and Divanbeigi, R., 2019, "Can Regulation Promote Financial Inclusion?", Policy Research Working Paper, No. 8711.

Chen, W., and Kinkyo, T., 2016, "Financial Development and Income Inequality: Long-Run Relationship and Short-Run Heterogeneity", *Emerging Markets Finance & Trade*, 52 (1-3), 733-742.

Chikalipah, S., 2017, "What Determines Financial Inclusion in Sub-Saharan Africa?", *African Journal of Economic and Management Studies*, 8 (1), 8-18.

Chinn, M. D., and Ito, H., 2008, "A New Measure of Financial Openness", *Journal of Comparative Policy Analysis*, 10 (3), 309-322.

Chipote, P., Mgxekwa, B., Godza, P., 2014, "Impact of Financial Liberalization on Economic Growth: A Case Study of South Africa", *Mediterranean Journal of Social Sciences*, 5 (23), 1-8.

Chiwira, O., Bakwena, M., Mupimpila, C., Tlhalefang, J. B., 2016, "Integration, Inclusion, Development in the Financial Sector and Economic Growth Nexus in SADC: Empirical Review", *British Journal of Economics, Management & Trade*, 11 (4), 1-15.

Coibion, O., Gorodnichenko, Y., Kueng, L., and Silvia, J., 2017, "Innocent Bystanders? Monetary Policy and Inequality", *Journal of Monetary Economics*, 88, 70-89.

Cooper, D., 2013, "House Price Fluctuations: The Role of Housing Wealth as Borrowing Collateral", *The Review of Economics and Statistics*, 95 (4), 1183-1197.

Cravino, J., Lan, T., and Levchenko, A., 2020, "Price Stickiness along the Income Distribution and the Effects of Monetary Policy", *Journal of Monetary Economics*, 110 (C), 19-32.

Dao, M. C., Das, M., and Koczan, Z., 2019, "Why is Labour Receiving a Smaller Share of Global Income?", *Economic Policy*, 34 (100), 723-759.

De Gregorio, J., 1996, "Borrowing Constraints, Human Capital Accumulation and Growth", *Journal of Monetary Economics*, 37 (1), 49-71.

De Haan, J., & Sturm, J. E., 2017, "Finance and Income Inequality: A Review and New Dvidence", *European Journal of Political Economy*, 50 (C), 171-195.

Delis, M. D., Hasan, I., Kazakis, P., 2014, "Bank Regulations and Income Inequality: Empirical Evidence", *Review of Finance*, 18 (5), 1811-1846.

Demir, A., Pesqué-Cela, V., Altunbas, Y., and Murinde, V., 2020, "Fintech, Financial Inclusion and Income Inequality: A Quantile Regression Approach", *The European Journal of Finance*, (2), 1-22.

Demirgüç-Kunt, A., and Klapper, L., 2012, "Financial Inclusion in Africa: An Overview", Policy Research Working Paper, No. 6088.

Demirguc-Kunt, A., Klapper, L., and Singer, D., 2017, "Financial Inclusion and Inclusive Growth: A Review of Recent Empirical Evidence", Policy Research Working Papers.

Denk, O., and Cournède, B., 2015, "Finance and Income Inequality in OECD Countries", OECD Economics Department Working Papers, NO. 1224.

Deutsche Bundesbank, 2016, "Distributional Effects of Monetary Policy", Monthly Report, 9, 13-36.

Di, Z., 2005, "Does Housing Wealth Contribute to or Temper the Widening Wealth Gap in America?", *Housing Policy Debate*, 16 (2), 281-296.

Doepke, M., and Schneider, M., 2006, "Inflation and the Redistribution of Nominal Wealth", *Journal of Political Economy*, 114 (6), 1069-1097.

Doepke M, Schneider M., and Selezneva, V., 2015, "Distributional Effects of Monetary Policy", 2015 Meeting Papers 1099, Society for Econmic Dynamics.

Dogan, B., 2018, "The Financial Kuznets Curve: A Case Study of Argentina", *The Empirical Economics Letters*, 17 (4), 527-536.

Dolado, J., Motyovszki, G., and Pappa, E., 2018, "Monetary Policy and Inequality under Labor Market Frictions and Capital-skill Complementarity", CEPR Discussion Papers, DP12734.

Draghi, M., 2016, "Stability, Equity and Monetary Policy", Text of the 2nd DIW Europe Lecture at the German Institute for Economic Research (DIW).

Flaherty, E., 2015, "TopIncomes under Finance-Driven Capitalism, 1990-2010: Power Resources and Regulatory Orders", *Socio-Economic Review*, 13 (3), 417-447.

Fouejieu, A., Ndoye A., and Sydorenko T., 2020, "Unlocking Access to Finance for SMEs: A Cross-country Analysis", *IMF Working Papers*, 20 (55), 1-25.

Fouejieu, A., Sahay, R., Cihak, M., and Chen, S., 2020, "Financial Inclusion and Inequality: A Cross-country Analysis", *The Journal of International Trade & Eco-*

nomic Development, 29 (8), 1018 – 1048.

Frost, J., and Stralen, R. V., 2018, "Macroprudential Policy and Income Inequality", De Nederlandsche Bank Working Paper, No. 598.

Frost, J., and Stralen R. V., 2017, "Macroprudential Policy and Income Inequality", Journal of International Money & Finance, 85 (7), 278 – 290.

Furceri, D., and Loungani, P., 2017, "The Distributional Effects of Capital Aaccount Liberalization", Journal of Development Economics, 130, 127 – 144.

Furceri, D., Loungani, P., and Zdzienicka, A., 2018, "The Effects of Monetary Policy Shocks on Inequality", Journal of International Money and Finance, 85 (7), 168 – 186.

Galindo, L. M., and Ros, J., 2009, "Alternatives to Inflation Targeting in Mexico", in Gerald A. Epstein & A. ErincYeldan (eds.), Beyond Inflation Targeting, Edward Elgar Publishing.

Galor, O., and Moav, O., 2004, "From Physical to Human Capital Accumulation: Inequality and the Process of Development", The Review of Economic Studies, 71 (4), 1001 – 1026.

Galor, O., and Zeira, J., 1993, "Income Distribution and Macroeconomics", The Review of Economic Studies, 60 (1), 35 – 52.

Gan, J., 2010, "Housing Wealth and Consumption Growth: Evidence from A Large Panel of Households", Review of Financial Studies, 23 (6), 2229 – 2267.

Ghosh, S., and Vinod, D., 2017, "What Constrains Financial Inclusion for Women? Evidence from Indian Micro Data", World Development, 92, 60 – 81.

Greenwood, J., and Jovanovich, B., 1990, "Financial Development, Growth, and the Distribution of Income", Journal of Political Economy, 98 (5), 1076 – 1107.

Grohmann, A., Klühs, T., and Menkhoff, L., 2018, "Does Financial Literacy Improve Financial Inclusion? Cross Country Evidence", World Development, 111, 84 – 96.

Haan, J. D., and Sturm, J. E., 2017, "Finance and Income Inequality: A Review and New Evidence", Social Science Electronic Publishing, 50 (12), 171 – 195.

Haber, S., Maurer, N., and Razo, A., 2003, The Politics of Property Rights: Political Instability, Credible Commitments, and Economic Growth in Mexico, 1876—1929, Cambridge: Cambridge University Press.

Heathcote, J., Perri, F., and Violante, G. L., 2010, "Unequal We Stand: An Empirical Analysis of Economic Inequality in the United States, 1967 – 2006", *Review of Economic Dynamics*, 13 (1), 15 – 51.

Hein, E, and Schoder, C., 2011, "Interest Rates, Distribution and Capital Accumulation: A Post Kaleckian Perspective on the US and Germany", *International Review of Applied Economics*, 25 (6), 693 – 723.

Hohberger, S., Priftis, R., and Vogel, L., 2019, "The Distributional Effects of Conventional Monetary Policy and Quantitative Easing: Evidence from an Estimated DSGE Model", Bank of Canada Staff Working Papers, No. 2019 – 6.

Holmberg, K., 2006, "Derivation and Estimation of a New Keynesian Phillips Curve in a Small Open Economy", *Working Paper Series*, 81 (1), 182 – 195.

Holmberg, K., 2006, "Derivation and Estimation of a New Keynesian Phillips Curve in a Small Open Economy", Working Paper Series 197, Sveriges Riksbank (Central Bank of Sweden), 182 – 195.

Iwaisako, T., Ono, A., Saito, A., and Tokuda, H., 2015, "Residential Property and Household Stock Holdings: Evidence from Japanese Micro Data", *The Economic Review*, 66, 242 – 264.

Jauch, S., and Watzka, S., 2016, "Financial Development and Income Inequality: A Panel Data Approach", *Empirical Economics*, 50 (1), 291 – 314.

Jaumotte, F., and Osorio, C., 2017, "Inequality and Labor Market Institutions", *IMF Staff Discussion Notes*, 15 (14), 1.

Jaumotte, F., Lall S., and Papageorgiou C., 2013, "Rising Income Inequality: Technology, or Trade and Financial Globalization?", *IMF Economic Review*, 61 (2), 271 – 309.

Jobarteh, M., and Kaya, H., 2019, "Revisiting Financial Developmentand Income Inequality Nexus for Africa", *The African Finance Journal*, 21 (1), 1 – 22.

Johansson, A. C., and Wang, X., 2014, "Financial Sector Policies and Income Inequality", *China Economic Review*, 31 (C), 367 – 378.

Jones, C. I., and Kim, J., 2018, "A Schumpeterian Model of Top Income Inequality", *Journal of Political Economy*, 126 (5), 1785 – 1826.

Kaminsky, G., and Schmukler, S., 2003, "Shor-Run Pain, Long-Run Gain: The Effects of Financial Liberalization", NBER/Working Paper, No. 9787.

Kapoor, A. , 2014, "Financial Inclusion and the Future of the Indian Economy", *Futures*, 56, 35 – 42.

Karlan, D. , Kendall, J. , Mann, R. , Pande, R. , Suri, T. , and Zinman, J. , 2016, "Research and Impacts of Digital Financial Services", NBER Working Papers, No22633.

Katz, L. F. , and Murphy, K. M. , 1992, "Changes in Relative Wages, 1963 – 1987: Supply and Demand Factors", *The Quarterly Journal of Economics*, 107（1）, 35 – 78.

Khan, H. , Shehzad, C. T. , and Ahmad, F. , 2021, "Temporal Effects of Financial Globalization on Income Inequality", *International Review of Economics & Finance*, 74 （2）, 452 – 467.

Khan, H. , Shehzad, C. T. , and Burki, A. , 2019, "Finance and Income Inequality Retraced", SSRN.

Khan, H. , Shehzad, C. T. , and Saeed, A. , 2020, "Corporate Wealth and Income Inequality", *SSRN Electronic Journal*.

Kim, D. H. , and Lin, S. C. , 2011, "Nonlinearity in the Financial Development——Income Inequality Nexus", *Journal of Comparative Economics*, 39（3）, 310 – 325.

Kimmitt, J. , and Munoz, P. , 2017, "Entrepreneurship and Financial Inclusion through the Lens of Instrumental Freedoms", *International Small Business Journal*, 35, 803 – 828.

Klaus, A. , and Junyi, Z. , 2016, "Price Level Changes and the Redistribution of Nominal Wealth across the Euro Area", *Journal of the European Economic Association*, 14 （4）, 871 – 906.

Kleiner and Vorotnikov, 2017, "Analyzing Occupational Licensing Among the States", *Journal of Regulatory Economics*, 52（2）, 132 – 158.

Koomson, I. , Villano, R. A. , and Hadley, D. , 2020, "Effect of Financial Inclusion on Poverty and Vulnerability to Poverty: Evidence Using a Multidimensional Measure of Financial Inclusion", *Social Indicators Research*, 149（2）, 613 – 639.

Koray, F. , 2013, "Money and Functional Distribution of Income", *Journal of Money, Credit and Banking*, 21（1）, 33 – 48.

Korinek, A. , and Stiglitz, J. E. , 2017, "Artificial Intelligence and Its Implications for Income Distribution and Unemployment", National Bureau of Economic Research, No. W24174.

Larrain, M., 2015, "Capital Account Opening and Wage Inequality", *Review of Financial Studies*, 28 (6), 1555 – 1587.

Lashitew, A. A., van Tulder, R., and Liasse, Y., 2019, "Mobile Phones for Financial Inclusion: What Explains the Diffusion of Mobile Money Innovations?", *Research Policy*, 48 (5), 1201 – 1215.

Lenza, M., and Slacalek, J., 2021, "How does Monetary Policy Affect Income and Wealth Inequality? Evidence from Quantitative Easing in the Euro Area", CEPR Discussion Papers 16079.

Leon, F., and Zins, A., 2019, "Regional Foreign Banks and Financial Inclusion: Evidence from Africa", *Economic Modelling*, 84, 102 – 116.

Li, J., and Yu, H., 2014, "Income Inequality and Financial Reform in Asia: The Role of Human Capital", *Applied Economics*, 46 (24), 2920 – 2935.

Lundberg, J., Waldenström, D., 2017, "Wealth Inequality in Sweden: What can We Learn From Capitalized Income Tax Data?", *Review of Income and Wealth*, 64 (3), 517 – 541.

Manish, G. P., and Colin, O., 2019, "Banking Regulation, Regulatory Capture and Inequality", *Public Choice*, 180, 145 – 164.

Marietta, E. A. H., and Boumeester, H. J. F. M., 2010, "The Affordability of Housing in the Netherlands: An Increasing Income Gap Between Renting and Owning?", *Housing Studies*, 25 (6), 799 – 820.

Matlack, J. L., and Vigdor, J. L., 2008, "Do Rising Tides Lift all Prices? Income Inequality and Housing Affordability", *Journal of Housing Economics*, 17 (3), 212 – 224.

Michetti, E., and Tropeano, D., 2008, "Exchange Rate Policy and Income Distribution in an Open Developing Economy", MPRA Paper 6642.

Miles, D., 1994, *Housing, Financial Market and the Wider Economy*, New York and Chichester: John Wiley and Sons Ltd.

Mitchener, K. J., 2007, "Are Prudential Supervision and Regulation Pillars of Financial Stability? Evidence from the Great Depression", *Journal of Law and Economics*, 50 (2), 273 – 302.

Mnif, S., 2016, "Bilateral Relationship Between Technological Changes and Income Inequality in Developing Countries", *Atlantic Review of Economics*, 1 (1), 4.

Määttänen, N., and Terviö, M., 2011, "Income Distribution and Housing Prices: An Assignment Model Approach", *Journal of Economic Theory*, 151 (7945), 381-410.

Mumtaz, H., and Theophilopoulou, A., 2017, "The Impact of Monetary Policy on Inequality in the UK: An Empirical Analysis", *European Economic Review*, 98, 410-423.

Munk, C., 2020, "A Mean-Variance Benchmark for Household Portfolios Over the Life Cycle", *Journal of Banking & Finance*, 116, 105833.

Mushtaq, R., and Bruneau, C., 2019, "Microfinance, Financial Inclusion and ICT: Implications for Poverty and Inequality", *Technology in Society*, 59, 101154.

Naeem, K., and Li M. C., 2019, "Corporate Investment Efficiency: The Role of Financial Development in Firms with Financing Constraints and Agency Issues in OECD Non-Financial Firms", *International Review of Financial Analysis*, 62 (C), 53-68.

Nakajima, M., 2015, "The Redistributive Consequences of Monetary Policy", *Business Review*, Q2, 9-16.

N'Dri, L. M., and Kakinaka, M., 2020, "Financial Inclusion, Mobile Money, and Individual Welfare: The Case of Burkina Faso", *Telecommunications Policy*, 44 (3), 101926.

Neaime, S., and Gaysset, I., 2018, "Financial Inclusion and Stability in MENA: Evidence from Poverty and Inequality", *Finance Research Letters*, 24, 230-237.

Nozick, R. A., 1974, *State and Utopia*, New York: Basic Books.

Ouma, S. A., Odongo, T. M., and Were, M., 2017, "Mobile Financial Services and Financial Inclusion: Is it a Boon for Savings Mobilization?", *Review of Development Finance*, 7, 29-35.

Ozili, P. K., 2021, "Financial Inclusion Research around the World: A Review", *Forum for Social Economics*, 50 (4), 457-479.

Park, C. Y., 2015, "Financial Inclusion, Poverty, and Income Inequality in Developing Asia", *Social Science Electronic Publishing*, 20 (5): 419-435.

Park, C. Y., and Mercado, R., 2017, "Financial Inclusion, Poverty, and Income Inequality", *The Singapore Economic Review*, 63 (1), 185-206.

Philippon, T., and Reshef A., 2012, "Wages and Human Capital in the U. S. Finance Industry: 1909 – 2006", *The Quarterly Journal of Economics*, 127 (4), 1551 – 1609.

Piketty, T., 2014, *Capital in the Twenty-First Century*, The Belknap Press of Harvard University Press.

Posner, R. A., 1974, "Theories of Economic Regulation", *Bell Journal of Economics*, 5 (2), 335 – 358.

Rajan, R. G., and Zingales, L., 2003, "The Great Reversals: The Politics of Financial Development in the 20th Century", *Journal of Financial Economics*, 69 (1), 5 – 50.

Ramakrishnan, D., 2012, "Financial Literacy and Financial Inclusion", Paper Presented at the 13th Thinkers and Writers Forum.

Rawls, J., 1976, *A Theory of Justice*, Cambridge, Mass: Harvard University Press.

Saiki, A. and Frost, J., 2018, "Japan's Unconventional Monetary Policy and Income Distribution: Revisited", Tokyo Center for Economic Research Working Paper, No. E – 126.

Samarina, A., and Nguyen, A., 2019, "Does Monetary Policy Affect Income Inequality in the Euro Area?", Lietuvos Bankas Working Papers, No. 61.

Sarma M., and J. Pais, 2011, "Financial Inclusion and Development", *Journal of International Development*, 23 (4), 613 – 628.

Sehrawat, M., and Giri, A., 2015, "Financial Development and Income Inequality in India: An Application of ARDL Approach", *International Journal of Social Economics*, 42 (1), 64 – 81.

Senyo, P. K., and Osabutey, E. L. C., 2020, "Unearthing Antecedents to Financial Inclusion through FinTech Innovations", *Technovation*, 98, 102155.

Seven, U. and Coskun Y., 2016, "Does Financial Development Reduce Income Inequality and Poverty? Evidence from Emerging Countries", *Emerging Markets Review*, 26 (3), 34 – 63.

Shahbaz, M., Rehman I. U., and Muzaffar A. T., 2015, "Re-visiting Financial Development and Economic Growth Nexus: The Role of Capitalization in Bangladesh", *South African Journal of Economics*, 83 (3), 452 – 471.

Shughart, W. F., and McChesney, F. S., 2010, "Public Choice Theory and Antitrust Policy", *Public Choice*, 142 (3 – 4), 385 – 406.

Stiglitz, J. E., 2012, *The Price of Inequality: How Today's Divided Society Endangers*

Our Future, New York: W. W. Norton & Company.

Svirydzenka, K., 2016, "Introducing a New Broad-based Index of Financial Development", *IMF Working Papers*, 16 (5), 1.

Tan, H. B., and Law S. H., 2012, "Nonlinear Dynamics of the Finance——Inequality Nexus in Developing Countries", *Journal of Economic Inequality*, 10 (4), 551 – 563.

Tchamyou, V. S., 2019 "The Role of Information Sharing in Modulating the Effect of Financial Access on Inequality", *Journal of African Business*, 20 (3), 317 – 338.

Tchamyou, V. S., Erreygers, G., and Cassimon, D., 2019, "Inequality, ICT and Financial Access in Africa", *Technological Forecasting and Social Change*, 139, 169 – 184.

Thomas, V., Yan, W., and Fan, X., 2004, *Measuring Education Inequality: Gini Coefficients of Education*, The World Bank Institute, Washington D. C.

Tita, A. F., and Aziakpono, M. J., 2016, "Financial Development and Income Inequality in Africa: Apanel Heterogeneous Approach", Working Paper 614, Economic Research Southern Africa.

Vachadze, G., 2021, "Financial Development, Income and Income Inequality", *Journal of Economic Interaction and Coordination*, 16 (3), 589 – 628.

Villarreal, and Andrés, 2014, "Explaining the Decline in Mexico-U. S. Migration: The Effect of the Great Recession", *Demography*, 51 (6), 2203 – 2228.

Williamson, S. D., 2008, "Monetary Policy and Distribution", *Journal of Monetary Economics*, 55 (6), 1038 – 1053.

Zehri, C., 2020, "Impact of Financial Liberalisation on Income Inequality: A Pvar Approach", *Journal of Economics and Econometrics*, 7 (1), 63.

第七章 绿色金融前沿

绿色低碳发展是当前和未来很长时间内社会经济发展的趋势，绿色金融已成为推动中国绿色经济发展的关键环节。习近平生态文明思想和新发展理念为绿色金融的理论发展与实践创新提供了方向指引，发展绿色金融是实现经济高质量发展的必然要求，也是实现"双碳"目标和新发展格局下金融供给侧结构性改革的重要内容。但是，目前国内对于绿色金融及其相关概念的理论梳理尚不完善，对内在的逻辑关系尚不明晰，对该领域的前沿文献研究并不透彻，因此，有必要从理论的角度对此进行综述，以期为该领域的学者和金融从业者提供帮助。

一 绿色金融的概念与内涵

绿色金融是环境问题在经济社会重要性凸显的重要产物，紧密关系到经济社会的可持续发展和绿色低碳转型。绿色金融的发展是实践在前理论在后，最初起源于传统金融业务的绿色化转型。早在20世纪70年代，西方主要发达经济体就开始从传统信贷绿色化领域内先行先试，逐步拓展绿色金融业务。随着绿色金融领域内的国际合作不断增强，发达国家和发展中国家都开始普遍参与，2016年绿色金融首次被列入G20峰会议题。但是，由于各国绿色金融发展阶段不同，绿色金融的内涵也不尽相同，国际社会也没有形成权威、统一、被广泛认可的绿色金融定义，像可持续金融、气候金融、碳金融这样的概念与绿色金融的内涵存在交叉重叠，较难在一篇文章里将所有的概念梳理完善，因此选择其中重要的四个方面对绿色金融及其相关的、重要的概念进行梳理。首先是可持续发展与低碳经济，如何理解可持续发展和可持续性是绿色低碳转型的关键；其次是对绿色金融本身进行概念界定；再次是与碳金融密切相关的碳减排与碳定价机制，这也是当前关注的热点问题；最后是社会贴现率与绿色溢价，这两个概念关系到绿色低碳转型的成本收益问题，以及不同代际之间的利益关系，是研究绿色发展、可持续发展、绿色金融领域的核心概念，值得高度关注。

（一）可持续发展与低碳经济

可持续发展一词最早出现在 1980 年由国际自然保护同盟制定的《世界自然保护大纲》中。1987 年，世界环境与发展委员会（WECD）在《我们共同的未来》中正式提出"可持续发展"的概念。2002 年联合国可持续发展世界首脑会议上发布的《约翰内斯堡可持续发展宣言》阐述了可持续发展的"三支柱"（three pillars），即可持续发展的关键在于实现环境保护、经济发展与社会平等三者之间的平衡。在既考虑自然成本、也考虑社会成本的双重关系中，在统一思考资源环境成本的超额损耗、社会管理成本的超额损耗、可持续能力建设投入欠账的三重制约下，可持续发展将体现由"经济要素、社会要素、环境要素、生活要素、管理要素"共同组成的绿色运行（Brown，1996；牛文元，2012）。

2001 年 5 月，欧盟委员会发布《可持续的欧洲使世界变得更美好：欧盟可持续发展战略》，首次提出了可持续发展的战略构想，阐明了构建经济繁荣发展、资源有效管理、环境充分保护、社会和谐发展的美好愿景。此后，经过 2006 年的修订和始于 2007 年的定期评估，欧盟可持续发展战略于 2010 年被纳入"欧洲 2020 战略"、于 2015 年被纳入联合国"2030 年可持续发展议程"，如今已然成为推动欧盟国家经济社会发展的重要指引。为动态监测欧盟可持续发展战略进程，欧盟统计局于 2007 年开始编制可持续发展指数（Sustainable Development Indicators，SDIs），发布可持续发展监测报告（牛文元，2012）。

Stern（2006）认为，温室气体的排放可能是历史上最大的外部性问题。我们需要去控制诸如能源和二氧化碳的生产，我们将面临前所未有的经济政治的资源分配难题（Kneese，1971；Carson，2014）。Schlenker 和 Roberts（2009）认为，气温上涨1度可能会带来2%—4%的产出下降；如果上涨5度的话，农业产出将会下降50%。Heal（2017）认为，气候变化带来的损失（危害）并不仅仅体现在产出方面，还包括生物多样性和生态服务的减少，海水酸化等方面。如何描述不确定性、如何建模、如何理性选择，是气候政策分析的核心问题。

Heal（2017）认为，可持续性最好的理解是经济形式和社会活动及组织可以持续很长时间没有受到显著伤害。定义可持续性的一种方法是资本存量条件：如果所有资本存量的总价值以影子价格评估是恒定的或增加的，那么经济就是可持续的。在这里，资本存量的含义非常广泛，包括自然资源、人类资源、教育资源、传统资源等。世界银行给出了衡量可持续性的指标——Adjusted Net Savings（ANS），含义是以影子价格计价的所有资本存量变化。弱可持续性（weak sustainability）是指总的资本存量不下降，强可持续性（strong sustainability）是指自然资源的资本存量不下降（Neumayer，2013）。

1997年在日本京都通过的以法律约束力来控制温室气体排放的国际条约，《京都议定书》是引发低碳经济理念形成的触点，也是催生国际"碳交易"市场的动因。《京都议定书》成功之处在于：一是规定"共同但有区别的责任"原则，即综合历史和发展水平等因素，发达国家应首先承担二氧化碳减排的责任，而发展中国家暂时不承担减排责任。二是明确全球温室气体的二氧化碳当量排放总量在2008—2012年（第一个承诺期），在1990年的基准上至少减少5.2%。三是架构了二氧化碳减排的国际合作机制，即温室气体减排"三机制"：联合履行（joint implemented）、清洁发展机制（clean development mechanism）和碳减排贸易（emission trade）。三种域外减排额交易，使发达国家可与发展中国家合作取得"碳减排"的抵消额，以低成本获得"碳减排"配额，缓解发达国家的减排压力。

《京都议定书》的另一个成果还表现在它把温室气体减排形式化地

归结为二氧化碳减排问题，让温室气体排放权形式化地归结为二氧化碳排放权问题。它让"碳排放"有了可测算、可折算、可视化的标准，让二氧化碳减排配额交易变成了现实的国际"碳交易市场"。它鼓励发达国家向发展中国家转移低碳能源技术和碳减排技术，从而获得碳减排配额，以实现发达国家的减排目标和承诺，获得"双赢"效果。

由于非二氧化碳温室气体的浓度致暖与二氧化碳有着固定的函数关系，因此人们将非二氧化碳的温室气体排放量折算成二氧化碳排放当量，以实现所有温室气体排放量之间的可加性。当人们在探索碳减排的途径和方法时，发现"碳减排"不仅涉及传统的产业结构、工业结构和能源结构的问题，而且涉及人类传统的生产方式、生活方式和消费方式等问题，从本质上触动了人类经济发展方式变革的问题（Galeotti and Lanza，1999；Stern，2006；鲍健强等，2008）。

绿色发展是新时代中国发展的主题，也是全球发展所应选择的正确方向。与绿色发展概念密切相关的是可持续发展、绿色经济、绿色增长、低碳经济等概念（Wu，2013；许宪春等，2019）。绿色发展强调的是人与自然的和谐共处，实质上是把握好金山银山与绿水青山之间的平衡关系，以效率、协调、可持续为目标，让经济社会发展与资源节约、污染排放减少及环境改善之间形成相互促进关系。作为可持续发展的一种表现模式，绿色发展具有自身的特点，主要表现为系统协调性、全球共担性、社会实践性。

（二）绿色金融

绿色金融是旨在减少温室气体排放的各种金融制度安排和金融交易活动的总称（Wang and Zhi，2016）。绿色金融兴起于20世纪90年代末，金融对于环境问题的介入推动了绿色金融的产生，不仅促进和鼓励了节能环保产业的兴起和发展，而且会对企业的环境污染行为予以经济惩罚和产生制约效应，从而导致新一轮的绿色革命（Sachs, et al.，2019）。

Lindenburg（2014）从广义维度定义绿色金融：第一，为公共和私人部门绿色投资进行融资（包括前期资金准备和资本消耗）；环保商品和服务，如水资源管理或保护生物多样性和景观；预防、最小化、补偿对环境和气候的损害，如提高能源效率。第二，鼓励为公共政策融资（包括运营成本）：环保或缓解环境破坏的项目和倡议，如可再生能源的关税补贴。第三，金融体系的组成部分，主要负责绿色投资，如绿色气候基金、金融工具（如绿色债券和结构性绿色基金），包括具体的法律、经济和制度性框架。Volz 等（2015）则从狭义维度定义绿色金融，即考虑环境影响和增强环境可持续性的所有形式的投资或贷款，认为绿色金融的重要方面是可持续投资和银行业务，根据环境筛选和风险评估做出投资和贷款决策，以满足可持续性标准，以及涵盖环境和气候风险的保险服务。

绿色金融市场是指为保护环境（包括水、大气、森林、土壤等）或考虑环保因素而进行投融资活动所形成的市场，其显著特点是绿色投融资的场所。当前国际绿色金融市场主要指的是在"京都机制"下形成的、以碳排放权为基础的一系列碳信用工具交易的市场，包括项目市场、自愿减排市场和配额交易市场（Zhang, et al., 2019）。绿色金融体系的目标是：增加有效的资产投资，减少对环境破坏、脆弱的资产投资。引导资金流向积极的"绿色"标签的金融工具、基金和资金流的方法；评估记录环境和政策相关风险的方法。优先"绿色"部门名单；确定生命周期影响的方法论；风险分类；评估风险的准则和流程（Sachs, et al., 2019）。

绿色金融工具可分为原生类绿色金融工具和衍生类绿色金融工具两大类。原生类绿色金融工具主要包括碳信用和碳现货，由此派生出的衍生类绿色金融工具包括远期、期货、期权、互换和结构性产品等。衍生类绿色金融工具主要功能在于管理与原生类绿色金融工具相关的风险暴露。当前，发达国家在绿色金融产品创新方面主要围绕碳排放权开发了一系列衍生交易工具，其金融创新形式对中国有重要的借鉴意义。

表7-1　　　　　　　　　　　绿色金融定义

狭义	广义
哪种金融活动（或金融工具）是绿色的侧重过程：用来评估环境管理、生命周期的影响侧重重点行业、技术以及问题	对绿色金融系统整体而言，绿色意味着什么侧重目的：一种有助于可持续发展的金融系统侧重实质影响：经济转型、稳定、增长等

资料来源：Lindenburg（2014）；笔者整理。

目前，发达国家和发展中国家在"绿色金融定义"上的一个重要差别，就是前者更关注气候，将未来的气候变化和相应的技术调整作为金融机构的主要风险因素。而在中国等发展中国家，只要能够节约化石能源的使用量、降低单位能耗，其投资都属于"绿色"（Falcone，2020）。

绿色金融和绿色财政是实现"碳中和"和可持续发展的重要政策工具。绿色金融是绿色发展的间接政策工具，是指通过金融手段促进资本流向绿色经济部门，提高资源利用效率，减少经济活动的生态成本，控制投资项目的环境风险。例如，通过利率优惠政策引导金融资本流向环保产业、高效节能技术领域和循环经济领域；通过信贷配额限制金融资本流向产能过剩、高耗能、高排放的产业部门；发挥政策性金融手段的"开发性金融"职能，对投资规模大、资本回收周期长、具有显著生态效益的投资项目进行信贷支持（Berensmann and Lindenberg，2016）。

绿色财政是绿色发展的直接政策工具，是指通过财政收支的杠杆作用促进绿色发展。从税收手段来看，可以通过税收和调整排污费等手段加大排放成本来抑制环境公害产生，并把排污收费转化为绿色发展的专项基金；对于碳基能源部门征收碳排放税，并把相关税收列入绿色技术的开发和应用、生态保护等方面的专项基金；对于循环经济项目实施增值税抵扣政策，降低相关企业税负，大力促进生产或生活废弃物的回收和再利用，实现资源使用的减量化。从财政支出手段来看，对各类具有重大生态效应的工程以及跨区域重大环境治理项目，中央财政通过专项基金给予充分的投入保障，严格监控财政收入的使用流向和项目基金的执行效果；鼓励企业采用绿色环保设备，对企业购置绿色环保设备给予补贴或税收抵扣；积极引入绿色政府采购，制定绿色采购标准，逐步提升绿色采购支出占政府总体采购支出的比重，支持绿色产业的发展；补贴绿色消费，推广绿色标志家电产品，促进公民的绿色消费意识（胡鞍钢、周绍杰，2014）。

绿色财富是绿色福利的载体和绿色增长的基础，绿色财富的累积是绿色增长的长期结果。绿色财富内涵丰富，包括有助于绿色增长并实现绿色福利增进的各类资本：有形的、可测度的财富，如自然资本（natural capital）和实体资本（physical capital）；无形的、可测度的人力资本（human capital）；以及无形的、难以测度的社会资本（social capital）。其中，自然资本、实体资本和人力资本是经济繁荣的直接原因。社会资本也可以被称为社会基础设施，是集体行动的准则，通过影响社会主体间的互动关系影响社会整合的形态、自然资本的获取和使用、实体资本和人力资本的累积和生产率，进而影响经济增长的绩效，并从长期上解释了世界发展史上的国家的繁荣与衰落。因此，社会资本不仅是自然资本、实体资本和人力资本的重要决定因素，更是国家繁荣的根本原因。例如，基于开放性的制度安排可以使国家的经济发展超越自身的自然资源限制，通过利用其他国家的自然资源弥补自身的不足；发育良好的市场机制、保护产权、鼓励创新的制度环境，有助于促进投资并提升实体资本的累积和生产率；以人为本的社会政策（如教育和卫生事业），会促进人力资本的累积，提升实体资本的生产率、自然资源的使用效率以及促进社会和谐；促进绿色增长的制度安排，有助于降低自然资源损耗，改善生态环境，提升人类社会对气候变化减缓和适应性能力等。

绿色金融的第一个权威概念是由G20绿色金融工作组在2016年发布的《G20绿色金融综合报告》中提出的，即"绿色金融指能产生环境效益以支持可持续发展的投融资活动"。对于中国而言，2015年颁布的《生态文明体制改革总体方案》及2016年发布的"十三五"规划都明确提出了"构建绿色金融体系"的宏伟目标。随后，《关于构建绿色金融体系的指导意见》发布，内容涵盖银行、排放交易、财政税收和信息披露等，这成为各级政府和金融机构开展工作的指导原则。2017年6月，国务院选取浙江、广东、江西、贵州和新疆这几个经济发展条件不同的地区开展绿色金融试点工作，建设差异化的绿色金融发展模式。环境信用评价、绿色金融基础设施、绿色金融工具、绿色财税体系、风险分析和社会保障等政策措施逐渐被引入环境治理体系中。

（三）碳减排与碳定价机制

碳金融与绿色金融具有高度一致性，传统理论将碳金融归属于绿色金融的子集（何起东，2021）。总体而言，碳金融是指温室气体排放权交易以及与之相关的各种金融活动和交易的总称。因此，相比绿色金融，碳金融的范畴更加聚焦，与碳市场、碳减排、碳定价紧密联系在一起，其目的是通过碳金融产品使得碳市场交易更加顺畅、流动性更高、扩大交易种类和交易量，使得碳定价发挥应有作用，所以在此要重点阐述碳减排与碳定价机制。因为碳交易市场是将环境外部性内部化的关键步骤，这是解决市场失灵和激励市场微观主体积极参与的必要体制机制。

新古典环境经济学家认为，利润最大化的公司将采用利润最大化的清洁技术，而无须监管刺激，监管只能作为对企业的约束。因此，新古典经济学家拒绝监管可以产生双赢的解决方案，实现环境保护和经济收益的可能性（Falcone，2020）。而环境资源作为一种公共品，其典型特征表现为非排他性和非竞争性。这种"无产权"性质导致所有人都可以无偿自由享用和无节制地争夺稀缺环境资源，从而造成环境资源的过度开发利用，乃至枯竭。与此同时，在环境污染负外部性作用下，单纯依靠市场本身并不能有效解决环境问题，相反，甚至会带来更为严重的环境污染和生态破坏。而环境政策却可以将环境负外部性成本内部化，纠正由环境问题所引发的市场失灵（Karp and Stevenson，2012；Altenburg and Rodrik，2017）。

环境外部性与资本市场失灵的问题在发展中国家尤为显著：在环境治理相对薄弱的发展中国家，环境资源政策的设计与执行难以有效地通过市场型政策工具将环境外部性纳入企业与个人决策中，从而难以为企业与个人选择绿色生产与生活模式提供合理激励（Besley，1994；Greenstone and Hanna, 2014); 发展中国家也往往面临资本市场不够健全、市场失灵的问题 (Gillingham, et al., 2009; Greenstone and Jack, 2015), 难以为投资回报期较长的绿色项目提供充分的资金支持。因此绿色发展转型这一治理挑战在发展中国家尤为严峻。

碳中和（carbon-neutral）是由伦敦的未来森林公司于1997年提出的，意思是通过计算二氧化碳排放总量，然后通过植树造林（增加碳汇）、二氧化碳捕捉和埋存等方法把排放量吸收掉，以达到环保的目的。建立碳排放交易市场应满足三个前提：一是排放总量在该地区进行贸易；二是初始分配流通许可证的数量；三是市场排放交易各方之间共享充足的信息。此外，还包括交易主体、交易程序以及如何管理和规范交易市场等（Wang and Zhi, 2016）。

目前各国控制温室气体排放的政策大致分为三类：行政控制型、经济刺激型、宣传鼓励型。碳定价机制属于经济刺激型。碳定价可以将商品市场不能解决的环境污染带来的负外部性内部化到市场范围内，从而达到社会效益最大化。为此，温室气体排放者应为排放权支付一定费用，从而补偿其他经济部门损失的福利，这个过程被称为碳定价（Baylis, et al., 2013）。

碳定价机制一般分为碳税和碳排放权交易体系（Nordhaus, 2007）。碳税不需要太复杂的市场产品和交易规则设计，由政府指定碳价，由市场决定最终排放水平，因此管理、运行成本相对碳交易要低很多。而且碳税作为政府税种之一，对企业而言相对固定，便于做好减排安排，对政府而言可以增加收入，用于投资开发新减排技术（Marron and Toder, 2014）。然而，碳税的缺点也很鲜明：不仅国内层面很难确定最终的排放量，不易确定资源配置是否高效和及时，国际层面也很难建立起跨国市场，反而可能鼓励贸易保护主义和产业外流。

另一种碳定价机制是碳交易市场。在此类制度下，政府确定最终排放水平，由市场来决定谈价，故碳价大小是不确定的。此外，碳排放权作为一种市场可交换产品，具有金融的天然属性，能够吸引银行、基金、企业更多参与，提高资源配置的效率。但是，碳交易作为一种人为设计、控制的市场，存在着高昂的监管成本和道德风险。由于碳价格的波动性，一旦产品金融化则对金融风险的监管能力提出了较高的要求，因此碳交易比较适合金融市场发展比较成熟的国家和地区（Borenstein, et al., 2019）。

总体而言，碳税的优势是透明、价格可预期，有利于经济主体的长期规划，但缺点是与减排目标的关系不直接、不稳定，也就是减排量的可预期性差。碳税可以使用现有的征收机制，征收成本较低，但引进新税种有社会接受度的问题。碳交易涉及碳排放量许可设定和建立新的交易机制，量的可预期性比碳税情形高，但价格的可预期性低。碳的交易价格受多重因素的影响，包括经济周期和技术进步等。在经济衰退时，碳排放需求下降，碳价格下降，经济繁荣时，需求增加导致价格上升。碳交易的问题是，由于供给缺少弹性，需求端的所有冲击的影响都落在价格上，价格波动容易过大，对企业等经济主体的经营规划产生大的冲击。

从应用场景来说，碳税政策更适用于管控小微排放端，碳排放权交易体系则适用于综合管控排放量较大的企业或行业，因此协同使用这两种政策，可在覆盖范围、价格机制等方面起到良好互补作用（彭文生，2021）。

欧洲碳市场是应对气候变化的领导者，其政策设计趋严且在今年逐渐走向完备，已建立了相应配套机制、并逐步开展了与国际碳市场的对接。2005年依据欧盟法令和国家立法建立的欧盟碳排放权交易体系（EU-ETS）一直是世界上参与国最多、规模最大、最成熟的碳排放权交易市场，市场规模达到1690亿欧元左右，占全球碳市场份额的87%。其减排效果也同样明显。截至2019年，欧盟碳排放量相对1990年减少了23%。目前，欧盟碳市场已经进入第四个发展阶段，从各个方面评估，可以看出碳交易市场逐渐发展成熟：金融机构参与广泛，各类服务与碳衍生品种类丰富且交易活跃；配额总量加快减少，并且取消了抵消机制，进一步减少了配额数量；形成了稳定的处罚机制和市场储备与预存机制；一级市场的碳配额分配方式从免费分配向拍卖过渡。

第七章 绿色金融前沿

美国加利福尼亚州总量控制与交易计划（CCTP）后来居上，成为全球最为严格的区域性碳市场之一。益于完备的碳交易机制体系以及配套的绿色产业激励政策，CCTP兼顾了碳减排与经济发展，2005—2017年加利福尼亚州与能源相关的二氧化碳排放减少了6%，而GDP增长了31%，显著高于同期美国全国GDP增速（Borenstein, et al., 2019）。同时，投资于气候友好项目给经济社会带来的效益是其成本的5倍。加利福尼亚州的成功经验首要基于明确的法律和行政命令约束，其次，它针对不同行业有侧重的分配机制对碳市场的平稳运营起到了重要作用。上述措施结合拍卖最低价限制、政府配额预留策略、政府公开操作策略、绿色产业激励策略等，打造了高效灵活的市场机制，值得中国借鉴。

产业的减排份额需要通过改变企业决策方式落实。政府须首先明确减排目标，在一级市场将初始碳排放权分配给纳入交易体系的产业。减排成本较低的企业给予经济激励，会首先尝试减排并将多余排放权出售给成本较高的企业，以便后者降低自身排放带来的成本，从而达到社会整体效益的最优。为使碳交易制度行之有效，碳价应当处于缓步影响企业微观决策的合理区间内，促使企业有动机规避超额排放的成本并追求减排收益。价格偏低、政策偏向温和不利于刺激市场反馈，而过于强势的推进会增加高碳排放行业的经营压力。

在碳市场赋予了温室气体排放权的稀缺性，使配额拥有经济价值后，需要制定科学而严格的分配排放额度。由于绿色理念仍在推广阶段，市场的有效性需要分配制度与激励制度的扶持，过度严苛或松散的管理都会导致市场价格达不到有效区间，从而使碳交易市场失灵而导致资源错配，无法达到激励企业减排的效果。在"碳中和"概念推广早期，减排政策应从严为主，对拒不参与市场也未完成减排任务的企业处以高额惩罚，敦促市场形成习惯，将碳价和排放成本内化入企业决策。

丰富的碳金融产品将有效提高排放权的流动性，从而促进碳市场的效率。有了充分的流动性，才有准确的价格信号。倘若参与市场的2000多家企业仅在某个约定时间段内进行交易，交易的总量将十分有限。为扩大流动性，需要允许金融机构丰富金融产品创新，但与此同时也应注意规避随之而来的金融风险。根据全球经验，碳市场现货交易规模较小，衍生品交易已占到碳商品交易的90%以上。碳期权碳期货是碳交易市场的重要组成部分，有利于提升市场定价的有效性，中国应在碳市场建立完善后，逐步引入碳期货碳期权等金融衍生品。根据数据预测，2021—2030年平均资金缺口约为2.7万亿元，在碳达峰后还会逐步扩张（中金公司，2021）。因此，绿色金融服务也将在吸引私人投资，补全公共投资缺口，传播绿色消费理念方面发挥重要作用。

任何气候政策想要有效，就必须提高二氧化碳和其他温室气体排放的市场价格，对排放定价可以纠正市场对外部性的低估。可以通过对允许排放量设置监管限制并允许交易（限额交易）或对碳排放征税（碳税）来提高价格。提高碳价格将实现四个目标：第一，它将向消费者提供信号，了解哪些商品和服务是碳密集型的，因此要谨慎使用；第二，它将向生产者提供有关哪些投入是碳密集型的（如煤炭和石油）以及哪些是低碳投入（如天然气或风能）的信号，从而促使企业转向低碳技术；第三，它将为发明家、创新者和投资银行家提供市场激励，以发明、资助、开发和商业化新的低碳产品和工艺；最后，碳价格将节省执行这些任务所需的信息（Fullerton，et al.，2012）。

（四）社会贴现率与绿色溢价

社会贴现率（social discount rate）是不同代际之间利益分配以及成本收益分析的关键性指标，与碳定价机制密切相关，在未来长达几十年的绿色低碳转型中非常重要。社会贴现率涉及对长远不确定因素的评估，所以在具体政策制定和操作时往往面临难以落地和评估偏差的困难，因此比尔·盖茨提出了绿色溢价（green premium）的概念，认为绿色溢价是做决策的"绝佳透视镜"，可以衡量各个产业实现零排放的成本，这是以由近及远的视角来解决减排问题，具有产业结构性的同时，可操作性也更强。所以，社会贴现率和绿色溢价的概念非常重要，都必须纳入政策当局的决策框架之中。

贴现率是现代经济学中的一个极为重要的基本概念，它解决了未来经济活动在今天如何评价的问题。贴现率要放在成本—收益分析框架中分析,当成本和收益的分布随着时间的推移而不同时,贴现率是成本收益分析中的一个关键参数（Harrison,2010）。社会学家将经济贴现率移植到社会学,提出了社会贴现率的概念,社会贴现率越高,说明将来社会或个人发生的一切事情今天看来都没有多大的重要性。社会贴现率高,是人们对未来失去信心,对将来不愿负责任,不守信用,道德水平恶化的一个标志。降低贴现率将使资金供应紧张,降低资金使用效率。

对未来成本和收益进行贴现的情况源于机会成本（Ackerman and Heinzerling,2002）。大多数政府决策会随着时间的推移产生一系列成本和收益,折现率决定了与当前成本和收益相关的未来成本和收益,贴现率的选择可以对政府项目的可取性产生巨大影响,尤其是当它们的成本和收益会持续很长时间。贴现将不同时间段内收到的成本和收益的美元价值转换为现值。

对项目的成本和收益进行价值评估可能是一项艰巨的任务——要估计从拯救生命的公共产品、环境改善或安全措施中产生的收益并不容易（Arrow and Lind,1994）。经济学中的一个重要区别是投资和消费之间的区别,投资活动主要影响未来福祉,消费活动影响的主要是当下。当贴现率较高时,未来成本和收益的重要性较低。高贴现率有利于收益较早产生的项目。贴现率对投资决策有重要影响。贴现率越低,项目越有吸引力（其净现值越高）。如果贴现率设置的太高,理想的项目可能会被拒绝。如果设置过低,不受欢迎的项目可能会被批准。事实证明,社会贴现率取决于鲜为人知或难以估计的参数,并且人们可以对其做出不同的判断（Boardman and Greenberg,1998）。

由于减排投资与避免损害的回报之间存在长期延迟,因此贴现率在气候变化中占据非常重要的地位。贴现率包括两方面概念:第一,商品的贴现率,用于衡量商品在不同时期的相对价格,通常被称为真实资本回报率、真实利率、资本的机会成本、真实回报率等。人力资本的真实回报率大概为6%—20%。第二,随着时间的推移,不同家庭或世代的经济福利的相对权重,有时被称为纯社会时间偏好率,也称为时间贴现率（Nordhaus，2007）。哲学家和经济学家就如何在经济增长、气候变化、能源政策等不同领域应用时间贴现率进行了激烈的辩论。

在遥远的未来获得的成本和收益需进行贴现，涉及贴现设计评估政策对后代的影响，由此便引出了道德问题。贴现率的负净现值意味着该项目效率低下，当代人的损失大于后代的收益，这可能意味着下一代的境况更糟。使用低贴现率或不使用贴现率可能会损害后代，首先，如果当前这一代采用低回报项目，而牺牲投资获取更高的回报，它会使后代的境况变得更糟；其次，如果低折现率要求当代人牺牲其福利来创造未来几代人过得更好，同样的论点适用于每一代人，那么每一代人为了帮助更远的后代，其本身境遇都会变得更糟（Harrison，2010）。

用于对经济建模和评估结果的具体方法是 Ramsey-Koopmans-Cass 最优模型，在该理论中，中央决策者希望最大化社会福利函数，即贴现值，在未来某个不确定的时间段内的消费效用（Weitzman，2007）。拉姆齐方程表明，在福利最优中，资本回报率由时间偏好的代际率决定。在不断增长的经济体中，高时间贴现率或对代际不平等的高度厌恶可能会产生高资本回报（Nordhaus，2007）。

确定贴现率的一种有影响力的方法是使用消费者行为模型根据基本参数的估计建立贴现率。在关于消费者行为的常见假设下，消费者将随着时间的推移调整他们对无风险资产的持有和他们的消费模式，直到无风险利率的等式成立。纯时间偏好率，用于折现未来效用，源于容忍度（impatience）和死亡率（chance of death）（Harrison，2010）。拉姆齐方程可用于代际选择的背景下，估计整个经济的长期贴现率。它可以从具有代表性消费者的最优长期增长模型中推导出来，该模型可以考虑人口增长，在这个应用中，纯社会时间偏好率是对后代效用的贴现率。当决策符合道德时，人群的偏好应该是什么？一个纯粹的社会时间偏好率等于0或者接近0。相关参数的经验估计范围很广，这意味着拉姆齐方法不能解决关于适当的贴现率分歧（Caney，2014）。

Stern 提倡的贴现率偏低（1.4%），因为他更偏伦理道德（ethical）；Nordhaus 提倡的贴现率偏高，因为他更偏经验主义（empirical）（Goulder and Williams, 2012)。关于什么能构成消费贴现率的合理值，几乎没有达成一致的意见，但 ethical 和 empirical 的考虑是相关的。

表 7-2　　　　　　根据拉姆齐方程计算出的不同社会贴现率　　　　　　单位：%

文献来源	纯时间偏好率	边际效用相对于消费的弹性	消费增长率	社会贴现率
Stern (2007)	0.1	1	1.3	1.4
Quiggin (2006)	0	1	1.5	1.5
Cline (1993)	0	1.5	1	1.5
Nordhaus (2007)	1.5	2	2	5.5
Weitzman (2007)	2	2	2	6
Arrow (2007)	0	2-3	If 1-2	2-6
Dasgupta (2006)	0	2-4	If 1-2	2-8
Gollier (2006)	0	2-4	If 1.3	2.6-5.2
经验证据	0-3	0.2-4	1.2-2.1	0.24-11

资料来源：Zhuang 等（2007）。

先前的文献表明两个关键因素影响社会贴现率的估计：纯时间偏好率和未来消费的边际效用弹性。社会贴现率的这些组成部分加强了社会贴现率的选择与代际分配之间的联系（Scarborough，2011；Caney，2014）。

第一，纯时间偏好率。是指未来效用仅仅因为它而在未来而被折扣的比率。确定社会时间偏好率的内在假设是人们是短视的，因为他们更喜欢现在而不是以后消费，耐心和等待被认为是消极的。当在现在或以后消费两种同等商品之间做出选择时，理性人会选择当前消费。时间偏好的社会率是复杂的，因为它也影响未来和当代代际效用的分配，个人不一定是未来效用变化的接受者。因此，代际公平受到社会时间偏好和社会决策选择的影响（Arrow and Kurz，1970）。影响社会时间偏好的还有资本的机会成本，资本机会成本的估计与环境政策相混淆，因为耐用品的资本机会成本和自然资本的机会成本之间可能存在差异。

第二，边际效用相对于消费的弹性。社会贴现率的消费福利模型的第二个要素是消费的边际效用弹性，即消费百分比变化对应的效用百分比变化。这反映了消费边际效用随时间的变化而变化。估计这个值很复杂，因为给定政策或项目的收益和成本将根据货币价值而不是效用来衡量。一般而言，由于人均消费的增加，消费的边际效用会随着时间的推移而下降。经济学家传统上认为，未来几代人的收入水平可能会更高，边际效用会下降，假设未来的人会比今天的人过得更好，那么折扣通常是有效的。鉴于现在消费和未来消费之间的比较，贴现率的这一组成部分通常被解释为跨代公平衡量。例如，Garnaut（2008）认为消费边际效用的弹性是衡量社会对收入分配公平性的关注度。高值意味着对当前消费的偏好，低值则低估了当代人的福利。

碳排放经济活动让私人受益，由此带来的气候变化和空气污染等损害由全体社会承担，这种负外部性使得自由市场形成的商品和服务价格不符合社会利益，体现为化石能源的市场价格太低、消费量太高。跨时空的负外部性使得在应对气候变化上，私人部门参与的动力尤其小，自由市场调节机制作用很有限，纠正外部性是实现碳中和的关键（Harrison，2010）。

怎么纠正负外部性？需要公共政策的干预。一个关键的概念是碳价格，衡量的是碳排放的社会成本，其作用机制是通过付费把碳排放的社会成本转化为使用者成本，促使经济主体降低能耗，同时从化石能源向清洁和可再生能源转换。相关的政策讨论和执行涉及两个问题：碳价格的水平和具体落实形式，二者相互联系但不是一回事。

理论上讲，碳价格水平的确立应该基于碳的社会成本，需要把碳排放的长远损害折现成当下的成本（Stern，2008）。但估算未来几十年气候变化的影响有很大不确定性，而贴现率反映的是社会在当代人与后代人利益之间的选择，容易产生争议。美国奥巴马政府倾向使用的贴现率是3%。

由曾任世界银行首席经济学家、伦敦经济学院教授Stern在2006年主持撰写的气候变化问题评估报告，后来成为国际社会关注的经典之作，这份报告使用的贴现率比Nordhaus使用的贴现率低，也就是赋予后代人利益更大的权重。按照Stern主张的贴现率，碳价约在每吨266美元，

Nordhaus 的估算是 37 美元；奥巴马政府的估算是每吨 42 美元，而特朗普政府的估算是每吨低于 10 美元（彭文生，2021）。这些都显示了估算的不确定性和主观性。

　　碳税和碳交易作为纠正外部性的工具，都有其价值。难点在于确定碳税的水平和排放配额分配，根本问题是赋予每一吨排放的碳以货币价格，有很大的不确定性。在成本—有效性分析框架下，碳价格如何确定呢？经济主体的决策取决于化石能源与清洁能源使用成本的比较，使得清洁能源和化石能源成本相等的碳价，被称为转换价格或者平价，国际能源机构（IEA）就是使用转换价格而不是传统的碳价概念来描述碳中和的路径。比尔·盖茨（2021）近期出的新书里面提出的绿色溢价的指标，实际上就是转换价格的概念。

　　目前来看，绿色溢价可能是更具操作性的分析工具。绿色溢价是指某项经济活动的清洁（零碳排放）能源成本与化石能源成本之差，负值意味着化石能源的成本相对高，经济主体有动力向清洁能源转换，从而降低碳排放（Gates，2021；彭文生，2021）。绿色溢价和碳价并不相互排斥，而是相互联系的概念。但绿色溢价作为一个分析工具，相比碳价有三个优势（彭文生，2021）：首先，绿色溢价是比碳价更广的概念。降低绿色溢价可以碳税和碳交易为载体，也可以通过其他方式来实现，比如公共部门在促进技术进步和创新方面增加投入，行业和产品的绿色标准制定，建设降低清洁能源使用成本的基础设施等。其次，绿色溢价衡量的是现状，而估算碳价涉及对长远不确定因素的评估。估算碳价是由远及近的方法，把碳排放导致的气候变化的长远损害折现为当下的成本，绿色溢价是由近及远，估算当下的成本差异，以此为基础分析未来可能的演变路径。在长远目标已经确定的情形下，绿色溢价作为分析工具的可操作性更强。最后，碳价格是一个整体划一的概念，绿色溢价具有鲜明的结构性特征，由于技术条件、商业模式、公共政策的差异，各行业的绿色溢价不同，甚至有很大差异，对不同行业绿色溢价的估算有助于评估政策措施在不同领域的可行性。依据对新技术、新模式以及规模效应门槛值的假设，绿色溢价可以帮助我们判断在实施路径上的一些关键时间点与指标。绿色溢价和碳减排的关系不一定是线性的，碳价在促进能源转换的门槛值可能比较高。

二 气候变化对金融体系的影响

缓解和适应气候变化是当前人类面临的最重要的议题之一。气候变化不仅对人身和社会财富安全构成挑战，而且影响金融机构的稳定性。气候变化一般通过物理风险和转型风险渠道影响金融机构和金融稳定，前者更多表现为气候变化引致的直接物理损失，后者则与高碳行业的资产搁置有关。通过金融市场传染，物理风险和转型风险极易转变为不同类型的金融风险，而且通过顺周期行为、定价机制、金融加速器等方式传输和放大，从而形成系统性风险。因此，金融机构在这种情况下面临着新的要求，对机构业务、产品服务等进行新的调整，以满足监管机构的监管要求。

（一）物理风险和转型风险

气候变化可以通过物理风险（physical risk）和转型风险（transitional risk）两条渠道影响金融稳定（BIS，2021a）。

物理风险是指由气候相关灾害与暴露于人类和自然系统的脆弱性相互作用而产生的风险（Batten, et al., 2016）。它们代表了由于与气候相关的天气事件的频率和严重性增加以及气候模式的长期变化的影响而造成的经济成本和财务损失。公司在不同金融投资组合（如贷款、股票、债券）中遭受的损失会使它们更加脆弱。资本的破坏和企业盈利能力的下降可能会导致家庭金融财富的重新分配，例如，海平面上升可能导致一些气候破坏地区的房地产突然重新定价（Bunten and Kahn，2014），造成巨大的负面财富效应，反过来可能会对需求和价格造成压力。与气候相关的物理风险也会影响未来损失的预期，进而可能影响当前的风险偏好。例如，暴露于海平面上升的房产可能以折扣价出售。

随着全球自然灾害的增加，非保险损失占天气相关损失的70%，可能威胁家庭、企业和政府的偿付能力，进而威胁金融机构。随着损害索赔的不断增加，它们的最终结果可能会使保险公司和再保险公司处于脆弱的境地（Finansinspektionen，2016）。更广泛地说，资产损失通过加快资本折旧速度来影响实物资本的寿命（Fankhauser and Tol，2005）。此外，许多气候参数的 fat-tailed 概率分布使得不能排除极值的可能性（Weitzman，2009；2011），这可能会使金融机构处于没有足够的资本来吸收与气候相关的损失的境地。

转型风险源于向低碳经济的可能调整过程及其对金融资产和负债价值的可能影响。与快速低碳转型可能产生的不确定金融影响有关，包括政策变化、声誉影响、技术突破或限制以及市场偏好和社会规范的转变（BIS，2021b）。特别是，向低排放的快速过渡意味着大部分已经探明的化石燃料储量无法开采，成为"搁浅资产"（stranded asset），对金融体系产生潜在的系统性后果，如资产甩卖。随着气候等相关风险的重新评估，可能会引发顺周期损失，并导致金融状况持续收紧。此外，许多其他依赖化石燃料的经济部门的附加值可能会受到转型风险的间接影响。此外，企业对转型风险的脆弱性不仅取决于其运营，还取决于其供应商和客户。即使公司的运营不是碳密集型的，气候变化的广泛影响可能意味着向低碳经济的过度会增加其供应成本或减少其客户群，从而影响其盈利能力。

物理风险和转型风险可以通过五种主要方式体现为金融风险（FSB，2020b）：第一，信用风险。气候相关风险会通过直接或间接暴露导致借款人偿还债务的能力恶化，从而导致违约概率和违约损失率升高。此外，用作抵押品的资产的潜在贬值也会增加信用风险。第二，市场风险。市场风险即金融资产价值下降的风险，可能给银行、资产所有者和其他金融机构带来损失，例如有大量搁浅资产，金融资产可能会受到投资者对盈利能力的看法的转变，市场价值的这种损失可能会导致甩卖，从而引发金融危机。第三，流动性风险。虽然在文献中涉及较少，但流动性风险也可能影响银行和非银行金融机构。例如，资产负债表将受到信用和市场风险冲击的银行可能无法在短期内自行再融资，从而可能导致银行同业拆借市场紧张。第四，操作风险。由于气候变化，金融机构可能面临运营风险，极端天气事件可能会扰乱公司的运营，并影响他们向其提供金融服务的公司，因此放大金融稳定风险。这种风险似乎不那么严重，但金融机构也可能因直接暴露于气候相关风险而受到影响。例如，一家办公室或数据中心受到物理风险影响的银行可能会看到其运营程序受到影响，并影响其价值链中的其他机构。第五，保险承保风险。更频繁和更严重的极端天气事件已导致（并可能继续导致）承保风险，对于保险和再保险行业，物理风险可能导致高于预期的保险理赔支出，而转型风险可能导致涵盖绿色技术的新保险产品的潜在定价偏低（Cleary, et al., 2019）。保险承保风险作为金融稳定风险，其程度大小将部分取决于它们可能破坏保险公司弹性的程度。而且，气候变化未来路径的不确定性，可能会削弱保险公司对风险进行充分定价的能力。如果大量公司大幅提高保费或撤回对某些气候相关风险的承保，这可能会使家庭和公司无法承保，因此放大金融稳定风险。

（二）气候相关风险的传输和放大机制

一些与气候相关的风险（climate-related risk）可能对金融体系产生更广泛的影响，从而增加这种放大效应（FSB, 2020b）。例如，实体风险可能以损害金融机构运营的方式出现，这可能会进一步降低他们提供信贷或处理客户交易的能力。例如，如果恶劣的天气事件影响到他们的场所、系统、通信或人员设备，则可能会发生这种情况。这可能会进一步放大实体经济信贷供给的收缩，超过金融机构最初遭受的损失。此类操作漏洞也可能影响银行客户履行其信用义务的能力，从而导致信贷进一步收缩。气候相关风险的广泛表现也可能导致金融机构的信用和流动性风险增加。借款人信用度的普遍下降，加上抵押品问题的减少，可能导致金融部门偿付能力普遍恶化。保险范围的减少可能会使家庭、公司和其他金融机构承担风险，从而不利于经济增长和金融稳定。缺乏保险可能会降低一些企业的生存能力，并对投资产生不利影响。缺乏足够的私人保险条款可能导致一些政府介入并承担一些风险。

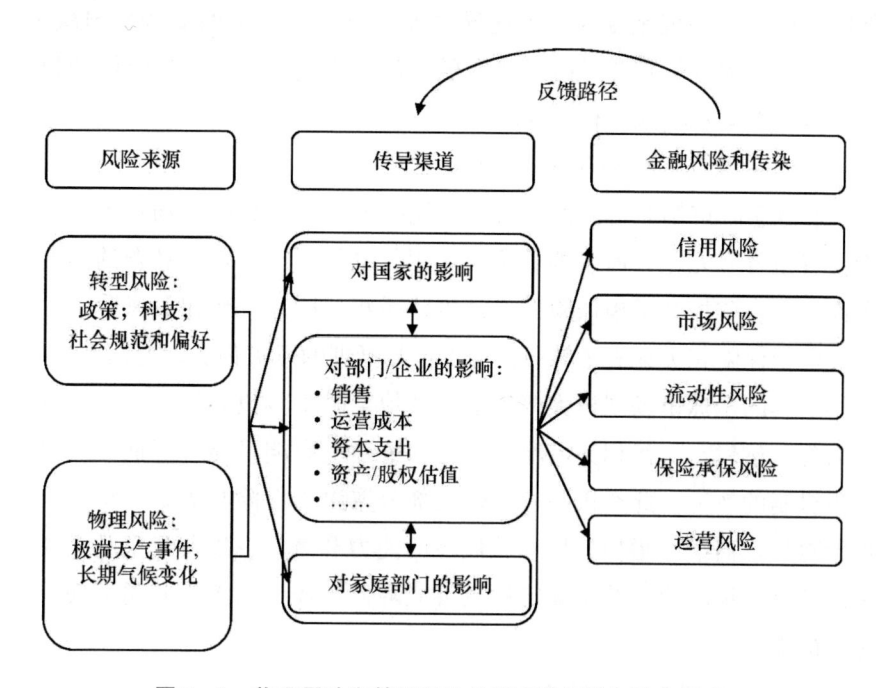

图 7-1　物理风险和转型风险的实现的渠道和溢出效应

资料来源：DG Treasury（2017）；笔者整理。

气候相关风险的具体化所造成的冲击会通过金融体系传播并被金融体系放大（BIS，2021a）。气候相关风险的广度，加上其时间和规模的不确定性，可能会降低市场参与者能够正确定价和管理他们的程度。例如，气候相关风险的广泛性和不确定性可能导致资产的风险溢价增加。第一，可能会增加资产价格之间的联动程度，并降低金融市场参与者分散气候相关风险敞口的程度；第二，可能会降低金融市场参与者寻求抵御气候风险的其他渠道的有效性（如通过一些衍生品市场）；第三，可能会增加此类风险在金融体系内被放大的程度。

如果与气候相关的风险导致风险溢价的普遍增加，可能会导致金融市场参与者表现出顺周期行为。投资者投资组合的大规模变化可能会放大资产价格的变化。如果投资者的投资组合的风险敞口集中存在大量共性，则这种影响可能特别普遍。金融机构的行为，包括银行减少贷款和保险公司的承保范围变化，可能导致他们对实体经济的支持普遍减少。这可能会放大气候相关风险对非金融部门的影响，而较低的经济增长反过来可能会增加金融机构面临的损失。

1. 金融风险定价和管理的变化

通过金融市场获得的保险效力可能降低。一些金融市场在促进投资者投资组合多元化方面发挥着重要作用，例如，天气衍生品合约的使用允许最适合监控和承担风险的经济主体承担风险。气候相关风险也可以通过发行保险相关证券来转移，如再保险抵押的巨灾债券。近几十年来，此类工具的全球市场规模大幅增加，其他金融工具也可能有助于管理气候风险。然后，气候相关风险的广泛和不确定影响可能会降低此类风险分担机制的效力。此类机制的有效性部分取决于保险相关证券持有人和再保险提供商继续承担气候相关风险的能力和意愿，以及衍生品交易对手的信誉。风险规模的不确定性也可能降低市场参与者为此类金融产品定价的能力。

2. 市场参与者的顺周期行为

风险溢价的普遍增加，以及资产价格联动的意外变化，可能由气候相关风险的具体化所致，也可能被投资者出售受影响资产所放大。如果投资者的投资组合存在实质性相似之处，则大规模同时出售资产以应对气候相关风险的可能性可能更大。衡量气候相关风险敞口的共性的一种方法是比较碳排放量最高的行业中公司发行证券的持有量，这些行业最容易受到转型风险的影响。

3. 银行贷款和保险准备金的自我强化

气候相关风险的普遍性也可能引发自我强化的反馈循环，金融体系遭受的损失导致实体经济融资减少。如果银行由于实体风险的具体化而遭受广泛的损失，这可能会导致其杠杆率的增加和贷款的减少（由于需要保持偿付能力）。这可能会放大对实体经济的冲击，这反过来又会给银行带来更大的损失。银行融资成本的增加和盈利能力的下降可能会加剧这种影响，这可能会进一步降低银行的偿付能力并迅速减少贷款。目前尚不清楚金融体系是否经历了足以引发这种反馈效应的规模和广度的与气候相关的冲击。

气候变化对金融体系的影响也可以跨境传播,这可能会引发全球蔓延。气候相关冲击可能跨境传播的一种方式是通过不同司法管辖区面临气候相关风险的资产的风险溢价的联动,这种溢出可能特别普遍。与气候相关的风险可以跨越国界进行传输的另一个渠道是通过金融机构提供跨境融资面临的风险敞口。一方面,它可以通过将风险转移给全球最适合承担风险的人来实现多元化。全球保险公司可能更容易吸收大规模风险事件造成的损失。另一方面,跨境风险也会放大风险传染。跨境贷款可能会放大跨境贷款接受国的气候相关风险,这些国家实体风险的具体化可能会促使外国投资者大规模撤出资金。在发展中国家,宏观经济脆弱性可能会放大这种影响,包括汇率快速贬值和更广泛的资本外流。

(三) 政策影响:金融机构面临新的要求,金融体系面临新的调整

尽管越来越多的利益相关者已经认识到过去几十年气候变化带来的社会经济风险,但直到几年前,大部分金融部门似乎仍然不关心。随着气候变化对金融体系的潜在破坏性影响开始变得更加明显(Carney,2015),情况在过去几年发生了根本性的变化。一些中央银行、监管机构已经在采取措施将气候相关风险纳入监管实践之中,并在不久的将来可能会采取更多措施。NGFS(央行与监管机构绿色金融合作网络)成立于2017年12月,明确了防范气候风险属于中央银行和监管机构的职责范围。

NGFS在其第一份综合报告中提出的第一个建议呼吁"将气候相关风险纳入金融稳定监测和微观监管"(NGFS,2019)。此外,金融机构对气候相关风险的系统整合可以作为碳影子定价的一种形式,因此有助于将资金流向绿色资产转移。也就是说,如果投资者将气候相关风险纳入他们的风险评估中,那么污染资产的成本将变得更高,这将引发对绿色资产的更多投资,有助于推动向低碳经济转型(Pereira da Silva,2019)。《巴黎协定》指出要使资金流动与通往低温气体排放和气候适应型发展的道路相一致(UNFCCC,2015)。

然而，将气候相关风险纳入金融稳定和审慎监管提出了重大挑战：传统的风险管理方法基于历史数据和冲击呈正态分布的假设（Depoues, et al., 2019）。在险价值基本涵盖了在95%—99%的置信度和相对短期范围内可以预期的损失。资本要求通常也以一年为期限计算（通过估计的违约概率、违约风险和估计的违约损失率），并基于主要依赖于交易对手的历史记录的信用评级。问题在于，推断历史趋势只会导致对气候相关风险的错误定价，因此这些风险才刚刚开始显现。此外，与气候相关的风险通常符合肥尾分布，并且精确地集中在VaR未考虑的1%内。气候变化的特点是高度不确定性，物理风险和转型风险的评估都存在不确定性。气候变化似乎可能主要影响发展中经济体，这可能会加剧全球不平等（Diffenbaugh and Burke, 2019）。

将气候相关风险纳入审慎监管。第一项任务是将气候相关风险纳入压力测试之中；第二项任务是确保将气候相关风险很好地纳入个别金融机构的战略和风险管理程序；第三项任务是将《巴塞尔协议》的三大支柱中纳入气候风险。上述三项任务都会使得金融机构调整其经营管理，从而使得金融体系产生变化。

三 气候变化时代下的中央银行

在环境恶化和气候变化日益严重的今天，除了稳定物价和促进经济增长外，环境和社会可持续发展也成为经济政策的一大目标。气候变化将导致经济系统和金融体系发生深刻变化，因此中央银行和金融监管机构应高度重视气候变化带来的影响。Bolton等（2020）指出，气候变化有可能引发下一轮系统性金融危机，要警惕"绿天鹅"带来的低频尾部风险。特别是2008年国际金融危机以来，中央银行肩负起了金融稳定的职能，通过宏观审慎监管来降低系统性风险和维持金融稳定，中央银行可以采取一系列的政策工具来影响金融资源配置、企业投资决策、信贷创造和分配行为，一方面降低气候相关风险，另一方面鼓励绿色金融发展。

(一) 气候变化是货币不稳定的根源之一

与气候相关的冲击可能会通过供给侧和需求侧的冲击影响货币政策，从而影响央行的价格稳定任务。关于供给侧冲击，农产品和能源供应压力很容易导致价格大幅调整和波动加剧。分析气候相关冲击对通货膨胀的影响相对较少，但一些研究表明，在自然灾害和极端天气之后，食品价格在短期内往往会上涨 (Parker, 2018; Heinen, et al., 2018; Debelle, 2019)，气候变化也会转化为需求冲击，即减少家庭财富和消费，也会影响某些部门的投资。

总而言之，气候变化对通胀的影响尚不清楚，部分原因是气候供需冲击可能将通胀和产出拉向相反的方向。关于气候变化对货币稳定性影响的研究仍处于早期阶段，需要更多的研究。传统上，货币政策的反应取决于它们对价格和预期的影响。就气候相关风险而言，至少给货币政策带来了三个新挑战：第一，虽然使用周期性工具旨在相对较短时间内刺激或抑制经济活动，但预计气候变化将在很长一段时间内保持其轨迹 (Coeure, 2018)，这种情况可能导致货币政策无法完全逆转滞胀供应冲击 (Villeroy de Galhau, 2019)。第二，气候变化是一个需要全球解决方案的世界性问题，而目前各国之间的货币政策似乎难以协调 (Pereira da Silva, 2019)。第三，即使中央银行能够在与气候相关的通胀冲击后重新建立价格稳定，问题仍然是央行是否能够采取先发制人的措施来对气候风险进行事前对冲，即"绿天鹅"(green swan) 事件。

(二) 中央银行作为气候不确定时代下的协调机构

Goodhart (2010) 认为，中央银行在历史上的职能作用不断变化，在价格稳定、金融稳定和危机时期对国家融资的支持之间交替出现。在过去的几十年，发达经济体的央行行长们的行动围绕第一个角色展开，自2008年国际金融危机以来，越来越多围绕第二个角色采取行动。绿色量化宽松①（Green QE）提案可被视为试图通过更明确、更积极地支持绿色财政政策来定义第三种角色。由于许多原因，将中央银行作为转型的主要代理人是有风险的，包括潜在的市场扭曲和中央银行现有任务负担过重的风险（Weidmann，2019）。

气候变化以及缓解气候变化的行动会影响中央银行。最重要的是，中央银行维持价格稳定的任务可能会变得更具挑战性。气候变化和气候政策都会对价格、利率、产出和就业等关键宏观经济变量产生影响（Weidmann，2020）。中央银行充分了解这种影响及其对货币政策的影响至关重要。因此，我们需要在货币政策分析中嵌入与气候相关的风险和发展，并相应地更新我们的分析和预测工具包。

此外，气候变化以及缓解气候变化的行动可能会引发金融风险，不仅会影响个别银行或投资者，还会影响整个金融体系。中央银行作为金融稳定的监管者和守护者，具有审慎职责，必须确保信贷机构将金融风险充分纳入其风险管理，包括与气候相关的金融风险（Weidmann，2020）。Campiglio等（2017）指出要建立一个综合分析框架来评估气候变化对金融稳定性的潜在影响，并将相应的预防风险措施纳入金融监管条例和中央银行的相关政策中。已有一些学者和各国中央银行密切关注如何测度金融系统的气候压力风险（Battiston，et al.，2017；Stolbova，et al.，2018）。Stolbova等（2017）指出现有气候评估政策的经济模型缺乏考虑金融部门及网络传染性的影响，这可能会导致对气候政策效应的过度乐观估计。鉴于此，他们基于欧洲市场数据和金融系统与实体部门的网络模型进行评估，发现金融—实体—气候政策间的反馈机制的放大效应十分明显。欧洲央行2019年的《金融稳定报告》也指出要评估金融部门低碳转型带来的系统性风险敞口（Margherita，et al.，2019）。

中央银行的作用有以下几点：第一，除了与气候相关的风险管理外，中央银行输出可持续金融的价值观或理想来积极促进长期主义，以"打破地平线的悲剧"；第二，更好地协调财政、货币、审慎和碳监管对于

---

① 在资产购买计划中，尝试消除碳密集型资产。

成功支持环境转型至关重要;第三,加强货币和金融当局在环境问题上的国际合作至关重要;第四,帮助私人和公共参与者管理环境风险(Bolton, et al., 2020)。

在可预见的未来,Galhau(2021)指出,中央银行应从以下三方面入手:一是预测评估,即评估气候风险对潜在增长的影响及其后果,是央行实现首要目标的政策空间;二是加强信息披露并出台标准,这种透明度要求协调一致的监管框架;三是将气候风险纳入中央银行的运营之中,通过资产购买和抵押政策,具体降低气候风险。

与此同时,有些经济学家认为中央银行并不是万能的,批评使用货币政策来追求气候政策目标的建议。Weidmann(2020)认为主要有三个原因:首先,可能会与稳定价格的主要目标发生冲突。事实上,假设通胀将永远徘徊在非常低的水平是非常短视的,必要时,为了维持价格稳定,货币政策需要刹车并缩减其资产购买或投资组合,但推动经济转型的必要性不会消失。其次,惩罚或补贴某些行业不是货币政策的任务。纠正市场扭曲通常具有错综复杂的分配影响。第三,中央银行应提防使命蔓延,诺奖得主让·梯诺尔说"我们必须抵制政府机构成为各行各业的通才"(布兰查德、梯若尔,2021)。在气候政策领域发挥积极作用可能会削弱中央银行的独立性,并最终危及中央银行维持价格稳定的能力。

Largade(2021)指出,在防止全球变暖问题上,中央银行并不是主要参与者,不应对气候政策负主要责任,所需的最重要工具不在中央银行的职责范围内。但与此同时,她也指出,这并不意味着中央银行可以简单忽视气候变化带来的影响,欧盟成立了绿色金融系统网络(NGFS)和气候变化中心,其成员包括欧盟内部主要的中央银行。Largade(2021)认为,碳的真实社会环境成本需要通过碳税和碳交易等制度来内化,要进行充分的信息披露才能使得气候风险得到充分定价,以及大量的绿色创新和投资,这三个方面可能是绿色转型最紧迫的任务。

(三)中国人民银行所做的努力

截至2020年年底,中国绿色贷款余额约为12万亿元人民币,约合2

万亿美元，居世界首位。中国绿色债券发行规模约为 8000 亿元人民币，约合 1200 亿美元，位居全球第二。易纲和吴秋余（2021）指出以下两项是首要任务：首先，按照市场化原则，大规模动员绿色投资，据各种估计，要实现双碳目标，需要数百万亿元人民币，然而，公共财政只能覆盖一小部分，必须建立健全公共政策激励措施。其次，必须评估和解决气候变化对金融稳定和货币政策的潜在影响。研究表明，气候变化可能使极端天气更加频繁并导致更大的损失。同时，绿色转型可能会导致碳密集型资产的价值下降，并损害企业和金融机构的资产负债表。这将加大信用风险、市场风险和流动性风险，进一步破坏整个金融体系的稳定性。它也可能影响货币政策的范围和传导效率，并拖累增长和生产力等关键变量。这些都是金融稳定面临的新挑战，因为它们使评估货币政策变得更加困难。

一是完善绿色金融分类体系，它是识别绿色经济活动和将资金用于绿色项目的基础。中国人民银行分别于 2015 年和 2018 年发布了绿色债券和绿色信贷分类，同时即将通过删除化石燃料项目来完成对绿色债券认可项目目录的修订。中国人民银行现在正与欧洲同行合作协调分类法，这个问题也将在 G20 上讨论。

二是加强信息公开。银行间市场绿色金融债券募集资金使用情况现要求按季度披露，还要求金融机构报告绿色贷款的使用和分配情况。展望未来，中国人民银行计划制定强制披露制度，要求所有金融机构和公司遵循统一的披露标准。

三是将气候变化纳入政策框架。中国人民银行正在研究将气候变化因素纳入金融机构压力测试的可能性，也在探索货币政策在鼓励金融机构支持碳减排方面的作用。在外汇储备投资方面，中国人民银行将进一步提高绿色债券的比重，限制对碳密集型资产的投资，将气候风险因素纳入风险管理框架。

四是鼓励金融机构积极应对气候变化风险。许多金融机构已经开始行动。中国工商银行已将环境风险合规纳入投融资管理，而中国银行正在研究环境风险压力测试。近日，中国银行间市场发行了第一批碳中和债券，募集资金将专门用于资助清洁能源和碳减排项目，同时要求一些试点金融机构衡量其项目的碳排放和气候风险。此外，中国人民银行正在对商业银行进行季度绿色信贷评估，并计划将此类评估扩展到商业银行以外的更多金融机构。

五是深化国际合作。2016年中国担任G20轮值主席国期间，中国人民银行发起并共同主持了可持续金融研究组，该研究组为构建绿色金融国际共识做出了贡献。该研究组于2021年在意大利G20轮值主席国期间恢复，现由中国人民银行和美国财政部共同主持。在讨论推动可持续金融、信息披露和绿色金融分类的路线图时，将加强与所有G20成员的协调。

四 政策建议

（一）政府和监管当局层面

事实上，公共部门通常更有能力为具有不确定性和长期回报的早期技术的研发投资提供资金。在替代能源的基础设施到位之前，仅靠碳价格可能不足以将个人行为和企业将实物资本替换为低碳替代品。低碳转型中的公共投资可能成为下一个重大的技术和市场机会，刺激和引领私人和公共投资（Mazzucato and Perez，2015）。

财政政策在实现减缓气候变化方面发挥着自然的作用，比如对排放实行庇古税和研发补贴（Pigou，1932；Stern，2006）。财政工具分为三大类：价格政策（税收、补贴）、支出和投资和公共担保，三者关系密切。价格政策包括碳税和限额与交易计划（IMF，2019a）、缓解行动补贴、低碳投资补贴、利率补贴、费用退税、税收减免等。支出和投资工具包括直接公共投资、来自开发银行和公共部门的优惠贷款投资基金。公共担保则有助于确保私营部门更多地参与公共融资（IPCC，2018）。

财政政策方面出现的关键问题是政府如何为此类投资提供资金，以及可能需要什么样的政策组合。一些学者认为MMT是值得依赖的，主要论点是主权国家可以通过直接为经济活动提供资金来利用货币创造实现充分就业（或与气候相关的目标）。有些经济学家认为，在当前低利率的环境下，通过公共债务为低碳转型融资在政治上比通过碳税更可行，在经济上更可持续，这提供了更大的财政回旋空间（Bernanke, 2017; Borio and Shin, 2019; Blanchard, 2019）。McCulley 和 Pozsar（2013）认为危机时期重要的不是货币刺激本身，而是货币政策是否有助于财政当局维持刺激。由于零利率或负利率可能会在很长一段时间内保持不变，通过政府债务为向低碳经济转型的融资风险较小，并且不会威胁中央银行的职责，只要私营部门公共债务增长继续受到密切监控和监管，并且存在财政空间（Adrian and Natalucci, 2019）。当用偿债成本—产出增长率来衡量债务占 GDP 的可持续性时，许多发达经济体仍有空间。

应对气候变化和用公共债务为一系列政策融资可能是发达经济体决策者解决现有难题的出路（Pereira da Sliva and Luiz, 2019）。而且，投资低碳技术重振增长可能更具有持续性，通过公共债务向低碳经济转型提供资金可以为最终接受碳税建立更大的社会共识。

金融监管当局应从微观审慎政策和宏观审慎政策两方面入手。金融当局开始评估金融公司如何管理气候相关风险，并采取行动鼓励公司减轻此类风险。大多数金融当局都参与了气候风险意识的提高，许多金融当局已经调查了他们监管的机构了解他们如何管理气候风险。一些当局已经发布或正在发布监管期望，这些期望往往覆盖一些机构风险管理要素（即 ESG）。一些金融标准制定机构也开始制定与气候风险相关的监管指南。全球四分之三的监管当局正在其金融稳定监测中考虑气候风险，一些金融当局开始量化这些风险，做气候压力测试。目前，英格兰银行、法兰西银行、欧央行正在开发情景分析（BIS, 2020; Bolton, et al., 2020）。宏观审慎政策可以内化系统性气候风险，工具可能包括准备金、流动性和资本要求、贷款价值比、信贷增长上限等。巴西央行要求商业银行将环境风险因素纳入资本需求计算中。适应气候变化显然与货币政策相关。气候变化和减缓政策可能会越来越多地影响供应价格冲击、商业周期、风险和波动的频率和幅度。文献指出了货币政策可以积极支持向低碳经济转型的方式，其中包括调整中央银行的抵押框架，并在大规模资产购买中使用ESG标准（Coeure，2018）。目前已经采用的用于减轻气候变化影响的宏观经济和金融政策工具如表7-2所示。

表7-3　　宏观经济和金融政策工具——减轻气候变化影响

政策范围	政策	工具	案例
财政政策工具	碳定价、法规；公共支出和投资；公私合营PPP；公共担保	国家碳税、限额与交易（cap-and-trade）、排放交易系统、排放或能效标准；公共投资、社会支出、较低的劳动力或资本税；私营部门、政府、开发银行、长期机构投资者的合作；贷款承诺、信用或现金流保证、多主权担保	瑞典碳税、加州CCTP、欧盟ETS、欧盟法规；欧盟基础设施投资计划；国家开发银行、城投公司；世界银行多边投资、担保机构（MIGA）、欧盟投资基金担保计划
金融政策工具	纠正气候风险中定价过低和缺乏透明度的现象；减少短期偏见并改善金融机构治理框架；支持绿色金融证券发展；积极推动气候融资监管工具	收集气候相关的金融数据、气候相关风险披露、绿色资产分类、气候相关压力测试、宏观审慎工具；审慎改革、公司治理改革；绿色资产标准化分类、低碳指标、积极发行绿色金融证券；资本中的绿色支持和棕色惩罚因素要求、最低国际要求、资产负债表上的绿色资产数量、名义碳价格等	英格兰银行在气候变化上面发表监管声明、法国《能源过渡法案》第173条、中国强制信息披露；推广ESG标准；中国人民银行国家级绿色债券分类；中国人民银行的宏观审慎政策框架
货币政策工具	将气候风险分析整合到抵押品框架中、央行投资组合管理和量化宽松；绿色量化宽松和抵押框架；信贷分配政策	制定自己的风险评估，确保气候风险适当反映在央行资产组合中；更好地获得央行融资计划的银行投资低碳项目，央行购买开发银行发行的低碳债券；央行信贷分配操作，适应货币政策框架	英格兰银行、日本银行、欧洲投资银行债券、孟加拉国银行、挪威银行；中国人民银行、印度银行、孟加拉拉国银行

资料来源：笔者整理。

鉴于管理全球公域的困难，实现气候和金融稳定的全球联合治理的一种具体方法是设立一个新的国际机构（Bolton，et al，2018），将在两个层面发挥作用：一是在发生严重气候事件时国家之间的财政支持机制；二是对正在实施的气候政策进行监督。Rogoff（2019）呼吁建立一个世界碳银行，这将成为发达经济体协调向发展中国家提供援助和技术转让的工具。

对于中国而言，周小川（2021）指出，有碳配额的新均衡的实现，还是要依靠市场供求关系的力量来实现，而且要着重考虑跨期的一般均衡，减排主要依靠投资，而投资只有跨期才能取得效果，但跨期投资决策要依靠对未来数据的预测，要依靠未来的价格数据来指导当前的投资，所以未来清晰的总量指标和各类参数都是非常重要的。对投资的激励可以有两个来源：一个是通过配额交易或者碳税来获取并体现回报，也就是说碳排放多的主体应该交出一部分资金来支持减排投资；另一个是通过一般性的动员把投资引导到这个方向来，没有额外的政策补偿。未来可能大部分投资激励来自第一种方式。目前，中国碳交易市场还不够统一，存在分割，各市场碳价格不一致，也给定价带来很多问题。因此，要实现碳价格一致，既要总量目标清晰，也需要各个碳市场实现联通和统一。在推进碳排放配额交易和碳税的过程中会出现成本转嫁现象，但这是不可避免的，多消耗排碳能源就必须多承担代价，就是要通过这种转嫁来实现资源配置的转变，才会有更多的新资金投资于减排和绿色金融领域。从资源配置上来讲，碳市场和整个资源配置的关系实质上体现为有配额的一般均衡，因此，中国政府和监管当局一方面要明确碳减排的正向激励和负向激励，另一方面要推动国内碳价格的一致性和国际协调合作的可行性。

（二）金融机构层面

一些金融机构已将其对气候风险的暴露纳入其投资、贷款和承销决策中，并将这些风险纳入其更广泛的风险管理流程。这可能会在一定程度上限制公司对实体风险和转型风险的敞口。IMF（2019c）和FSB（2020a）认为，目前金融机构已经采取的行动主要包括：第一，加强尽职调查或分类规则。一些金融机构在选择向其贷款、投资或承销的公司时进行负面筛选。许多实施某种排除政策的金融公司将气候相关风险的高暴露行业作为此类政策的一部分。第二，与被投资方和客户的接触。许多投资者与公司共同参与，以鼓励他们减少排放。一些银行还聘请能源部门的客户这样做，保险公司越来越多地采取措施，通过为客户提供激励措施来减少与气候相关的风险敞口减轻此类风险并指导他们如何这样做。第三，使用跟踪金融公司气候风险敞口的指标。此类指标侧重于转型风险，包括公司的碳足迹、碳强度或融资排放等。第四，将气候相关风险纳入借款人信用风险评估和投资决策。第五，将气候风险管理纳入机构范围的治理、战略和风险管理框架。第六，金融机构可以使用情景分析来识别和评估气候变化的潜在影响，并测试企业应对气候相关风险的整体方法的弹性。

（三）企业层面

第一，ESG 带来的行为模式变化。ESG 涵盖了衡量公司或商业投资中可持续性和道德影响最核心的三个方面的因素，其内涵涉及气候变化、能源、废弃物、性别不平等、劳工、产品责任、贪污、贿赂、社会发展和贫困、股东权利、机构投资者、利益相关者、披露和透明、董事会职责、管理层多样性等广泛要素。E 是指公司在环境方面的积极作为，包括符合现有的政策制度、关于未来影响等。S 指平等对待利益相关者、维护公司发展的社会生态系统，如人权、劳工、健康等。G 是治理环境、治理结构、治理机制和治理行为综合形成和作用的结果（Michaud and Magaram，2006）。

从整体上看，ESG 评估方法以综合打分为主（操群、许骞，2019）。具体而言，评估机构首先收集企业自主披露以及第三方机构提供的各种定量和定性相结合的基础数据和信息；再针对各项评估内容调研现有的行业"最佳实践"，评估企业在各方面与"最佳实践"的差距并进行打分；最后对各项分值赋以权重，计算综合分值。由于不同机构对 ESG 框架应包含的具体内容、行业"最佳实践"以及分项权重的设定存在差异，ESG 评估方法没有统一标准。目前，国际上有影响力的 ESG 评级指数包括 MSCI 的 ESG 系列指数（全球、美国、新兴市场）、英国富时 FT-SE4GOOD 系列指数、Bloomberg ESG 指数等。

金融 ESG 体系：一是金融机构自身建设和发展 ESG 体系，指金融机构自身在环境、社会和治理方面的发展。金融治理系统如表 7-3 所示。二是作为经济运行的血液和资金融通的载体，金融机构通过信贷、直接投资或者参与资本市场运作，直接连接着各类经济活动主体，广泛影响其他行业企业的环境、社会和治理的发展。金融机构虽然不是高污染、高排放的主体，自身环境方面的压力和改进空间相对不大，但可通过资金纽带深刻影响其他行业企业的环境、社会和治理风险及水平。

表 7-4　　　　　　　　　　金融治理系统

治理环境	治理结构	治理机制	治理行为
经济环境	股权结构	同业监督程度	董事会投资的风险偏好
政治环境	资本结构	对金融衍生品的治理	经理层行为的乐观程度
法律环境	内部监控机制	监管部门的监管	董事会管控风险的有效性

资料来源：Michaud 和 Magaram（2006），笔者整理。

如上所述，ESG 带来的行为模式变化可分为两个方面来讲，一是对于高碳排放行业的微观企业而言，随着 ESG 标准的逐步统一，这些企业会逐渐改变自身经营模式和特征，包括减少高碳能源使用、减少污染排放、更多使用清洁能源、修正完善公司治理等；二是对于金融机构而言，也要随着 ESG 标准或相应监管规则的出台改变金融支持实体经济企业的标准和方式，朝着绿色、低碳、可持续方向发展。

第二，给企业带来的发展机会：企业应如何参与碳排放市场。一般来说，每年全国的碳排放总额由政府设定且额度逐年降低，从而实现整体的碳减排。碳排放额度按一定规则转化为碳配额用于交易，每个参与碳排放权交易的市场主体（如煤电企业）都有一个规定的碳配额，企业全年碳排放不能超过这一额度。在这种规则下，市场中的企业面临三个选择：一是加大研发投入、开展技术创新，从而减少企业自身碳排放，如果实际碳排放低于碳配额，就可以把差量部分的碳排放权在市场中出售；二是碳排放超过碳配额，以市场价格从其他企业购买碳排放权以抵消超出的碳排放；三是不投入研发也不购买碳排放权，如果碳排放超过碳配额则接受罚款，罚款额由政府设定并且远高于投入研发或购买碳排放权的成本（中金公司，2021）。

企业为了获取更多利润，通常不会选择接受罚款。同时，碳排放权的市场交易价格不确定，波动风险较大，给企业带来的经营风险较大。因此，企业会倾向于选择调整能源消费结构，减少煤炭、石油等传统能源在能源消费中的占比，积极利用新能源。这将促使工业企业加大科技投入，开展能源环保相关技术创新。企业一方面可以在不降低工业产值的情况下减少碳排放，另一方面可以出售节省的碳排放权以获得额外利润。因此，碳排放权交易既可以直接促进碳减排，又能激励企业研发应用碳减排技术（Blanchard，et al.，2021）。

第三，企业参与碳市场的约束问题。目前，中国多个碳市场试点区域并存，碳排放权交易市场主要涵盖石化、化工、建材、钢铁、有色、造纸、电力、航空等重点排放行业。虽然碳交易试点工作取得了一定成效，但同时存在诸多需要改进的问题（中国银保监会政策研究局课题组、洪卫，2021）：一是奖励惩罚机制有待完善，即正向激励和负向激励不明确，目前各试点省市主要采用企业资源减排措施，奖惩相关法规的约束力不够，即使加上信用、政府补助和绩效考核等综合惩罚机制，部分企业仍愿意选择接受惩罚来规避履约；二是配额分配方式等标准体系仍待统一，目前许多单位存在配额过剩情况，再加上存在配额抵消机制，使得碳交易价格过低，而且不同地区的偏向性也会使得各地区配额有偿分配成本存在差异，使得不同区域之间的企业可能会选择寻租行为，异化市场；三是碳期货等金融衍生品有待发展，当前中国碳金融产品种类并不少，如碳信托产品、碳配额的抵押和质押等，但尚未实现规模化发展，这也是制约企业积极参与的约束条件之一。根据欧盟的经验，碳市场初期以现货产品为主，之后向碳期货产品发展，碳期货可以长期持续地给予投资者稳定的价格预期，标准化的期货产品也可以降低法律风险，及时发送市场信号，从而推动更多企业参与，提高交易市场活力，促进中国形成独立自主的碳排放权交易价格机制，争取碳排放权交易定价权，增强国际竞争力。

（执笔人：范云朋）

参考文献

奥利维尔·布兰查德、让·梯若尔：《应对未来的三大经济挑战》，《比较》2021年第5辑。

鲍健强、苗阳、陈锋：《低碳经济：人类经济发展方式的新变革》，《中国工业经济》2008年第4期。

比尔·盖茨：《气候经济与人类未来》，中信出版社2021年版。

操群、许骞：《金融"环境、社会和治理"（ESG）体系构建研究》，《金融监管研究》2019年第4期。

何起东：《以碳账户为核心的绿色金融探索》，《中国金融》2021年第18期。

胡鞍钢、周绍杰：《绿色发展：功能界定、机制分析与发展战略》，《中国人口·资源与环境》2014年第24期。

牛文元：《中国可持续发展的理论与实践》，《中国科学院院刊》2012年第27期。

彭文生：《碳中和路径及其经济金融含义》，《中国经济报告》2021年第4期。

许宪春、任雪、常子豪：《大数据与绿色发展》，《中国工业经济》2019年第4期。

易纲、吴秋余：《主动作为，支持绿色低碳高质量发展》，《人民日报》2021年4月15日。

中国银保监会政策研究局课题组、洪卫：《绿色金融理论与实践研究》，《金融监管研究》2021年第3期。

中金公司：《碳中和经济学：新约束下的宏观与行业分析》，研究报告，2021年。

周小川：《实现碳中和目标面临的若干问题和选项》，《当代金融家》2021年第9期。

Ackerman, F. and Heinzerling, L., 2002, "Pricing the Priceless", *Costbenefit Analysis of Environmental Protection*, Georgetown Environmental Law and Policy Institute, Washington.

Adrian, T., and Natalucci, F., 2019, "Weak Spots in Global Financial System Could Amplify Shocks", IMF Blog, April 10.

Altenburg, T. and Rodrik, D., 2017, "Green Industrial Policy: Accelerating Structural Change Towards Wealthy Green Economies", Green Industrial Policy.

Arrow, K. J., 2007, "Global Climate Change: A Challenge to Policy", *The Economists' Voice*, 4 (3), 1-5.

Arrow, K. J. and Kurz, M., 1970, "Optimal Growth with Irreversible Investment in a Ramsey Model", *Econometrica: Journal of the Econometric Society*, 331-344.

Arrow, K. J. and Lind, R. C., 1970, "Uncertainty and the Evaluation of Public Investment Decisions", *Amenican Economic Review*, 60 (3), 364-378.

Batten, Sandra, Rhiannon Sowerbutts, and Misa Tanaka, 2016, "Let's Talk about the Weather: The Impact of Climate Change on Central Banks", Bank of England Staff Working Paper, No. 603.

Battiston, Stefano, Antoine Mandel, Irene Monasterolo, Franziska Schütze, and Gabriele Visentin, 2017, "A Climate Stress-test of the Financial System", *Nature Climate Change*, 7 (4): 283-88.

Baylis, K., Fullerton, D. and Karney, D. H., 2013, "Leakage, Welfare, and Cost-effectiveness of Carbon Policy", *American Economic Review*, 103 (3), 332-337.

Berensmann, K. and Lindenberg, N., 2016, "Green Finance: Actors, Challenges and Policy Recommendations", Deutsches Institut für Entwicklungspolitik Briefing Paper, No. 23.

Bernanke, B. S., 2017, "Monetary Policy in a New Era", *Evolution or Revolution?: Rethinking Macroeconomic Policy after the Great Recession*, 3-48.

Besley, T., 1994, "How do Market Failures Justify Interventions in Rural Credit Markets?", *The World Bank Research Observer*, 9 (1), 27-47.

BIS, 2020, "Green Swan——Central Banking and Financial Stability in the Age of Climate Change", Bank for International Settlements.

BIS, 2021a, "Climate-related Financial Risks-Measurement Methodologies", Bank for International Settlements.

BIS, 2021b, "Climate-related Risk Drivers and their Transmission Channels", Bank for International Settlements.

Blanchard, Olivier, 2019, *Public Debt: Fiscal and Welfare Costs in a Time of Low Interest Rates*, Peterson Institute for International Economics.

Blanchard, O. Tirole, J., et al., 2021, "Major Future Economic Challenges", The Commission on Majov Eeonomic Challenges.

Boardman, A. E., Greenberg, D. H., Thompson, F. and Green, M. T., 1998, "Discounting and the Social Discount Rate", *Public Administration and Public Policy*, 67, 269 – 318.

Bolton, P., et al., 2020. "The Green Swan Central Banking and Financial Stability in the Age of Climate Change", Bank for International Settlements.

Borenstein, S., Bushnell, J., Wolak, F. A. and Zaragoza-Watkins, M., 2019, "Expecting the Unexpected: Emissions Uncertainty and Environmental Market Design", *American Economic Review*, 109 (11), 3953 – 77.

Borio, C., and Shin, H. S., 2019, "BIS Quarterly Review", September 2019-Media Briefing.

Brown, L. R., 1996, "We Can Build a Sustainable Economy", *The Futurist*, 30 (4), 8.

Bunten, Devin, and Matthew E. Kahn, 2014, "The Impact of Emerging Climate Risks on Urban Real Estate Price Dynamics", National Bureau of Economic Research Working Paper, No. 20018.

Campiglio, Emanuele, et al., 2018, "Climate Change Challenges for Central Banks and Financial Regulators", *Nature Climate Change*, 8 (6): 462 – 468.

Caney, S., 2014, "Climate Change, Intergenerational Equity and the Social Discount Rate", *Politics, Philosophy & Economics*, 13 (4), 320 – 342.

Carney, M., 2015, "Breaking the Tragedy of the Horizon——Climate Change and Financial Stability", Speech given at Lloyd's of London, 29, 220 – 230.

Carson, Richard, 2014, "Evolution of Economic Thought on Climate Change", Centennial Lecture given at Mississippi State University.

Cleary, P., Harding, W., McDaniels, J., Svoronos, J. P. and Yong, J., 2019, "FSI Insights on Policy Implementation Turning up the Heat-Climate Risk Assessment in the Insurance Sector", FSI Insights on Policy Implementation No. 20.

Cline, W. R., 1993, "Give Greenhouse Abatement a Fair Chance", *Finance & De-*

velopment, 30 (1), 3 - 5.

Coeure, B., 2018, "The Persistence and Signalling Power of Central Bank Asset Purchase Programmes", US Monetary Policy Forum, 23.

Dasgupta, P., 2006, "Comments on the Stern Review's Economics of Climate Change", Paper Prepared for a Seminar on the Stern Review's Economics of Climate Change at the Royal Society.

Debelle, Guy, 2019., "Climate Change and the Economy", Speech at the Public Forum hosted by the Centre for Policy Development, Sidney.

Depoues, V., Cardona, M., Nicol, M. and Vincent, B., 2019, "Towards an Alternative Approach in Finance to Climate Risks: Taking Uncertainties Fully into Account", INIS-FR-20-0310.

DG Treasury, 2017, "Evaluating Climate Change Risks in the Banking Sector—Report Required".

Diffenbaugh, N. S. and Burke, M., 2019, "Global Warming has Increased Global Economic Inequality", *Proceedings of the National Academy of Sciences*, 116 (20), 9808 - 9813.

Falcone, P. M., 2020, "Environmental Regulation and Green Investments: The Role of Green Finance", *International Journal of Green Economics*, 14 (2), 159 - 173.

Fankhauser, S. and Tol, R. S., 2005, "On Climate Change and Economic Growth", *Resource and Energy Economics*, 27 (1), 1 - 17.

Finansinspektionen, 2016, "Climate Change and Financl Stability", Finansinspektionen.

FSB, 2020a, "Task Force on Climate-related Financial Disclosures", Working Paper.

FSB, 2020b, "The Implications of Climate Change for Financial Stability", Working Paper.

Fullerton, D., Heutel, G. and Metcalf, G. E., 2012, "Does the Indexing of Government Transfers make Carbon Pricing Progressive?", *American Journal of Agricultural Economics*, 2012 (2): 347 - 353.

Galeotti, M. and Lanza, A., 1999, "Richer and Cleaner? A Study on Carbon Dioxide Emissions in Developing Countries", *Energy Policy*, 27 (10), 565 - 573.

Galhau, 2021, "The Role of Central Banks in the Greening of the Economy", Speech at the 5th edition of the Recontres on Climate Change and Sustainable finance.

Garnaut, R., 2008, *The Garnaut Climate Change Review*, Cambridge.

Gates, B., 2021, *How to Avoid a Climate Disaster: The Solutions we have and the Breakthroughs we Need*, Penguin UK.

Gillingham, K., Newell, R. G. and Palmer, K., 2009, "Energy Efficiency Economics and Policy", *Annu. Rev. Resour. Econ*, 1 (1), 597 – 620.

Gollier, C., 2006, "An Evaluation of Stern's Report on the Economics of Climate Change", IDEI Working Paper, No. 464.

Goodhart, 2010, "The Changing Role of Central Banks", BIS Working Paper No. 326.

Goulder, L. H. and Williams Ⅲ, R. C., 2012, "The Choice of Discount Rate for Climate Change Policy Evaluation", National Bureau of Economic Research, No. 25406.

Greenstone, M. and Hanna, R., 2014, "Environmental Regulations, Air and Water Pollution, and Infant Mortality in India", *American Economic Review*, 104 (10), 3038 – 3072.

Greenstone, M. and Jack, B. K., 2015, "Envirodevonomics: A Research Agenda for an Emerging Field", *Journal of Economic Literature*, 53 (1), 5 – 42.

Harrison, K., 2010, "The Comparative Politics of Carbon Taxation", *Annual Review of Law and Social Science*, 6, 507 – 529.

Heal, G., 2017, "The Economics of the Climate", *Journal of Economic Literature*, 55 (3), 1046 – 1063.

Heinen, Andreas, Jeetendra Khadan, and Eric Strobl, 2018, "The Price Impact of Extreme Weather in Developing Countries", *Economic Journal*, 129 (619): 1327 – 42.

IMF, 2019a, "Attaining Selected Sustainable Development Goals in Guatemala: Spending, Provision, and Financing Needs".

IMF, 2019b, "Long-Term Macroeconomic Effects of Climate Change: A Cross-Country Analysis".

IMF, 2019c, "Macroeconomic and Financial Policies for Climate Change Mitigation: A Review of the Literature".

IPCC, 2018, "Summary for Policymakers", in Global Warming of 1.5°C. An IPCC

Special Report on the Impacts of Global Warming of 1.5°C above Pre-Industrial Levels and Related Global Greenhouse Gas Emission Pathways, in the Context of Strengthening the Global Response To the Threat of Climate Change, Sustainable Development, and Efforts to Eradicate Poverty, World Meteorological Organization.

Karp, L. S. and Stevenson, M. T., 2012, "Green Industrial Policy: Trade and Theory", World Bank Policy Research Working Paper, No. 6238.

Kneese, Allen V., 1971, "Background for the Economic Analysis of Environmental Pollution", *Swedish Journal of Economics*, 73 (1), 1–24.

Lagarde, C., 2021, "Climate Change and Central Banking", *Green Banking and Green Central Banking*, 24: 151.

Lindenberg, N., 2014, "Definition of Green Finance", Deutsches Institut für Entwicklungspolitik Working Paper.

Margherita, M., et al., 2019, "Climate Change and Financial Stability", Published as part of the *Financial Stability Review*.

Marron, D. B. and Toder, E. J., 2014, "Tax Policy Issues in Designing a Carbon Tax", *American Economic Review*, 104 (5), 563–568.

Mazzucato, M. and Perez, C., 2015, "Innovation as Growth Policy", *The Triple Challenge for Europe*, 229–264.

McCulley, P. and Pozsar, Z., 2013, "Helicopter Money: Or How I Stopped Worrying and Love Fiscal-monetary Cooperation", Global Society of Fellows, 7.

Michaud, D., Magaram, K., 2006, "Recent Technical Papers on Corporate Governance", *SSRN Electronic Journal*, No. 895520.

Neumayer, E., 2003, *Weak Versus Strong Sustainability: Exploring the Limits of two Opposing Paradigms*, Edward Elgar Publishing.

NGFS, 2019, "NGFS First Comprehensive Report. A Call for Action——Climate Change as a Source of Financial Risk", Network for Greening the Financial System: London, UK.

Nordhaus, W. D., 2007, "A Review of the Stern Review on the Economics of Climate Change", *Journal of Economic Literature*, 45 (3), 686–702.

Parker, Miles, 2018, "The Impact of Disasters on Inflation", *Economics of Disasters and Climate Change*, 2 (1): 21–48.

Pereira da Silva, 2019, "Research on Climate-related Risks and Financial Stability:

An Epistemological Break?", In Based on Remarks at the Conference of NGFS, Paris, Vol. 17.

Pereira da Silva, Luiz A. , 2019, "The Inflation Conundrum in Advanced Economies and a Way Out", Based on Speeches at the University of Basel.

Pigou, A. C. , 1932, *The Economics of Welfare*, Macmillan.

Quiggin, J. , 2006, "Stern and the Critics on Discounting", University of Queensland.

Quiggin, J. , 2008, "Stern and His Critics on Discounting and Climate Change: An Editorial Essay", *Climatic Change*, 89 (3 – 4), 195.

Rogoff, K. , 2019, "The Case for a World Carbon Bank", *Project Syndicate*, Retrieved.

Sachs, J. D. , Schmidt-Traub, G. , Mazzucato, M. , Messner, D. , Nakicenovic, N. and Rockström, J. , 2019, "Six Transformations to Achieve the Sustainable Development Goals", *Nature sustainability*, 2 (9), 805 – 814.

Scarborough, H. , 2011, "Intergenerational Equity and the Social Discount Rate", *Australian Journal of Agricultural and Resource Economics*, 55 (2), 145 – 158.

Schlenker, W. and Roberts, M. J. , 2009, "Nonlinear Temperature Effects Indicate Severe Damages to US Crop Yields Under Climate Change", *Proceedings of the National Academy of Sciences*, 106 (37), 15594 – 15598.

Stern, N. , 2006, *The Stern Review of the Economics of Climate Change*, Cambridge Press.

Stern, N. , 2007, *The Economics of Climate Change: The Stern Review*, Cambridge University Press.

Stern, N. , 2008, "The Economics of Climate Change", *American Economic Review*, 98 (2), 1 – 37.

Stolbova, V. , et al. , 2018, "A Financial Macro-network Approach to Climate Policy Evaluation", *Ecological Economics*, 149: 239 – 253.

UNFCCC, 2015, "Paris Agreement", United Nations.

Villeroy de Galhau, Francois, 2019, "Climate Change: Central Banks are Taking Action", *Banque de France Financial Stability Review*, 23, 7 – 16.

Volz, U. , Bohnke, J. , Knierim, L. , Richert, K. , Roeber, G. M. and Eidt, V. , 2015, *Financing the Green Transformation: How to Make Green Finance Work in Indonesia*,

Springer.

Wang, Y. and Zhi, Q., 2016, "The Role of Green Finance in Environmental Protection: Two Aspects of Market Mechanism and Policies", *Energy Procedia*, 104, 311–316.

Weidmann, J., 2019, "Climate Change and Central Banks", In Welcome Address at the Deutsche Bundesbank's Second Financial Market Conference, Frankfurt am Main, Vol. 29.

Weidmann, J., 2020, "Combating Climate Change—What Central Banks Can and Cannot Do", In Speech at the European Banking Congress.

Weitzman, M. L., 2007, "A Review of the Stern Review on the Economics of Climate Change", *Journal of Economic Literature*, 45 (3), 703–724.

Weitzman, M. L., 2009, "On Modeling and Interpreting the Economics of Catastrophic Climate Change", *The Review of Economics and Statistics*, 91 (1), 1–19.

Weitzman, M. L., 2011, "Additive Damages, Fat-tailed Climate Dynamics, and Uncertain Discounting", *The Economics of Climate Change: Adaptations Past and Present*, 23–46.

Wu, J., 2013, "Landscape Sustainability Science: Ecosystem Services and Human Well-being in Changing Landscapes", *Landscape Ecology*, 28 (6), 999–1023.

Zhang, D., Zhang, Z. and Managi, S., 2019, "A Bibliometric Analysis on Green Finance: Current Status, Development, and Future Directions", *Finance Research Letters*, 29, 425–430.

Zhuang, J., Liang, Z., Lin, T. and De Guzman, F., 2007, "Theory and Practice in the Choice of Social Discount Rate for Cost-benefit Analysis: A Survey", ERD Working Paper, No. 94.